LA SCIENCE VNIVERSELLE DE SOREL;

Où il est traitté de l'Vsage & de la perfection de toutes les choses du Monde.

Où l'on trouue les plus beaux secrets des Arts, & les plus serieuses inuentions des Hommes.

TROISIESME VOLVME.

A PARIS,

Chez TOVSSAINT QVINET, Au Palais dans la petite Salle, sous la montée de la Cour des Aydes.

M. DC. XLVII.
AVEC PRIVILEGE DV ROY.

AVX CVRIEVX.

VOVS vous mettriez au hazard de faire perdre l'opinion que l'on a de vous, si vous laissiez eschapper ce liure de vos mains sans l'auoir leu. Prenez garde qu'il ne parle point de choses communes; Que plusieurs ont estudié dix ans dans les Colleges sans auoir rien appris de semblable, & que les cours de Philosophie ne comprennét point cela d'ordinaire. Vous trouuerez maintenant dans vn seul volume quantité de curiositez que vous ne pourriez rencontrer que dans plusieurs liures de differents Autheurs qui vous seroient vendus bien cherement pour leur rareté, & peut-estre perdriez-vous aussi la peine que vous prendriez à les entendre. Mais auec cela asseurez-vous de trouuer encore icy plusieurs choses toutes nouuelles afin de receuoir vne satisfaction entiere dans cette lecture. C'est icy proprement le Palais de Physis & de Technes, où la Nature est mariee à l'Art, suiuant ce que l'on en peut apprendre dans *la Solitude & l'Amour Philosophique de Cleomede*. Voicy l'explication de cette fable mystique : l'on y apprend l'vsage & l'employ de toutes les choses de l'Vniuers, & comment l'industrie de l'homme peut ameliorer & perfectionner tant les corps

ã ij

que les esprits, & les tourner à son vtilité; c'est le dessein de la seconde partie de la Science Vniuerselle, dont la premiere partie qui traitte de l'Estre des choses & de leurs proprietez est contenuë dans les deux volumes precedents. Lisez cecy & l'examinez pour cognoistre si ce que l'on vous en dit est certain. Ce n'est qu'vn Imprimeur qui vous en asseure, mais ce qu'il dit est selon le rapport de plusieurs personnes assez capables d'en iuger, & ne croyez point qu'il parle plus pour son interest que pour la verité.

TABLE DES CHAPITRES ET SECTIONS DV LIVRE DE L'VSAGE ET DE LA Perfection des choses corporelles.

CHAPITRE PREMIER.

DV changement que l'on peut donner aux choses, soit pour l'vsage ou pour leur propre melioration & de l'imitation de ce qui est desia assez parfait;

En premier lieu du pouuoir que l'on a sur les corps principaux, & comment l'on imite la lumiere, la chaleur & le mouuement des Astres. pag. 1.

CHAPITRE II.

Du changement ou imitation des corps principaux. Section 2. pag. 3.
Des feux Inextinguibles. Section 3. pag. 10.
De l'imitation des Astres. Section 4. pag. 15.
De l'imitation des corps principaux inferieurs. Sect. 5. pag. 16.
Du mouuement perpetuel. Section 6. pag. 18.
De l'vsage de l'Air. Section 7. pag. 24.
De l'vsage de l'Eau. Section 8. pag. 27.
De l'vsage de la Terre. Section 9. pag. 34.
Des principes des Mechaniques. Section 10. pag. 35.
De l'vtilité des corps principaux. Section 11. pag. 42.
De l'vsage, imitation, melioration & perfection des premiers corps. deriuez que l'on appelle Meteores, soit de ceux qui sont long-temps esleuez, soit de ceux qui retombent facilement en terre, ou de ceux qui s'y rendent fixes. pag. 45.

CHAPITRE III.

De l'imitation des feux qui paroissent en l'Air, & de l'vsage & perfection de ceux que l'on allume d'ordinaire. pag. 56.

CHAPITRE IV.

De l'vsage, imitation, melioration & perfection des sels, des soulphres & des bitumes. pag. 66.

ã iij

CHAPITRE V.
De la Chymie. Section. 11.   pag. 68.
De l'vsage, melioration, perfection & imitation des terres, des pierres, des mineraux, & des metaux, & de la pierre philosophalle.   pag. 70.

CHAPITRE VI.
De l'vsage & imitation des pierres grossieres. Sect. 2. pag. 72.
De l'vsage, imitation & melioration des pierres pretieuses. Section 3.   pag. 73.
Du pouvoir que l'on a sur les mineraux & les metaux. Section 4.   pag. 77.
De la transmutation des metaux & de la pierre philosophalle. Section 5.   pag. 79.

CHAPITRE VII.
De l'vsage, melioration & perfection des plantes, pag. 93.

CHAPITRE VIII.
De l'vsage, melioration & perfection des animaux, pag. 108.
De la melioration & de la perfection des hommes en ce qui est de leur corps; Et de la Medecine.   pag. 115.

CHAPITRE IX.
De la Medecine, & premierement de la conservation de la santé. Section 2.   pag. 118.
De l'Orpotable. Section 3.   pag. 134.
D'vn remede à tous maux. Section 4.   pag. 136.
De la prolongation de la vie. Section 5.   pag. 137.
De la restauration & de la renouation des hommes. Section 6.   pag. 142.
De la melioration & de la perfection des sens corporels. Section 7.   pag. 150.
De l'vsage de la voix. Section 8.   pag. 158.
Des artifices des hommes tant pour leur vtilité, que pour monstrer leur industrie. Section 9.   pag. 159.
De l'vsage des proprietez cachees; Et des sympathies & des influences; ou de la magie naturelle.   pag. 176.
De l'vsage des sympathies. Section 2.   pag. 194.
Des secrets sympathiques pour agir sur les corps separez & esloignez. Section 3.   pag. 198.

De l'vnguent sympathique. Section 4.   pag. 214.
De l'vsage des influences. Section 5.   pag. 221.
Des figures constellees appellees Talismans. Sect. 6. pag. 224.
Des Talismans en general. Section 7.   pag. 249.

TABLE DES CHAPITRES ET DES SECTIONS DV LIVRE, DE L'VSAGE ET DE LA PERFEction des choses Spirituelles.

CHAPITRE PREMIER.

DE l'vsage, perfection ou melioration du sens commun de l'homme : Moyens de corriger ses erreurs, & raisons certaines contre ceux qui doutent de tout, appellez Sceptiques ou Pyrrhoniens.   pag. 257.

CHAPITRE II.

De l'vsage & perfection de l'imagination & de la memoire. pag. 283.

CHAPITRE. III.

De l'vsage de la raison & du iugement, de leur melioration & perfection.   pag. 285.

CHAPITRE IV.

De la Logique. Section 2.   pag. 286.
Du fondement des Sciences. Section 3.   pag. 301.
De l'vsage & de la perfection, de l'Intellect ou de l'Intelligence.   pag. 303.

CHAPITRE V.

De l'vsage & perfection de la preuoyance ou de la prudence. pag. 305.
Des predictions de la varieté des temps. Section 2. pag. 307.
Des signatures des choses. Section 3.   pag. 318.
De la physionomie. Section 4.   pag. 327.
De la Metoposcopie. Section 5.   pag. 330.
De la Chiromance & de la Pedomance. Section 6. pag. 331.
De l'Astrologie Iudiciaire. Section 7.   pag. 334.
De la Geomance. Section 8.   pag. 364.
Des Diuinations. Section 9.   pag. 369.
Des vrayes predictions. Section 10.   pag. 378.

EXTRAICT DV PRIVILEGE du Roy.

PAR lettres patentes du Roy, donnees le 18. iour d'Aoust, 1640. signees, RENOVARD: & scelees du grand sceau de cire iaune, il est permis au Sieur de Sorel, Conseiller de sa Maiesté, &c. de faire imprimer par tel Libraire ou Imprimeur que bon luy semblera, *la Science Vniuerselle*, diuisé en trois Volumes, & deffences sont faites à toutes autres personnes de quelque qualité qu'elles soient, de faire imprimer, vendre & distribuer ledit liure, sur les peines y contenuës, pendant le temps de sept ans à compter du iour que ledit liure sera acheué d'imprimer, comme il est plus amplement porté par les lettres dudit Priuilege.

Et ledit Sieur de Sorel a cedé, & transporté le present Priuilege à Toussaint Quinet Marchand Libraire à Paris pour en iouyr suiuant l'accord fait entre eux.

Les exemplaires ont esté fournis.

Acheuez d'imprimer pour la premiere fois, le dernier Iuin, 1641.

DE L'VSAGE ET PERFECTION DES CHOSES.

Du changement que l'on peut donner aux choses, soit pour l'Vsage, ou pour leur propre Melioration, & de l'Imitation de ce qui est desia assez parfait. En premier lieu: Du pouuoir que l'on a sur les Corps principaux, & comment l'on imite la lumiere, la chaleur & le mouuement des Astres.

CHAPITRE PREMIER.

NOVS nous sommes employez iusques icy à considerer toutes les choses qui subsistent au monde, & à sçauoir la verité de leur Estre & de leur Nature, en'quoy nous auons veu aussi les changemens qu'elles peuuent souffrir par leurs propres forces; Il reste d'apprendre quel changement y peut estre apporté par l'exterieur, & ce que nous sommes capables

DE L'VSA-GE ET PERFECTION DES CHOSES CORPORELLES.

d'y executer, soit en les appliquant à l'vsage où elles sont propres par leur action prochaine, soit en les exposant seulement deuant les autres choses auec lesquelles elles peuuent faire quelque nouueauté. De-là nous connoistrons qu'il y en a qui operent par leurs effets, & par ce qui sort d'elles sans qu'il y ait rien de changé en leur substance; les autres sont changées veritablement, pource qu'elles peuuent demeurer entre les mains des hommes : & ce que les hommes en font est vn changement indifferend, pour monstrer simplement leur pouuoir; ou bien cela apporte de la commodité à quelque autre chose, & sert à quelque vsage; ce qui est vn changement vtile; & si cela sert à la chose mesme qui est changée, cela s'appelle vne Melioration, ou vne perfection accomplie. Pour ce qui est des choses qui sont trop éleuées ou trop parfaites pour estre en nostre puissance, il semble qu'elles ne nous laissent rien que la contemplation & l'admiration : Mais outre que nous pouuons faire que par leur moyen il arriue du changement à d'autres choses inferieures, nous transportons aussi & nous augmentons leurs effets en plusieurs endroits; & d'ailleurs, nous sommes capables de les imiter en quelques-vnes de leurs proprietez, tellement que nous en tirons tousiours de la Melioration ou de l'Vsage; ce qui nous apprend qu'il y doit auoir vne seconde partie de la Science Humaine & Vniuerselle; & que comme la premiere a esté de la connoissance de l'Estre de la Nature des choses, celles-cy doit traitter du changement qui y peut estre donné exterieurement, par l'industrie & la prudence des hommes.

L'on sçaura dans cét ordre tout ce qui peut donner accomplissement à la recherche generale des choses; & puis qu'en ce lieu l'on doit comprendre la recherche des Arts, qui d'ordinaire sont separez des Sciences, ils seront rangez à bon droict sous la Science Vniuerselle; car la connoissance que l'on en reçoit, est vne partie de cette Science, quoy que leur pratique ne soit qu'vn Art.

POVR garder vne methode plus aisée, nous suiuons **DV CHAN-** celle qui a esté deja prescrite dans les premiers Liures. **GEMENT** Nous considerons premierement ce qui se peut faire des **OV IMITA-** Corps principaux; En ce qui est d'augmēter leur nombre, **TION DES** de changer leur situation & leur rang, d'accroistre ou di- **CORPS** minuer leur masse, d'alterer leur couleur, de retarder ou **PRINCIP.** d'auancer leur mouuement, de corrompre leur odeur & leur saueur, de les rendre plus durs ou plus mols, plus secs ou plus humides, plus pesans ou plus legers, & plus chauds ou plus froids; il semble que nous n'y auons non plus de puissance qu'à changer leur matiere, leurs elemens & leurs principes, ou les aneantir; ce qui n'est permis qu'à leur Createur & leur souuerain Maistre. L'on dira que la grandeur de leur masse & leur éloignement, font que nous n'auons pas de pouuoir dessus eux, si nous les considerons comme des globles esleuez: mais que si nous sommes arrestez sur quelqu'vn comme sur la Terre, nos effects y peuuent apporter quelque changement. Nous la pouuons diuiser, ou en transporter quelques portions, & corrompre ses qualitez par le feu ou par le meslange. Toutesfois, ce n'est qu'en de petites parties que nous agissons; nous ne pouuons rien sur le total. L'on repliquera que nostre corps estant grand & fort, plus il peut remuer de choses, & qu'il ne luy manque rien que d'estre égal à vn autre corps, ou de le surpasser pour auoir quelque pouuoir sur luy. L'homme se peut figurer cela dans son esprit, se croyant capable de changer aussi-bien de grandes choses comme de petites, pourueu que ses forces respondissent à sa pensée. Mais puisque ses forces corporelles ont des limites plus courtes que celles de son ame, il en faut tenir vn discours conuenable, quand l'on ne parle que de ce qui est corporel; Ceux qui se meslent de faire des machines pour esleuer les fardeaux & les transporter, asseurent bien d'ailleurs, que l'on pourroit faire tant de ressorts & de rouë que la force seroit multipliée sans peine; & que si quelque globe en estoit atteint, l'on le pourroit faire chāger de lieu, pourueu qu'il fust plus leger que celuy de la

A ij

DV CHAN-　Terre où le fondement de la machine seroit. C'est tou-
GEMENT　siours reuenir à la mesme impossibilité : car il faudroit fai-
OV IMITA-　re pour cela des instrumens si grands & si hauts qu'il ne
TION DES　nous seroit pas possible d'y trauailler, estans si petits que
CORPS　nous sommes. Outre cela, ne faut-il pas croire que cha-
PRINCIP.　que globe estant placé où il est par la Nature, il n'en sçauroit estre osté par l'Artifice, quand il auroit vne force esgale à ce que nous en imaginons? Tenons donc les corps
principaux pour estre hors de nostre puissance. L'Air,
l'Eau & la Terre que l'on met en ce rang, ne nous sont pas
pas dauantage soufmis, encore que nous les touchions.
Nous ne pouuons chasser l'Air d'vne contree, ny empescher le flux & reflux de la mer, ou arrester le cours des riuieres, ny faire que la Terre se separe entierement de l'eau.
Il est certain que les Loix naturelles ne peuuent aussi estre
violees; mais l'on tient que lors que l'on s'y veut rendre
conforme, l'on peut accroistre ou diminuer leurs effets.
Il faut auouer que cela se peut faire si nous trauaillons sur
les choses qui souffrent l'action des Corps principaux,
& qui sont en nostre pouuoir pour leur petitesse.

De l'augmenta-　L'on peut augmenter l'ardeur qui est receuë du Soleil
tion de l'ardeur du　en quelque lieu, en y exposant vn miroir ou quelqu'autre
Soleil.　Corps où elle soit ramassee. Le mesme peut estre fait encore de la tiede chaleur de la Lune, dôt l'on rassemblera &
fortifiera les rayons, qui causeront vne humidité sensible,
dans l'esponge ou sur le papier lors que l'Air y sera disposé
selon que le Soleil luy en aura laissé le pouuoir, ne l'ayant
pas attenué excessiuement : car ce grand Astre se fait tousiours reconnoistre pour le souuerain. Rien n'empesche que
la lumiere qui viét d'vn Astre ou de l'autre, ne soit aussi ac-
cruë par les Corps solides, specialement par ceux qui sont
faits exprés : mais cela ne sera pas si sensible, pource que
toute grande lumiere nous semble extrême, & neátmoins
il y en a souuent diuers degrez. Quand l'on trauaille à ces
experiences auec des miroirs pleins; cela se fait par vne
simple reflexion, & n'est pas si fort qu'aux miroirs concaues, d'autant que les rayons s'vnissent au centre. Vn pa-

reil effet se trouue aux verres conuexes ou bossus des deux costez, à cause que les rayons s'y rassemblent & en sortent de mesme.

Mais outre l'accroissement de la lumiere & de la chaleur, il se fait vn transport des mesmes qualitez en faisant refleschir les rayons qui les possedent. Si les rayons du Soleil frappent droit en vne place descouuerte, en les receuant dans quelque miroir, l'on les peut faire aller dans vne chambre obscure qui soit aupres; l'on peut encore auec des miroirs concaues renuoyer la chaleur sur d'autres corps. C'est en cette façon que les hommes ont du pouuoir sur ce qui deriue des Corps Celestes. Mais il n'y a que les qualitez qui sont communiquees iusqu'en Terre qui reçoiuent quelque changement: Ce n'est que leur reception qui est augmentee en vn certain endroit, y faisant venir ce qui s'espandroit en plusieurs, ou bien c'est qu'vn corps ayant receu leur action est rendu capable d'agir & de repousser ailleurs ce qui luy a esté donné. La source ne participe point à cela; Elle n'a rien de changé, de sorte que pour ce regard l'on peut dire que les Corps principaux demeurent tousiours inuiolables. C'est pourtant auoir beaucoup de puissance que d'augmenter leurs effets, & de les destourner. Il faut que l'on domine sur eux en cela en quelque maniere, puisque l'on les empesche d'agir à leur mode. Cela est particulier à l'homme qui a du pouuoir sur les choses qu'il peut toucher. Sil n'est pas assez puissant pour apporter du changement aux Astres, il change au moins ce qui en procede en quelques lieux.

Outre cela, l'homme n'a-t'il pas le pouuoir de l'imitation? Ne peut-il pas faire quelque chose de semblable aux Astres? Il ramasse des Corps qui ont de la lumiere & de la chaleur. L'on tient que comme il s'en peut trouuer qui ont de la chaleur sans lumiere, il y en a qui ont de la lumiere sans chaleur. Les Corps que l'on eschauffe par le mouuement ont de la chaleur, & n'ont point de lumiere. L'on fait vne grande rouë qu'vn contre poids fait tourner, & cette rouë en fait tourner vn autre, & celle-là encor vne

DV CHANGEMENT OV IMITATION DES CORPS PRINCIP.

Du transport des rayons.

A sçauoir si l' *peut imiter les* *Astres, ramassant* *des corps qui ayẽt* *de la lumiere ou* *de la chaleur.*

A iij

DV CHAN- autre, laquelle supportant vn plat d'acier qui se glisse auec
GEMENT violence, contre vne plaque de mesme estoffe, cause de la
OV IMITA- chaleur par le mouuement, ce qui est capable d'eschauffer
TION DES vn cabinet à ce que l'on pretend, & c'est vne imitation de
CORPS ce que les Philosophes vulgaires attribuent aux Astres,
PRINCIP. d'eschauffer par leur mouuement. Mais quoy qu'il en soit,
ce n'est que de la chaleur ; & l'on veut encore de la lumiere : Peut-estre en sortiroit-il quelquefois des estincelles de feu, aussi bien que des rouës des chariots; mais elles
s'esteignent incontinent. Pour ce qui est des Corps qui
ont de la lumiere sans chaleur ; l'on allegue ces petits
vers qui luisent de nuict, comme aussi les escailles de
quelques poissons, les esclats du bois pourry. L'on dira
qu'il y a là quelque chaleur vitale, au moins en ce qui est
des vers luisans, & que pour tout le reste, ce sont choses naturelles qui ne procedent point de l'artifice de
l'homme. Pour la chaleur elle n'y domine pas beaucoup.
Ce qu'il y a de poly dedans ces Corps, reçoit si peu de
clarté qu'il y a en vn lieu & le renuoye, & si dauantage
l'on soustient qu'il y ait quelque chaleur aux vers luisants,
pour les faire éclatter dans vn lieu tres-obscur ; ils ont
de vray quelque chaleur en eux qui fait cela, & qui
estant espanduë dans vne certaine humidité, bien assortie
auec les parties terrestres, les rend propres à cét esclat.
Quant aux droits de la Nature, il n'y faut point toucher
maintenant; l'on ne pretend faire icy aucune chose sans se
seruir d'elle, mais l'on augmentera, ou bien l'on trans-
portera ses effets. Si l'on mettoit ensemble vne grande
quantité de vers luisans, & principalement de ceux que
l'on trouue aux Indes qui sont fort grands, & qui sont
capables de seruir à la conduite d'vn homme, il faut croire
que cela rendroit vne grande lumiere. Pour ceux de ces
pays-cy, encore ont-ils quelque esclat qui sort d'eux, mais
il est fort petit. Toutesfois s'ils estoient plusieurs ensemble il pourroit estre augmenté, & il en est de mesme de celuy des escailles de poisson, & du bois pourry. Il y a encore
d'autres choses qui esclattent la nuit, à quoy l'on ne prend

pas garde. Si l'on ratisse du succre en lieu obscur, l'on verra paroistre des estincelles sous le cousteau, mais cét effet n'a pas beaucoup de pouuoir. Il ne s'en peut pas faire vne conionction, comme des corps qui éclattent d'eux mesmes. Toutesfois ie n'en atten pas aussi vne grande operation; car s'ils donnent de l'éclat en vn lieu, ils n'y donneront pas assez de lumiere, pour lire & pour voir tout ce que l'on desirera.

DV CHANGEMENT OV IMITATION DES CORPS PRINCIP.
Des estincelles qui sortent du succre.

Quelques-vns ont pensé, que non seulement l'on pouuoit faire tout ce que fait la Nature, mais aussi adiouster beaucoup à sa puissance. Ils ont dit, que si l'on prenoit quátité de vers luisans, l'on en pourroit tirer vne certaine liqueur qui esclaireroit dans les tenebres: mais ie pense que cette liqueur ayant esté extraite par distillation, ou autrement, toute la constitution en doit estre changée, de sorte qu'elle n'éclattera plus d'elle mesme. Peut-estre si cela estoit mis dans vne phiole auec vne chandelle allumée aupres, cela rendroit beaucoup de clarté, mais point du tout autrement. L'on peut bien augmenter la puissance des choses en les joignant, non pas en destruisant leur nature.

Des vers luisans distillez.

Le vray moyen par lequel nous pouuons imiter la puissance des Astres, c'est en faisant des feux de plusieurs manieres. Les feux mesmes qui sont produits dans la plus haute region de l'Air, & ceux qui sont allumez sur la Terre ou dans ses entrailles, sont des effets qui procedent des Astres, pour faire quelque chose à leur ressemblance; car la principale action d'vn Agent, c'est de rendre conformes à soy autant comme il peut, les Corps sur lesquels il agit. En faisant donc des feux, l'on fait quelque chose de semblable à ces globes celestes; car les feux leur ressemblent en ce qu'ils esclairent & qu'ils eschauffent. Or pour auoir du feu lors qu'il manque, si l'on ne le tire des rayons de tous les Astres, l'on le tire de ceux du Soleil, afin de monstrer le pouuoir que l'on a de leur faire accomplir vne chose qu'ils font quelquefois par hazard, & qu'ils ne feroient pas alors si l'artifice ne leur preparoit les matieres. En exposant vn miroir ardent au Soleil, il s'eschauf-

L'on ne peut mieux imiter les Astres qu'en faisant des feux de diuerses manieres.

DV CHAN-
MENT OV
IMITA-
TION DES
CORPS
PRINCIP.

fe de telle forte, que les Corps fur lesquels le rayon paſſe s'allument incontinent. Des vaiſſeaux d'airin ou d'autre metail, receuant la meſme ardeur dans leur concauité, enflammeroient auſſi les Corps voiſins. L'on eut meſme compoſer vne mixtion ſi propre à s'enflammer, que ſans qu'il ſoit beſoin de reflexion, elle ſera allumée par les ſeuls rayons du Soleil, pourueu que ce ſoit en la ſaiſon qu'ils ſont d'ardez auec le plus de chaleur. Cette mixtion eſt faite auec des huilles de ſouffre vif & de genieure, de l'eau ardente, des iaunes d'œufs, de la poix liquide, de la colophone reduite en poudre, du canfre, du ſalnitre, de l'arſenic & de la lie de vin. Le bois qui en aura eſté endui,

D'vne mixtion qui s'enflamme par l'Eau à ce que l'on dit.

pourra s'allumer s'il eſt expoſé au Soleil. Quel pouuoir n'auroit point ce grand Aſtre qui produit la chaleur manifeſtement, ſi meſme l'on tient que l'on peut allumer du feu par le moyen de l'Eau, qui eſt vne propoſition merueilleuſe. L'on prend pour cét effet du ſalpeſtre, du ſel armoniac, de l'aymant calciné, de la chaux viue, faite de cailloux de riuiere, du ſuif, de la graiſſe de canard, de l'huille de ſouffre & de cedre, auec de la poix liquide. Toutes ces choſes ayans eſté miſes dans vn pot, & couuertes d'eau de vie, doiuent eſtre tenuës ſous le fumier l'eſpace de trois mois, & apres il les faut cuire au feu, iuſques à ce que les liqueurs ſoient conſommées; L'on dit que la poudre qui reſtera ſera capable de s'allumer dés que l'on iettera de l'eau deſſus. L'on attribuë encore cela à d'autres drogues diuerſement appareillées, mais tout reuient à vn, & de quelque façon que ce ſoit, bien que pluſieurs Autheurs en ayent parlé, l'on a de la peine à les croire. Il eſt vray qu'vn tel appareil eſt fort ſuſceptible de la flamme, & que ſi cela ne ſe peut enflammer à l'eau ſeul, cela s'enflammera à la moindre chaleur ſuruenante, & pourra au moins bruſler dedans l'eau. Ce ſeroit vne choſe eſtrange, ſi l'Eau qui eſt froide naturellement, allumoit de telles mixtions. Il faudroit que ce fuſt par le pouuoir de la cōtrarieté, & que le froid y ayant reſueillé la chaleur, les matieres propres à bruſler s'enflammaſſent incontinent. Ie ne voudrois pas

promettre

promettre vn tel effet pour rendre vn difcours plus merueilleux, & tromper les hommes par de faux fecrets.

DV CHAN-
GEMENT
OV IMITA-
TION DES
CORPS
PRINCIP.

Demeurons aux moyens plus certains de produire le feu, fans aucune mixtion extraordinaire; En frappans d'vn caillou contre vn fer, ou de deux cailloux l'vn contre l'autre, l'on en fait fortir des eftincelles que l'on reçoit fur de la mefche. En frottant auffi deux bois fort fecs l'vn contre l'autre, comme de l'oliuier & du laurier, & d'autres encore plus propres qui fe trouuent aux Indes, l'on en verra fortir du feu que l'on pourra arrefter fur vne matiere prochaine, & il s'accroiftra toufiours tant que l'on luy donnera de quoy s'entretenir. Ce n'eft pas qu'il fe nourriffe à la maniere d'vn animal; C'eft que pendant qu'il eft en bon eftat, il faut que l'on en approche de la matiere qui fe conuertiffe en fa nature, & que les parties fuccedent toufiours les vnes aux autres, à mefure qu'elles feront confommées, c'eft à dire que toute l'humidité ayant efté attenuee fe fera efleuée en l'air, & ce qu'il y aura de terreftre fera tombé en cendre. Nous auons defia pû apprendre ailleurs, que pour faire que le feu s'allumaft facilement, il faloit que la matiere terreftre fuft exactement meflée à l'humide. Il y a des matieres qui bruflent mieux, d'autant que l'humidité n'y abonde pas, & qu'elles font plus feches, comme le bois & les eftouppes. Les autres ont beaucoup plus d'humidité que de feichereffe, & neantmoins bruflent parfaitement bien, d'autant que les parties de la Terre fort amenuifées y font fubtilement coniointes à l'eau, comme les huiles & les graiffes. En tout cecy l'air eftant efchauffé, s'attache au corps fec par le moyen de l'humide, lequel eftant rarefié petit à petit, donne matiere au feu qui trouue de quoy entretenir fa chaleur & fa lumiere de méme qu'elle a cõmencé. Or fi l'on difpofe en rondeur la matiere que l'on veut allumer, cela imitera la figure des Aftres, ou bien de loin vn grand feu nous femblera rond, encore qu'il ne le foit pas, mais à dire vray, tout cela eft peu de chofe. Si l'on veut faire vn feu qui ait plus de rapport au Aftres, il faut qu'il foit inextinguible, & qu'il dure cõtinuellement.

Vol. III. B

DES FEVX INEXTINGVIBLES.

Des feux Inextinguibles, & de ceux qui ne se peuuent esteindre par le vent, & qui bruslent mesme dans l'eau.

POVR ce qui est de faire vn feu qui ne se puisse esteindre par le vent ou par quelque autre violence, l'on y paruient en faisant vne mixtion de vernis, d'huile, de resine, de salpestre & de souffre vif: & si l'on y adiouste du caphre, du bitume & de la poudre à canon, cela bruslera mesme dans l'eau. Cela se fait, parce que l'humidité y est si bien attachée à la matiere terrestre, qu'elles ne peuuent estre separées par aucun accident, & s'accordent parfaitement ensemble pour faire durer le feu, mais il ne durera neantmoins, qu'autãt que la matiere employera de temps à se consommer, ce qui se passe en peu d'heures, au lieu que les Astres esclairent continuellement. Il faut sçauoir s'il y a quelque feu qui les puisse imiter dans la durée.

Des feux eternels qui sont ceux que l'on doit proprement appeller inextinguibles.

C'est vne maxime certaine, que le feu ne dure qu'autant qu'il a de matiere pour s'entretenir, mais l'on luy en donne quelquefois tant, & l'on la mesnage si bien, qu'il n'en vient à bout que dans vn terme fort long. Cela se remarquera en de certaines lampes faites comme vne grosse Tour, où n'y ayant qu'vn petit trou au bas par où sort l'huylle, elle ne s'escoulera que lors que la chaleur du feu la rarifiera petit à petit, pour remplir la place de celle qui sera consommée. Mais enfin il faut que ce feu s'esteigne si l'on ne luy fournit de nouuelle huylle, & de nouuelle mesche, & l'on ne voit pas auiourd'huy de lampe qui puisse durer allumée quelques années entieres, sans renouueller la matiere du feu. L'on ne les fait point de grandeur excessiue, ny l'on ne les faisoit point telles autresfois. Si elles duroient long-temps, c'estoit par quelque autre secret. L'on tient qu'en ouurant des sepulchres anti-

Des lampes des sepulchres anciës

ques, l'on y a trouué des Lampes qui estoient encore allumées, tellement que plusieurs ont asseuré que l'on peut faire des feux qui ne peuuent iamais estre esteints, ou qui durent si long-temps, qu'on ne sçauroit dire quand la fin en doit arriuer. L'on fait plusieurs questions là dessus; car il y en a qui tiennent que les feux dont on parle, n'ont esté qu'illusions, ou que s'ils ont esté reels, il faut chercher comment ils ont pû estre allumez, & que cela

doit auoir esté fait soudainement, non point qu'ils ayent DES FEVX
duré par vne longue suite d'annees. L'on remonstre que INEXTIN-
les cables des vaisseaux, & ceux qui sont employez à sup- GVIBLES.
porter quelque gros fardeau, allument quelquefois du feu
autour d'eux, d'autant que l'air estant pressé viuement
par la corde qui s'estend, s'eschauffe outre mesure ; &
trouuant autour de soy quelque humidité vnctueuse, il en
produit de la flamme : Aussi en remuant les sepulchres,
la force de quelque machine auroit bien pû produire cét
effet, ou bien mesme les pierres que l'on leue ou que l'on
aura laissé tomber auec violence : & cela se trouue d'autant plus facile que l'on tient que les lieux ou l'on enterre les corps sont d'ordinaire remplis d'exhalaisons capables de s'enflammer, mais il faut donc que l'on ait continué d'y en enterrer souuent : car à la longueur tout estant
desseiché il ne s'y en feroit plus. Toutefois, l'on peut dire que cette matiere se seroit côseruee dans vn sepulchre
de pierre bouché de toutes parts, & se seroit enflammee
aussi-tost qu'il auroit esté ouuert. La facilité qu'il y auroit eu à cela, auroit esté par le moyen de l'effort des machines ou de quelque autre instrument : Et mesme, l'on
adiouste qu'vn marteau ou vne pince de fer touchant fortement contre la pierre, en a pû tirer des estincelles, qui
se trouuans dans la matiere vnctueuse ont allumé quelque feu : & qu'à cause que cela estoit proche de la lampe,
qui estoit dans le sepulchre, l'on s'est imaginé que ce feu
venoit de-là, & qu'il auoit tousiours duré depuis que la
lampe y auoit esté mise, ne s'estant esteint que pour le
trop grand air dont il auroit esté dissipé. La tromperie a
pû arriuer à cause du peu de temps que l'on a eu de considerer cela : car le sepulchre estant ouuert, l'on a veu pareistre la flamme qui s'est esteinte si viste, que l'on n'a pas
sceu remarquer si c'estoit par accident qu'elle auoit esté
allumee, ny de quel lieu elle partoit. Quelqu'vn a dit
encore qu'il y auoit possible dans les tombeaux quelque
matiere gluante & reluisante que l'on auoit prise pour

B ij

DES FEVX INEXTIN-GVIBLES. de la flamme; soit que l'on y eust mise par hazard, ou que ce fust vne matiere conglutinee au fonds de la lampe, du reste de l'aliment du feu. Voilà ce que l'on peut dire pour monstrer que le feu que l'on a veu dans des tombeaux, n'y a pas esté conserué par vne longue suitte d'annees, ou qu'il n'a pas esté reel. Mais ceux qui soustiennent que cela peut estre vray, ne tiennent compte de ces raisons, & veulent prouuer absolument que l'on peut faire vn feu inextinguible: Ils cherchent vn aliment au feu dont l'on ne puisse voir la fin. Ils disent qu'vn certain arbre appellé Abestus, ou la pierre appellee Amyanthus & l'Alum de plume, ne peuuent estre consommez; Que l'on en a tiré des filets dont l'on a fait des seruiettes, qui estans grasses & salles, estoient iettees au feu où elles se blanchissoient & ne brusloient point; Que l'on a mis quelquefois les corps morts dans de pareil linge sur le buscher, afin qu'estans bruslez, leurs cendres fussent separees de celles du bois: Que si l'on faisoit vne mesche de cela pour vne lampe ou pour vn flambeau, elle dureroit tousiours, mais cecy n'est rien si l'on ne trouue encor vn aliment incombustible qui entretienne le feu, & s'il n'y a vne huyle ou vne graisse qui ne se puisse consommer. D'ailleurs, ie ne tien point que l'Abestus ny l'Amyanthus soient incōbustibles, encore que les seruiettes qui en sont faites se blanchissent au feu sans y brusler: C'est qu'il ne faut qu'vn moment pour cela: Si elles y estoient vn bien long-temps, elles seroient consommees, & la mesche que l'on feroit de cette matiere seroit à la fin renduë incapable de soustenir le feu. Pour ce qui est de l'humidité qui doit seruir d'aliment, l'on tasche d'en trouuer vne qui ne soit point destruite: & l'on se va imaginer pour cela qu'il faudroit que ce fût vne huyle d'or, d'autant que ce metal n'est point consommé par le feu, mais il n'est pas certain que l'on puisse faire vne telle huyle: & quand cela seroit, bien qu'elle fust tiree de ce metal, elle se pourroit euaporer comme vne autre, au cas que ce fust vne huyle veritable. Il ne faut point auoir recours à cette matiere: il faut croire seulement que n'y en ayant aucune qui ne soit suiette à se changer en fumée, il est impossible d'en faire vn feu durable s'il n'y arriue de la circulation, & si cette fumee ne s'épaissit pour brusler encore apres, tellement qu'il faut qu'vne lampe soit disposée pour cét effet, & que le lieu où elle est mise soit clos de toutes parts, afin qu'il ne se perde aucune portion de la matiere qui brusle, & par ce moyen il semble qu'il ne soit pas besoin qu'il y ait de la méche dans la lampe, si ce n'est pour arrester le feu en vn certain lieu, afin qu'il ne consomme pas sitost sa matiere: mais n'y ayant aucune mesche qui ne soit enfin consommée, il ne se peut pas faire de circulation ny d'autre remede pour la reparer, tellement qu'il ne faut pas penser qu'il y en eust dás les lápes inextinguibles: Aussi n'y en trouue-on point, ny d'Amyanthus ny d'autre chose. Quelqu'vn a dit qu'vne petite broche de fer ou d'autre metal ayant receu la chaleur du feu la conserueroit autour de soy, & feroit office de mesche, estant accompagnee d'vne matiere conforme à cela ; mais l'on ne trouue point de tels preparatifs dans les lápes des sepulchres; & l'on ne sçait pas les moyens de s'en seruir. Il est plus aisé de faire vn feu lent qui brusle sans mesche, & dont l'exhalaison estant épaissie se rende encore capable de brusler. L'on trouue bien dans les lápes anciénes quelque matiere durcie, qui est vne espece de biturne, mais la mesche ne s'y remarque point, de sorte que l'on est tousiours en doute si elles en ont eu. Si leur feu a donc duré fort long-temps, il faut que c'ait esté par la circulation. Toutesfois, il y a vne grande difficulté à faire que la matiere éuaporee, estant condensee derechef, se rende encore au fonds de la lápe. L'On ne void point qu'il y eust de la disposition pour cela dans les tombeaux ; mais soit qu'il y en eust ou non, il est croyable que l'on pourroit faire des vaisseaux propres à cela, dans lesquels les vapeurs ne se perdans point, s'espaissiroient en quelque receptacle où elles s'arresteroient, & couleroient encore apres par quelque canal dans le fonds de la lampe qui fourniroit de nourriture à la flamme par vne ouuerture proportionnee. La maniere est difficile à trouuer, & les vaisseaux sont difficiles à construire, mais l'on en pourroit bien venir à bout y employant l'industrie & la diligence, & par ce moyen nous imiterions la duree des Astres: Neantmoins, d'autant que cette circulation finiroit si les vaisseaux estoient ouuers, & que ce feu ne pourroit pas resister au grand Air ny à l'Eau, il ne seroit pas parfaict de tout poinct. Aussi nous suffit-il de trouuer ces perfections separément en diuers feux. Il y a quelque contradiction en ce qu'vne lampe allumee dans vn vaisseau clos ne met guere à s'esteindre: mais cela ne se fait pas quand le vaisseau est bien grand, pour la capacité de la flamme: c'est assez alors qu'il y entre quelque Air par les pores, ou que celuy qui s'y trouue enfermé y soit maintenant.

L'on promet vn feu d'vne autre sorte, lequel parestra apres vne grande longueur de temps. L'on ordonne de tirer l'esprit ardent du sel de Saturne, & d'enfermer tout ce qui en restera dans vne phiole bien bouchee: & l'on pretend que si l'on la casse fort long-temps apres, cela parestra encore comme des charbons ardents. Si l'on prend aussi du vin vieil, du sel & du camphre, que l'on mette sur vn reschaud dans vne armoire où il n'y ait d'ouuerture qu'autant qu'il en faut pour vne petite expiration; Quand tout sera consommé, ayant retiré subtilement le reschaud, & fermé l'armoire de telle sorte qu'il n'y entre plus aucun air, de-là à longues annees, si l'on y introduit vne bougie allumee, tout y sera remply de flammes & d'esclairs.

Voylà vne experience que l'on auroit pû faire aux sepulchres & autres lieux pour garder le feu, mais il ne paroist en cecy que lors que l'on en apporte d'autre; tellement que c'est vn feu caché, ou plustost vne matiere propre à s'enflammer dés qu'elle sent le moindre feu. Neantmoins, cela monstre comment la duree du feu est imitee diuersement.

L'ON peut bien augmenter la chaleur & la lumiere aux corps où nous la faisons produire; il ne faut que leur donner plus de matiere combustible pour faire de plus grands feux: Mais l'inegalité des flammes est souuent mal propre à representer des Astres si l'on les veut imiter. L'on fait mieux de ne prendre que de petits feux plus artificiels, comme de poser des flambeaux derriere des bouteilles pleines de vinaigre distillé, ou de quelque autre liqueur fort claire, ayant donné aux bouteilles vne telle forme & vne telle situation, que cela puisse ressembler aux Astres. Si l'on fait mesme vn grand globe de verre creux au milieu pour placer vne chandelle, estant remply de semblables liqueurs enfermées dans son estenduë autour de la lumiere, cela esclairera comme vne forme de Soleil, & ce sera vne gentille inuention, d'attacher de tels globes autour des murailles d'vne salle, où l'on veut faire quelque magnifique assemblée. Tout le defaut qu'il y auroit, c'est que la chandelle feroit paroistre de l'obscurité à cause de sa longueur. L'on pourroit mettre de l'huyle & de la mesche dans le creux du globe pour en faire vne lampe, mais cela parestroit encore assez sombre: Toutesfois, la clarté qui seroit autour repareroit cecy, & méme pour vne plus grande curiosité, si l'on veut faire vn globe de verre entieremét percé au milieu, l'on y pourra hausser la lumiere de la chandelle petit à petit, à mesure qu'elle se consommera, afin qu'il y ait moins d'obscurité. Si l'on veut seulement faire vne semblance d'Astre ayant caché vne lumiere vn peu au dessous d'vne verriere ronde, & ayant mis au delà vne feuille de cuiure, cela rendra quelque esclat pareil, mais il ne s'estendra pas fort loin: & si cela est rendu aussi grand que le Soleil nous paroist, cela en donnera quelque ressemblance parmy des nuages contrefaits, excepté que l'on ne pourra imiter la viuacité de ses rayons. Pour ce qui est de contrefaire les estoilles, l'on y réusira beaucoup mieux, ayant fait plusieurs petits trous couuers de verrieres, & mis des flambeaux au delà. Pour contrefaire la Lune, il ne faut qu'vn rond de papier huyllé, qui ait

DE L'IMITATION DES ASTRES.

Les petits feux artificiels, representent bien les Astres.

DE L'IMI-
TATION
DES ASTRES.

quelques taches pareilles aux siennes, auec quelque clarté derriere; & pour imiter la face du Ciel qui resplendit de cette diuersité de feux, il faut qu'il y ait force lumieres derriere vne toille peinte de bleu celeste. Tout cecy n'est que pour l'apparence, & sert à l'ornement des Theatres, où les yeux prennent plaisir à estre trompez. L'on sçait bien la tromperie lors que l'on est enfermé dans vne salle, où le Ciel & les Astres ne peuuent paroistre naturellement dans la situation où l'on met ces representations: Mais si l'on faisoit paroistre cela la nuit, au bout de l'allée de quelque iardin, l'on y pourroit estre surpris, & l'on croiroit voir vne vraye face du Ciel, & vne vraye Lune & des Estoilles, qui esclaireroient entre les arbres. Ainsi, l'on contrefait les Corps celestes par des inuentions assez faciles, qui neantmoins sont considerables, puis qu'elles reüssissent à l'égard de nous. L'industrie paroist assez d'ailleurs de ne representer pas seulement les Astres tels qu'ils sont à l'aspect, mais de les imiter en leur chaleur, leur lumiere & leur mouuement, comme nous auons veu. Si l'on n'a guere de pouuoir sur eux, c'est beaucoup d'auoir presque autant de pouuoir qu'eux.

De l'Imitation des Corps Principaux inferieurs.

LES autres Corps Principaux estans inferieurs, doiuent estre plus accessibles aux Hommes. S'ils n'ont pas le pouuoir de leur faire changer de place en leur total, ils peuuent mesler & transporter leurs parties : Ils employent aussi leurs effets, où ils veulent par vne application prochaine : & pour ce qui est de leur imitation, ils y reüssissent en plusieurs manieres. Quand nous faisons euaporer quantité d'eau par la chaleur, nous faisons quelque chose de semblable à l'Air. Nous tirons aussi de l'eau par distillation de plusieurs Corps meslez, & par ce moyen il semble que nous faisions de l'eau, & affermissant par le feu quantité de choses liquides, il semble que nous faisions de la Terre. L'on peut aussi imiter la couleur, l'odeur, la saueur, la dureté ou la mollesse, la secheresse ou l'humidité, la pesanteur ou la legereté, la froideur ou la

chaleur

chaleur de ces Corps; & si l'on ne donne vne durée eter- DE L'IMI-
nelle à ce que l'on fait, au moins l'on y en peut donner vne TATION
assez longue. La figure propre s'y rencontre fort facile- DES CORPS
ment; & quant au nombre, l'on le peut bien égaler à ce qui PRINCIP.
nous paroist, faisant autant de representations. Pour la situation & la grandeur, qui sont les proprietez qui resistent,
l'on ne sçauroit mettre des Corps au mesme lieu que sont
les principaux, ny les faire si grands, specialement pour ce
qui est des Astres où l'on ne peut atteindre L'on peut bien
pourtant mettre l'Air auec l'Air, & la Terre auec la Terre, ou bien les brouïller l'vne auec l'autre, à cause de nostre
proximité, mais l'on ne fait rien que de fort petit.

 Il y a vne autre maniere d'imiter la situation, & la figu- *Comment l'on*
re des Corps Principaux, c'est par la representation que *imite la situation*
l'on en fait dans les Cartes du Monde, dans les Globes *la figure & le*
& dans les Spheres. Ayant aussi obserué la proportion *mouuement de*
des vns enuers les autres, c'est en quelque sorte represen- *tous les Corps*
ter leur grandeur malgré la petitesse de leur image. Pour *principaux.*
ce qui est de leur Mouuement, il est entierement imité
selon toutes les opinions que l'on en peut auoir. C'est peu
de chose des horloges, qui mesurans l'espace de douze
heures & de vingt & quatre, representent le cours du Soleil autour de la Terre, & qui reglans aussi l'année, marquent le chemin que cét Astre fait par le Zodiaque. Cecy
n'est que pour mesurer le temps. Outre cela, l'on fait des
machines où les Astres marchent effectiuement d'vn mesme pas que dans le Ciel, & en de semblables espaces &
proportions, selon que l'on les suppose. L'on en fait selon l'opinion de ceux qui souftiennent que le Soleil est
immobile au centre du Monde, & que c'est la Terre qui
tourne; & d'autres pour ceux qui croyent que c'est la Terre qui est fixe. Cela s'execute par le moyen de diuerses
roües cachées, qui conduisent les Cercles & les Globes.
Il est vray que les Corps Principaux se meuuent par leur
propre force; ce que l'on n'imite pas en ceux-cy, qui ne
sçauroient marcher que par l'artifice qui les pousse. Il suffit que par ces moyens l'on paruienne à vne chose pres-

DE L'IMITA-
TION DES
CORPS
PRINCIP.

que pareille, & que les ressorts soient cachez de sorte, que l'on voye l'effet sans connoistre la cause.

I'ose bien pourtant dire que l'on se peut imaginer quelque chose de plus semblable aux Astres, & à toute l'œconomie du Ciel que ne sont les figures & les mouuemens des Spheres communes. Ie voudrois que pour representer le Soleil, il y eust vn vray feu qui par sa vigueur seulement fist marcher son Corps, & la Lune seroit vn Corps poly, qui cheminant par quelque autre moyen secret representeroit toutes les diuerses faces que l'on luy void au Ciel, & seroit tantost en Croissant & tantost pleine, selon qu'elle receuroit la clarté de son Soleil. Il faudroit que cela se fist de la sorte, si elle se trouuoit tousiours dans la distance necessaire. Cela ne reçoit point de difficulté que pour la mesure du mouuement, si l'on le vouloit rendre égal à celuy des Cops Celestes; mais l'on se pourroit contenter d'vne representation de quelques heures, qui donneroit encore assez de plaisir aux curieux, pource qu'vn tel spectacle auroit quelque chose de conforme à la Nature.

Du Mouuement perpetuel.

L'ON se peut icy informer si le Mouuement perpetuel des Corps Principaux est imitable à l'artifice. Leur vigueur naturelle ne manquant iamais, ils se meuuent incessamment; Cela est propre aux Astres qui doiuent auoir vne circulation eternelle. Quand à l'Air & à l'Eau, ils peuuent demeurer fixes lors qu'ils ont trouué vn lieu de repos: Mais les Astres qui leur font changer de place par leurs attractions, sont cause qu'ils se transportent en diuers endroits, lors qu'ils cherchent place, & qu'apres s'estre éleuez ils tombent, ou s'escoulent par leur pesanteur. L'on pretend que l'on peut faire aussi artificiellement vn Mouuement perpetuel par quelque semblable raison, quoy qu'il y ait beaucoup de choses qui s'opposent à cette entreprise. Premierement, l'on ne sçauroit faire de machines qui soient si durables qu'il ne les faille racommoder. Celles de bois sont sujetes à se rompre & à se

pourrir, & celles de fer ou de quelque autre metail, sont DV MOV-
suiettes à s'vser. Toutefois, cela n'est point considerable: VEMENT
car pourueu que l'on preuue que le Mouuement doiue PERPE-
tousiours durer; au cas que la machine ne s'vse point, l'ar- TVEL.
tifice aura assez monstré sa puissance. Or comment y
paruiendra-t'il? L'on a fabriqué plusieurs machines auec
des rouës & des contre-poids differens de grandeur & de
situation : Mais ce qui donne le branse s'arreste enfin: &
lors que le Mouuement a duré quelque temps, il finit
auant qu'il se soit fait vne circulation entiere, dautant que
si vn Corps ne se meut que pour auoir esté poussé par vn
autre prochain qui finit son Mouuement dés que son res-
fort à ioué, le second ou le troisiesme ne reçoiuent pas
assez de force pour pousser apres le premier par reciprocation. Les diuers moyens dont l'on a vsé pour trouuer
vn Mouuement perperuel, ont eu des obstacles diuers,
chacun selon leur forme. Il seroit mal-aisé de faire vn raport de cette varieté. Nous iugeons assez par la raison
que si l'on donne quelque accomplissement à ce dessein,
il faut que ce soit par le moyen d'vn principe naturel qui
subsiste tousiours dans sa vigueur, & qui ayant plus de
force que la machine qu'il doit faire mouuoir, ne manque
point à la faire iouer tant que ses ressorts seront entiers.
Ainsi, l'eau d'vn ruisseau qui coule sans cesse, & n'est point
suiet à se tarir hy à se glacer, peut faire tourner la rouë d'vn
moulin, soit pour moudre du bled ou pour faire des huyles, ou pour seruir à faire du papier, & à l'vsage des forges. Ces rouës seruiront mesme à faire aller des horloges
où il ne faudra point de contre-poids. Par le moyen de
quelques pompes elles esleueront aussi l'Eau continuellement pour la porter ailleurs, & feront ainsi vne fontaine
perpetuelle, quoy qu'elle soit artificielle. L'on peut mesme esleuer long-temps l'eau d'vn puys par le moyen d'v-
ne pompe sans y mettre les mains. L'on fera vn piuot
garny de petits volans qui tourneront de quelque costé
que le vent puisse venir, & donneront le branse à d'autres roues pour faire iouer la pompe, mais le defaut du

C ij

DV MOV-
VEMENT
PERPE-
TVEL.

vent laissera la machine oisiue, tellement que celle qui est sur vn ruisseau est plus seure. Quelques-vns ont pensé que comme l'Eau monte aussi haut qu'elle est descenduë, cela pourroit seruir à vn Mouuement perpetuel, & que l'eau d'vn estang ou d'vne riuiere tombant dans vn canal baissé, qui monteroit de l'autre costé, pourroit retourner à son origine ; mais il faudroit pour cét effet qu'elle montast encore plus haut, ce qu'elle ne peut naturellement ; de sorte que cela ne réussit point par vne inuention si simple. Il y faut adiouster quelque machine, & que mesme elle soit posée sur vne eau courante. Il y a encore vne agreable inuention de Mouuement perpetuel, de faire que l'Eau d'vne fontaine qui sort continuellement d'vn tuyau, tombe tousiours dans vn seau qui s'abaissera à mesure qu'il sera plein : & s'estant vuidé par le moyen d'vne corde attachee au bas & tenduë à certaine distance, vn contre-poids qui sera au bout de la corde de la poulie le fera aussi-tost remonter pour s'emplir derechef. L'on peut dire que ce n'est point encore là auoir trouué vn Mouuement perpetuel par le seul artifice, d'autant que la force d'vne Eau qui coule tousiours de sa propre nature, est-ce qui y sert de principe. C'est pourtant quelque chose d'estimable d'auoir trouué de semblables gentillesses ; Et principalement de faire des machines sur des riuieres & des ruisseaux, lesquelles se meuuent tant qu'elles sont en bon estat, & sont vtiles à beaucoup de necessitez de la vie Humaine. Mais afin de contenter l'esprit en sa curiosité, l'on recherche ce qui a du Mouuement par vn artifice entier. Il me semble que l'on en peut trouuer quelque chose par le moyen de l'Eau plustost que par les seuls contre-poids. Il faut tascher de faire vne fontaine sans fin, & que l'Eau qui sortira d'vn vase estant tombée dans vn autre, retourne apres au premier. Mais si l'on fait vn vaisseau dont il sorte vn canal, croyant que l'Eau qui y retombera, remontera par reciprocation, l'on trouuera qu'elle ne montera qu'à son niueau si le tuyau est plus haut qu'elle ; Que s'il est plus bas, & qu'il rentre dans le vaisseau, il sera tous-

D'vne fontaine sans fin.

jours plein d'eau de toutes parts, si bien que l'eau y demeurera sans mouuement. Pour le canal qui monte de bas en haut & qui retombe, lequel on appelle Syphon, l'Eau qui en sortira estant receuë dans vn bassin ne pourra rentrer non plus au premier recipient par vn canal du bas, d'autant qu'elle le trouuera tousiours plein, & l'Eau se perdra plustost que de rentrer. Ce seroit vne imagination puerile de penser faire quelque chose par ces moyens-là. Nous sçauons qu'il faut faire monter l'Eau plus haut que sa source pour la rejetter d'où elle vient : mais il ne faut pas ignorer que cela ne peut estre executé par de simples canaux, & qu'il luy faut de l'aide pour l'esleuer. L'on void que les pompes l'attirent si haut que l'on veut, & qu'elle y monte par succession de parties. Il est donc besoin de faire vne pompe qui lors que l'Eau sera tombée dans le recipient, l'esleue plus haut pour la porter dans le premier vaisseau. Mais si l'on fait iouer cette pompe par vne machine separee, ce ne peut estre que par des contrepoids, ou par quelque autre force que l'on renouuellera de temps en temps, de maniere que le mouuement ne sera point perpetuel. Il faut que cette pompe & cette puissance motiue, soient en vne mesme machine, & se rendent des deuoirs reciproques. N'y a-t'il pas moyen de faire que l'Eau du premier vase tombe sur vn petit moulin qu'elle fasse tourner, lequel fera iouer vne pompe par qui elle sera esleuee apres estre tombee dans vn bassin? & ayant esté receuë dans vn autre vaisseau apres cette esleuation, ne retournera-t'elle pas au premier pour faire vne circulation continuelle? Il ne faut pas s'amuser à dire que l'Eau se diminuera bien-tost si l'on n'y en remet à toute heure: Cela n'empesche pas que si cela se peut executer, l'on n'ait trouué vne espece de Mouuement perpetuel : Car toutes ces choses consistent plus en raisonnement qu'en effet, & l'on suppose tousiours que l'Eau n'y manque iamais, & que les machines puissent tousiours durer. L'on dira que de cette sorte l'on peut faire tourner continuellement vne machine par le moyen de la fumee tant que durera le feu;

C iij

DV MOV-VEMENT PERPE-TVEL.

Il est vray, mais ce n'est pas vne si subtile inuention comme de faire vne fontaine sans fin dont l'Eau mesme qui tombe, serue à faire iouer vne pompe qui l'esleue apres. Si l'on faisoit seulement tomber de l'Eau d'vn vase pour faire tourner vne rouë qui fist iouer vne machine, & que l'on remplist le vaisseau de sa propre main à mesure que l'Eau en sortiroit, cela seroit semblable à ce feu, que l'on entretiendroit tousiours pour faire iouer vn autre artifice par la fumee. Il faut apprendre en cecy à ne se point abuser dans les comparaisons, & cela peut seruir à la guide du raisonnement.

Le Mouuement perpetuel se fait par le moyen de l'Eau & des Corps terrestres ensemble.

Il n'y a point de doute que le Mouuement est assez subtil estant fait par le moyen de l'Eau : Car outre qu'il est perpetuel en la fontaine, il l'est aussi en la machine. Il n'y a rien de plus commode à cét effet que ce Corps fluyde. L'on peut diuersifier l'inuention de la machine qui seruira à faire esleuer l'Eau, mais tout se rapportera à vn mesme principe. Cela se fera par le Mouuement de la Terre aussi bien que de l'Eau, puisque les machines sont des Corps terrestres. L'on pourroit bien trouuer vne inuention de faire vn petit amas d'Eau qui se haussast & s'abaissast par les regles du flux & reflux de la Mer, & vn globe terrestre qui tournast continuellement comme l'on pretend que fait la Terre. Il faudroit que cela dependist de quelque machine dont le Mouuement seroit perpetuel,

Pour faire mouuoir continuellement vne machine du Monde.

& il seroit facile d'y faire mouuoir l'Air pareillement. Pour ce qui est de faire mouuoir aussi vne figure du Monde, cela deuroit dépendre de la mesme subtilité que nous auons alleguee d'vne Eau qui fist tourner perpetuellement vne machine, & le secret consisteroit à faire que l'vne des roues ne seruist pas seulement à faire monter l'Eau, mais à communiquer le Mouuement à d'autres roues appropriees à faire tourner les cercles de la Sphere. L'on ne doit point obiecter que tout ce qui se trouue-là ne depend pas de l'industrie de l'Homme, pource que le coulement de l'Eau vient de sa nature, & que l'on voudroit vne machine où tout ce qui auroit mouuement au roit esté façonné par artifice ; mais quand cela seroit, l'on pourroit donc dire de mesme, que si vn poids s'abaissoit ce seroit par l'inclination que la Nature luy auroit donnée de tendre tousiours en bas. Il y a assez de difficulté à tout cecy de quelque façon que l'on y procede, tellement que l'on a recours à l'Eau comme au plus expedient.

DV MOV-VEMENT PERPE-TVEL.

Quelqu'vn ne voulant employer que les choses terrestres, s'est imaginé de faire vne rouë auec deux pierres d'Aymant qui s'attireroient l'vn l'autre, & attirans aussi des aiguilles d'acier qui seroient posées au tour, feroient ainsi mouuoir vne machine ; mais elles demeureroient en mesme estat, à cause qu'elles seroient attirées également de tous costez, & autant par le diametre que par la circonference ; Ioint que c'est prendre encore vn principe naturel, au lieu de se seruir du simple artifice ; mais pourtant cela seroit fort agreable si cela pouuoit estre executé. Vn autre a dit qu'ayant fait distiller quelques mineraux, & les ayant fait passer par diuers feux, il s'en peut faire vne composition, qui estant gardée dans vne phiole bien bouchée, ne cessera iamais de remüer par petits atomes agitez confusément ; de sorte qu'il pretend auoir trouué en cela le Mouuement perpetuel. Cela est fort beau de verité, mais ce qui seroit fait par le Mouuement des machines, seroit encore plus ingenieux, specialement s'il n'y estoit besoin que de rouës de fer ou de bois & de contrepoids de plomb ou de pierre, & de toute autre matiere terrestre, sans que le cours de l'eau fust necessaire pour les faire joüer. Mais il y a beaucoup de difficulté à vser de cét artifice. Tout ce qui n'est point naturel, n'est point de durée. C'est pourquoy il n'est pas permis aux Hommes de faire des choses qui soient eternelles. Elles ont bien quelque representation de cette eternité, mais rien dauantage : & mesme il se trouue que toutes ces inuentions de Mouuement perpetuel ne sont d'aucune vtilité, comme pour nous aduertir que cela n'est bon qu'à contenter vne curiosité passagere. Pour les Mouuemens terminez, ils sont tres-vtiles, & se font de plusieurs sortes. Ils ne sont pas eternels & infailli-

Les choses terrestres ne sont pas employées fort vtilement toutes seules, au Mouuement perpetuel.

DV MOV-
VEMENT
PERPE-
TVEL.

bles comme ceux des Corps Principaux: mais puisque l'on en peut renouueller la matiere & la force, cela est tousiours tres-considerable, & la diuersité de cette industrie est à estimer. D'ailleurs, nous auons monstré que ce Mouuement perpetuel pouuoit estre trouué par le moyen de l'Eau, & que l'Air ou le vent y auoient aussi quelque pouuoir. Nous supposons que le Vent souffle tousiours naturellement pour faire tourner vn moulin; mais artificiellement l'on le peut produire par vn feu qui fasse éuaporer de l'Eau, ou bien par l'inuention d'vn seau mobile, qui estant remply de l'Eau d'vne source, se vuidera & attirera vn leuier qui fera iouër des soufflets pour tel seruice que l'on voudra. Pour ce qui est du feu & de la fumée, c'est chose trop simple de penser donner vn Mouuement fort considerable par leur moyen, si l'on ne fournit tousiours vn nouuel aliment au feu. Mais si outre cela l'on pouuoit trouuer le moyen de faire vne circulation de la matiere d'vn feu dont les vapeurs s'épaississent pour se rendre encore combustibles; c'est alors que l'on auroit trouué vne espece de Mouuement perpetuel. S'il n'imite le feu des Astres dans le cours qu'il fait autour du Monde, il l'imitera dans la reciprocation continuelle, dont quelques vns pretendent qu'il se sert pour s'entretenir tousiours d'vn mesme aliment. Si l'on pouuoit aussi appliquer quelque Mouuement perpetuel à cette machine, dont nous auons desia parlé, où vne platine d'acier rend de la chaleur par sa circulation, ce seroit vn feu eternel comme celuy des Astres, & qui n'auroit pas besoin d'aliment, ce qui en seroit encore vne digne imitation pour ceux qui ont opinion que les Astres, ne se seruent pas seulement d'vne mesme nourriture, mais qu'ils n'en ont besoin d'aucune.

De l'vsage de l'Air.

C'EST assez parler de l'imitation qui semble estre reseruée pour les Corps les plus esleuez. Voyons si nous ne pouuons rien obtenir dauantage des inferieurs. Nous n'auons pas dessein de les transporter tous entiers de leur place : nous n'y gagnerions pas dauantage que sur
les

DE L'VSAGE DE L'AIR.

les Aſtres, mais il nous eſt permis de diſpoſer de leurs parties. Apprenons en particulier ce que nous en pouuons faire. L'Air ſera-t'il exempt de la loy qui eſt impoſée aux autres? Nous eſquiuera-t'il à cauſe de ſa tenuité, & ne ſera-t'il pris que pour le champ des Elemens & de tous les Corps deriuez? Nous luy faiſons changer de ſituation plus les mouuemens que nous faiſons ſont violens; mais nous auons le pouuoir de le retenir auſſi-bien que de le chaſſer. Nous l'attirons en reſpirant, & le repouſſons par aprés. Il ne nous ſert pas ſeulement à reſtaurer noſtre corps; nous en formons noſtre voix, mais tout cela ſe fait ſelon l'ordonnance de la Nature. Il eſt vray qu'il eſt en noſtre diſpoſition de reſpirer plus ou moins, & de parler ou de nous taire; & pour trouuer quelque imitation de noſtre voix en ſoufflant dans les fluſtes, les chalemies & les haut-bois, nous les faiſons reſonner. L'on peut auſſi enfermer l'Air dans des balons & dans quelques vaſes, dont l'on le fait ſortir apres quand l'on veut. Sa detention eſt vtile à donner de la fermeté à des Corps ſans les rendre lourds; & dauantage, elle ſert auſſi quelque-fois à faire iouer des fontaines artificielles: Car l'on fait des vaiſſeaux où l'Air ſe trouuant trop preſſé pouſſe l'Eau auec violence pour ſe rendre libre, & l'eſleue bien haut hors du tuyau. L'on luy fait encore monſtrer ſa force lors que l'ayant enfermé dans des canons accommodez exprés, en le délaſchant l'on luy fait pouſſer vne balle preſque auſſi loin & auſſi fort, que feroit vne piece d'artillerie. En ouurant auſsi des ſoufflets & les refermant, l'on y fait entrer l'Air, & l'on l'en fait ſortir par vne continuelle ſucceſsion. Il ſert par ce moyen à ſouffler le feu des forges, & à faire ſonner les tuyaux des orgues, qui eſtans ouuers les vns apres les autres, ſelon les touches où l'on poſe les doigts, rendent vne harmonie agreable. L'on reſſerre encore l'Air ſous des planchers & des voûtes, de telle ſorte qu'eſtant repouſſé par reflexion, il fait retentir ſimplement la voix, ou bien il la repete diſtinctement vne fois pluſieurs, ce que l'on appelle vn Echo; & à l'imitation

Vol. III.   D

des Echos qui se trouuent dans les cauernes & les lieux creux naturellement, ou prés des ruines des grandes maisons, l'on en fait par artifice, ayant esleué des murailles en rondeur & des edifices voûtez & ouuerts, afin que l'Air y entre & en ressorte librement pour repousser la voix auecque soy. L'on pourroit disposer la reflexion des voûtes selon le nombre des Echos que l'on voudroit auoir, ce que l'on regleroit suiuant l'estat des lieux où par hazard l'on en auroit trouué de semblables. L'on fait aussi des canaux sous terre ou dans des murailles, par qui la voix est portée en plusieurs lieux : & quant à ceux qui n'ont point d'autre ouuerture que leur entrée, ils font vne reflexion de la mesme voix. Quelques-vns pretendent que par le moyen de ces tuyaux on pourroit porter la voix si loin que l'on voudroit, mais l'Air qui la soustient ne demeure pas si facilement en sa consistence comme l'Eau qui est transportée par les canaux de fontaine. L'Air se comprime & se dilate ou se mesle parmy d'autre, tellement que les sons dont il est le porteur, se peuuent perdre à diuerses distances, & le transport de la voix dans le canal peut auoir vn terme proportionné à sa force. Pour ce qui est de retenir long-temps la parole en quelque lieu en le bouchant soudain, cela ne se peut, d'autant que le son de la voix n'est continué que dans le mouuement de l'Air. L'vn cesse quand l'autre s'arreste. Si l'Air, qui porte la voix, se trouue aussi comprimé par la gelée, c'est vne simplicité de croire que les mesmes sons soient ouys au degel, puis que le son a cessé auec la liberté du mouuement.

De la froideur ou de la chaleur, & de l'odeur de l'Air.

Apres le changement de lieu, examinons les autres accidens. Pour ce qui est de la froideur ou de la chaleur & de l'odeur, l'on les corrige en plusieurs lieux : L'on eschauffe l'Air par le moyen du feu dans vn lieu clos, & l'on le raffraischit pendant l'Esté dans vne chambre où l'on iette de l'Eau de puits, & où l'on espanche des herbes fraisches. Cela seruira aussi beaucoup de fermer toutes les fenestres du costé du Soleil, & d'entr'ouurir quelques portes par où l'Air se raffraichisse en se pressant. Vn éuentail qui en fait succeder du nouueau en la place de l'autre, y donne encore du raffraischissement; mais il n'y a rien qui y puisse tant seruir que de verser continuellement de fort haut de l'Eau d'vn vase dans vn autre ; ce que l'on peut faire soy-mesme, & que l'on peut aussi executer par quelque fontaine artificielle: Enfin, tout l'Air circonuoisin sera imbeu de cette froide humidité, Pour la mauuaise odeur, elle est ostee dans les chambres par les pastilles que l'on brusle. Si elle s'estend plus loin, l'on y remedie en nettoyant les cours, les places & les rues, & en y allumant des feux de toute sorte de bois: & ils seront d'autant meilleurs s'ils sont faits auec du bois de geniéures & d'autres bois odorans. S'il y a mesme de l'infection contagieuse dans ces lieux-là, elle en sera chassee ou corrigee. Que si l'on tire force coups de canon par dessus vne Ville, cela repoussera violemment les parties de l'Air infectees, afin que d'autres plus saines y succedent: & s'il reste encore quelques mauuaises vapeurs, l'on y remediera apres plus facilement. Si nous ne chassons le mauuais Air de toute vne prouince, au moins nous le bannissons de quelques endroits: ce qui se rapporte encote au pouuoir que l'on a sur sa situation & son mouuement. Il est vray que tout cét Air dont nous parlons, lequel tombe sous nostre puissance, est l'Air inferieur: mais le vray Air qui se glisse par tout à cause de sa subtilité, y doit estre cõpris, de maniere qu'ayant de l'autorité sur ses parties, l'on ne peut pas dire qu'il soit entierement iuuincible, & que l'Homme ne puisse retrancher ou augmenter sa perfection, & la conuertir à son vsage.

DE L'VSAGE DE L'EAV.

NOVS parlerons maintenant de l'Eau que l'on contraint d'executer plusieurs choses qui ne sont point de sa propre nature. Par diuers artifices, l'on la fait monter d'vn lieu bas, soit d'vn puys, d'vne riuiere ou d'vn lac. C'est trop de peine de la tirer auec les seaux. Pour les riuieres & autres lieux plats, l'on a vn baquet attaché d'vn costé à vn anneau, & de l'autre à vne corde suspendue

De l'vsage de l'Eau.

D ij

par vne poulie esleuée, de sorte qu'autant de fois que l'on la tire, le baquet se hausse & vuide son eau facilement dans vn auge prochain, pource qu'il n'a point de bord de ce costé-là.

De la Pompe. Pour vuider l'Eau des puys les plus creux, l'on se sert d'vne Pompe qui se hausse & se baisse, & contraint l'Eau de monter dans son canal. L'on la remuë à force de bras si elle est petite: & pour plus de commodité si elle est grande & forte, l'on peut faire tourner vne rouë par vn cheual, laquelle fera leuer la machine auec vne maniuelle, ou bien l'on aura vn piuot garny de gyroüettes pour tourner au moindre vent, & communiquer le mouuement à d'autres rouës. Si c'est pour faire monter l'Eau d'vne riuiere, l'on y mettra vne rouë qui aura de grandes aisles, afin que le courant de l'Eau les fasse tourner. Au reste, l'inuention de la Pompe est tres-ingenieuse. Lors qu'auec la maniuelle l'on esleue vne barre de fer, au bout de laquelle est vne souspape enfermée dans sa boëte; alors l'Air qui s'y trouué resserré s'esleue auec elle, & attire à soy l'Eau qui est au bas: laquelle estant aussi-tost pressée par l'instrument qui redescend, est contrainte encore de monter plus haut, passant au trauers de la boëte de la souspape qui s'ouure par sa violence: tandis qu'vne autre souspape d'au-dessous se referme pour la soustenir, n'estant plus contrainte de s'ouurir par l'attraction. Plusieurs tiennent que la premiere esleuation de l'Eau se fait pour éuiter le vuide, mais il faut que l'attraction de l'Air opere cela.

Du Syphon. L'Air attire aussi l'Eau au Syphon, & apres elle ne cesse de couler, d'autant qu'elle a le pouuoir de s'esleuer afin de retomber à son mesme niueau. L'on vse du Syphon en des vaisseaux que l'on prend plaisir de vuider ainsi; & à l'imitation de cela l'on pense que pour faire que l'Eau qui est au pied d'vne montagne tombe de l'autre costé, il ne faut que faire passer vn grand canal par dessus la montagne; & l'ayant bouché par la sortie, l'emplir d'Eau entierement par le dessus, & puis le reboucher, & apres en ouurir la sortie du bas, afin que l'Eau qui sortira attire toute l'autre. Rien n'empesche que cela ne s'e-xecute, pourueu que l'on y trauaille soigneusement.

Pour chercher les autres moyens de l'esleuation des Eaux, nous parlerons d'vne rouë dõt l'Eau fait tourner les aisles, & cette rouë fait tourner vn pieu autour duquel il y a vn canal tortillé, où l'Eau entre & se glisse iusqu'au haut en descendant pour remonter. Cette forme de Viz est aussi redoublee dans plusieurs auges posez l'vn sur l'autre, à chacun desquels il y a vn pieu auec vn canal tortillé, & vn grand arbre mobile, fait tourner tous ces pieux auec autant de roues à lanternes qui donnent dans d'autres crenellees, attachees au bout des pieux. L'on fait tourner l'arbre par vne machine que l'Eau fait iouer, ou bien cela se fait par la force des Hommes. Mais pource que ce canal ne peut esleuer l'Eau qu'en vn lieu où elle abonde, & qu'il y a de la peine à l'abaisser selon que l'Eau diminuë, l'on cherche des inuentions plus faciles.

Du canal tortillé en forme de Viz.

L'on fait vne rouë que l'Eau fait tourner, qui est toute enuironnee de seaux, qui s'emplissent & se vuident en se penchant. Pour prendre beaucoup d'Eau à la fois, l'on fait aussi vne rouë double diuisee au dedans par plusieurs separations ouuertes par la circonference, de sorte que l'Eau y estant entree en sort vers le centre quand elles s'éleuent. Cela se peut pratiquer aux riuieres dont l'Eau est assez forte pour faire tourner de telles roues toutes chargees. En quelques lieux l'on se contente de faire des roues garnie de planchettes, qui esleuans peu d'Eau, sont aussi plus faciles à tourner & à entretenir. Cela ne se pratique pas seulement pour fournir d'Eau en quelque lieu, mais pour vuider les creux que l'on fait au milieu des bastardeaux pour bastir les fondemens d'vn pont. Vne rouë à aisles est posee dans l'Eau courante, qui fait tourner en mesme temps la rouë qui esleue l'Eau. Que si le cours d'vne riuiere n'a pas assez de force pour cela, ou bien s'il est besoin de vuider vne Eau dormante, l'on fait vn eschaffaut au milieu, sur lequel il y a vne roue que plusieurs Hommes font tourner, & celle-là en fait tourner vne au-

De la Roue à seaux, de la Roue double, & autres machines.

D iij

DE L'VS A-
GE DE
L'EAV.

tre qui esleue plusieurs petits auges attachez ensemble d'vne chaisne de fer, lesquels apportent l'Eau continuellement iusques dans vn grand conduit qui la fait couler loin delà. En quelques machines il n'y a que des planchettes qui s'esleuent le long d'vn conduit qui les supporte, estans encore attachees auec du fer pour mieux resister à la violence du mouuement. D'autres y mettent des boules, mais cela amene moins d'Eau que les planches. Il se faut seruir de toutes ces inuentions selon les commoditez que l'on en pense receuoir.

Comment l'eau est esleuee en l'air de violence.

Outre l'vtilité l'on cherche la recreation. L'on fait faire à l'Eau des choses merueilleuses : Quoy que de sa nature elle tasche tousiours de tomber en bas, l'on fait qu'elle s'esleue fort haut en l'air au sortir d'vn tuyau, comme l'on void en plusieurs bassins de fontaines. Il faut pour paruenir à cecy qu'elle descende encore de plus haut qu'elle ne monte, & qu'ayant esté conduite par des canaux assez spatieux, elle soit enfin tellement resserree que cela luy donne plus de violence. Il y a des espreuues qui semblent estre plus artificieuses. L'on fait vn certain instrument de fer ou de cuiure, qui n'a pas plus d'vn demy pied en quarré; mais que l'on peut faire plus grand si l'on veut lequel a vn petit canal au dessous que l'on pose dans l'eau, & en tournant vne maniuelle qui est à costé, l'on fait iouer des roues qui sont dedans, & qui forcent l'eau de s'esleuer aussi haut qu'vne picque par vn canal superieur. L'on en fait vn autre que l'on fait iouer par le moyen d'vn leuier qui hausse & baisse, & l'ayant posé dans vne cuue que l'on remplit à mesure qu'elle se vuide, cela sert à darder l'eau en haut pour esteindre le feu de quelque maison ; car l'on y applique vn tuyau que l'on esleue, selon les lieux où l'on veut toucher. L'on fait encore de petits reseruoirs dont l'Air voulant sortir, pousse l'Eeau iusqu'à vne hauteur assez considerable.

Comment l'Eau fait mouuoir des flutnes, fait iouer diuers instruments de Musique & specialement des Orgues.

Il y a d'autres ouurages qui ne causent pas moins d'admiration. Dans les grottes & dans quelques machines de plaisir, l'Eau fait mouuoir plusieurs figures de bestes &

DE L'VSA-
GE DE
L'EAV.

d'hommes qui ont diuerses actions. Tout cela ioue par le moy d'vn canal courant posé sur vne roue à aisles, qui en tournant tire des fils de fer dans vn temps conuenable pour faire agir les statues. Il y a aussi quelques roües qui ont de longues pointes tout autour, auec lesquelles elles sousleuent en passant ce qui se doit esleuer le touchant par vn petit bout auancé, & tout cela est caché au dedans des machines, qui sont d'autant plus industrieuses, que leur industrie est secrette. L'eau peut faire aussi sonner des clochettes, & diuers instrumens, comme des Violes, des Luths & des Guytarres, faisant mouuoir les doigts des statües qui les touchent par des interualles reglez, ou faisant seulement passer des roües à pointes sur de semblables instrumens qui seront tenus cachez L'eau peut aussi faire iouer vne fluste, vne cornemuse & des orgues, quoy que ces instrumens resonnent par le moyen du vent: car l'on donne du pouuoir à l'Eau dessus l'Air qu'elle peut pousser en diuerses manieres, & le faire entrer dans les tuyaux, au mesme temps qu'vne grosse roüe qui aura plusieurs pointes fichées d'vn costé & d'autre, frappera diuersemét le clauier dont les soufpapes sont gouuernées, lesquelles ouurans & refermans les tuyaux, leur feront rendre vn son pareil, que si veritablement vn Homme expert mettoit les doigts sur les touches. Par la mesme inuention l'on pourroit aussi faire iouer vne espinette. La roüe musicale estant grosse comme vn tambour, sera diuisée par plusieurs espaces où les pointes seront fichées selon les notes de musique. Si l'on veut elles seront là à demeurer, mais l'on les peut aussi diuersifier pour changer de chant. Si l'on veut mettre des soufflets aux orgues, vne roüe de la machine les peut esleuer l'vn apres l'autre par vne double maniuelle; & si l'on desire se passer de soufflets, l'on aura vn grand reseruoir dont l'Air sera chassé par l'Eau qui y tombera, & il sera par ce moyen communiqué aux tuyaux: & pource que l'Eau qui tombe plus fort au commencement qu'à la fin, pourroit causer vne inégalité de son, il y aura dans le reseruoir vne closture separée où elle sera retenuë. Les premieres Orgues qui ont esté faites n'auoient du vent que par vn tel secret. C'est pourquoy l'on les mettoit au rang des machines hydrauliques. Depuis ce temps-là l'on a inuenté les soufflets. Mais d'vne façon ou d'autre, cela peut estre gouuerné par la force de l'Eau. Auec de semblables inuentions l'on imite le chant des oyseaux, soit que de petits soufflets donnent du vent aux machines, soit qu'vne Eau qui y tombe repousse l'Air, tandis qu'vne autre Eau tombant sur vne rouë, en fait tourner vne autre auec quelques cheuilles, pour faire ouurir les tuyaux qui font entendre des sifflets. La mesme rouë, ou quelques autres voisines tirent aussi des filets, qui font ouurir le bec des oyseaux & font esleuer leurs aisles, ou donnent d'autres semblables mouuemens à plusieurs figures.

Des statuës qui rendent vn certain son lors que le Soleil les touche de ses rayons.

Par vne plus grande merueille de l'Art & plus extraordinaire, l'on peut faire des statuës d'hommes ou d'animaux, qui sembleront siffler ou rendre d'autres sons, sans qu'il y ait aucun robinet de fontaine, que l'on ouure pour faire tourner des rouës, & cela se fera mesme ouyr presque tous les iours lors que le Soleil sera en son Midy, specialement dans la plus chaude saison. Escoutez curieux qui auez tant ouy parler de la statuë de Memnon, qui rendoit vn certain son quand le Soleil iettoit ses rayons sur elle. Cela peut bien n'estre pas vne Fable, puis que l'on vous va monstrer que cela est faisable. Que le pied d'estal d'vne statuë soit de cuiure & fort creux, estant dressé sur le canal d'vne source naturelle & perpetuelle. La chaleur du Soleil fera renfler l'Eau dans son reseruoir, & en sousleuera des vapeurs, qui poussans l'Air qui sera au dessus, il passera par des tuyaux où il rendra vn sifflement; & si l'on veut que le son soit diuersifié, il faut faire que quand l'Eau sera à vne certaine hauteur qui puisse donner de la violence à l'Air, elle soit disposée à faire mouuoir quelque rouë, qui fasse ouurir & fermer plusieurs tuyaux l'vn apres l'autre, mais sans tout cela comme l'Air sera poussé inegallement par la force de la chaleur, cela

aura

aura assez de rapport à vn chant bigearré.

Pour monstrer la force qu'à la chaleur de faire renfler l'Eau, l'on promet bien mesme de faire par là vne fontaine artificielle dont l'Eau s'esleuera fort haut. L'on aura des vaisseaux de cuiure auec des miroirs ardens enchassez au dessus, afin que le Soleil eschauffe l'Eau dauantage, & les canaux qui en procederont porteront cette Eau rarefiee, & presque toute changee en vapeurs iusques à vn autre reseruoir, où il se trouuera tant d'air pressé, que l'Eau qui sera dans vn vaisseau prochain sera contrainte de s'esleuer. Quelques-vns croyent qu'elle se poussera en l'air, mais il suffit aux autres d'asseurer qu'elle s'esleuera pour sortir, encore faut-il que cela se fasse en des pays où le Soleil soit tres-ardent. Pour ce qui est de s'esleuer immediatement sans que l'Air & les vapeurs la poussent, cela est tres-mal-aisé. Toutefois, l'on attribue ce pouuoir à vne extréme chaleur.

De l'esleuation de l'Eau par la chaleur.

L'on fait mesme par ce moyen vne espece de mouuement continuel, ayant vne balle soustenue sur l'Eau d'vn vaisseau, laquelle soit attachee à vne corde montee sur vne poulie auec vn contrepoids à l'autre bout. Quand l'Eau se haussera par la chaleur, la balle se haussant fera baisser le contrepoids & tourner la poullie, dont l'essieu passant sur vn quadran où l'on aura marqué vn certain nombre de chiffres, l'on verra continuellement les diuers degrez de chaleur. Cette obseruation se fait encore plus facilement auec vn instrument que l'on appelle vn Thermometre. C'est vn long canal de verre ou l'on a enfermé quelque Eau coloree, & que l'on a posé sur vne planchette diuisee par degrez. Selon la chaleur du lieu où cét instrument se trouue, l'Eau s'estend incontinent le long du canal, & l'on compte par ce moyen de combien il fait plus chaud en vn lieu qu'en l'autre, & ce qu'opere le changement des saisons.

D'vne espece de mouuement continuel, & des moyens de connoistre les degrez de la chaleur.

Du Thermometre.

Nous auons veu iusqu'icy que la situation de l'Eau est changee par diuers moyens. Les machines la peuuent éleuer, ou bien l'air qui l'atire, ou la chaleur qui fait qu'el-

Vol. III. E

DE L'VSAGE DE L'EAV.

le se hausse & s'estend. C'est luy donner vn mouuement qu'elle n'auoit pas; & pour ce qui est de toutes ses qualitez, l'on les peut aussi changer, luy donnant des couleurs, des odeurs & des saueurs diuerses, auec des meliorations & des perfectiōs que l'on y adiouste. L'vsage different que l'on en reçoit fait aussi remarquer vn semblable pouuoir.

De l'vsage de la Terre.

IL faut traitter icy de l'Vsage de la Terre & des corps terrestres & massifs, en tant qu'ils ne sont considerez que par les proprietez que la Terre leur donne, qui est d'estre lourds & solides; ce qui sert à les faire tomber & à leur donner la force d'en pousser d'autres. Pour ce qui est de la pesanteur, l'Eau la possede aussi bien qu'eux, & cause de semblables effects, qui ne se monstrent differens que lors qu'il est besoin de solidité. Puisque d'abord nous considerons le changement de la situation des Corps & leur mouuement, la pesanteur qui s'y rend propre en diuerses manieres, est icy examinee à bon droit. Il faut

Comment la pesanteur sert à faire mouuoir les Corps.

monstrer comment nous nous en pouuons seruir pour faire mouuoir les Corps; & nous trouuerons en cecy la raison de plusieurs machines, dont nous auons desia esté contraints de parler. L'eau & l'air seruent à en faire iouer quelques-vnes, mais il n'y en a point qui ne soient de fer ou de bois, ou de quelque autre matiere terrestre, qui en compose les principales parties: Si bien que l'on peut dire que la Terre a le plus de pouuoir en ce qui est du mouuement & du changement de lieu. Sçachons premierement que les Corps terrestres estans lourds de leur nature, sont capables de pousser ceux qui le sont moins, specialement si l'on les y porte. C'est le naturel d'vn corps terrestre de tomber en bas, & de trauerser l'Air auec facilité; mais si l'on le pousse bien fort, il ira encore plus viste, & s'enfoncera plus auant dans les corps contre lesquels il tombera. Or quoy que naturellement les Corps massifs tombent en bas, si est-ce qu'ils ne tombent pas en vn seul instant, & sont suspendus en l'Air, durant vn cer-

tain espace de temps selon la force qui les a dardez, laquel- DE L'VSA-
le leur a imprimé sa vigueur autant qu'elle a pû. Mais il y GE DE LA
a cecy de remarquable, que soit qu'ils tombent d'eux- TERRE.
mesmes, ou qu'ils soient poussez de quelque aide suruenant, plus ils descendent; plus ils augmentent la vistesse & la violence de leur mouuement; pource que la force de la descente va tousiours augmétant ses degrez les vns par les autres, de sorte qu'elle est double au premier, au second elle est quadruple, & ainsi tousiours en augmétant iusques à vn terme, où il ne se peut rien trouuer de plus fort & de plus viste. Quant aux Corps que l'on iette en haut, ou que l'on darde en ligne droite; lors qu'ils viennent à vn certain poinct, ils perdent petit à petit la force qui leur auoit esté imprimee, & s'abaissans assez promptement, ils tombent enfin. Il faut prendre garde encore que si vne pierre est mise dans vne fonde, l'on la iettera plus loin qu'auec la main seule, d'autant que la force de la main esmeut desia la fonde, qui donne vn redoublement de puissance à la matiere. Pour les Corps que l'on iette contre vne muraille, ils y peuuent estre dardez de telle violence qu'ils soient repoussez plus loin que le lieu dont ils viennent. Cette force deriue non seulemét de la premiere impulsion, mais encore de la seconde qui se fait à la rencontre d'vn Corps fort dur; Car s'il est mol, le renuoy ne sera guere grand.

LA contemplation de toutes ces choses, peut seruir à *De principes des*
l'intelligence de plusieurs Arts, specialement de ce *Mechaniques.*
qu'on appelle les Mechaniques, & de tout ce qui se fait pour esleuer ou pousser les Corps lourds, & accomplir quantité de mouuement dont nous allons icy donner les principes. Pour ietter les Corps de haut en bas; il y a peu d'artifice; mais pour les lancer outre la main, il y a les fondes, les ressorts de fer qui estans retirez en arriere, *Des Fondes, des*
poussent apres violemment ce qui est posé dessus eux; Il *Ressorts & des*
y a les arbalestes qui poussent les balles ou les traits, les *Arbalest.*
machines que l'on appelle des pierriers, qui estans destendues iettent quantité de pierres. Pour ce qui est des mous-

E ij

DES PRIN-
CIPES DES
MECHANI-
QVES.

quets & des canons qui iettent des balles de plomb ou de fer, cela se rapporte à la puissance du feu. Il faut remarquer seulement qu'il y a vne certaine proportion pour chaque Corps touchant la force de celuy qui iette, & celle de celuy qui est ietté. Il ne faut pas que le Corps que l'on veut ietter excede la force de ce qui le iette, & ce qui le iette a vne telle puissance à cause de la vistesse de son action & de la solidité de sa matiere. Il en est de mesme pour ce qui est de pousser simplement les Corps. Celuy qui est le moins lourd, fera sortir de sa place celuy qui l'est dauantage, en tant qu'il sera aidé de la force & de l'industrie de l'Hôme, & qu'il aura quelque solidité. Pour faire aussi qu'vn Corps s'enfonce aisément dans vn autre, il faut que l'vn soit bien dur & l'autre bien mol ; comme le baston que l'on fourre dans les liqueurs & les graisses : Mais s'il est besoin de percer du bois, vn outil de fer le peut faire, pourueu que la main le pousse & que le marteau le cogne, afin de luy donner plus de force. Il entrera plus doucement en tournant ayant quelque coste ayguisé qui creuse le bois, comme le Villebrequin, ou s'il est pointu, & s'il a vne coste faite en Viz comme le Foret. Ce sont là des secours donnez par l'artifice. En ce qui est de souleuer, l'on le fera auec vn instrument beaucoup plus leger que ce qu'il soustiendra, pourueu qu'il soit ferme & solide, comme le fer est d'ordinaire, & quelques pieces de bois. Ainsi, vn Leuier ou vne Pince soustiennent quelque peu, & font reculer petit à petit vne grosse pierre quand les Hommes y mettent la main, d'autant que leur force y coopere, se seruans de la solidité des outils. Vn leuier suspendu prés de l'vn de ces bouts, supportera aussi vn gros fardeau, à cause du grand bout que l'on tient, qui en a d'autant plus de force, & qui de luy-mesme à d'autant plus de poids pour correspôdre à ce qu'il esleue. L'on a inuenté là dessus vne maniere de balance que l'on appelle le Pezon, y mettant vn poids qui selon que l'on l'approche ou recule, est à l'esgal de ce que l'on veut pezer. Mais pour plus d'asseurance & plus de facilité, l'on se sert encore de la balance, qui ayant des

Des outils qui percent les Corps comme le Villebrequin & le Foret, & de ceux qui les souslevent, comme le Leuier & le Pezon.

DES PRIN-
CIPES DES
MECHANI-
QVES.

bassins esgaux de chaque costé, fait voir auec des poids differens combien pesent toute sorte de Corps. Or la Terre & les Corps terrestres ne sont pas tous seuls les ministres du mouuement. Pour ce qui est de sousleuer ou de pousser les Corps, l'Eau y a du pouuoir; car estant enfermee dans vn seau, elle peut seruir de contrepoids à quelque machine, & lors qu'elle tombe d'vn robinet, ou qu'elle coule aux riuieres & aux ruisseaux, elle peut pousser des roues pour les faire tourner: mais elle ne fait rien dauantage: Il faut que tout l'artifice consiste aux Corps terrestres, d'autant que son corps fluïde ne sçauroit garder diuerses figures necessaires à l'action.

En continuant nostre recherche, & le progrez des Mechaniques, nous dirons qu'afin de pousser plus aisément les Corps lourds, l'on les met sur des Leuiers ronds, qui n'ayans rien qui les arreste, s'auancent en tournant. Delà, pour plus grande facilité, l'on a inuenté les Chariots posez sur des roues qui sont faciles à tourner lors que l'on tire les Limons, d'autant que le poids des parties hautes a de l'inclination à tomber en bas; car si vne boule estoit mise sur vn lieu vny, elle deuroit tousiours tourner: Mais les roues estans chargees, s'arrestent & ne tournent que quand le Chariot est tiré d'vne force suffisante. Elles s'auancent neantmoins plus viste qu'vn Corps d'vne autre forme lors qu'elles sont esmeues ainsi, à cause de leur principe, & leur circulation est plus prompte & plus facile si elles sont sur vn lieu penchant. En considerant de semblables maximes, l'on a inuenté la Poulie qui sert à esleuer les fardeaux. La corde la fait mieux tourner à cause de sa rondeur. Estant posee sur vn essieu, ses parties se baissent aisément l'vne apres l'autre. Il y a aussi de grādes roues simples pour tirer de l'Eau d'vn puys & des pierres d'vne carrieres. Leur facilité despend de ce que les parties hautes tombent en bas aussi-tost qu'elles y sont poussees. D'ailleurs, il faut remarquer que plus elles sont grandes, plus elles sont faciles à tourner, d'autant qu'elles tombent presque d'elles-mesmes estans plus lourdes que ce qu'elles

Des leuriers rōds, des Chariots, des Roues simples, des Poulies & des Guindals.

E iij

portent. Si l'on veut aussi commencer a faire tourner des Roues par leur centre, cela sera beaucoup plus difficile que par leur superficie, à cause que de cette façon il faut transporter toutes leurs parties, au lieu qu'en les poussant par leur circonference, l'on leur fait executer facilement ce qui est conforme à la nature de leur matiere, qui est de tomber en bas. Pour ce qui est d'attirer les fardeaux en lieu plat, l'on a inuenté des machines qui tiennent de la Rouë & du Leuier tout ensemble, comme le Guindal & autres semblables. Il y a là des bastons croisez que l'on tire l'vn apres l'autre, pour faire tourner vn essieu rond autour duquel la corde se met en attirant le fardeau.

Des Grenës, du Cry, des Moulins, & autres machines où les forces sont multipliées.

Sur la commodité du mouuement de Circulation, l'on a encore inuenté des Machines plus industrieuses pour esleuer les plus lourdes masses ; Ce sont les Grües qui seruent aux bastimens. Celles qui tournent par le moyen des Leuiers, ont du rapport au Guindal dont nous venons de parler, excepté que la machine est esleuee. Mais pour la tourner plus aisément, l'on y fait vne grande rouë dans laquelle vn Homme peut marcher : & s'auançant tousiours d'vne partie à l'autre, il les fait toutes baisser aisément à cause de l'inclination que les Corps circulaires ont à tourner, & la corde qui se range autour de l'essieu, fait encore tourner vne Poulie qui est au haut de la machine, & fait monter iusques-là les pierres que l'on a attachees à l'vn de ses bouts. La Poulie a esté mise au haut de la Grüe par necessité pour y communiquer le mouuement, afin que le fardeau y soit esleué : Mais delà, l'on a pû trouuer encore, que le redoublement de circulation donne plus de facilité au transport : si bien que l'on a inuenté des machines où il y a plusieurs Poulies, dont la premiere communique le mouuement aux autres. De tres-lourds fardeaux en sont plus aisément esleuez ou amenez au lieu où l'on les desire : & l'on n'y trouue autre defaut, sinon que l'execution en est plus longue. Mais quoy que s'en soit, l'on peut donner par ce moyen plus de force au Guindal, si l'on fait que sa corde passe par vne Poulie, soustenuë sur vn second Essieu. Cela seruira pour tirer plus facilement des marchandises hors d'vn vaisseau. Pour sousleuer aussi en l'air des colomnes ou des pieces d'artillerie auec plus de facilité, les Poulies sont redoublees. Nous auons veu comment les forces se multiplient aux Corps qui se meuuent d'eux-mesmes, lors qu'ils en acquierent de nouuelles par la violence de leur cheute: & comment elles sont multipliees par vn double secours de la main, & de quelque instrument qui les lance. Il en arriue de mesme à les transporter & à les pousser ; Nous sçauons les effets des Poulies & des bandages, en ce qui est d'augmenter le force du transport : Mais outre cela, l'on a inuenté des Roues qui se touchant l'vne l'autre, la premiere les fait mouuoir toutes, & leur puissance est redoublee selon leur nombre. C'est auec de telles inuentions que l'on pretend que l'on auroit assez de force pour changer la Terre de place, ou quelqu'autre globe d'entre les principaux, si l'on auoit vn lieu pour se soustenir. Mais outre cela, il faudroit souhaiter vne extréme solidité aux instruments. Pour preuue de la multiplication des forces, il y a vn petit instrument que l'on apelle yn Cry, qui est capable de releuer des charettes versees par le moyen de deux ou trois rouës de fer qui esleuent vne barre, par laquelle ce qui est au dessus est contraint de s'esleuer aussi. Les Moulins à bras sont faits suiuant cette mesme inuention. Le redoublement de roues les fait tourner plus facilement. Pour les Moulins à vent & à eau, leur premiere rouë a autant de force qu'il est besoin pour l'execution que l'on desire, à cause de sa grandeur : & si l'on multiplie les rouës, c'est afin de communiquer le mouuemēt à celles qui sont dans la situation où il faut qu'elles soient pour accomplir l'ouurage qui leur est ordonné, soit de moudre du bled, d'escrazer des noix, des oliues ou des escorces par le moyen des meules qu'elles font tourner, ou des maillets qu'elles sousleuent. Il y a plusieurs autres machines de disposition diuerse. Celles que l'on fait tourner de la main commencent par la rouë la plus facile, comme les Moulins à poiure ou à ris : car ne

DES PRIN-
CIPES DES
MECHANI-
QVES.

s'adreſſant point d'abord à la plus difficile, la force s'accroiſt aux autres par leur multiplication. Pour les machines qui vont par vn contrepoids, elles commencent par la rouë la plus mal-aiſee à tourner, comme les tournebroches, afin que la corde qui eſt autour ait moins de longueur, & qu'il ne faille pas vne ſi grande eſtenduë au contrepoids, ou qu'il ne ſoit pas beſoin de le rencontrer ſi ſouuent. Vn contrepoids de peſanteur raiſonnable pour faire tourner la plus forte roue, eſt bien plus capable de conduire l'artifice auec iuſteſſe que s'il eſtoit plus petit, & ſi le mouuement commençoit par les roues les plus aiſees.

Des Horloges & des monſtres.

Toutes les Machines ſont ordonnees à pluſieurs fins, mais les plus induſtrieuſes ſont celles qui ſeruent à marquer les heures, les mois & les Lunes. Les Roues ſont aiuſtees pour monſtrer ce temps: L'on ſupputte le mouuement & le nombre de dents qui s'y trouue neceſſaire, & l'on garde apres cette regle. La force qui les fait mouuoir eſt vn contrepoids de fer ou de plomb. L'eau retenue dans vn ſeau y pourroit auſſi ſeruir, & ſi l'on veut, vne Eau courante fera tourner vne Roue à aiſles pour donner du mouuement à toutes celles d'vn Horloge. Vne autre

D'vn Horloge à Eau.

inuention ſe peut faire ſous vn canal courant auec vn ſeau mobile qui a vn contrepoids pour le redreſſer d'vn coſté, tandis qu'il s'emplit d'eau, & il ſe vuide apres auſſi-toſt qu'il eſt plein, eſtant attaché d'vn anneau par l'vn des coſtez du bas, afin de le faire renuerſer par ſa peſanteur. En ſe vuidant il attire vn Leuier, lequel donne contre vne Roue de ſoixante dents, qui marquera vne heure en ſon tour; & s'il y a vn pignon à l'arbre de cette Roue, il en fera mouuoir vne autre de ſoixante & douze, ſelon que l'on aura meſuré le mouuement, laquelle marquera le cours de douze heures. Voila vne machine qui aura cette commodité de n'eſtre point ſuiete à eſtre remontee, ayant vn mouuement perpetuel autant que ſes parties ſeront en leur entier. Si l'inégalité de l'Eau qui tombe & qui ſe vuide eſt à craindre, pour rendre l'Horloge certain, il le faut aiuſter ſoigneuſement.

Pour

Pour retourner aux mouuemens dont la force eſt communiquée de l'vn à l'autre, nous ſçauons qu'il y a d'ordinaire aux Horloges vn contrepoids qui fait tourner les roues iuſques à ce qu'il ait attiré toute la corde; mais l'on en fait auſsi qui ne ſont pas obligées à ce ſecours, qui demande vne longue eſtendue, pour laiſſer prendre les plombs. Il y en a que l'on n'eſt point ſuiet d'attacher contre vne muraille, & que l'on peut mettre ſur vne table, ou les porter dans la pochette, lors qu'elles ſont aſſez petites pour cela: Il faut donc qu'elles ayent vne force interne, ce qui eſt vne excellente inuention. L'on s'eſt aduiſé d'entortiller vne lame d'acier autour d'vn piuot, & quand elle ſe veut remettre en liberté, elle fait tourner vne boîte ronde où elle eſt enfermee, & emmene auec cela vne corde qui fait tourner vn autre piuot, lequel communique ſon mouuement à toute la Machine. De telles monſtres marquent les heures & tous les autres temps, & quelques-vnes ſonnent & ſeruent auſsi de reſueille-matin. Il y en a qui ſe paſſent de corde, par le moyen des dents de la boîte du reſſort, leſquelles font tourner vne autre roue. L'effort de cette lame tortillée, eſt fondé ſur la force des corps maſsifs & ſolides, qui eſtans contraints dans leur continuité, taſchent de repouſſer cét obſtacle. Ie dirois que c'eſt auſsi vne marque du pouuoir des corps lourds, qui taſchent de retomber à leur centre; mais ce mouuement ſe fait en haut auſsi bien qu'en bas, de ſorte qu'il ne procede d'autre choſe que de l'inclination de ſe reünir. C'eſt vn priuilege de la ſolidité de quelques corps, où les parties ſont parfaitement iointes auec vne humidité qui les raſſemble, comme aux Plantes & aux Metaux; car les branches des arbres ayans eſté ployees, ſe redreſſent incontinent: Les lames & les fils des Metaux en font ainſi: Mais les pierres & les marbres ſe rompent pluſtoſt que d'auoir ce retour. Ceux qui auront bien entendu quel eſt la nature des vns & des autres, ſçauront bien que les Metaux ſont compoſez d'vne eau parfaictement meſlee à la terre, auſsi bien que les Plantes, & que pour les pierres elles ont plus de terre que

DES PRIN-
CIPES DES
MECHANI-
QVES.

d'eau, si bien que n'ayans pas tant de fluidité, elles ne peuuent pas auoir tant de continuité.

Nous apprenons ainsi la diuersité de ce qui sert au mouuement, pour faire changer de lieu aux Corps terrestres, en les transportant ou les poussant. Mais pour vn chef-d'œuure des mouuemens artificiels, il faut considerer encore que l'on fait des Spheres, dont les cercles accomplissent leur cours dans vn pareil temps, que ceux que l'on se figure au Ciel. Il faut auoir trouué pour cela le nombre des rouës & de leurs dents, & le plus difficile est de placer tant de rouës diuerses, pour faire que les cercles tournent sans qu'elles soient veuës. L'on fait aussi cheminer de petites figures sur vne table, par le moyen des rouës qui tournent en s'auançant, à cause de l'effort de celles qui tournent les premieres & qui poussent les autres, & tout l'artifice est caché sous la robbe des statuës. L'on peut encore faire cheminer sur des rouës vne chaire où l'on seroit assis, en touchant au premier mouuement qui seroit assez facile, & de mesme l'on feroit bien aller vn chariot sans cheuaux, & l'on feroit aussi iouer auec peu de peine les auirons d'vn basteau. Ce sont des forces mouuantes attribuees aux Corps terrestres, soit pour leur pesanteur, soit pour leur solidité, selon l'accommodation qui s'en fait par l'industrie des hommes.

Des Spheres, des statuës, des chaires & autres choses que l'on peut faire mouuoir par ressorts.

C'est tout ce que nous deuons dire icy sur vn tel sujet; car si l'on accomplit beaucoup d'autres ouurages differens auec la terre, ils appartiennent à sa varieté, qui monstre qu'elle est diuisée en plusieurs Corps meslez, dont l'on doit discourir à part. Il suffit que nous sçachions que l'on a le mesme pouuoir de changer sa figure, son odeur, sa saueur & autres qualitez en ses parties, comme celles de l'Air & de l'Eau; que les experiences en sont communes, & l'vsage assez frequent.

De l'vtilité des Corps principaux.

DAns ce traitté de l'vsage des Corps principaux, en ce qui est des Astres: nous auons specialement eu égard à l'imitation que l'on en peut faire, dautant qu'il ny a rien à souaiter pour la melioration des corps si parfaits, & qu'ils ne sont pas non plus de ceux que nous pouuons manier à nostre gré, neantmoins nous auons mostré que nous pouuions augmenter & transporter leurs effets, ce qui est vne melioration en ce qui procede d'eux. Or comme nous les imitons pareillement en leurs qualitez & en leurs actions, cela seule mesme pourroit faire asseurer qu'ils nous sont propres à quelque vsage, quoy que fort esloignez de nous; car l'exemplaire que l'on se propose pour former vne chose pareille, en est vne dépendance. Mais sans cela nous vsons d'eux fort frequemment, ou au moins de ce qui tire d'eux vne origine manifeste comme sont leurs rayons. Puis que la chaleur ordinaire qu'ils causent icy bas, peut estre renduë vtile à faire meurir les plantes, à reschauffer les corps des animaux, & à faire seicher plusieurs mixtions & autres ouurages, l'on en reconnoist l'vsage & l'vtilité, que l'on se peut approprier, leur exposant ce qui a besoin de leur secours. Que si ces mesmes rayons sont trop vehements & nuisibles en quelque saison pour de certaines constitutions, nous auons le pouuoir de nous en defendre; nous retirant sous quelque endroit couuert, ou temperant l'ardeur du lieu qu'ils eschauffent par l'introduction de l'air & de l'eau sur qui nous auons plus d'autorité. Voila comment nous en disposons.

Pource qui est de l'air, de l'eau, & de la terre, pouuans toucher leurs parties, nous y donnons plusieurs changemens, & il semble mesme que nous les transformions les vns aux autres par le moyen de la chaleur ou de la froideur. A tout le moins nous changeons leurs qualitez essentielles; car l'eau estant rarefiee n'a pas tant d'humidité; Elle a en recompense plus de mollesse & de legereté : & l'air commun qui n'est composé que de vapeurs, estant reduit en eau, a moins de mollesse & plus de pesanteur & d'humidité. La terre ne se transforme point en effet, mais l'on separe d'elle les parties humides, tellement qu'elle en deuient plus seiche & plus diuisée. Si tous les corps n'ont des changemens reciproques, au moins ils seruent à se fai-

Des changemens de l'air, de l'eau & de la Terre.

DE L'VTI-
LITÉ DES
CORPS
PRINCIP.

re changer les vns les autres par leur meslange & leur proximité ; car de cette sorte ils se rendent plus ou moins solides & humides : Mais si l'on cherche leur perfection, il les faut mettre en leur pureté en les separant par vne distillation exacte. Si cela ne se fait qu'à moitié, c'est seulement les rendre meilleurs, non pas entierement parfaits. Quelquesfois l'on peut appeller aussi vne melioration, de leur donner des odeurs, des saueurs & d'autres bonnes qualitez qu'ils n'auoient pas. C'est pour en retirer des vtilitez particulieres. En ce qui est des generales qui appartiennent à la totalité de ces Corps principaux, nous les deuons considerer encore icy.

De l'vtilité de l'air, de l'eau & de la terre.

L'Air qui est vn principe de nostre vie, est de surplus vn champ libre par tous nos mouuemens, nous cedant de toutes parts, comme il fait aussi aux oyseaux, qu'auec cela il souftient quand ils remuent les aisles, & il nous sou-ftiendroit de mesme si nous auions vne pareille agilité, & vn semblable secours. L'Eau sert à nostre boire & à nostre raffraichissement : Elle nourrit plusieurs poissons, qui seruent apres à nostre nourriture : Elle nous transporte auec les vaisseaux, où nous nous mettons pour faciliter nos voyages : Elle fait tourner plusieurs moulins, & autres machines vtiles à nostre necessité. Quant à la Terre, nous sçauons qu'elle nous souftient : Que les plantes qui croissent sur elles nous fournissent des alimens : Que diuers animaux qu'elle entretient encore, seruent à nous nourrir, à nous porter ou à nous récreer, & que plusieurs pierres & mineraux qui sont en ses entrailles, sont vtiles à fabriquer diuers instrumens, & à remedier à quelques maladies du corps humain. Si l'on vouloit l'on feroit presque entrer icy tous les vsages que l'on tire de tous les corps du Monde pour les considerer en general ; mais il vaut mieux dire quelque chose de chacun en particulier selon leur ordre. L'on remarquera assez qu'ayant traitté de l'Air, de l'Eau & de la Terre, nous n'auons point parlé du Feu au rang des Corps principaux, si ce n'est de celuy des Astres. Les Feux que nous auons parmy nous, & ceux qui sont dans les cachots foufterrains, ou dans la haute region de l'Air ne font que des Corps deriuez, que nous deuons confiderer à leur tour. Si nous auons defia parlé de diuers feux artificiels, ça efté pour accomplir de difcours de l'Imitation des Corps celeftes en leur chaleur & leur clarté.

De l'Vfage, Imitation, Melioration & Perfection des premiers Corps deriuez, que l'on appelle Meteores, foit de ceux qui font long temps efleuez, foit de ceux qui retombent facilement en terre, ou de ceux qui s'y rendent fixes.

CHAPITRE II.

LES Aftres font les fouuerains Agens fur les autres Corps, en ce qui eft d'vne action corporelle, & fpecialement le Soleil a cette prerogatiue deffus l'Air, l'Eau & la Terre, de forte que par ce moyen il eft caufe de la production de plufieurs Corps deriuez, dont nous auons affez confideré les qualitez differentes. Les plus aifez à produire font ceux qui font efleuez, que l'on appelle Meteores, qui ne font au commencement que de legeres fumées, & qui compofent apres les nuages de couleurs diuerfes, & puis retombent en pluye, en neige, en frimats, en rofée & en beaucoup d'autres formes. D'autant que la plufpart montent fi haut infenfiblement, il n'y a point lieu de croire que les hommes leur puiffent ayder à cette efleuation, ny a fe mefler bigearrement comme ils font. L'on peut rendre vn pays plus aquatique & plus fujet aux brouillards, y faifant couler plufieurs eaux, où y plantant force bois qui entretiennent l'humidité; mais cela n'aura guere de credit, en ce qui eft de caufer les grandes pluyes. L'on n'aura pas auſſi plus de pouuoir d'y donner de l'obſtacle. Quand quelques peuples deſſeicheroient de telle ſorte la region où ils habiteroient, qu'il n'en ſortiſt plus aſſez de vapeurs pour faire de groſſes nuees : ils ne pourroient pas empeſcher qu'il n'en vinſt quelquefois au deſſus d'eux, d'autant que celles qui paroiſſent en l'air, s'auancent d'ordinaire plus loin que le lieu dont elles deriuent. Il eſt vray que comme l'on peut aider à la production des broüillards & des autres petits Meteores dans vne contree, l'on s'y peut auſſi oppoſer : mais pour les plus grandes eſleuations, l'on n'a autre pouuoir que de les conſiderer, & de ſe garantir de l'incommodité qu'elles apportent en leur cheute. Les moindres animaux ont cét inſtinct de ſe mettre à l'abry ſous les branches des arbres, ou dans les cauernes : Mais les Hommes, outre cela, ſe ſeruent de leur induſtrie, baſtiſſans des maiſons pour ſe tenir à couuert; Or comme ce qui ſe fait au Monde n'apporte point de dommage ſans quelque profit, en quoy l'on void des marques de la Prouidence Eternelle, la cheute des Meteores n'arriue pas ſans que cela ſoit vtile à quelque bien : C'eſt pourquoy l'on ſe peut mettre en eſtat de le receuoir autant qu'il ſera poſſible. Les laboureurs & les iardiniers cultiuent leurs terres, & y ſement ce qu'ils deſirent en vn temps propre, afin que les pluyes & les neiges qui ſuruiendront y apportent de la melioration, abbreuuans la Terre, ou y faiſans reſſerrer la chaleur interieure, afin que les ſemences y puiſſent mieux vegeter.

Au defaut d'vn pouuoir general, nous auons encore la puiſſance de l'Imitation. Premierement, l'apparence des Nuees ſe repreſente en ces figures du Ciel, dont nous auons fait mention, ailleurs les doubles Soleils & les couronnes des Aſtres, s'y peuuent encore repreſenter auſſi bien que les Aſtres meſmes, par de moindres lumieres, pour teſmoigner vne reflexion : Et quant à l'Arc-en-Ciel, ſes couleurs eſtans peintes ſur vne eſtoffe tranſparente, les flambeaux qui ſeront derriere y donneront de l'esclat. Ces representations se font sur de grand theatres, & n'ont pas tant de naturel que celles que nous allons alleguer, pour lesquelles il faut auoir la commodité du lieu & du temps.

Comment l'on contrefait l'Arc-en Ciel.

Qu'vne grosse boule de verre pleine d'eau, soit mise sur vne fenestre vn peu haute lors que le Soleil luit, ses rayons qui passeront au trauers, y feront paroistre les couleurs de l'Arc-en-Ciel : mais outre cela, ils le feront mesme voir en terre & contre vne muraille, par la mesme raison qu'ils le font voir sur vne nuée, où la diuersité des couleurs vient de la diuerse reception de la lumiere au trauers d'vn corps transparent, comme est celuy d'vne autre nuée fort humide, directement opposée au Soleil. Pour faire croire aussi que l'Iris est veritablement au Ciel encore qu'il n'y soit pas, il faut donner l'inuention de le faire representer dans la vraye image du Ciel, que l'on regardera dans vn miroir ou sur vne Charte. Ayant bouché toutes les fenestres d'vne chambre, & n'y ayant laissé qu'vn petit trou auec vn verre conuexe, l'on verra tout ce qui est à l'exterieur representé contre la muraille ou contre vn linge estendu audeuant. Or l'on fait cecy plus commodement pour nostre intention, auec vne grande boëte, au haut de laquelle l'on place le verre, & l'on regarde par vne petite ouuerture, a costé les especes qui sont representées sur le fonds, soit que l'on y ait collé vn miroir ou du papier blanc. L'on y void bien mieux le Ciel de toutes parts ; car haussant & baissant l'instrument comme l'on veut, l'on y fait entrer à toute heure l'image du Soleil : ce qui ne se fait pas au trou d'vne fenestre qui demeure fixe. Ayant donc fait tailler vn demy cercle de cristal auec vn angle, & ne laissant que la pointe descouuerte, si l'on le met sur le trou de la boëte, à l'opposite du Soleil, l'on verra l'Iris paroistre dans l'image du Ciel, qui sera representée sur le fonds du carton. De petites taches faites sur le verre feront aussi representer des nues, & toutes les impressions de l'Air, seront imitées de pareille sorte.

DE L'VSAGE ET IMITATION DES METEORES.
Comme l'on imite la Pluye, la Bruine, & autres Meteores.

L'imitation de l'apparence des Meteores peut bien estre secondée de celle de leur production reelle & effectiue. Faire tomber de l'eau par filets de la voûte d'vne grotte, c'est de verité vne pluye, & ce qui tombe d'vn arrousoir en est vne semblable, mais ce n'est pas vne pluye qui soit produite par vne mesme cause que celle qui tombe de l'Air : Il faut paruenir à vn tel effet, imitant la Nature qui ne se sert que de vapeurs qu'elle surprend promptement, & les fait tomber par gouttes. Nous auons desia le pouuoir d'allumer le feu, qui ayant les mesmes effets que les Astres, fait esleuer des vapeurs de l'Eau & de tous les Corps meslez. Si nous arrestons ces vapeurs en quelques lieux fermez comme des estuues, elles s'épaissiront, & retomberont en Eau. Nous deuons sçauoir que le seul obstacle suffit pour les épaissir de cette sorte. Le froid n'y est pas necessaire. Nous voyons qu'il tombe des gouttes d'Eau du couuercle des marmites qui boüillent; Il est vray que si les vapeurs rencontroient du froid, outre l'obstacle qui les resserre, elles seroient plus abondamment épaissies. Il faudroit donc que la voûte du lieu où l'on feroit euaporer l'Eau, fust composée de lames de plomb ou de cuiure, & qu'il y eust au dessus vn reseruoir d'eau froide, afin que les vapeurs ne manquassent point de trouuer vne puissante cause de leur condensation. Asseurement cela feroit tomber vne espece de pluye, & les brouillards & la bruine s'y pourroient faire, aussi selon les degrez que l'on donneroit à la froideur, l'entretenant contre les murailles du lieu, de mesme que contre la voûte. Cela se verra en moindre volume dans vn vaisseau de verre bien clos & à moitié plein d'Eau, posé sur le feu, lequel sera couuert d'vn vaisseau plein d'eau froide, & en aura encore deux autres remplis de mesme à costé d'vn chapiteau, où les vapeurs s'esleueront, & retomberont en pluye. Quand la froideur aura gagné ce lieu entierement, l'on pourra voir mesme qu'il s'y formera vne espece de neige. Voylà des Imitations telles que nous les pouuons executer, & qui font encore beaucoup pour nous. Elles ne se font qu'en
des

des lieux preparez & aſſez bien clos, non point à l'Air deſcouuert; car ce ſeroit faire la meſme choſe que fait la Nature.

DE L'VSA-GE ET IMITATION DES METEORES.

Quant à l'œconomie ſouſterraine où il ſe fait des Meteores auſſi bien que dans l'Air, elle eſt de plus facile imitation. Si l'Eau monte en vapeurs, & s'eſpaiſſit contre la voûte des cauernes, c'eſt ce que nous ſommes tres-capables de repreſenter, puiſque meſme nous imitons tous les autres Meteores par le ſecours des voûtes. Pour ce qui eſt d'auoir quelque puiſſance ſur les Eaux qui ſortent de la Terre, nous n'en manquons point, à cauſe que nous en ſommes aſſez proches. L'on pourroit ſapper des montagnes, & deſtourner quelque peu le canal des fontaines: A dire la verité, il y a bien loin iuſqu'à leurs reſeruoirs que l'on n'a guere accouſtumé de trouuer; mais c'eſt touſiours auoir de la puiſſance ſur leurs parties. Pour ce qui eſt d'imiter entierement la production de leurs ſources, & d'en faire de ſemblables; ſi l'on croit que leur Eau vienne de la Mer, l'on pourroit creuſer des canaux où l'Eau de la Mer s'eſtant gliſſée, ſe rangeroit apres dans quelque grand reſeruoir où l'on auroit mis force grauier, afin qu'elle y fut purifiée, & de là paſſant par pluſieurs autres canaux & reſeruoirs, elle pourroit enfin perdre ſa ſaleure, & venir paroiſtre au iour à l'endroit où l'on voudroit auoir vne ſource. Si l'on vouloit auſſi auoir l'experience de l'eſleuation des eaux, l'on les conduiroit vers quelque lieu où il y euſt des feux ſouſterrains : ou bien l'on pourroit faire quelque fourneau artificiel dont la chaleur faiſant eſleuer l'Eau en vapeurs dans les grottes, la portaſt extrémément haut: mais tout cela ſeroit difficile, & l'on ne s'y aſſuiettiroit que pour vn temps. Il vaudroit mieux donner de la pente aux Eaux pour taſcher de leur acquerir plus de violence, & les faire mieux monter apres. L'on peut auſſi imiter les fontaines qui ſont faites par l'Eau des pluyes, comme l'on tient qu'il y en a, puiſqu'aucunes tariſſent preſque lors qu'il y a long-temps qu'il n'a pleu. L'on en peut faire de ſemblables. Il faut baſtir vn grand reſeruoir,

De l'Imitation des Meteores qui ſe font ſous Terre.

Pour imiter les ſources par l'Eau de la Mer.

Pour imiter les fontaines naturelles par les pluyes.

Vol. III. G

DE L'VSA-
GE ET IMI-
TATION
DES ME-
TEORES.

où l'on fera aller par diuers conduits toute l'Eau qui tombera fur vn colline & autres lieux penchans. Toutes les clostures en feront reuestues des plus gros cailloux que l'on aura pû trouuer auec vne bonne liaifon de terre graffe qui ne laiffe point efchapper l'Eau, & mefme il faut pluftoft laiffer le lieu bigearre & inégal pour fe feruir de ces grandes roches que l'on treuue en quelques endroits, & que l'on ne peut tranfporter. Ce referuoir aura vne defcharge qui aboutira à l'endroit où l'on voudra auoir vne fource ; & plus l'on donnera d'eftendue au canal, plus cela fera femblable à vne fontaine n'aturelle.

Du pouuoir que l'on a fur les Riuieres & les Mers.

Pour ce qui eft des ruiffeaux & des riuieres qui coulent fur Terre, l'on y peut apporter diuers changemens. L'on peut faire que plufieurs ruiffeaux coulent en vn, ou au contraire, qu'vne riuiere foit diuifée en plufieurs ruiffeaux ; & l'on peut faire auffi plufieurs canaux de trauerfe. L'on en peut faire pour la conionction de deux riuieres, & mefme pour la conionction des mers, afin de donner de la facilité au commerce, comme fi l'on ioignoit la mer Oceane à la Mediterranee par le moyen de quelques fleuues de France, tirant vne tranchee de l'vn à l'autre, aux lieux où ils font le plus voifin, & où il faudroit moins couper de terre ; mais l'on deuroit bien prendre garde à la hauteur des lieux, de peur d'inonder les pays. Celuy qui auoit entrepris autresfois de faire vn canal depuis le Nil iufqu'à la mer Rouge, ne pourfuiuit pas fon deffein, pource qu'il fut auerty que cette mer eftoit plus haute que l'Egypte. L'on peut encore ioindre les mers en faifant feulement des tranchees qui feruent à leur communication : & quoy que tous ces ouurages foient longs & difficiles à faire reuffir, fi eft-ce que d'vne façon ou d'autre, l'on en pourroit bien enfin venir à bout.

Des Eaux refferrees en des bornes.

Si nous auons du pouuoir fur les Eaux coulantes, nous n'en auons pas moins fur les Eaux arreftees ou refferrees en des bornes. L'on en peut vuider les eftangs & les lacs : l'on en peut faire de nouueaux ; & quant à la Mer, bien que fa grandeur la rende inuincible, l'on peut apetiffer

son estenduë en quelques lieux auec des digues, & l'aug- DE L'VSAGE
menter en d'autres, applanissant les leuees de terre qui ET IMITA-
la bornoien. Quant à son mouuement, l'on n'y peut ap- TION DES
porter d'obstacle, mais pour l'imiter, l'on en pourroit bien METEORES.
venir à bout en quelque lac artificiel qui s'enfleroit & se
diminuëroit par des canaux secrets ; l'on y adiousteroit
quelque chaleur souterraine pour y donner de l'émotion,
& y enuoyer des exhalaisons, & l'on pourroit faire par
quelqu'autre moyen qu'il y eust aussi des Vents qui vinssent toucher l'Eau en sa superficie pour luy donner de l'a-
gitation ; mais plus cela seroit grand, plus cela seroit difficile. Quant au desbordement particulier des Eaux, l'on
pourroit non seulement l'imiter, mais le faire en beaucoup
de lieux, non pas le Deluge genneral, qui venant des pluyes
continuelles ou de la descharge des Eaux sousterraines, ne
sçauroit dépendre de la force des hommes.

Pour ce qui est des proprietez naturelles des Eaux qui *Des proprietés na-*
sortent de la Terre, l'on y peut apporter beaucoup de *turelles des eaux,*
changement. L'on peut aussi donner à plusieurs des qua- *& comment l'on*
litez qu'elles n'auoient pas. Faisant bouillir des mineraux *contrefait les eaux*
auec de l'Eau commune, l'on luy donne vn mesme goust *mineralles.*
& presque vn semblable pouuoir qu'à vne vray Eau mine
ralle, soit pour la boire, soit pour s'en seruir au bain, & si
l'artifice n'est iamais si bon que la Nature, au moins il a cette vtilité en cecy, que la force de l'Eau contrefaite est augmentee & diminuee selon que l'on la desire, & que l'on
la iuge propre au mal que l'on veut guerir, au lieu que la
naturelle est tousiours semblable. L'on en peut faire aussi
des choses que difficilement trouuera-t'on en toute sorte
de pays, car la diuersité des Mines ne se rencontre point
par tout, & mesme il n'y a pas des Eaux à toutes : Mais
l'on peut preparer des Eaux qui participeront aux qualitez de tel mineral que l'on voudra ; y procedant par artifice : tellemēt que cette inuention peut suppleer aux defaux
de la Nature aux occasions où l'on en aura besoin, & il ne
sera pas necessaire que nous allions aux contrees, où il y a
des Mines d'or pour chercher des Eaux qui participent

G ij

DE L'VSAGE ET IMITATION DES METEORES.

De l'Imitation du Miel & de la Manne, & des pluyes prodigieuses.

aux qualitez de ce metal, puisque nous en pouuons faire par tout.

Il y a vne autre sorte de Corps Deriuez humides, dont les Hommes ne sçauroient empescher la production, si ce n'est peut-estre en changeant la constitution d'vn pays où ils se forment. Ces Meteores sont les plus parfaits & les plus meslez. L'on met en ce rang la rosee de Miel, la Manne & les pluyes prodigieuses. Pour ce qui est de les imiter, il se peut faire que l'on y paruienne en quelque sorte. Sçachant le goust, les odeurs & les autres qualitez de tous ces Corps, l'on peut prendre ce qui en approche parmy cette grande diuersité de Drogues que la Chymie prepare, & par ce moyen l'on fera quelque chose de semblable à ces beaux presens de l'Air. Quant aux pluyes de sang & de lait, ce n'est qu'eau rouge & blanche, tellement que cela est facile à representer. Pour les grenoüilles, insectes & autres Corps meslez que l'on dit estre engendrez de la pluye, il n'est pas dans l'impossibilité d'en faire produire de pareils, ramassant les choses qui y sont propres, & les exposant en vn lieu conuenable. Cela suffit bien sans faire tomber d'en haut tous ces Corps Deriuez; Mais si l'on taschoit de le faire, ce ne sçauroit estre de la mesme sorte que cela se fait dans la Nature. Ces Corps humides estans meslez, leur éleuation & leur cheute ne sçauroient estre imitees de mesme que celles des simples, tels que la pluye commune & les moindres Meteores. Si l'on faisoit tomber des grenoüilles & autres insectes ou bien les autres Corps aussi difficiles à produire, il faudroit que ce fust par vne tromperie semblable que si elles tomboient de quelque machine. Il y a d'autres Corps qui ont du meslange, lesquels ont vne imitation plus facile comme sont les feux que l'on esleue, & que l'on faict mouuoir à sa volonté. Pour ce qui est des Corps dont il s'agit maintenant, c'est bien assez de les faire produire en tel lieu, que ce soit si l'on le peut. L'on ne doutera point de ce pouuoir ayant consideré que le Miel & la Manne sont engendrez de la subtile exhalaison de la Terre & des plantes, & que pour les insectes, ils s'engendrent d'vne certaine matiere corrompuë: laquelle ayant esté obseruée, l'on la peut prendre pour en faire ce qui a coustume d'en estre fait, en appliquant les choses actiues aux passiues. Si l'on dit contre cecy, que l'on n'a point entendu parler que personne ait fait du Miel ou de la Manne, cela n'empesche pas que cela ne soit faisable, mais c'est qu'à cause du grand soin & de la longueur du temps qu'il faudroit employer à chercher les compositions qui y seroient propres, l'on se retire d'vn ouurage qui seroit inutile encore qu'il fust fort curieux, pource que nous trouuons à moindres frais ces deux substances quand elles sont engendrees naturellement. Pour ce qui est de la pluye prodigieuse, & notamment celle des grenoüilles, nous sçauons qu'elle est plus nuisible que profitable, & que l'on ne se soucie guere de s'appliquer à le rechercher.

DE L'VSAGE ET IMITATION DES METEORES.

Nous venons maintenant à la parfaite attenuation de l'humidité esleuee, laquelle est quelque chose de semblable à l'Air, qui remplit tout sans estre veu. L'extréme chaleur du Soleil opere cela en faisant dilater l'Eau & la souleuant. Nous y pouuons cooperer en luy exposant de l'Eau dans vn vase, & nous pouuons aussi retarder ou empescher entierement son effet, en couurant l'endroit sur lequel il dardoit ses rayons. Nostre feu vulgaire peut causer de semblables attenuations & esleuations, en quoy nous monstrons aussi ce que nous sommes capables d'executer à l'imitation de la Nature. Au reste, si la chaleur du Soleil fait le Vent par vne certaine attenuation de vapeurs, nous faisons le mesme auec le feu, & specialement lors que nous auons enfermé l'Eau dans quelque vaisseau qui a vne fort petite ouuerture, comme en ces poires de cuiure qui soufflent le feu, & qui rendent beaucoup de bruit. Dans vn instrument plus grand, l'on pourroit faire vn vent qui auroit plus de puissance. En chassant l'Air auec vn éuentail ou quelqu'autre choses, nous faisons aussi du vent; c'est ainsi que le premier effort du Vent frappe l'Air qu'il rencontre, & le fait venir iusqu'icy. Ce-

De l'attenuation de l'Eau.

De l'imitation du Vent, & du pouuoir que l'on a sur luy.

DE L'VSAGE ET IMITATION DES METEORES.

là se fait tantost par vne maniere & tantost par l'autre, ou mesme par toutes les deux; c'est à dire par l'atenuation des vapeurs, & par le mouuement de l'Air que l'on prend aussi pour la cause du Vent, ce qui peut estre esgalement imité. Pour ce qui est d'empescher la production generalle des Vents dedans le Monde, il ne se faut point vanter d'y auoir du pouuoir. Nos efforts n'ont pas vne assez grãde estenduë: Mais si quelque vent particulier procedoit ordinairement de quelque endroit, à cause d'vne riuiere ou d'vn estang resserré entre deux montagnes où le Soleil attenuëroit les vapeurs, & les feroit couler comme vn souffle, il seroit au pouuoir des Hommes d'empescher cela, applanissant les montagnes & destournant les eaux. Si ces choses ne se font point, pource que la peine y surpasseroit le profit, il suffit que nous sçachions qu'elles sont possibles. Quant aux Vents sousterrains, ils ne sont pas si puissans que l'on ne les puisse empescher de se produire, faisant plusieurs trous à la Terre. Pour en faire aussi qui soient semblables aux naturels, il faudroit enfermer de l'Eau prés d'vn fourneau secret, ayant laissé quelque creux auprés; & tout cela estant bien bouché, il s'y feroit du Vent dont l'on entendroit le bruit, & dont il pourroit auoir vn tremblement de terre, au moins au dessus de là, & il s'en feroit mesme des ruines, sans que nous mettions en ligne de compte ce qui se peut faire dans les mines auec la poudre à canon.

Du pouuoir que l'on a d'empescher l'eau de se glacer, & de la faire chãger aussi en glace durant les plus grandes chaleurs de l'Esté.

L'estat contraire de l'attenuation des Corps humides, est la condensation dont l'effet est la glace. Pour empescher que l'Eau ne fust ainsi arrestée par le grand froid, il faudroit tousiours auoir du feu auprés. L'Eau de vie, qui ne gele point à cause de sa chaleur naturelle, si ce n'est qu'elle soit corrompue, empesche aussi d'autres liqueurs de se glacer, comme l'ancre, & si l'on garde quelques Eaux dans les caues pendant l'Hyuer, le froid ne changera point leur consistence; Mais si l'on veut haster l'operation de la froideur, & rendre incontinent l'Eau commune, fixe & solide, l'on n'a qu'à l'exposer au Vent qui est fort froid en cette saison, & qui s'insinue dans les pores de l'Eau ! Si l'Eau a boüilly auparauant, & si elle est en- core chaude, elle en sera pluftost glacée, pource que la froideur de l'Air penetrera plus facilement dans ses parties qui se sont estendues: non pas que cela se fasse seulement par l'effort de la contrarieté, comme disent quelquns-vns, & que la froideur ayans rencontré de la chaleur se soit rendue d'autant plus forte : car la chaleur de l'Eau estant empruntee, & n'y estant attachee aucunement, elle est bien-tost chassée par la froideur. D'autres disent que les parties les plus subtilles de l'Eau estans éuaporées par la chaleur, le reste qui est plus grossier en demeure plus propre à estre fixé : mais toutes les parties de l'Eau commune sont à peu prés semblables : ce n'est pas comme d'vne autre plus meslangee : si bien qu'il est plus raisonnable de croire que l'Eau eschauffee, ayant commencé de se dilater, en reçoit apres plus fortement l'impression de l'Air froid qui l'enuironne. En ce qui est d'empescher que la glace ne retourne en Eau, cela se fait encore assez facilement. L'on la garde iusqu'en Esté malgré la chaleur du Soleil, l'ayant enfermee sous Terre dans de la paille, qui n'en laisse approcher aucune tiede vapeur. L'on promet mesme de changer l'Eau en glace dans la plus chaude saison, l'ayant enfermee dans vn vaisseau couuert de neige que l'on aura gardee sous Terre auec de la paille, de mesme que l'on garde la glace : & pour empescher que la neige ne se fonde, l'on fera par dessus des licts de salpestre ou de camphre bien couuerts encore de paille, & le tout sera tenu en lieu sousterrain & frais. L'on croid que l'Eau se glacera par ce moyen dans quatre ou cinq heures. D'autres disent qu'il ne faut que faire bouillir l'Eau pour la faire glacer apres plus facilement ; & l'ayant mise dans vne bouteille la descendre en vn puits. Il y en a de si frais que cette Eau bouillie s'y pourroit glacer, & l'inuention en seroit plus aisee, d'autant qu'il ne seroit pas besoin d'auoir garde de la neige de l'Hyuer precedent : L'on auroit aussi facilement gardé de la glace. Il est vray que la formation artificielle de la glace seroit estimee pour sa rareté:& d'ailleurs, l'on y peut adiouster cette gentillesse, de mettre l'Eau que l'on veut glacer en des moules d'airin de diuerses façons, & specialement faits en forme de coupe pour y boire delicieusement si-tost que l'on les aura apportez, & l'on les verra apres fondre incontinent sur la table si le temps a beaucoup de chaleur.

De l'utilité de toutes sortes d'Eaux.

Nous auons esté contraints de parler icy de l'Eau comme d'vn Corps Deriué, quoy que nous l'ayons aussi consideré comme vn Corps principal, dont nous auons appris les raisons. Au reste, d'vne façon ou d'autre, nous tirons d'elle vne semblable vtilité. Nous nauigeons sur la mer & sur les riuieres. Toutes les Eaux courantes font tourner des moulins. Les petits ruisseaux arrousent les Terres, & l'Eau de la moindre source est en plusieurs endroits la meilleure à boire. L'eau des pluyes remplit aussi les cisternes & rafraischit plusieurs contrees apres les grandes ardeurs du Soleil. Toutes les Eaux sont propres à détremper les Terres pour la poterie : ou le plastre & la chaux pour la massonnerie, & les plus pures seruent à nettoyer quantité de choses. Quelque Eau que ce soit, ayant aussi des qualitez particulieres, l'on les change en diuerses sortes, & lors que l'on les met toutes au meilleur estat où elles puissent estre, donnant de l'aide à la Nature, c'est trauailler à leur perfection.

De l'Imitation des Feux qui paroissent en l'Air, & de l'Vsage & perfection de ceux que l'on allume d'ordinaire.

CHAPITRE III.

LES Corps Deriuez qui s'allument en l'air, s'exemptent de la iurisdiction des Hommes, specialement s'ils sont fort esleuez. L'on ne sçauroit empescher leur production : & pour ce qui est de ceux qui tombent comme fait le tonnnere, plusieurs croyent s'en pouuoir garder en des caues fort profondes,

à

à cause que l'on tient qu'il ne sçauroit entrer fort auant dans terre, mais il pourroit bien passer par les degrez ou par les souspiraux. L'on dit aussi que la peau de veau marin empesche son effet, pource qu'elle est rare & peu compacte: De verité, il ne rompt pas ce qui ne luy resiste guere, mais cela n'empesche point qu'il ne passe au trauers comme en glissant pour aller attaquer ce qui est plus solide. Quand au Laurier que l'on croit estre exempt du foudre, il semble que ses feüilles sont trop fermes pour cela. Il y en a de plus tendres qui n'y resistent pas. Ce que l'on en a dit n'a esté que suiuant les superstitions des Autheurs. Au reste, il est aisé d'imiter le Tonnerre par quelques Corps qui fassent vn semblable bruit; mais si l'on entend qu'il procede d'vne semblable cause, il faut se seruir en cela de diuerses pieces d'artillerie que l'on tirera coup sur coup, ayans esté remplies de poudre à canon & bien bouchées. Cette poudre sert encore à vne vraye Imitation des Meteores enflammez. Le Feu la faisant eslargir, il faut qu'elle trouue de la place, & que poussant tout ce qu'elle rencontre elle fasse beaucoup de bruit. C'est par ce moyen qu'elle imite le Tonnerre: Et parce qu'elle brusle & fracasse tout ce qui luy resiste, elle en a plus de ressemblance. La promptitude qu'elle a pour s'enflammer, imite aussi les exhalaisons les plus chaudes. De vray, sa composition est de soulphre, de charbon & de salpestre, ce qui ne respond pas à celle de tous les Meteores de Feu, dont la matiere n'est quelquefois qu'vne exhalaison huileuse qui s'enflamme sans violence, mais tout cela ne manque point d'Imitation. Nous faisons des huiles & des exhalaisons aussi. D'ailleurs, l'Eau de vie dont le Feu esclaire sans brûler, represente bien celuy de quelques Meteores enflammez, qui ne consomment rien, comme les Ardens. Parlons maintenant de ces Feux les plus abaissez, que l'on prend pour guides. Il est aisé de s'en garder en ne les suiuant point. Quelquefois ils se monstrent proches, que mesmes l'on pourroit bien les esteindre si l'on auoit de l'eau pour leur ietter. L'on pourroit faire aussi qu'il s'en

De l'imitation des Ardens.

DE L'IMIT. esleuast en plusieurs endroits si l'on vouloit, y mettant
ET DE L'V- vne matiere propre à cét effet. L'on imite encore leurs
SAGE DES divers mouuemens. Qu'elqu'vn faisant aller des flam-
FEVX. beaux d'vn costé & d'autre dans les champs, tromperoit
ceux qui en seroient loin, & qui prendroient cela pour
des feux follets; Attachant aussi des bougies allumees
sur le dos des Tortuës, cela estonneroit en les voyant marcher, & si elles estoient attachees sur le dos de quelque
animal dont la course seroit prompte, & qu'elles fussent
composéees de sorte qu'elles ne se pussent esteindre, cela
imiteroit encore mieux les Ardens. Que si l'on veut que
ces feux paroissent sur vn lac ou sur vn estang, il ne faut
que ficher des espingles au bout de quelques chandelles,
ou bien y attacher des pieces de monnoye; Lors qu'elles
seront allumees & posées dans l'eau, elles n'enfonceront
point; au contraire, elles s'esleueront à mesure que le suif
bruslera, d'autant que la flamme l'attirera tousiours, &
que cette matiere visqueuse ne pourra se mêler auec l'eau.
Cela se feroit difficilement sur vne riuiere qui entraisne-
roit tout, mais cela se fera fort bien sur vn marais: & si l'on
craint que le vent n'esteigne de tels Ardens, il les faut
composer d'vne matiere qui resiste à cette impetuosité,
comme de therebentine, de soulphre & de camphre : Attachant aussi de tels flambeaux sur vne plaque de bois, ce
seroit alors qu'ils se pourroient tenir sur vne eau courante,
qui les emporteroit sans leur nuire, dont ceux qui les verroient de nuit seroient estonnez.

De l'Imitation   Pour ce qui est d'imiter les feux plus esleuez, ayant ac-
des Feux les plus commodé vne toille de telle sorte qu'elle puisse resister
esleuez. au feu quelque temps, il la faut estendre sur de petits fils
de fer qui la soustiennent en rond ou en quarré, & plustost
en ouale ou en lozange. Cela sera supporté en l'Air estant
ietté du haut de quelque edifice, & si l'on y a attaché
quelque composition à laquelle l'on ait desia mis le feu
par vn endroit dont l'effet ait esté lent, cela paroistra enfin tout enflammé auec la figure, selon laquelle la matiere
combustible aura esté disposée. Il est vray que la compo-

fition y donnant du poids, pourroit abbattre le tout, mais la toille estant bien grande & iettee fort haut, sera balancee en l'Air, outre que la chaleur la sousleuant, l'empeschera de tomber. Les fuzees qui montent en l'Air representent aussi en quelque sorte les feux esleuez : Sur tout, celles qui retombent en claires estincelles representent bien ces feux qui courent par l'Air, & qui semblent tomber en guise d'estoilles. Pour les feux sousterrains, leur origine est si profonde, que l'on ne peut retarder ny aduancer leur production, n'y s'en defendre que par l'esloignement à cause de leur violence. Leur imitation seroit fort aizee emplissant des cauernes de soulphre, de bitume & de quelques autres matieres combustibles. Pour ce qui est de la matiere des fusees, elle est d'ordinaire de poudre à canon, de salpestre & d'vn peu de soulphre. L'on leur donne la forme selon l'effet que l'on desire : Celles qui doiuent faire des estoilles ou des serpenteaux, ont plusieurs petits tuyaux enfermez dans vn grãd, & l'on les attache chacune à vne longue baguette, afin que s'esleuans plus droit, elles montent aussi plus haut. Il y en a d'autres simples qui ne sont faites que pour causer vn grand bruit en se creuant ; les autres n'estans attachees aux eschaffauts des feux d'artifice, qu'afin d'y entretenir long-temps la clarté, l'on les remplit d'vne matiere plus durable, ayant meslé de l'antimoine, auec du soulphre & du salpestre, ce qui les fait esclairer sans violence. Quant à celles qui doiuent donner du mouuement à quelques ressemblances d'animaux, elles ont vn feu plus puissant qui les agite sans cesse. Quelques-vnes s'esleuent par boutades, pour faire leuer & baisser le bras de quelques figures, & pour faire choquer les autres ensemble. Il y en a qui font tourner des rouës, pource qu'y estans toutes attachees de costé, lors que leur violence les entraisne, elles ne sçauroient donner qu'vn mouuement circulaire à ce qui les retient, la facilité s'y trouuant à cause des piuots sur lesquels cela est placé. Que si l'on veut faire auancer de fort loin quelque figure d'homme ou de beste, il faut

DE L'IMIT. ET DE L'VSAGE DES FEVX.

Des Fusees & autres feux d'artifice.

DE L'IMIT. ET DE L'V-SAGE DES FEVX.

qu'elle soit attachée à vne corde par vn anneau coulant, ou bien que la corde passe au trauers de ce corps, & que toutes les fusees dont il sera garny tendent vers le lieu où il doit aller, afin que la conduite se fasse par leur effort. Mais il faut prendre garde que le feu ne touche à la corde, ou bien qu'elle soit propre à y resister, ayant esté couuerte d'vne toile si bien gommée ou plastrée, qu'il ne luy en puisse arriuer aucun dommage.

De l'Artillerie. Apres les Feux de recreation, l'on peut parler de ceux de la guerre. Il y en a qui s'esleuent en l'Air, auec l'instrument où l'on les a enfermez ; mais pource qu'ils n'iroient pas d'eux-mesmes aux lieux où l'on veut nuire, l'on les y iette de la main, ou bien l'on les y adresse. Ce sont les grenades, les pots à Feu & autres pareilles machines, soit de fonte ou de fer, ou d'autre matiere moins dure. L'on les emplit de poudre à canon, & si-tost que l'on y a mis le Feu par le canal de l'amorce, l'on les iette contre les ennemis. L'on fait aussi des mortiers qui sont des pieces d'artillerie, larges & courtes que l'on charge de pierres, de clouds & de chaisnes, & la force de la poudre fait tout sauter en l'Air. L'on y met aussi des Bombes qui sont encore des boistes de fonte, pleines de poudre à canon & de soulphre, & d'autre matiere violente : lesquelles sont poussees vers le lieu que l'on a dessein de ruiner. Elles fracassent toute vne maison en tombant, & brisent aussi tout ce qui est aux enuirons lors qu'elles se creuent. Pour bien guider le Feu où l'on veut & mieux viser, l'on a inuenté des instrumens dont le tuyau est plus long, & qui par consequent ont aussi plus d'effort, à cause que le feu s'y trouuent dauantage resserré. Entre les moindres il y a celles que l'on tire à la main, comme les mousquets, les carabines & les pistolets, qui tuent vn homme en vn instant de la balle qu'ils poussent. Il y a d'autres plus grandes pieces, qui peuuent tuer plusieurs hommes d'vn seul coup, & ruiner les edifices. Ce sont les canons qui sont traisnez sur des rouës à cause de leur pesanteur. Les plus gros sont propres au siege d'vne place, & les moindres font pour mener dans les armees, qui marchent à la campagne. L'on a voulu trouuer l'inuention d'en faire de plus legers que de metal, & de ne les faire que de cuir boüilly, auec vne simple feüille de fer au dedans, & l'on les a esprouuez quelquefois, mais il ne les faloit pas charger si fort que les autres, ny si souuent, de sorte que cela estoit plus pour la gentillesse que pour l'vtilité. Il faut auoir esgard principalement à la plus parfaite artillerie, qui est celle des canons de fonte. Depuis qu'ils sont en vsage, l'on a augmenté la fortification des villes pour s'en defendre. Il ne suffit pas d'auoir des murailles, il faut des terrasses derriere, & l'on a aussi trouué que la seule fortification de terre est la meilleure, & que la balle du canon n'y fait que son trou, au lieu qu'ayant brisé quelques pierres, vn pan de muraille en peut estre esbranlé & renuersé. Il est vray que les bastions de terre se peuuent bien-tost esbouler, mais en recompense ils sont bien-tost reparez. L'on se defend par ce moyen des plus grãds efforts du feu, mais c'est en y opposant des Corps qui reçoiuent sa violence. Il y a d'autres feux qui ne sont point iettez ny poussez, mais qui font pourtant beaucoup de ruïne à cause qu'ils sont retenus; Tels sont les feux des Mines & des Petards que l'on attache aux portes. Pour empescher l'effort des mines, il faut faire des puits auprez, & pour resister aux petards, il faut que les portes soient terrassees au derriere.

Des choses qui peuuent resister au Feu.

L'on vse d'autres remedes contre de moindres feux. L'on trouue mesme des choses qui les empeschent d'agir contre les Corps où ils sont adressez. Il semble que si l'on estoit couuert d'vne robbe faite de cét Amianthus qui ne brûle point, l'on ne seroit point endommagé des flammes: Mais il ne s'y faudroit pas fier; car outre que le feu trouue passage par tout, il donneroit tant de chaleur à cette estoffe, que l'on en seroit incommodé. Nous ne la tenons pas aussi pour estre entierement incombustible. Plusieurs soustiennent que la Salemandre peut viure dans le feu, & sur cette opinion l'on dira que si l'on se frottoit les mains

DE L'IMIT. ET DE L'VSAGE DES FEVX. de la liqueur extraite de son corps, l'on les pourroit mettre apres sans crainte dans la flamme, ou bien manier des charbons ardens. Mais comme l'on trouue que cét animal est vn petit lezard, si plein d'humidité & de froideur, que d'abord il esteint le feu où il est mis, c'est par là que l'on pretend qu'il y resiste, quoy qu'il n'y puisse pas viure tousiours ; car si le feu estoit grand, il y seroit bien-tost consommé. Neantmoins, l'on peut croire que l'eau qui sort de son corps quand il est pressé, ou ses parties mesmes reduites en vnguent, seroient capables de garentir les mains de brusleure si elles en estoient frottees ; ce que l'on fait encore par le suc de guymauues & de mercurialle, par le suc de refort, le blāc d'œuf & la chaux esteinte, dont l'on compose vn liniment. Il est certain que cela peut empescher que l'on ne sente l'ardeur du feu, pourueu que l'on ne le touche guere long-temps ; mais à la fin, l'humidité de la drogue estant euaporee, la froideur ne s'y trouueroit plus, tellement que l'on seroit en danger de se brûler ; Toutesfois, pour tenir quelque temps vn charbon, ou passer sa main par la flamme, cela se peut facilemēt. Quelques-vns disent dauantage, que l'on peut faire degoutter dessus du plomb fondu, pource que ce liniment y resiste, & que le plomb ne fait que couler promptement : mais cela n'est pas fort asseuré. Les charlatans qui en ont quelquefois fait l'épreuue deuant vne populace, auoient peut-estre couuert leurs mains outre cela de quelque ceruse, ou de quelque plastre assez espais, afin de ne receuoir point de mal. Si l'on desire aussi garantir du feu quelque machine ou quelque galerie de bois, faite au siege d'vne ville, l'on la peut enduire de chaux & d'alun, & de quelques-vnes des matieres alleguees. Cela seruira contre les grenades & les petits artifices : Mais ceux qui ont plus de violence, ne bruslent pas seulement, ils rompent tout par leur effort. Toutesfois, l'on ne doit pas dire que les hommes ayent mieux trouué l'inuention de faire agir le feu, que de s'en defendre : car si l'on oppose au moindre feu ce qui ne peut brusler, l'on oppose au feu ruinant ce qui

Commēt l'on peut lauer s.s mains de plomb fondu.

ne peut estre abbatu. L'attaque & la defense reüssisent di-uersement selon nos preparatifs.

DE L'VTIL. ET DE L'V-SAGE DES FEVX.
De l'vtilité du Feu.

Nous auons desia parlé des moyens d'alumer le feu, qui sont par le choc des cailloux & du fer, par le frottement de quelque bois, & la reuerberation des miroirs ou des vases. Il s'allume aussi sans que les hommes y cooperent, comme l'on dit que de la fiente de pigeon s'estant allumee en vn pays chaud, brusla plusieurs edifices. Cela nous donne l'inuention d'exposer au Soleil les matieres que nous voulons enflammer. Pour ce qui est d'empescher qu'vn flambeau ne soit esteint par le vent & la pluye, le secret en a esté assez declaré, & nous auons cherché s'il se pouuoit faire des feux inextinguibles. L'on peut adiouster à cela le pouuoir que l'on a sur les qualitez du feu, les rendant plus ou moins manifestes, comme le faisant paroistre plus chaud & plus actif, & mesme plus odorant & plus coloré. Il faut aussi considerer ses vtilitez selon la matiere dont il est fait, comme de bois, de charbon, ou de bitume, & le lieu où il est fait, soit vne cheminee, vn fourneau, vn poëlle, ou vn lieu descouuert. L'on sçait qu'il sert à reschauffer les membres des animaux, à faire cuire le pain, à faire boüillir ou rostir les viandes, à faire plusieurs decoctions & distillations pour la Medecine, à faire cuire les vaisseaux de terre, les thuilles & les briques, à faire le verre, à faire fondre les metaux, & à rendre le fer plus mol pour la forge.

Le feu sert ainsi aux principales commoditez de la vie. L'on a trouué mesme l'inuention de ne pas laisser sa fumee inutile. Tandis qu'il brusle pour rostir la viande, sa fumee peut faire tourner des aisles de fer blanc attachees sur vn pignon, qui fait apres tourner vne roüe dont la corde d'vne broche est gouuernee. La mesme fumee pourroit faire tourner de plus grandes machines pour d'autres ouurages plus considerables & plus ingenieux. D'ailleurs, le feu peut causer plusieurs mouuemens par sa propre force & par celle qu'il donne à d'autres matieres, comme lors qu'il fait attenuer l'eau d'vn vaisseau pour produire vn vët

Des mouuemens que peut causer le feu, tant par sa fumee, que par la force qu'il donne à l'eau, & mesme par ses cendres.

DE L'IMIT. tres-actif, qui poussera des aisles de machines, ou qui fera
ET DE L'V resonner des flustes ou des tuyaux d'orgues. L'on dit aussi
SAGE DES qu'ayant esleué vn Autel qui ait vne platine de cuiure
FEVX. où l'on fasse vn grand feu, & qui ait au dedans vne peau
d'animal tenduë assez lasche, lors que le feu sera vehement, elle se retirera & se bandera de telle sorte, que si
vne corde est attachée vers son milieu, & si elle passe par
des poulies mises en lieu conuenable & caché, elle fera
ouurir les portes d'vn petit Temple, pour donner de l'estonnement à ceux qui ne sçauent pas le secret. Mais cette
peau bandée par la chaleur, se pourroit secher entierement apres auoir seruy deux ou trois fois: & d'ailleurs, l'on
doute si sa force seroit assez grande. L'on promet d'executer encore mieux cét artifice, par le moyen de l'Eau placée
sous l'Autel, laquelle se renflera par la chaleur, & tombant par vn canal dans vn seau, le remplira tellement qu'il
s'abaissera, & par son poids attirant vne corde ou vne
chaisne, fera ouurir les portes, ou bien les fera fermer, selon que l'on aura disposé les poulies, car l'vn & l'autre est
faisable; & si l'on veut, sans qu'il y ait des poulies, les chaisnes passans au dessous du planché, feront tourner le pied
des piuots où les portes seront attachées, pour les faire
ouurir, & le seau s'estant vuidé, vn contrepoids qui aura
son mouuement de l'autre costé, fera vne soudaine closture. L'on se peut seruir de vif-argent au lieu d'eau pour
de semblables inuentions, car le vif-argent se renfle incontinent par la chaleur, de sorte que s'estant ietté dans le
tuyau il chargera les vaisseaux, qui seront les principes du
mouuement. Quand l'on ne se seruiroit que de l'eau simple, l'on pourroit aussi appliquer cette cheute de seau à des
mouuemens de rouës, pour faire remuer des statuës, faire sonner des orgues, & toute autre inuention que l'on
voudra: car si-tost que le feu aura causé la repletion de ce
second vaisseau, il pourra seruir de contrepoids, se laissant
couler au long d'vn creux fait en forme de puits, & quand
il sera au bas, vne corde ou vne chaisne attachée à son
fonds le fera renuerser; ou bien cela se fera par vn crochet

qu'il

qu'il rencontrera, & aussi-tost qu'il sera deuenu leger, vn contrepoids attaché au bout de sa maistresse chaisne le fera remonter, pour estre encore remply. Cela pourra aussi estre pratiqué aux fontaines naturelles, que l'on fait eschauffer par l'ardeur du Soleil. L'Eau qui s'y renflera y remplira vn seau pour causer quelque mouuement extraordinaire par sa descente, & c'est par ce moyen que l'on pourra varier le sifflement des Statuës, dont nous estions tantost en peine. Cela semblera plus esmerueillable que par le moyen du Feu; mais cela sera plus difficile, & ne sera pas si certain. L'on peut faire vne autre sorte d'inuention où l'on ne laissera pas mesme les cendres oisiues. Si le feu est fait de bois ou de charbon prompt à se tourner en cendres, n'y ayant au dessous qu'vne grille à barreaux ronds, elles pourront tomber toutes par vn canal iusques dans vn seau, qu'elles chargeront pour faire ouurir des portes, & pour causer plusieurs autres mouuemens. Ces machines nous ont conduit à donner mesme de l'vsage à la cendre, aussi bien qu'à la fumee, en ce qui est de la force mouuante. D'vn autre costé, l'on peut considerer que la fumee est propre à faire secher plusieurs choses, & à engendrer aussi de la suye, qui sert apres à quelques teintures & à d'autres ouurages ; & quant aux cendres, leur vsage le plus commun est celuy de blanchir le linge par les lessiues. Si leurs autres applications sont diuerses, c'est selon la diuersité de la matiere dont elles sont tirees, & particulierement l'on fait de la plusart ou du Sel ou du Verre, ce que nous deuons encore considerer ailleurs. Nous auons icy parlé de l'vsage des Feux, tels que nous les auons parmy nous ; Ce sont proprement des Corps Deriuez, tels que ceux que compose la Nature, quand elle allume des feux de quelque matiere qui s'y trouue propre. Nous les faisons aussi à son imitation, de sorte qu'à bon droit ils ont icy leur lieu : mais ils ont cela de particulier d'estre employez à des vsages ou la Nature ne les conduisoit pas toute seule, en quoy les Hommes font parestre leur artifice.

Vol. III.   I

De l'Vsage, Imitation, Melioration & Perfection des Sels, des Soulphres, & des Bitumes; Et de la Chymie.

CHAPITRE IV.

APRES les Corps Deriuez qui sont éleuez en l'Air, il faut parler de ceux qui demeurent en Terre, mais qui ont de la fluidité comme l'Eau lors qu'ils sont fondus. Ce sont les Sels, les Soulphres, les Bitumes & diuerses sortes de Sucs. Ayant desia parlé de plusieurs feux d'artifice, cela peut monstrer l'vsage de quelques-vnes de ces matieres. Le Salpestre & le Soulphre entrent dans la composition de la poudre à canon, pource que le Soulphre brusle facilement, & le Salpestre a vne vapeur violente lors que la chaleur le force de se dilater. Le Sel commun petille aussi au feu, à cause que l'humidité qui s'y trouue estant attenuee, se veut separer auec effort de la Terre où elle est meslee & resserree trop estroitement. De telles proprietez ont fait trouuer l'inuention des Feux d'artifice, où l'on mesle encore le charbon de saule, le cāphre, l'Eau de vie & autres ingrediens, pour donner plus de vigueur à ce que l'on pretend executer. L'on fait aussi des Feux sans violence auec les Bitumes & les Cires; & toutes ces matieres ont encore d'autres employs pour le seruice des hōmes. L'on compose diuerses drogues de quelques-vnes pour accommoder plusieurs choses necessaires au mesnage, les autres seruent à des medicamens. Sur tout l'vtilité du Sel commun est remarquable pour l'assaisonnemēt des viandes. En ce qui est de la preparation des Sucs & des Corps qui se fondent, elle se fait assez aisément; La pluspart estans tirez des entrailles de la Terre sont purifiez par le Feu: les autres en sont tirez tous purs. Il y a mesme des cachots soufterrains où l'on trouue le Sel tout fec & tout formé : Mais il y a d'autres contrees où l'on tire l'Eau de quelques puits falez, laquelle eſtãt bouillie fe conuertit en Sel. En d'autres lieux l'on fe fert de l'Eau de la Mer, que l'on fait couler en de certains marais, où il s'en fait auſſi du Sel quand le Soleil donne deſſus, d'autant que la chaleur fait éuaporer tout ce qu'il y auoit là d'humeur ſuperfluë. Il faut que les regions y ſoient propres; qu'il y faſſe chaud aſſez long-temps, & que les pluyes n'y ſoient pas fort frequentes, pource qu'elles gaſtent tout l'ouurage. Si les hommes operent ainſi à la production de quelques Corps en prenant des choſes que l'on y peut iuger vtiles auec aſſez de facilité, ils font encore paroiſtre d'autres Corps deriuez qu'ils tirent de ceux dont ils n'auroient pas eſté produits ſi vulgairement. L'on fait du Salpeſtre par le moyen des fumiers, des entrailles des beſtes & de certaines terres, apres y auoir fait couler de l'eau par pluſieurs fois, qui en tire la ſubſtance que l'on deſire, & l'on la fait bouillir pour en faire éuaporer l'humidité inutile. L'on imite encore aſſez facilement les Soulphres & les Sels que la Nature produit toute ſeule : car il n'y a guere de Corps dont l'on ne puiſſe tirer manifeſtement du Soulphre, & du Sel par artifice. Le Soulphre eſt vne matiere huyleuſe & combuſtible que l'on tire diuerſement de pluſieurs Corps. Il ne faut que preſſer ceux qui abondent pour la faire ſortir; & pource que la phlegme y demeure auſſi meſlé, il ne faut qu'vſer d'vne ſimple diſtillation pour ſeparer l'vn de l'autre. Quant aux Corps qui ſont d'vne nature plus ſeiche & plus compaſte, Il les faut mettre d'abord ſur le feu dans des vaiſſeaux propres à cela. L'Eau en ſort la premiere & l'huyle apres, qui eſt vn vray ſoulphre. Pour le ſel, il demeure au marc & aux cendres, & l'on le peut tirer auec vne Eau pluſieurs fois coulee deſſus, laquelle on fait bouillir apres iuſqu'à ce qu'elle s'eſpaiſſiſe. Il y a d'autres Corps dont l'on tire ſimplement le ſuc, & l'ayant fait bouillir iuſques à vne conſiſtence mediocre, l'on le laiſſe repoſer quelques iours en lieu aſſez froid, & quelque temps apres, l'on trouue le Sel tout sec & tout pris. Les Bitumes peuuent estre imitez auec diuerses huyles ou graisses meslees à d'autres Corps terrestres: ou bien quelques Bitumes sont imitez par d'autres y faisant vn meslange qui en prend la couleur, l'odeur & les autres qualitez. Pour ce qui est des Sucs, ils sont de mesme imitez par d'autres, ou par des matieres differentes. Ainsi, l'on contrefait les gommes & les diuerses sortes d'Ambres, par d'autres Corps qui se fondent & qui se durcissent, & il en peut estre de mesme des Sels.

De la Chymie. LA Chymie est employee à ces choses: mais sur tout elle doit seruir à de telles preparations lors qu'elles sont propres à remedier à quelque maladie, ou à produire quelque autre effet vtile. Elle a deux parties principales qui sont, la Solution des Corps & leur Coagulation. La Solution est diuisee en Calcination & en Extraction. Pour la Calcination, qui est de priuer vn corps de son humidité, le reduisant en chaux ou en poudre, elle se fait par Corrosion, c'est à dire auec d'autres corps fort corrosifs: ou bien par ignition, c'est quand l'on brusle simplement les corps. Quant à l'Extraction, autre partie de la Solution, elle est diuisee en Ascension & Descension. Il y a Ascension seiche, qu'on nomme Sublimation, laquelle se fait, lors que les parties les plus subtiles d'vn composé sont contraintes de s'esleuer au haut d'vn vaisseau, où elles s'atrachent. L'Ascension humide, qu'on nomme Distillation, est vne Extraction de l'humidité attenuee, qui s'épaississant au chapiteau coule apres dans le Recipient. La Distillation est encore diuisee en droite & en oblique. La droite se fait par l'Alembic commun, & l'Oblique par la Retorte. Quant à l'Extraction qui se fait par la Descension, elle est double: à sçauoir, la chaude & la froide. L'on appelle la chaude, celle qui se fait par exemple d'vn bois resineux que l'on met brusler dans quelque fourneau, ou la poix se fond & coule au dehors. Pour la Descension froide, il y en a deux especes: la premiere est la Filtration.

qui se fait quand l'on coule les liqueurs au trauers d'vn tamis ou d'vn gros papier, ou d'vne chausse de drap. La seconde est vn simple coulement, qui se fait sur vn marbre ou sur vne planche polie. L'Extraction se fait encore par des moyens que l'on appelle Intermedes, d'autant qu'ils tiennent quelque chose des autres, comme la Digestion qui se fait pour cuire le corps par vne chaleur temperee, reunissant les parties seches, & faisant éuaporer petit à petit les humides, qui pourtant ne sortent pas tout à coup du vaisseau, si l'on ne le desire, selon l'effet que l'on demande. Il y a encore la Putrefaction par laquelle le corps mixte se resout en pourriture naturelle, ce qui se fait lors que l'humidité vient à surmonter la seicheresse par la chaleur externe qui l'attire. L'on ioint à cecy la Circulation qui se fait dans vn vaisseau où il y a plusieurs circuits, pour purger la matiere de toutes ses impuretez. Il y a vne autre Extraction speciale qui se fait par Infusion d'vne liqueur sur quelque corps; Et pour retourner à la Coagulation, seconde partie de la Chymie, c'est elle qui rend solides les choses molles par priuation de leur humidité; Cela se fait par Exhalation, Decoction ou Fixation: mais toutes ces operations sont coniointes auec la pluspart de celles que nous auons desia nommées. Il faut encore obseruer que l'on distille par plusieurs fois ce qui est sorty d'vne distillation, ou bien l'on reiette la liqueur sur le marc. Ce sont deux especes de Rectifications. Il y a plusieurs autres operations meslees, que l'on apprend facilement quand l'on sçait les premieres. Les vnes & les autres s'accomplissent par le Feu, ou au Soleil, ou dans le bain, ou dans le fumier. C'est par leur moyen que l'on peut faire des Eaux, des Sucs, des Huyles, des Soulphres, des Sels & autres Corps composez & deriuez. La varieté en est aussi grande, comme il y a de diuersité en tous les Corps du Monde, & l'on la multiplie encore par le meslange & la difference des vaisseaux, & les degrez de chaleur dont l'on se sert. L'on donne en cela de l'aide à la Nature, & l'on monstre le pouuoir que l'on a sur les corps meslez qu'elle a produits, pour les changer à volonté, & mesmes pour en produire de semblables. La Melioration & la Perfection sont en cela toutes euidentes, soit pour les naturels, soit pour les artificiels, & l'vsage en est si commun en la Medecine & autres Arts, qu'il est superflu d'en parler.

De l'Vsage, Melioration, Perfection & Imitation des Terres, des Pierres, des Mineraux & des Metaux ;

Et de la Pierre Philosophalle.

CHAPITRE V.

APRES les Corps qui sont aisément rendus liquides, nous considerons ceux qui sont secs & solides pour la pluspart, & que nous auons desia apellez des Corps Deriuez Fixes, tels que sont les Terres, les Pierres & les Metaux. Il est vray que les Metaux peuuét estre fondus par vn grand Feu & quelques Pierres aussi, mais leur solidité & leur secheresse sont tousiours assez remarquables.

Du changement des Terres.

Si la production des Corps Deriuez Fixes, tels que sont les Terres, les Pierres & les Metaux, se fait fort auant, il n'y a aucun moyen d'y apporter de l'obstacle ou de l'ayde, mais si c'est à la superficie, vn meslange contraire y pourroit nuire, & vn meslange propre y pourroit seruir auec vn secours conuenable, specialement pour la diuersité des Terres qui sont plus aisées à former ; Que l'on les rende plus humides ou plus seiches, & que l'on adiouste ou retranche quelque chose de ce qu'il y a de plus solide en elles, il s'en fait vne varieté par le temps auec l'action de l'Agent supréme. Les Terres sablonneuses sont rendues plus grasses, ou plus chaudes & humides en

y meſlant quelque autre Terre, comme la Marne ou l'Ar- DE L'VSAGE
gille, ou bien en y mettant du fumier. Il y a vne infinité ET PERFEC-
de manieres de les diuerſifier, & en effet quelque choſe TION DES
que l'on y faſſe ſelon l'eſtat où l'on les treuue, ce ſont tous- TERRES, &c.
jours autant de diuerſitez, quoy que la nature du lieu ne
ſoit pas vaincuë entierement, & que l'on ne puiſſe pas tout   *Des Terres par-*
reduire à vne meſme forme.   *ticulieres.*

Pour ce qui eſt des Terres qui ſont propres à autre choſe qu'à nourrir des plantes, & qui ſont fort enfoncees en
beaucoup de lieux, l'on les trouue telles qu'elles ſont ſans
y auoir rien adiouſté ny diminué : Neantmoins, l'on pourroit bien faire que d'autres leur fuſſent ſemblables à force
de les meſler ou de les expoſer au Soleil ou au feu, & cela
ſe feroit plus parfaitement d'autant plus qu'elles auroient
de qualitez particulieres. A force de ſeicher la Terre, l'on
en peut faire du ſablon ; A force de l'humecter, l'on en
peut faire de l'Argille. Pour ce qui eſt des Terres rouges
comme la Lemnienne, & des iaunes ou d'autre couleur,
l'on peut trouuer quelle eſt leur compoſition & l'imiter, y
donnant meſme les proprietez neceſſaires, auec diuerſes
liqueurs que l'on y employeroit. Ce ne ſeroit pas la meſme
choſe que fait la Nature, mais cela en approcheroit de bien
prés.

Les artifices que l'on fait pour la melioration des Ter- *De la Melioration*
res, ſont premierement ceux du labourage, qui les ren- *des Terres, & des*
dent plus propres à porter des fruicts. Apres cela, il faut *changements qui*
conſiderer d'autres vſages. Il y a des Terres qui ont aſ- *s'en font pour en*
ſez d'humidité huyleuſe pour ſeruir à entretenir le feu en *tirer de l'vſage.*
des pays où l'on manque de bois. Toute l'induſtrie que
l'on y employe eſt de laiſſer vn peu ſeicher les gazons ou
tourbes auparauant que de les mettre au feu, afin que l'humidité ſuperfluë en ſorte. En ce qui eſt de la Terre propres aux baſtimens, ou pour faire pluſieurs vaiſſeaux qui
ſeruent au ménage, elle change plus d'eſtat que celle que
l'on deſtine à recuoir les ſemences & les faire germer,
car dans le labourage, la Terre demeure en ſon lieu, &
preſque en ſa meſme conſtitution. Dans la maſſonnerie,

DE L'VSAGE ET PERFECTION DES TERRES, &c.

elle change de lieu & d'estat, specialement si l'on ne l'employe pas toute pure comme l'on fait aux ouurages rustiques, mais si l'on la mesle auec le sable ou la chaux pour faire quelque mortier. Quand l'on en fait de la brique ou de la thuille, elle change aussi d'vne constitution en l'autre, prenant la dureté au lieu de la mollesse & de l'humidité. Il en est de mesme dans les ouurages de la poterie commune : il n'y entre aucun meslange, mais il faut aussi que tout soit fait d'vne certaine terre propre à cela, & dauantage si l'on veut que les pots resistent au feu, il est besoin qu'ils soient enduits d'vne certaine composition metallique. Les beaux Vases de Fayence sont encore couuerts de diuerses compositions selon les couleurs que l'on leur veut donner, & les figures que l'on y veut representer ; Mais pour le dedans, il est d'vne certaine terre fort bien preparee. Il s'en fait qui sont par tout d'vne esgalle matiere, & l'on excelle en cela de certains pays, car cette matiere y est renduë si fine que les vaisseaux sont transparents. Cela s'appelle de la Pourcelaine. Elle se fait auec vn meslange d'vne Terre tres-pure, & de la poudre de certaines coquilles cassees que l'on a laissé long-temps dans vne fosse bien couuerte pour rendre la matiere parfaite, tellement que lors qu'vn Pere en fait accommoder, c'est vne richesse qui ne profite quelquesfois qu'à ses petits Enfans. Voilà ce qui se fait pour les Terres.

De l'Vsage & Imitation des Pierres grossieres.

QVANT aux Pierres grossieres, c'est chose peu considerable de ce que l'on pourroit retarder ou auancer leur production. Pour ce qui est de l'imiter, cela se fait en ce que si l'on prend vne Terre bien destrempee, & bien liee par l'humidité, l'on la peut faire durcir au Soleil ou au Feu : Les thuilles & les briques sont mesme des imitations de Pierre. Mais l'on fait des Imitations plus naturelles. L'on contrefait les Marbres & les Porphyres, auec des plastres deslayez parmy diuerses teintures, & ayant aussi broyé du marbre incorporé auec de la chaux, l'on luy peut donner telle forme que l'on veut. Si cela est destrempé auec pé auec de l'huile, cela se rendra fort dur. Toutes sortes de pierres ayās esté broyees & destrempees auec des liqueurs glutineuses, comme les blancs d'œuf ou le sang de bœuf & d'autres bestes, sont propres à ietter en des moules pour former des colomnes ou de tres-grandes statuës que l'on croira de pierre naturelle à cause de leur dureté, & l'on s'estonnera de la patience de ceux que l'on s'imaginera les auoir taillees. Quelques-vns disent qu'il y a des pierres qui se peuuent fondre aussi pour en mouler ce que l'on veut, mais apres qu'elles seront broyees, il y faut donc adiouster vn sel vnitif tiré de quelques plantes, ou bien quelque portion de metal, de sorte que cela composera vn corps qui ne paroistra plus estre pierre. Neantmoins, l'on peut trouuer l'artifice de faire qu'encore que l'on y mette fort peu de cette matiere estrangere, elle ait le mesme effet de couler au feu & de se reünir; ou bien l'on fera qu'elle paroistra moins, quoy que l'on y en mette dauantage. La negligence seule de plusieurs secrets, fait que l'on les ignore, bien que quelques-vns ayent esté pratiquez autrefois.

<small>DE L'VSAGE ET IMITATION DES PIERRES GROSSIERES.</small>

Pour ce qui est de rendre les pierres vtiles à quelque chose, l'on les employe à faire des bastimens toutes telles qu'elles sont, si elles sont trop dures pour estre taillees, & specialement les plus dures, que l'on appelle des cailloux. Ces cailloux seruent aussi à faire du feu, ou en les frappant l'vn contre l'autre, ou contre vn fusil. Pour les pierres qui sont aisees à tailler l'on leur donnent telle figure que l'on veut pour les mieux arranger dans les edifices, & mesme pour y apporter de l'embellissement. L'on les taille aussi auec beaucoup d'industrie pour faire diuerses statues. Or en tout cela, leur constitution ne change point : il n'y a que leur figure, mais quelques-vns souffrent de l'alteration pour en tirer quelque chose de meilleur, & de plus vtile que ce qu'elles sont naturellement. Telles sont les pierres dont l'on fait la chaux & le plastre.

APRES les pierres communes, venons aux precieuses: Leur production est laissee en la liberté de la <small>De l'vsage, imitation & melioration des pierres precieuses.</small>

Nature, & pour leur imitation, elle n'a pas manqué d'estre trouuee. Le verre est vne excellente imitation du cristal de roche. Il s'en fait de si clair & de si net, que la Nature ne produit rien de plus transparant, & l'on a mesme proietté quelquesfois de luy faire surpasser les qualitez des pierres les plus exquises, dont la dureté ne sçauroit resister aux grands efforts, & qui seroient plustost brisees en poudre que de s'estendre aucunement. Il y a eu autrefois vn homme qui promettoit d'oster au verre sa fragilité, & de le rendre capable de se ployer, & de s'applattir sous le marteau ; mais pource que l'on ne luy permit pas de l'esprouuer, la reputation luy est demeuree de l'auoir pû faire, quoy que peut-estre n'en fust-il pas venu à bout si l'on l'eust pris au mot, & ce qu'il en auoit desia entrepris estoit possible imparfait, ou bien il n'eust pas trouué le moyen de refaire ce qu'il auoit fait vne fois. Neantmoins, comme la faculté que peut auoir vn corps de se ployer & de s'estendre, despend d'vne certaine humidité metallique, laquelle on tient que l'Art pourroit ioindre auec le verre, il ne faut pas tenir ce secret impossible : mais quand l'on l'accompliroit, c'est vne erreur de penser que l'on ait deu craindre, comme l'on dit, que cela fust capable de faire mépriser les metaux, qui ont tant d'autres qualitez remarquables. Chaque Corps sera tousiours estimé selon son excellence & selon l'vtilité de son employ. Or il nous faut sçauoir que le verre en l'estat qu'il est, se peut casser d'autant que l'humidité qui le rassemble s'est fort estenduë pour paruenir à cét effet de reünir toutes ses parties terrestres, de sorte qu'elle en est deuenuë plus foible. L'humidité qui sert à vnir les metaux est en plus grande quantité, & mieux meslee auec la terre, ce qui fait qu'ils se peuuent estendre ou ployer parfaitement. Cette Eau vnissante est proprement vn Sel ; car le Sel est ce qui reünit les corps, & l'on void que les cendres priuees de leur Sel ne se peuuent iamais vitrifier. Ce Sel se trouue en tous Corps meslez, & s'il n'est pas si puissant au verre qu'au metal, il ne s'en faut pas estonner, non seulement pource que le verre n'est qu'vn corps artificiel, mais à cause que le sel qu'l'on luy donne n'est emprunté que des plantes dont la constitution est foible. Le verre est composé de sablon, de manganese, & de cendres de soulde, de feugere & d'autres herbes où le sel abonde. Cette composition coule au feu, & s'estant liee deuient transparente par son extension. Quoy que cela soit suiet à se casser, c'est vn des beaux ouurages de l'artifice, & vne assez bonne Imitation de la Nature, puisque le cristal & les autres pierres se peuuēt casser aussi, bien qu'en effet ce ne soit pas auec tant de facilité. Le verre ne sert pas seulement à contrefaire le cristal, mais la pluspart des pierres precieuses, meslant dans sa composition diuerses drogues pour imiter leurs couleurs. L'on contrefait encore les pierres precieuses auec vn verre artificiel ; Faisant cuire des glaires d'œufs dans vne vescie, vous y donnerez diuerses couleurs à vostre choix ; & quand cela sera cuit, vous taillerez les pierres auec telle grosseur & tels angles que vous les voudrez ; & les ayant laissé seicher au Soleil par plusieurs iours, vous y trouuerez enfin de la dureté & de la transparence. L'on fait encore mieux cette Imitation auec le vray cristal, appliquant des feuilles de metal au dessous pour luy donner du lustre, & l'on le fait fondre aussi auec diuers Sels & diuers Mineraux pour vne plus parfaite Imitation. Estant fondu auec le sel de Tartre, il sert à contrefaire le Diamant ; Pour contrefaire le Saphir, l'on le fond auec de l'azur ; Pour contrefaire l'Escarboucle, l'on le fond auec le vermillon & l'airain calciné. L'on change ainsi les matieres que l'on y ioint selon les couleurs que l'on y desire, le cristal fournissant de son costé la transparence & l'esclat. Les autres pierres sont quelquefois si bien representees par ces sortes de meslanges, que l'on ne sçauroit reconnoistre si elles sont naturelles, sās espreuuer par le burin ou la lime si elles ont assez de dureté, & par la balance si elles ont assez de poids. L'on peut dire que si l'on les fait d'vne excessiue grandeur, cela fait aussi reconnoistre leur fausseté, comme il est tres-veritable. Neantmoins, il faut auoüer que si l'on

DE L'VS. IMIT. ET MEL. DES PIER. PRET.

Le Verre sert à contrefaire le Cristal & les autres Pierres Precieuses.

Le Cristal sert mieux que toute autre chose à contrefaire les Pierres Precieuses.

K ij

DE L'VS.
IMIT. ET
MEL. DES
PIER. PRET.
vouloit prendre la peine de faire de telles compositiõs en vne grande masse, ce seroit vne belle chose d'en former des statuës. C'est vne inuention que l'on n'a point encore pratiquee. Neantmoins elle est faisable, & pourroit rendre des edifices tres-riches & tres-superbes, si l'õ y voyoit des entablemẽs faits de pierre precieuse, & tous les autres ornemens de mesme. Auec cela, l'on pourroit faire que les moindres pierres qui ne seruiroient que de soustien, seroient de marbre ou de porphyre contrefaits plus disifiez que les naturels; Et si l'on ne trouue à redire qu'à la solidité, l'on pourroit bien trouuer l'inuention de la dõner aux vns & aux autres. Les pierres precieuses contrefaites ne doiuent pas estre en grande estime lors qu'elles sont petites, puisqu'on en void de vrayes aussi grandes; mais si l'on en faisoit de grosseur excessiues, qui fussent resplendissantes & dures, cela auroit beaucoup de prix. Il nous reste de parler des perles & du corail, que l'on met aussi au rang des pierres precieuses. Le corail est contrefait auec des gommes & des cires; & pour les perles, l'on les contrefait en diuerses façons. L'on en fait auec du verre qui est enduit au dedans de quelque matiere blanche; Mais il y en a d'autres qui sont plus solides estans formees d'vne certaine paste à laquelle l'on donne la pollisseure. L'on promet aussi de faire vne grosse perle artificielle auec plusieurs perles naturelles rompues, & en effet il semble que leur matiere y soit plus propre qu'vne autre empruntee. Il ne faut point que l'artifice des Hommes se fasse moins paroistre en cela qu'aux autres choses, produisant par tout autant de Corps Naturels que d'Artificiels.

Des Perles & du Corail.

Du pouuoir que l'on a de rendre les pierres precieuses plus belles & plus vtiles.
Apres l'imitation des pierres precieuses, l'on doit parler du pouuoir que l'on a sur elle pour les rendre plus belles & plus vtiles. L'on les tire des mines: l'on les taille, l'on les polit. Le mouuement des rouës sert à cela. L'on trouueroit bien aussi des liqueurs assez fortes pour les amollir ou les briser, comme l'on tient que l'on peut faire auec du sang de bouc tout chaud, mais cela n'est pas si certain ny si commode. En ce qui est de les réunir & de les

souder, l'on treuue des cimens & des gommes qui y feruent. Nous voyons leur Melioration en ce que l'on les rend de beaucoup plus resplendissantes qu'elles n'estoient en leurs mines, & leur vtilité se connoist, non seulement pource qu'elles reiouyssent la veuë, mais pource qu'il y en a qui estans trempees dans de certaines liqueurs, y peuuent donner des qualitez medecinales : L'on tient aussi que plusieurs communiquent de la santé par leurs influences aux personnes qui les portent; La verité en peut estre cherchee. Pour vne vtilité plus manifeste, nous auons celle de la pierre d'Aymant, qui se tournant tousiours vers vn certain endroit lors qu'elle est suspendue, fait connoistre à ceux qui sont sur Mer en quelle partie du Monde ils se trouuët. Pour esprouuer cela, l'on l'attache à vne piece de liege que l'on laisse flotter sur l'Eau, ou bien l'on la met au bout d'vne aiguille mobile, & il suffit encore que l'on en ait froté le bout de pareilles aiguilles pour leur communiquer son pouuoir. Celuy qu'elle a d'attirer le fer est tresmerueilleux, mais il n'est vtile que pour nous faire mieux connoistre les forces de la Sympathie, où pour estre appliqué à des experiences delectables. L'inuention est dauantage à estimer de se seruir de son mouuement & de son inclination pour composer des aiguilles de quadrans que l'on pose iuste par ce moyen, pour sçauoir quelle heure il est quand le Soleil luit, & qui dauantage font parestre dans les plus grandes tenebres, de combien l'on est esloigné du Pole en quelque lieu que l'on soit, de la Terre ou de l'Eau.

DE L'VS. IMIT. ET MEL. DES PIER. PRET.

NOVS venons maintenant à l'vsage des Metaux, pour sçauoir ce que nous sommes capables d'en faire, & quel changement nous y pouuons apporter. L'empeschement que l'on pourroit donner à leur augmentation ou à leur formation seroit d'ouurir leurs Mines en plusieurs endroits, & faire que la chaleur n'y fust plus conseruee, mais ceux qui seroiët desia en leur perfection n'en seroient point gastez pour cela. Si l'on vouloit au contraire secourir ceux qui seroient sur le point de se former,

Du pouuoir que l'on a sur les Mineraux & les Metaux.

il faudroit reboucher promptement les ouuertures, & n'y toucher qu'apres beaucoup d'annees. L'on a ainsi refermé en quelques lieux des Mines où l'argent estoit imparfait, & où il y auoit apparence qu'il s'en formeroit beaucoup auec le temps.

Comment l'on trouue les Mines des Metaux.

Les Metaux estans cachez au fonds de la Terre, il a esté besoin d'industrie pour en trouuer en grande quantité. Au commencement, les Hommes les trouuerent par hazard sans sçauoir ce que c'estoit; mais ayans remarqué leurs diuerses vtilitez, ils chercherent les moyens de reconnoistre les endroits où il y en auoit encore. Ils ont pû iuger cela par certaines couleurs de la Terre, causees de l'exhalaison des Mines qui estoient au dessous, & par la sterilité de ces lieux, ou par la naissance de certaines Plantes que les Metaux peuuent souffrir assez proches; Le goust & l'odeur des eaux de quelques sources ont aussi donné connoissance de la nature des endroits qui leur auoient seruy de canal. L'on se sert encore auiourd'huy de ces indices; & dauantage, ayant distillé les eaux, & separé ce qui est sec & solide de ce qui est le plus humide, l'on apprend parmy qu'elles matieres elles se sont meslees, ou bien l'on faict d'autres espreuues des Terres que l'on a veues, & l'on se hazarde de creuser iusques aux endroits ou peuuent estre les Mines. Il y en a qui les creusent à la maniere des puits, mais d'autres ont pensé que quand vne Mine estoit sous vne montagne, c'estoit plustost fait de cauer droit au pied, que de commencer par le sommet, & que la peine y estoit moindre : Il se faut gouuerner en cela selon les lieux.

Comment l'on rend les Metaux & les Mineraux plus parfaits.

Or comme les Metaux ne sont point tirez de la Terre auec pureté, il se faut seruir de plusieurs artifices pour les purifier. Il les faut lauer, les piler & les fondre, pour separer les matieres diuerses les vnes d'auec les autres; & pour cét effet, l'on trauaille bien facilement quand l'on a quelque ruisseau voisin, car l'on dresse des moulins, soit pour faire iouer des maillets ou des soufflets de fournaise. Les

Metaux les plus grossiers, sont meslez auec de certaines terres ou auec les Mineraux qui ont de l'affinité auec eux. Ils sont rendus plus parfaits en les separant de ces substances inferieures; mais rien n'empesche que nous ne disions qu'elles sont mises aussi par ce moyen en leur meilleur estat, car chaque chose a ses conditions propres où elle excelle. Pour ce qui est de trouuer les mineraux ou Marcasites, l'on s'y employe de pareille façon que pour les Metaux, & l'on les purifie presque de mesme. Si l'on les vouloit imiter, il faudroit que ce fust les vns par les autres; & quant à leur vsage, il se void quelque peu dans la Medecine, mais dauantage en quantité de drogues que l'on fait pour plusieurs Arts.

DV POVVOIR QVE L'ON A SVR LES MINES ET LES METAVX.

Pour parler des Metaux particulierement, n'estans pas simplement meslez auec les Mineraux, mais les vns auec les autres, ils n'ont pas seulement besoin d'estre lauez, mais encore d'estre fondus. Le feu sert principalement à les separer & à les rendre plus purs chacun en leur espece: Mais pource que son action seroit trop lente sans secours, quand l'on veut faire fondre les Metaux les plus solides, l'on y adiouste du plomb, qui se fondant aisément, fait fondre les autres apres par sa chaleur. Il y a des Metaux qui estans liquefiez nagent les vns sur les autres, & sont aisez à separer. Ceux qui sont le mieux ioints, comme l'or & l'argent, sont separez par les Eaux fortes. Ces artifices sont assez publics, pour n'estre pas besoin d'en parler dauantage. Ce que nous auons à faire, c'est de chercher si chaque Metal peut estre rendu plus parfait qu'il n'est de son naturel, & s'ils peuuent tous passer au souuerain degré des autres: Si l'on les peut aussi produire tous auec quelque matiere preparee, tels que la Nature les produit, & enfin si les merueilles que l'on publie de la Pierre Philosophalle, & de la poudre de proiection, ont quelque certitude ou quelque vray-semblance.

De la separation des Metaux en particulier.

VOICY premierement comment l'on veut refuter les propositions de ceux qui asseurent que les Me-

De la transformation des metaux & de la Pierre Philosophalle.

DE LA TRANSF. DES MET. ET DE LA PIERRE PHILOSOP.

taux peuuent estre transformez les vns aux autres. L'on dit qu'il n'est pas possible qu'vne espece de Corps complet soit transmuee en vne autre, mesmes par la Nature, & que si la Nature ne le peut faire, encore moins le feroit l'Art; Qu'vn Cheual ne sçauroit estre transformé en Elephant; Que chaque Corps est parfait en soy; Que la Nature tend seulement à les produire tous auec leurs diuersitez essentielles, & s'arreste l'ors qu'ils sont produits, tellement que le plomb demeure plomb, & l'argent demeure argent, lors qu'ils sont produits tels.

Il ne faut pas comparer les Metaux aux Animaux les plus parfaits.

L'on peut respondre à cecy, que c'est prendre les choses de trop haut, de comparer les Metaux aux Animaux les plus parfaits: Qu'il est vray que les animaux parfaits ne sçauroient estre transformez les vns aux autres, mais qu'il s'en fait bien d'imparfaits, soit du corps des parfaits reduits en pourriture, soit de plusieurs matieres corrompuës: Que les animaux les moins parfaits comme les insectes, peuuent bien aussi estre transmuez: Qu'il y a des Vers qui deuiennent Papillons: Que pour descendre plus bas, il faut considerer qu'il y a plusieurs Plantes qui se changent par circulation: Que la Menthe aquatique deuient Baulme de iardin, & le Baulme deuient Menthe: Que l'Yuroie deuient Segle, le Segle Froment, & le Froment deuient l'vn & l'autre: Que si vn tel changement se fait pour les corps sensitifs & vegetatifs, il se doit bien faire pour ceux que plusieurs n'estiment estre que des Corps simplement meslez comme les Metaux, & que quand l'on leur attribuëroit de la vegetation, l'on ne leur sçauroit pas refuser ce que l'on accorde aux Plantes: Que de verité, la Nature tend tousiours à produire les corps auec le plus de perfection qu'elle peut, mais qu'elle les laisse aux plus bas degrez, selon les dispositions qu'elle rencontre, & que si les dispositions se changent, il faut que le sujet change aussi: Que le plomb & l'argent ne demeurent donc en leur estat, qu'alors qu'ils sont destituez de moyen pour leur apporter vn changement qui les rende plus excellens.

Pour

Pour donner plus d'esclaircissement à cette opinion, l'on n'entend pas que le plomb où l'argent tous durs & tout secs comme l'on les trouue dans la Mine, soient metamorphosez en Or par la Nature; L'on croid qu'estans en cét état ils demeurent tousiours ce qu'ils sont: mais que si lors qu'ils sont encore liquides, la chaleur continuë plus long-temps d'agir dessus eux, elle les conduira chacun à vn autre degré, ou bien qu'encore qu'ils ayent desia esté durcis, si elle vient à les dissoudre vne seconde fois, elle pourra aussi les faire paruenir à vne parfaite cuisson. L'on tient que ces degrez de perfection sont tres-naturels, & que c'est la mesme chose qui arriue aux plantes dont le germe produit vn simple scion, & de ce scion il sort des brâches garnies de feüilles, & puis des fleurs ou des fruits; Qu'il y a des Animaux qui naissent comme vne masse imparfaite, & sont apres mieux formez: Que la pluspart n'ont au commencement ny poil ny plume, & qu'enfin l'vn ou l'autre leur vient: & que pour vne transformation remarquable, l'on void celle des œufs dont l'humeur interieure se change en des oyseaux: Que la semence des autres Animaux qui auparauant n'estoit que sang, se change petit à petit en vn Animal parfait: Que tous les iours il se fait aussi vn grand changement dans le corps de tous les Animaux qui viuent, lors que les fruits ou les herbes dont ils se nourrissent sont changez en chyle & en sang, & ce sang en esprits, & que ce sang passe en la nourriture de toutes les parties, demeurant mol auec la chair, & se durcissant auec les os: Qu'en toutes ces transformations il y a diuersité de degrez, & à plus forte raison il y en peut bien auoir pour la production des Metaux, qui sont des corps moins parfaits que les Animaux & les Plantes: Que mesme ils ne sont tous qu'vne espece de Corps qui a de la diuersité selon les forces qui ont agy dessus eux. Or l'on pretend que si ces choses se font ainsi par la Nature, elles se pourront de mesme acheuer par l'Art, dautant que l'Art aide la Nature en beaucoup de rencontres, se seruant de la puissance qu'elle a sur de certains Corps, & l'appliquant

DE LA TRANSF. DES MET. ET DE LA PIERRE PHILOS.

Les metaux ont besoin d'estre dissouts pour estre transformez, & leurs degrez sont tres-naturels.

Quand la Nature ne feroit point de tels changemens, l'on peut repartir que l'artifice les peut faire.

à ceux où elle peut estre vtile alors qu'elle y manque, dont il ne faut point chercher vn meilleur exemple que des œufs, dont l'on fait éclorre les poussins par vne certaine chaleur temperee d'vn fourneau, aussi bien que sous la poule.

Si quelques-vns disent que peut-estre la Nature ne fait iamais de tels changemens comme sont ceux d'vn metal en vn autre, & que par consequét l'artifice ne les peut faire, plusieurs seront assez hardis pour repartir, qu'encore que la Nature ne les fist pas toute seule, cela n'empescheroit pas que l'artifice ne les fist ; Que les peintures, les huyles, les Eaux medicinales, le verre, l'esmail, & quantité d'autres choses sont artificielles, & ne semblent pas estre de moindre importance que les Metaux ; Que la Nature ne les fait pas, d'autant qu'il y faut adiouster des choses qui ne se rencontrent guere ensemble que par la deliberation, qui est vn effet de la raison, principale faculté de l'Ame humaine; Que si les Metaux ne peuuent estre transmuez par la seule cuisson que fait la Nature, c'est ce qui empesche qu'elle ne les change si facilement, n'ayant pas tousiours au mesme lieu les meslanges qui y sont necessaires : Mais que si cela y est esleué par quelques subtiles vapeurs, alors cette mutation se peut faire naturellement; Et qu'à l'exemple de cecy, l'artifice prend ce qui est necessaire pour mesler à chaque Metal, & y donnant vne cuisson conuenable, ils sont tous amenez à leurs changemens. Plusieurs Liures sont pleins de secrets qui seruent à cela. L'on sçait desia par experience comment quelques Metaux sont rendus plus parfaits qu'ils n'estoient de leur nature, & sont changez en vn autre metal, ou bien sont rendus d'vne espece plus accomplie. L'on les affine, l'on les purifie, l'on les sublime : Le fer deuient acier, & l'on pretend mesme de le pouuoir changer en airain. Le plomb est aussi quelquefois changé en airain, de mesme que l'estain peut estre changé en plomb : car si les metaux passent du parfait à l'imparfait, ils peuent bien passer de l'imparfait au parfait. Il n'y a pas plus de chemin pour l'vn que pour l'autre. En se reglant là dessus, l'on s'est aussi persuadé que le plomb pouuoit estre transformé en argent, & que l'vn & l'autre pouuoient estre transformez en or. L'on met par escrit les moyens d'y paruenir: l'on nomme les choses qu'il y faut mesler, & de quelle sorte il les faut gouuerner par le feu. Il se peut faire que cela ait reüssi à quelques-vns, & que cela n'ait de rien seruy aux autres, pource qu'ils n'ont pas fait les mesmes obseruations, & qu'ils n'ont pas eu la patience & l'attention qu'il faut auoir dans vne operation si difficile. Nous ne reuoquerons point en doute pour cecy la possibilité de l'œuure. A dire la verité, il y en a qui tiennent que le plomb est si mal-aizé à purger de ses ordures, & qu'il a si peu de solidité que c'est auoir peu de iugement de le prendre pour la matiere de l'or: Ils aimeroient mieux prendre le cuiure qui en a desia la couleur & quelque solidité, & plustost encore l'argent, auquel ils esperent d'en donner la couleur, y adioustant d'autres mineraux.

DE LA TRANSF. DES MET ET DE LA PIERRE PHILOS.

Mais les plus subtils croyent que ce n'est point encore icy la plus seure voye, pource qu'ils se persuadent qu'il est difficile que les metaux qui ont desia pris vne constitution parfaite, & qui se sont rangez sous vne certaine espece soient ramenez à vne autre. Il leur semble que pour cela il les faut remettre en vn estat indifferend, & non pas seulement les fondre, mais les reduire à leurs principes, afin que de leur meslange il se fasse apres quelque chose de nouueau: ou bien ils pensent que pour produire les plus parfaits metaux auec plus de seurté & plus de profit, il faut plustost chercher leur veritable matiere: & comme ils ont opinion que c'est le Mercure & le Soulphre, ils s'en veulent seruir prenant plus de Mercure pour l'argent, & plus de Soulphre pour l'or. Mais bien que l'on dise que le Mercure & le Soulphre seruent à la composition de tout les metaux, cela ne s'entend pas d'vn Soulphre bitumineux, ny du Mercure commun: L'on s'abuse fort si l'on les prend pour cela. Toutesfois, il faut croire que si ce Soulphre & ce Mercure, qui seruent à la generation des me-

Plusieurs tiennent que pour transformer les Metaux, il les faut reduire à leurs principes, ou bien prendre l Mercure & l Soulphre pour le faire.

L ij

taux, sont plus purs, si est-ce qu'ils se peuuent trouuer dans les matieres communes aussi-tost qu'en d'autres, & estre amenez à perfection à force de feu; Car en effet il y a du Soulphre & du Mercure en toutes choses, & le meslange & les diuerses actions, auec la purification en suitte, peuuent tout amener dans l'esgalité. Que si l'on ne se contente point de ce qui est trop vulgaire, & de ce qui paroist estre trop esloigné de ce que l'on desire, il faut chercher parmy tous les mineraux, quel Soulphre & quel Mercure l'on en peut tirer, autres que ceux que l'on treuue ordinairement dans la Terre, & choisir ceux qui approchent le plus de la nature de l'argent & de l'or, afin de trauailler sur eux pour la transmutation parfaite. Il y a apparence que c'est le moyen le plus asseuré pour y paruenir, & que les deux principes necessaires ayans esté extraits des matieres conuenables, peuuent estre ioints apres pour faire vn Corps plus excellent. L'on peut dire que ce ne seroit pas là simplement vne transmutation d'vn metal en vn autre, mais vne vraye generation par les principes. Cela peut estre accordé, & d'ailleurs c'est aussi vne transmutation metallique, d'autant que ces principes sont tirez d'autres metaux; & quand ils ne seroient tirez que de la Terre, ils doiuent tousiours auoir quelque qualité metallique en eux. Quelques-vns ont pensé que voulant faire de l'or, il en falloit chercher le germe dans l'or mesme, sans se soucier de tout autre metal; mais les sçauans disent qu'vne substance n'agiroit pas contre elle-mesme pour faire quelque production, & qu'il en faut deux dont l'vne agisse & l'autre souffre; l'vne represente la forme & l'autre la matiere, l'vne ait vne chaleur penetrante & formatrice, & l'autre ait vne humidité parfaitement meslee à la Terre, pour estre capable de se renfler & de tendre à la production & à la multiplication; de sorte que pour trouuer ces facultez en leur souueraîn degré, l'on les doit chercher en deux corps diuers,

Deux substances metalliques meslees ensemble, en peuuent faire vn seule.

L'on peut dire encore là dessus que si l'on tire le Soulphre & le Mercure de deux substances differentes, ou bien si l'on reduit deux metaux à leurs principes, pour en faire vn tiers; il ne faut point objecter encore, Que de deux especes il ne s'en peut faire vne seule, ou bien que l'vne ne peut pas estre changee par le meslange de l'autre, & qu'elle demeure tousiours ce qu'elle estoit. Cela est bon pour les especes d'animaux, ou de plantes dont les corps sont plus parfaits que ceux des metaux : Encore par le meslange de la semence de deux animaux de diuerse espece, il s'en fait vn qui n'est ny de l'vne ny de l'autre, & tient de toutes les deux : Comme les mulets qui sont engendrez d'vn asne & d'vne caualle : Et il y a mesme des artifices pour donner à vne seule plante le naturel de plusieurs. Pourquoy donc deux substances metalliques meslees ensemble n'en feroient-elle pas vne seule, veu que la pluspart sont propres à se ioindre, ayans de la proportion l'vn auec l'autre ou de l'affinité, comme le plomb qui se ioint à l'estain, & le cuiure & l'argent qui se ioignent à l'or? Cela se fait aussi facilement comme deux diuerses liqueurs se meslent, & en font apres vne differente. Pour ce qui est de changer la substance imparfaite par le meslange de la parfaite, cela n'arriuera-il pas, si en toutes matieres nous voyons tousiours que la plus forte a du pouuoir sur la foible? L'on n'allegue contre cecy que des subtilitez de Sophiste, qui ne portent aucun coup. Que sert-il de faire des argumens pour monstrer que les Loix de la nature seroiēt violee : si vne espece estoit changee en vne autre differente, & que si deux substances gardent tousiours leur constitution, leurs formes ne se peuuent perdre, & par consequent il ne s'en fait point vne troisiesme. N'est-ce pas assez de dire comme cela que l'on entend reduire les especes des metaux à autre chose que ce qu'elles estoient, auant que de penser accomplir la grande transformation : & que les ramenant iusques à des principes qui leur sont communs auec beaucoup d'autre corps, il s'en peut faire lors diuerses especes, puis qu'vne mesme matiere est capable de diuerses formes? Mais sans tout cela, qui empesche que de deux choses parfaitement iointes, il ne s'en fasse

L iij

DE LA TRANSF. DES MET. ET DE LA PIERRE PHILOSOP.

vne autre plus accomplie? Quand l'on y songe attentiuement, l'on ne doute point que les meslanges ne se puissent faire vtilement en plusieurs choses & les changemens aussi, specialement en des corps qui ont seulement vne parfaite mixtion, comme les metaux que l'on ne tient pas du rang des plantes, & qui ne s'accroissent point par vegetation, mais par addition d'vne eau metallique qui se fixe elle-mesme toute seule apres qu'elle s'est formee, ou qui conuertit en des corps semblables les matieres où elle se glisse. L'on commence donc fort bien de prendre deux substances ou leurs extraits pour faire vn ouurage accomply, Le nœud de l'affaire, c'est de sçauoir comment l'on pense proceder au changement des metaux auparauant & apres cette jonction. Si l'on veut extraire le Mercure & le Soulphre de quelques mineraux ou de quelques metaux, comme les vrays principes de l'argent ou de l'or, il y a de la difficulté à les choisir & à les extraire, & il y en a encore plus à les coaguler ensemble pour en faire vn composé tel que l'on le souhaitte : C'est pourquoy plusieurs parlent de ces choses sans qu'aucun les ait mises à fin, à cause des diuers obstacles qui s'y trouuent, & de la differente maniere de trauailler, qui dériue de l'ãbiguité des termes des principaux Autheurs, qui semblent n'auoir escrit que pour mettre beaucoup de gens en peine sans leur donner vne entiere satisfaction: Neantmoins, l'on iuge leurs propositions vray-semblables autant comme l'on les peut comprendre; & quand l'on cherche seulement la verité par raisonnement, il faut demeurer d'accord que la transmutation des metaux nous semble possible, bien qu'elle soit fort mal-aizee à executer.

Propositions, attaques & defenses touchant la Pierre Philosophalle, & la Poudre de projection.

Ceux qui ont beaucoup estudié sur ce suiet pretendent faire encore dauantage. Ils asseurent que l'on peut preparer vne matiere si accomplie, que si l'on en iette vne petite portion non seulement sur l'argent, mais sur l'estein ou quelque autre metal impur, tout sera conuerty en or. Ce n'est pas qu'ils promettent seulement d'extraire l'esprit ou le germe de l'or, & l'ayant ietté sur vn autre metal de pareille quantité, le transformer en or aussi-tost; L'on tient bien cela faisable; mais il n'y a pas grand profit ny si grande merueille qu'à leur propositiō, qui est de ne ietter qu'vn grain sur cent, ou sur beaucoup dauantage. Ils declarent que cela se fait de mesme qu'vn petit morceau de presseure fait cailler vn seau de laict & le change en fromage; Que cette matiere excellente reünit ainsi celle qui est moins solide, & que tirant le germe de celle-là l'on peut encore faire des multiplcations à l'infiny. Sur ce qu'ils disent que leur projection se fait sur vne certaine masse de quelque qualité qu'elle soit, ie pése que s'il y a quelque chose à leur remonstrer, c'est qu'ils doiuent garder de la proportion selon l'impureté des metaux. S'ils confessent cela, ils en seront plus croyables. L'on se peut imaginer qu'vne matiere sera renduë si parfaite qu'elle perfectionnera les autres. Or comme l'on cherche les principes de celles-cy en toutes choses, il n'y en a point où elle se doiue trouuer plustost qu'aux plus parfaites substances metalliques. C'est auec cela qu'il faut trauailler. L'effet que l'on en desire en peut reussir, quoy qu'il ne soit pas si grand que l'on le promet: Tant y a que c'est ce que l'on apelle Pierre Philosophalle, pource que c'est vne matiere à qui les Philosophes taschent de donner la plus parfaite de toutes les soliditez, & qui peut aussi rendre solide & fixe ce qu'il y a de plus mol ou de plus foible & de plus mobile; & l'on l'appelle poudre de projection à cause qu'estant reduite en poudre, la maniere dont l'on s'en sert n'est que de la ietter sur vn metal fondu. Pour combattre cette opinion, l'on peut dire que s'il y a vne semence des plus parfaicts metaux, qui estant iettee sur des metaux imparfaits leur donne vne perfection entiere, l'on doit trouuer cette semence toute accomplie dedans les mines de la Terre, & que la Nature la peut faire encore mieux que l'artifice. L'on respond à cela que cette semence est de vray en quelques lieux, mais qu'elle n'est pas en tous, & qu'elle s'escoule auec tant de promptitude des lieux qui sont ouuerts que l'on ne la sçauroit arrester: Qu'en beaucoup d'autres endroits elle ne se fait aucunement, encore qu'il y ait quantité d'or, pource qu'il n'y a pas là assez de chaleur pour acheuer sa production: Qu'ainsi, dans les pays froids les Orangers ont des feüilles, & quelque fruit verd qui ne meurit point: mais que si l'artifice leur donne du secours, mettant ces arbres en des lieux bien couuerts & bien chauds, leur fruit pourra venir à perfection: Et que les metaux ont besoin de mesme d'estre secourus par nostrre Art, afin que leur fruit puisse esclorre & venir à maturité, portant vne semence capable de multiplication. L'on pense auoir suiet de confondre ces Docteurs sur cette parole. L'on dit que les fruits qui viennent par artifice ne sont iamais si bons que ceux qui croissent & qui meurissent naturellement, tellement que l'on reuoque en doute cette production de seméce accomplie, & l'on soustient aussi que de quelque façon que les metaux soient changez en argent ou en or par l'arrifice des Hommes, cela n'est ny bon or ny bon argent, & que cela n'est point pareil à ce qui est dãs les mines de la terre. Ils répondent que rien n'empesche que ces metaux ne soient en leur parfaite bonté, & que l'on ne les peut tenir pour faux, s'ils sont composez de la mesme matiere dont la Nature les compose: Que les grenouilles qui naissent du limon de la Terre, & les souris qui sont produites des ordures, sont des animaux aussi accomplis en leurs especes que ceux qui sont engendrez l'vn de l'autre par la semence selon l'ordre de Nature: & que l'on peut ainsi preparer vne matiere pour faire l'or & l'argent ayant choisi celle qui s'y trouue la plus propre. Quelques Philosophes tiennent pourtant que la production des grenoüilles & des souris faite par corruption, les rend differentes de celles qui se font par generation: mais pource que cela n'est pas resolu, nous dirons que sans cela il y a lieu de repliquer que la production qui se fait des grenouilles & des souris auec vne certaine matiere conuenable, est faite naturellement aussi bien que celle qui est faite par la semence, & que mesme l'on rapporte là leur premiere origine. Il n'en est pas ainsi de la production des metaux qui sont

engen-

engendrez par vn seul moyen. La chaleur qui fomente le limon ou les ordures, procedant aussi d'vn ordre naturel, est toute telle qu'il la conuient, & aussi puissante que celle qui est dans la matrice de ces animaux imparfaits, qui sont produits assez facilement. Mais si c'est la chaleur du Soleil qui engendre les metaux dans la Terre par vne longue suitte d'annees, l'on ne doit pas croire que la chaleur du feu artificiel que l'on employe, puisse operer le mesme effet. L'on peut repartir à cela que ce n'est point la chaleur du Soleil seulement qui fait cuire les metaux : Que ses rayons ne vont point si auant dans terre : Qu'il faut qu'outre cela il y ait vne chaleur interieure dedans les Mines, comme nous auons appris par la consideration des proprietez des choses, & que l'on peut tellement temperer nostre feu, que son degré sera semblable à celuy du naturel : L'on peut faire vn fourneau dans le sommet duquel la chaleur soit receuë, tant & si peu que l'on voudra : l'on peut faire vn feu de lampe : l'on peut receuoir seulement la chaleur des cendres chaudes ou celle du fumier, ou bien celle de quelque machine qui la donera par son seul mouuement, afin d'imiter la chaleur des Astres : Mais pource que l'on attribuë aussi la production des metaux, à la chaleur du feu sousterrain, non seulement l'on le peut imiter faisant des feux sous terre, mais l'on se peut seruir de luy-mesme, mettant nos compositions dans les mines les plus chaudes, ou nous seruant des fanges des bains mineraux pour entourer nostre vaisseau. L'vsage de ces dernieres inuentions est tout nouueau, mais il est aussi propre pour nostre dessein qu'aucun autre. Ce sont là de vrayes imitations de la Nature, mais si l'on en demeure d'accord, l'on ne laissera pas d'obiecter que par tous ces moyens-là, il faut vn long-temps pour mettre son ouurage à fin, & que la vie de plusieurs hommes n'y pourroit suffire, tellement qu'il faut augmenter la chaleur, & gaster tout par cette precipitation, ou attendre vn tel nombre d'annees, qu'il n'y a aucune esperance d'y reüssir, pource que nous ne viuons pas assez, & qu'il est à craindre que par vn si long-temps, les vaisseaux dont l'on se seruira ne s'vsent, & que la matiere ne se perde, ou qu'il ne s'y introduise quelque mauuais Air qui l'empesche de profiter. Les plus subtils sçauent bien dire contre cela, qu'il ne faut point vn si long terme que l'on croit, pour venir à bout de ce qu'ils cherchent : Que quand la Nature a trouué ce qui luy est propre, ses changemens sont extremement prompts: Que si l'on peut mettre la matiere en estat de faire ce que l'on desire, sa preparation doit estre suiuie d'vne execution assez soudaine. Auec les argumens l'on apporte des exemples, pour monstrer s'il y a de la certitude en la transmutation. Il est certain que plusieurs ont fait des fourbes sur ce sujet, ayans caché de bon or dans des charbons creux, ou dans vne verge de fer dont ils remuoient la matiere fondue, ou bien dans les boules de plomb qu'ils y iettoient, de sorte que le plomb ou le vif-argent s'estans tournez en fumee, il n'y restoit que de l'or: mais nous ne parlons pas icy de telles suppositions : Nous entendons que quelques-vns s'estans seruis des moyens qu'ils proposoient pour vne transmutation effectiue, n'ont pourtant fait que des metaux imparfaits, qui n'auoient ny le poids, ny la dureté, ny la couleur qui leur estoient necessaires. L'on asseure pourtant d'vn autre costé, qu'il y en a eu qui sont paruenus à la vraye operation, selon le tesmoignage de quantité de personnes ; & si quelqu'vn en a pû venir à bout, il faut tenir la chose pour faisable & pour certaine, veu que mesme l'on ne laisseroit pas de la tenir pour veritable quád personne n'y reüssiroit, puis que l'insuffisance ou le mal-heur des Artisans, n'empeschent pas que l'effet de l'Art ne soit possible. Ie ne vous dy point encore en ce lieu s'il est bon de s'appliquer à cette recherche sur l'esperance de trouuer quelque chose plus que les autres: Ie parle seulement icy de la verité des Arts, & à quoy ils sont propres indifferemment, non point de la iustice ou de l'vtilité qui s'y rencontrent, en ce qui est du bien Moral.

J'AY desia dit que les Metaux estans mis hors de la Terre, estoient purgez de leur excrement, & rendus plus fermes & mieux rassemblez en leur consistence. En cét estat ils seruent à diuers vsages. L'on leur donne telle forme que l'on veut en les iettant en moule, ou en les taillant & les pressant. Le plomb sert à couurir des edifices, & à faire des canaux pour les fontaines, qui ont souuent beaucoup de longueur. Pource que ce metal n'est pas fort rare, & qu'il se fond fort aisément, l'on le prodigue en beaucoup de lieux. L'estain ne sert guere à autre chose qu'à faire de la vaisselle pour le mesnage. L'argent y est employé aussi : Mais pour l'or, à cause de sa rareté & de son excellence, il sert la pluspart du temps à dorer seulement les vaisseaux, l'appliquant en feüilles; car il ny a point de metal que l'on puisse tant applattir. Pour l'ordinaire, l'on n'en fabrique guere autre chose que des chaisnes & des bagues, qui seruent d'ornement, & si l'on en fait quelquefois des Calisces & d'autres grands ouurages, c'est pour dedier aux choses sainctes, ou pour seruir à la magnificence des Monarques de la Terre. Quant au cuiure & à l'airain, ils sont employez à faire des vaisseaux, des chandeliers & d'autres pieces de mesnage. En les ioignant ensemble & quelques autres metaux, l'on en fait aussi des cloches & des pieces d'artillerie. Le fer est le metal qui est le plus en vsage, l'on s'en sert pour attacher les pierres & la charpenterie des bastimens, l'on en fait les gons, les verroux & les serrures des portes, & tout ce qui sert à ouurir & à fermer les fenestres. Les coffres ne seroient point asseurez sans cela; & en outre, il y a vne infinité d'vstensiles dans le ménage qui en sont composez. L'on s'en sert pour faire le soc des charruës & les besches, les haches & les cousteaux en sont faits, & il ny a aucun autre metal qui puisse seruir si vtilement à tout cela, ny que l'on puisse si bien affiler, pour faire des rasoirs & des ganifs. Les espees, les dards & toutes les armes sont pareillement de fer. Si l'on y a employé autrefois l'airain, il n'y estoit pas si propre. Le fer a cela de commode qu'estant rougy, l'on le bat & l'on luy don-

M ij

DE L'VSAGE
DES MET.

ne telle forme que l'on veut. Il faudroit parler icy de tous les Arts, pour dire toutes les vtilitez que le fer apporte, car les hommes ne font aucun ouurage où ils s'en puissent passer, ayans trouué le moyen d'en fabriquer toute sorte d'instrumés. Il y a vn autre vsage des metaux pour le commerce: L'on en fait de la monnoye, qui a de la valeur selon le poids & la marque que l'on luy donne. L'or, l'argent, le cuiure & le fer y sont employez, soit qu'ils y soient mis à part, ou que quelques-vns soient conioints: mais le plomb & l'estain n'y sont guere propres, à cause qu'ils sont trop mols & trop aisez à fondre. Quelque monnoye est frappee à coups de marteau, pour la marquer auec le poinçon; vne autre est seulement pressee dedans vn moulin ou vne presse, & vne autre est iettee en moule, apres la fusion du metal, comme sont les medailles. Le moule sert de mesme à former plusieurs vaisseaux & autres ouurages: mais outre cela, l'on les rend plus beaux & plus ornez en les polissans, il y en a d'autres qui sont grauez & cizelez auec le burin ou autres outils.

De l'Esmail.

Pource que ce n'est pas l'ornement le plus accomply de ne voir que des figures grauees ou releuees auec la couleur du metal qui leur sert de champ, l'on a cherché l'inuention d'en faire de couleur diuerse. Plusieurs mineraux sont facilement employez à composer des peintures qui seruent à peindre sur la toille, sur le bois & autres matieres: Mais dauantage, l'on a trouué le moyen de rendre quelques substances metalliques, capable de donner de l'embellissement aux metaux par la varieté de leurs couleurs, estans appliquees dessus, & cela est propre à y representer tout ce que l'on veut, entre les choses qui se peuuent peindre. Cela s'appelle de l'Esmail; Il est fait auec des metaux, de la cendre de soude & du sable, tellemét que c'est le verre des metaux, & cela se rapporte beaucoup à ce que nous auons desia dit, des moyens de contrefaire les Pierres precieuses auec toutes leurs couleurs, ce qui se fait auec de semblables matieres: L'on peut dire aussi que prenant garde qu'il y auoit des pierres qui auoient diuerses figures colorees, telles que les Agathes & autres, que l'on appelle des Camajeux, l'on a créû que pour les imiter il falloit vſer de couleurs metalliques. L'on s'y eſt donc ſeruy de l'Eſmail, & outre cela l'on en a fait des peintures differentes que l'on a appliquees, non ſeulement ſur les metaux, mais ſur le verre, ſur les pierres dures, comme le marbre, & ſur les vaiſſeaux de terre: Or puiſque la compoſition en eſt metallique, la conſideration en peut bien eſtre placee en ce lieu.

De l'Vſage, Melioration & Perfection des Plantes.

CHAPITRE VI.

NOVS pouuons maintenant parler des Plantes, qui ſont des Corps deriuez ſtables, attachez à la Terre par leur racines. Le pouuoir que l'on a ſur elles, eſt de les tirer d'vn lieu pour les planter en vn autre, & de les faire fructifier ſi l'on veut, par le ſoin & l'artifice que l'on y apporte, ou bien leur oſter toute ſorte de vigueur en les arrouſant de quelques Eaux qui leur ſoient nuiſibles, ou en perçant & coupant leur tronc en quelques endroits qui ſeruent à leur ſouſtien. Cela eſt aſſez facile, & ne ſe pratique guere; neantmoins, pource que l'on taſche pluſtoſt de retirer de l'vtilité des Plantes que d'en diminuer le nombre. Nous deuons conſiderer ce que l'on fait pour rendre les terres propres, à les receuoir & les faire profiter. Il faut premierement faire vn choix de chaque endroit qui eſt propre à quelque plante, afin qu'elles y proſperent dauantage, & l'on y adiouſte tout ce qui peut y manquer. Il y a des plantes qui ayment les lieux mareſcageux, d'autres les veulent plus ſecs: il y en a qui viennent bien aux pays froids, d'autres ne sçauroient venir qu'aux pays chauds. Si les vnes & les autres sont mises en des lieux conuenables, l'on leur fera rendre beaucoup de profit, & si l'on obserue le contraire, l'on monstrera vne autre sorte de pouuoir, faisant empirer leur nature, car celles qui seront en des lieux mal propres, deuiendront languissantes, ne fructifieront guere, & changeront presque entierement de condition, perdant leur couleur, leur figure, le nombre de leurs rameaux & leur hauteur, de sorte qu'il ne se faut pas estonner si la description que l'on a faite autrefois de quelques plantes ne se rapporte pas à ce que nous en voyons auiourd'huy, pource qu'elles ont changé de terroir & receu vne diuerse culture. L'on les peut rendre meilleurs ou pires par la transplantation, par le diuers arrousement, & par la contrainte que l'on leur donne auec des artifices particuliers; mais l'vn des principaux moyens de procurer leur melioration, c'est de rendre les Terres fort propres à estre la matrice de celles qui y doiuent germer, leur donnant vn meslange salutaire d'humidité. Il y a des Terres qui ne sont pas fort grasses de leur nature, & toutes ensemble se desgraissent assez à force de donner de l'aliment aux corps vegetatifs. Il faut reparer cette perte de temps en temps; En quelques païs l'on y mesle d'autre terre grasse que l'on nomme de la Marne : En d'autres, l'on brusle les chaumes sur leur pied, & les pluyes qui vienent apres, tirent vn sel de leurs cendres qui redonne de la vigueur à ces champs. Presque par tout l'on prend les fumiers des estables pour ameliorer les Terres, & les Laboureurs l'amassent dans leurs courts iusques à ce qu'il soit temps de s'en seruir: Mais l'on se peut plaindre auec raison de cette coustume, soustenant que les pluyes emmenent ce qu'il y a de meilleur aux fumiers, & le fōt boire à la Terre de la court, de sorte que quand ils sont portez aux champs ils sont desia destituez de leur suc. Pour remedier à cela, l'on se peut seruir d'vn secret, qui fera qu'vn peu de fumier aura plus de vertu que dix fois autant, & rendra les Terres de beaucoup plus fertile. Il faudroit faire vn grand cloaque

Des meilleurs moyens de fumer des Terres.

reuestu de pierre ou de brique, où l'on serreroit tout le fumier, lequel fust couuuert de quelque toit, de peur que la pluye n'y entrast. Il faudroit aussi que le bas allast en penchant, afin que l'on en pust mieux recueillir l'eau qui s'y trouueroit, qui n'est que l'vrine des bestes, & portant le fumier dehors, il faudroit le mettre dans des baquets où rien ne se perdist de ce qu'il y auroit de liquide, en quoy consiste sa principale bonté. L'on ne sçauroit nier que cela ne soit tres-vtile : Toutefois, il y a quelque Autheur qui asseure que les Terres amendees de toute autre sorte que par le fumier, sont les meilleures: Que l'on les peut rendre fertile par le chaume des Lupins, des poix & des féues, qui redonnent à la Terre ce qu'ils en ont pris. Cette matiere d'amendement est fort à priser, mais quand l'on n'en peut pas auoir en assez grande quantité, il faut que le fumier y supplee. L'on dit que ce n'est que pourriture, & que tout ce qui prouient de tels champs n'est point si sauoureux ny de si longue garde qu'ailleurs : mais s'il y a de meilleurs fruits en des Terres autrement cultiuees, c'est que veritablement elles sont meilleures, & s'accommodent aisémét à cette sorte d'amendemét de diuers chaumes, au lieu que les autres ayans besoin de receuoir plus d'humidité, doiuent estre mesles auec les fumiers, si bien que l'on ne leur sçauroit trouuer vne melioration plus propre. L'Algüe marine mise au pied des arbres les fait encore frutifier dauantage : Il faut croire qu'elle seruiroit bien aussi à fumer de certaines Terres. Ce qui procede de la Mer ne nuit point à la fertilité. Ceux-là s'abusent qui croyent que le sel doiue estre le symbole de la sterilité. Que ceux qui ont fait semer du sel en la place des villes qu'ils auoient rasees, l'ayent fait pour tel caprice qu'ils aye voulu, il est certain que le sel sert à la generation : & ces Princes vouloient peut-estre signifier que d'oresnauant l'on laboureroit la Terre au lieu où il y auoit eu autrefois vne ville, & que ce sel seruiroit à rendre les champs fertiles, ce qui est au contraire de ce que l'on pense, & s'ils ne l'ont pas crû ainsi, c'est pourtant ce qu'ils deuoiët croire. Il est vray que si l'on mettoit trop de sel sur vne terre, l'on y causeroit de la sterilité, il y faut de la temperature: C'est pourquoy des terres où il y auroit trop de Marne, seroient moins fertiles que celles où elle seroit mediocrement meslee. Les terres mesme qui sont trop grasses, ne sont point renduës fecondes, si l'on ne corrige cette abondance, y meslant vne substance seche, comme les cendres ou quelque sablon: Il faut aussi aux vnes plus de fumier qu'aux autres, pour les rendre plus humides: ce qui sera reglé, non seulement selon ce qu'elles sont, mais selon les Plantes que l'on y veut faire produire. Vne terre sans sel est sans vigueur. Le sel est ce qui donne la liaison & la ferme constitution à tous les Corps. Chaque plante doit auoir son sel, qui la rend propre à diuerses operations, ce que l'on connoist si l'on a fait boüillir les semeces auant que de les ietter en terre, car elles ne germeront pas, pource que leur sel s'est dissout en l'Eau: Mais si l'on tire le sel de quelques autres, l'on tient qu'estant mis en terre il en produira de semblables. Les Plantes estans aussi separees de la terre, & n'ayans plus leur faculté vegetatiue, gardent encore leur sel. S'il leur est osté, l'on en connoist bien le dommage. Quand le bois flotté est bruslé, ses cendres ne valent rien à faire des lessiues, ce que chacun sçait par experience, mais l'on ne songe pas à la raison, qui est que l'eau de la riuiere où ce bois a nagé long-temps, en a emporté tout le sel, de sorte qu'il ne vaut plus rien à blanchir le linge, où le sel est ce qui a le plus de pouuoir. Quand les Plantes sont en leur vigueur, il les y faut donc conseruer par des choses qui ayent leur proportion de ce sel qui leur est necessaire; car les choses sont facilement nourries, par celles qui ont de l'affinité auec leur composition. Auec la maniere de changer la constitution de la terre par quelque meslange, il faut considerer de quelle sorte il la faut remuer pour la rendre propre à faire fructifier ce que l'on y seme.

De la meilleure façon de labourer la Terre.

Pour ce qui est de la façon de labourer la terre, vn certain Autheur y trouue de grands defauts. Il dit, qu'ouurant la terre & la remuant vn an durant, auant qu'y ietter la semence,

mence, l'on en fait continuellement exhaler les esprits, qui deuroient estre retenus au dedans, pour fortifier les vegetaux, & que d'vne Terre viue l'on en faict vne poudre morte; Que d'ailleurs, la semence y est iettee à l'auanture, & la terre si mal renuersee dessus, que de trois grains l'vn est couuert, l'autre ne l'est qu'à demy; & pource que l'iniure du Ciel en descouure aussi plusieurs, les oyseaux les mangent, ou bien ils ne viennent pas à profit, & qu'enfin cette Terre mal cultiuée ne sçauroit multiplier qu'au quadruple, combien qu'elle le doiue faire au cētruple par vne bonne agriculture; Qu'il ne faut donc ouurir la Terre que pour y ietter la semence, ce qui se doit faire incontinēt apres, & la recouurir au mesme temps; mais qu'apres cela il la faut remuer vn peu pour exciter sa vigueur: Qu'il faudroit aussi que la Terre fust ouuerte en sillons ou canaux fort profonds, & de mesme largeur haut & bas, distans par semblables espaces. lesquels on laisseroit vuides alternatiuement, tant pour remuer & briser la Terre sans blesser les tiges, que pour en faire l'annee d'apres des canaux à leur tour : Que la semence n'ayant point esté semee à l'auanture, mais iettee auec ordre dans les canaux, il n'y auroit aucun grain qui ne fructifiast, & que tant plus bas ils auroient esté iettez, tant plus hautement le germe se repousseroit: Qu'il faudroit aussi que la Terre fust ouuerte lors que le Soleil se raproche, & iamais quand il se recule, & qu'à chaque renouueau de l'annee il seroit besoin de remuer la Terre entre les espaces qui ne seroient point semez. Voylà vn secret pour recueillir vne ample moisson, contre lequel l'on ne peut rien dire, sinon qu'il faudroit bien du temps pour labourer la terre de cette sorte, d'autant que ces canaux ne pouuans estre faits par le soc de la charruë, il les faudroit faire à la main, mais la quātité des fruicts que l'on en recueilliroit recompenseroit cette peine, & auec le temps l'on pourroit trouuer des inuentions pour labourer auec moins de trauail, & quāt aux diuerses agitations de la terre, elles ne sont pas plus penibles que les façons que l'on luy donne communement auparauant les femailles. Cecy pourroit feruir à toutes forte de grains, mais fpecialement au bled que nous confiderons comme le principal obiet de l'Agriculture. Pour faciliter la maniere de cultiuer la Terre, nous pouuons conioindre à cecy l'inuention de labourer auec vne charruë qui ait plufieurs focs, afin de faire dauantage de befogne. L'on peut auffi faire des machines faciles à tourner qui tireront des cordes pour faire aller la charruë, aux lieux où l'on n'auroit point de bœufs ny de cheuaux, & où l'on voudroit foulager la peine des hommes, qui par ce moyen ne feroient pas obligez de trauailler du hoyau ou de la befche. La charruë pourroit bien auoir fon mouuement en elle-mefme, par le moyen d'vne maniuelle qu'vn homme feroit tourner en la conduifant, mais cela auroit befoin de plufieurs rouës de fer, qui feroient mal-aifées à adiufter, & où il y auroit fouuent quelque chofe de rompu, à caufe deleur continuel exercice. La machine qui tireroit la charruë auec vne corde ou deux, feroit de moindres frais. Il ne la faudroit que de bois, & la faire comme vn guindal ou vne gruë. S'il n'y en auoit qu'vne, il faudroit que la corde paffaft à l'autre bout par vne poulie pofée fur des pieux. L'on la retireroit en tournant vne rouë par vn mouuement contraire, ou bien il y auroit deux telles machines à chaque bout pour tirer la charrue, tantoft d'vn cofté & tantoft de l'autre, & comme elles feroient pofées fur des roues, l'on les poufferoit aifément d'vn lieu à l'autre, à mefure que les fillons feroient faits; & pour faire plus d'ouurage en mefme temps, l'on feroit des charrues à quatre focs, afin que s'il y auoit là de la peine, elle fuft recompenfée par cette diligence ; Et ces focs pourroient mefme auoir telle forme qu'ils feruiroient à ouurir la Terre par canaux comme l'on a propofé. Quant au trauail, il ne feroit pas fi fafcheux que l'on croiroit, ayant vne roue fi grande pour faciliter le mouuement qu'vn enfant la feroit tourner, & mefme celuy qui conduiroit la charrue, la pourroit faire tourner auffi luy feul, en tirant vne petite corde. Pour la defpenfe des machines, elle feroit moindre

que l'achapt des cheuaux & que leur nourriture puis DE L'VSAGE
qu'elles feroient aſſez fortes pour durer long-temps. En ET PERF.
tout cas, s'y l'on s'y figure quelque incommodité, l'on peut DES PLANT.
croire que l'on n'en fait la propoſition que pour s'en feruir
où les beſtes de voiture manquent, ou bien pour declarer
ce qui ſe peut faire en toute ſorte d'occaſions, & monſtrer
la puiſſance des machines.

 Ayant parlé de l'eſtat où la Terre peut eſtre miſe pour *De la culture ge-*
eſtre fertile, nous parlerons de la culture generale des *neralle des Plan-*
Plantes. Il y en a qui ne peuuent viure ſur la Terre d'vne *tes.*
annee à l'autre, & qui ſont ſemees en leur ſaiſon, comme
les bleds, les auoines, & quantité d'herbes & de legumes. Pour les vignes, l'on les taille ſeulement tous les
ans, & l'on les lie aux eſchallats, afin qu'elles ſe ſouſtiennent mieux, & que les raiſins puiſſent croiſtre & meurir
auec liberté. Quelques arbres viennent eſtans plantez par
ſcions comme les Saules; Pour les autres, il faut ſemer des
pepins ou des noyaux. La pluſpart eſtans mis en lieu propre, ne reçoiuent autre ſecours que celuy de la Nature, ſi
ce n'eſt que quand il y a quelque branche morte, l'on la
coupe afin qu'elle ne nuiſe point aux autres, & quand ils
ſont mangez de chenilles, l'on s'efforce de les oſter ou de
les faire mourir : Mais pour l'embelliſſement des iardins,
l'on place les arbres en diuers parquets, ou bien l'on les
range par allees, & s'ils ſont propres à faire des palliſſades,
l'on les taille, afin qu'vn rameau ne paſſe point l'autre, &
qu'il n'y ait rien d'inégal. Ce n'eſt point là pourtant vne
melioration parfaite, ce n'eſt qu'vne ſimple beauté qui
conſiſte en la proportion de pluſieurs parties. Lors que
l'on leur fait porter du fruit plus gros ou plus ſauoureux,
& en plus grande quantité qu'à l'ordinaire, c'eſt leur donner quelque choſe de meilleur, & c'eſt apporter du ſecours
à la Nature par l'artifice.

 L'on vſe de diuers moyens pour paruenir à cela. L'on *Pour rendre les*
tient qu'ayant trempé les ſemences dans vne eau où il y *Plantes plus ferti-*
ait du ſalpeſtre diſſout, elles en ſont plus fertiles ; Que *les, & leurs fruits*
cette eau peut ſeruir auſſi à les arrouſer lors qu'elles ſont *plus gras & plus*
ſauoureux.

N ij

DE L'VSAGE ET PERF. DES PLANT. dans terre, & que si l'on veut qu'elles produisent des fruits plus doux, il faut les auoir laissé tremper en eau de riuiere. Si l'on les laisse aussi quelque temps dans quelque eau de bonne odeur, elles en auront vne semblable ; Et cela se fait encore en mettant dans terre auprez d'elles des drogues qui ayent ces bonnes qualitez. L'on leur communique mesme des facultez medicinales en trempant leurs semences dans de certaines liqueurs, & en les entant & les cultiuant d'vne façon particuliere. Pour ce qui est de rendre simplement leur fruit plus gros & de meilleur goust, & y reussir auec plus de certitude, les diuerses façons d'enter y seruent beaucoup, car la puissance vegetatiue languit quelquefois apres auoir esté employée à donner à l'arbre sa croissance ; outre que le terroir ne luy fournit pas tousiours les bonnes qualitez qui luy sont requises, au lieu que lors qu'vn rameau est enté sur vn arbre desia grand, il reçoit incontinent de la vigueur, & se nourrit d'vn suc desja tout digeré. C'est vn des plus beaux secrets de l'Agriculture ; & quoy que l'on die qu'il se fait à l'imitation du Guy qui croist sur les chesnes, & d'autres plantes qui naissent sur de gros arbres, pource que les oyseaux y ont laissé tomber quelque graine, si est-ce que l'esprit de l'Homme a trauaillé à inuenter cette transplantation d'vn arbre sur vn autre, qui est encore quelque chose de plus; car la graine qui germe sur vn gros arbre en quelque endroit à moitié pourry, s'en sert comme de terre & de matrice, mais le rameau enté s'incorpore auec l'arbre qui luy sert de soustien, & participe enfin à son aliment comme vn de ses membres. Au reste, si l'on veut faire prosperer entieremét ce qui est semé, planté ou enté, il faut obseruer le temps que l'on y trauaille, & garder en tout vne methode particuliere selon la nature de chaque plante. L'on promet encore de faire porter aux arbres des fruits d'vne prodigieuse grosseur, par des artifices exprez. L'on dit que si l'on fait passer vne branche dans vn vase plein d'eau & bien recouuert de terre, elle y prendra vne telle nourriture qu'elle donnera vne grosseur merueilleuse à son fruit. Pour faire que tout vn arbre rapporte de gros fruicts, l'on resserre plusieurs pepins ou noyaux dans vn pot, de sorte qu'ils se ioignent ensemble, & ne font qu'vn germe & vn seul arbre dont les fruits auront la grosseur de plusieurs autres. Or comme l'on fait que les arbres & leurs fruits profitent, l'on leur peut aussi nuire également. L'on fait des arbres Nains, en les couurant seulement ou coupant leurs branches, & la diminution de leur aliment fera amenuiser leur fruit. Le pouuoir de l'Homme s'estend sur le bien & sur le mal.

Du changement des couleurs, de la constitution & de la figure des fruits

Pour venir aux autres changemens aparens, les couleurs des fleurs & des fruicts peuuent estre changees en mettant diuerses drogues autour de leurs semences, ou les insinuant dans leurs tiges, & dauantage par vne diuerse maniere de les ioindre, auant qu'elles germent, ou par vn secret particulier de les enter. Pour monstrer vn plus grãd pouuoir, l'on espere de faire changer de constitution à ce qu'elles produisent. Ie laisse la forme des simples fleurs qui peut bien receuoir du changement si l'on en apporte aux fruicts; mais à cause de leur fragilité, il faut que si l'on les veut changer, l'on s'adresse d'abord à leur semence & à leur tige, les ioignant, les resserrant, & les violentant de plusieurs façons. L'on dit que si l'on coupe vn ieune cerifier à vn pied prez de terre, & l'ayant fendu iusqu'à la racine, l'on en vuide la moëlle de part & d'autre, & l'on le rejoint en le liant & l'estoupant de mousse & de terre grasse; vn an apres qu'il sera repris, si l'on y met vne autre ente du mesme arbre, elle portera des cerises sans noyau; Que le mesme se peut faire aux pruniers, aux peschers & autres plantes, & que par vne maniere presque semblable, l'on fera que la vigne portera des raisins sans pepins. Mais il est difficile qu'vne plante viue apres luy auoir osté la moüelle, tellement que cela ne reussira pas tousiours. L'on dit encore que si l'on enueloppe vne noix sans coquille dans quelques feuilles de vigne ou de plane, & l'on la met en terre, le noyer qui en prouiëdra portera des noix sans coquille, & que le mesme se peut faire aux amendiers. L'on promet auſſi que les peſches ſeront grauees en quelque ſorte, ſi ayant ouuert leur noyau doucement, apres l'auoir laiſſé tremper dans l'eau, l'on a graué quelques caracteres ſur l'amēde, & l'on a refermé le noyau depuis, l'ayant bien enueloppé dans du parchemin. L'on dit encore que ce qui aura eſté tracé au premier ietton du figuier, paroiſtra en ſon fruit. Dauantage, l'on donne aux fruits pluſieurs figures en les reſſerrant entre des moules de terre ou de bois, ce qui ne ſe peut faire aux fleurs. Il faut que ces moules ayent pluſieurs trous pour donner de l'air aux fruicts crainte de pourriture. Que ſi l'on enduit l'eſcorce des coings ou des grenades d'vne couche ſubtile de plaſtre, & lors que cela ſera ſec, l'on graue apres deſſus telles marques que l'on voudra iuſques à l'eſcorce, les traces y demeureront quand ces fruits ſeront en leur maturité.

De la varieté des fruits ſur vn méme arbre.

Pour ce qui eſt de la varieté des fruicts ſur vn meſme arbre, l'on enſeigne à faire qu'vn meſme ſep de vigne porte des raiſins noirs & blancs, & meſme d'autres couleurs. L'on dit qu'il faut prendre pluſieurs tiges de vigne, & les ayant bien liees, les enfermer dans vne corne de belier ou autre tuyau, de ſorte qu'elles paſſent par en haut, & par en bas, & trois ans apres s'eſtans iointes, la corne ſera rompuë ſi elle n'eſt pourrie, & toutes les tiges eſtans retranchees excepté l'vne, l'on tient qu'elle portera des grapes de pluſieurs couleurs. Cela ſe fait preſque de meſme pour tous les arbres à qui l'on veut faire porter des fruicts non ſeulement de differente couleur, mais de differēte eſpece: Toutefois, il faut croire que ſi cela ſe fait, ce ne ſera que pour des fruits qui viennent en meſme ſaiſon, & qui ont quelque affinité, cōme s'ils ſont tous à noyau ou à pepin, & meſme vn arbre portera plutoſt de deux ſortes de pommes, que des pommes & des poires enſemble, & pourtant il ne faut rien deſeſperer de l'artifice. Outre cela l'on peut ioindre en vn ſeul fruit les qualitez de deux, comme s'il a la figure de la pomme & le gouſt de la poire, & ainſi de pluſieurs manieres. L'on aſſeure d'auantage que la peine

que l'on prend à porter ces plantes, à cét effet extraordi- DE L'VSAGE
naire n'est que pour vne fois, d'autant que leur race peut ET PERF.
estre apres multipliée par diuerses entes, ou par la semen- DES PLANT.
ce de leurs noyaux ou pepins. Ainsi, l'on fera faire à la
Nature beaucoup de choses qu'elle n'eust pas executées
toute seule, & l'on l'imitera dans la production de quelques plantes nouuelles, dont l'on procurera la durée,
gardant soigneusement leurs noyaux ou leurs graines, &
les mettant tousiours en Terre conuenable pour en faire
la multiplication. Ainsi, nous auons maintenant des fleurs
& des fruits fort differens en figure, couleur, grosseur &
saueur de ceux d'autrefois, ce qui a esté fait par l'artifice des hommes, qui ont fait produire de nouuelles plantes, dont l'espece s'est multipliée iusques auiourd'huy
auec ce changement.

L'on a cherché encore le moyen de haster la produ- *Comment l'on*
ction des plantes. Il faut pour cét effet auoir trempé leur *peut haster la pro-*
semence dans quelque liqueur fort chaude comme l'Eau *duction des Plan-*
de vie; D'autres prennent vne liqueur chaude & humide, *tes.*
comme est le sang d'vn animal bien temperé, & apres y
auoir trempé la semence, la mettent en de bonne terre
bien fumée & placée dans quelque pot, où l'on l'arrousera
tous les iours deux fois d'eau tiede, mais l'on ne la laissera
à l'air que lors que la faueur du iour le permettra, & l'on la
serrera lors qu'il tombera de la pluye ou qu'il fera du vent
outre mesure, & l'on ne l'exposera point à la fraischeur de
la nuict. Cela pourra seruir pour auoir des roses durant
l'Hyuer, & quelques autres fleurs & plusieurs fruits en
seront aussi hastez pour les voir grossir dés le Prinptemps.
L'on adiouste d'autres secours selon la Nature de chaque
plante. L'on met de la fiente de pigeon au pied du figuier, & l'on le frotte d'huile. Les cornes de mouton qui
sont enfoncées dans Terre pres des racines des arbres, les
rendent aussi plus fertiles, & leur font pousser leur fruict
plus promptement: Comme les simples herbes sont plus
aisees à produire, l'on promet de les faire naistre dans
vn temps de beaucoup plus court. L'on dit qu'elles croi-

DE L'VSAGE ſtront dans peu de iours, ſi l'on trempe leur ſemence dans
ET PERF. du vinaigre, & les ayant iettees dans vne Terre où il y ait
DES PLANT de la cendre d'eſcorce de féues, qui ſera arrouſée d'Eau ardente & couuerte apres d'vn drap, craignant que la chaleur ne s'en aille. Mais c'eſt bien plus d'aſſeurer de faire croiſtre en moins de trois ou quatre heures toutes les herbes propres à faire vne ſalade. Il faut pour cét effet auoir de la Terre parfaitement meſlée à de bon fumier, & y adiouſter encore de la cendre de mouſſe que l'on arrouſera de ius de fumier par pluſieurs fois, & l'on la fera ſeicher par autant de fois au Soleil. Cette terre ayant eſté gardée ſoigneuſement, quand l'on y voudra voir produire cette merueille, l'on la mettra dans vne large terrine, où l'ayant fort remuée auec les mains, l'on l'arrouſera peu à peu de ius de fumier, & la terrine eſtant poſée ſur vn feu dont l'on reglera les degrez conuenablement, l'on y ſemera de la graine de pourpier & de laictuë que l'on aura fait tremper l'eſpace d'vne nuict dans le ius de fumier ou autre liqueur propre, & quand la terre ſe ſeichera il la faudra arrouſer d'eau de pluye tiede, & en peu de temps l'on verra les herbes la percer, & croiſtre preſque à veuë d'œil, au grand eſtonnement d'vne compagnie, qui attendra qu'vne ſalade ſoit ſemée & creuë pour la manger. Cela ſe peut pratiquer de la meſme ſorte pour beaucoup de plantes; & ſi elles ne ſortent pas de terre en ſi peu de temps, ce ſera neantmoins dans vn temps de beaucoup plus court que celuy qu'elles ont accouſtumé : & dauantage, il y a en cela vn ſecret pour ſe paſſer de la chaleur du Soleil, & faire meurir les fruicts hors de leur ſaiſon. Cela ſe peut eſprouuer ſur des herbes pluſtoſt que ſur des arbres, & ſi l'on veut voir naiſtre & meurir des fruits des plus faciles, il faut eſperer cela des fraiſiers. Que ſi l'on veut prendre quelques arbriſſeaux, encore le pourra-t'on faire, car pour les plantes qui ne portent pas de fruit ſi-toſt qu'elles ſont hors de terre, mais trois ou quatre ans apres, l'on n'entend pas les violenter en cela : mais ſeulement leur faire preceder la ſaiſon couſtumiere, tellement qu'il ſuffit de les

prendre

prendre dans leur croissance necessaire, & les exposer à DE L'VSAGE
vne culture extraordinaire & à vn feu artificiel. Il faudra ET PERF.
pour cecy faire des fourneaux où le feu soit diuersement DES PLANT.
gradué, & dessus il y aura de grands vaisseaux de terre cui-
te, où vne terre propre à estre cultiuée, sera mise auec ses
plantes. La difficulté de sçauoir le temperament necessaire au feu & mille autres inconueniés, pourroient faire que
l'on ne reüssiroit pas tousiours, ou tout au moins que les
fleurs ou les fruits que l'on feroit produire ne seroient pas
de si belle couleur, de si agreable odeur & de si bonne saueur que les autres ; mais pour peu que l'on fist, il y auroit
tousiours dequoy admirer la merueilleuse puissance de
l'artifice & la hardiesse de l'esprit humain, qui entreprend
de se passer du secours des Astres, & de violer l'ordre des
saisons. Il ne faut rien dire apres ces secrets en matiere de
plantes ; C'est le plus haut que l'on puisse aller. Il est vray
que l'on peut rendre les plantes tardiues, comme l'on les *Pour rendre les*
peut rendre hastiues : mais l'on les fait tardiues auec plus *Plantes tardiues.*
de facilité, n'y ayant qu'à les laisser dans des iardins mares-
cageux & fort ombragez, où elles ne croissent qu'à peine,
& si l'on y veut ioindre quelque autre artifice, il ne faut
que tenir les fruits couuerts l'Esté, & la pluspart de l'Au-
tomne, ne les descouurant que lors que l'on voudra qu'ils
meurissent. Cela se fera en quelques-vns, les retardant
plus ou moins selon leur nature. Si l'on retranche aussi les
maistresses branches de quelques arbres lors qu'elles ont
desia des fruits bien formez, celles qui auront esté retran-
chées pulluleront encore ; & si quelques temps apres l'on
fait la mesme chose à d'autres, il arriuera que cela sera pareil à ce que l'on vante de ces iardins merueilleux, où l'on
voyoit sur vn mesme arbre des fruits tous meurs, d'autres
qui estoient verds, & d'autres qui n'estoient encore qu'en
fleur. L'on fera ainsi par vn artifice joint à la Nature, ce
que l'on attribuoit au seul enchantement. Que si l'on
veut auoir des plates dont tous les fruits ne soient en leur
grosseur & maturité que vers l'arriere-saison, contre leur
nature ordinaire, il faut enter les arbres hatifs sur les tar-

Vol. III.   O

DE L'VSAGE ET PERF. DES PLANT. difs, afin que prenans nourriture en vn bois estranger, ils en suiuent aussi les proprietez, ou pour faire que la tardiueté soit encore plus grande, il faut se seruir des secrets qui sont enseignez pour faire fructifier les plantes quand l'on veut. L'on ne sçaura alors si ce sera haster les plantes ou les retarder, & voyant des roses ou des cerises en Nouembre & en Decembre, l'on pourra demander si c'est qu'il y en a desia, ou si c'est qu'il y en a encore.

Comment l'on fait viure long-temps les Plantes. Il nous reste de parler des moyens de faire viure long-temps les plantes. L'on croira auoir beaucoup trauaillé pour cela, si l'on les a semees ou plantées en vne terre propre, & en vn lieu fauorable où elles ayent de la chaleur ce qui leur en faut, & soient à l'abry des mauuais vents. Dauantage, l'on peut auoir trempé leurs semences dans des eaux ou des huyles, qui empescheront que les fourmis ou les vers, ou les chenilles ne leur puissent nuire. Que si de tels insectes viennent sans que l'on y ait preueu, soit sur les herbes, soit sur les arbres, l'on les peut chasser & les faire mourir auec terre rouge, ou cendre, ou chaux, fiel de bœuf, vinaigre, ou vieille vrine & diuers autres ingrediens, que vous ietterez sur les racines ou sur les troncs, selon la qualité des plantes. L'on donne encore du remede à leurs langueurs & à leurs maladies, en les frottant de pareilles choses, ou les arrousant de lie d'huyle ou de vin, & taschant au reste de leur oster tout ce qui leur nuit, & de leur donner tout ce qui leur est necessaire. Pour ce qui est des accidens externes, l'on les preserue mesme de la bruyne, iettant des cendres de figuier sur elles, ou bien faisant brusler de la paille, & de la fiente de bœuf & de chéure à quelque distance, ou bien faisant vne grande fumée autour de leur enclos, auec des cornes de bœuf que l'on brusle. Voylà les moyens de les faire durer plus long-temps. Ces choses ne sont pas pratiquees d'ordinaire à cause de la grandeur des vergers, & de la quantité des arbres qui y sont. Toutesfois, l'on prend garde de plus pres à ceux qui sont les plus chers & les plus importans.

Le pouuoir que les Hommes ont sur les Plantes estant assez prouué, il faut penser à l'vsage qui est tiré de ces mémes Corps. Les herbes seruent à la nourriture des animaux, comme aussi les fruicts des arbres. Les fleurs resjouyssent par leur belle couleur & leur bonne odeur, & seruent à diuers medicamens, comme font aussi les herbes, soit que l'on les laisse en leur estat naturel ou que l'on en tire des eaux, des huyles & des sels, ou que l'on fasse des compositions de leur masse. *DE L'VSAGE ET PERF. DES PLANT. De l'vsage des herbes, des fleurs & des fruits.*

Leur meilleur estat naturel est cõserué assez long-temps par le secours de l'Art lors que le tout est cueilly en bonne saison. Mais pour y mieux reussir, l'on y vse encore de quelque artifice. Pour conseruer les fleurs, l'on les enferme en des boëtes, & l'on les tient en lieu sec, ou bien l'on les enferme en des vaisseaux de terre bien bouchez auec du liege & de la poix, & l'on les laisse en des caues ou celliers; & pour les fruits ils sont gardez aux glacieres, mesme les plus tendres, comme les prunes, les meures, les cerises, & les fraises, de sorte que l'on en trouuera de toutes fraisches en Hyuer. Les cerises sont aussi gardees dans le vinaigre, mais cela leur oste leur douceur, & plusieurs autres fruits que l'on garde de mesme perdent quelque chose de leur naturel. L'on vse d'vn artifice plus exquis pour les pommes & les poires. L'on les cueille à la main, & ayãt seellé leur queuë auec de la poix liquide, l'on couure tout le fruit d'estoupe & d'vne legere couche de cire, & l'on le met ainsi dans du miel. Cela le conserue long-temps en sa verdeur sans luy oster son goust. L'on l'enueloppe aussi de feuilles de noyer ou de figuier, & l'on l'enferme en des pots de terre, ou des barils bien bouchez de cire ou de poix, & l'on le laisse dans du miel, ou dans du vin. Voylà comment l'on conserue les fruicts pour en auoir en leur naïueté iusques en vn temps où ceux qui n'ont point esté secourus par cét artifice, sont tous mols & tout flestris. Cela se fait pour les maintenir dans vne fraischeur qui donne plus de delectation, & qui est plus saine aussi à beaucoup de personnes. *De la maniere de conseruer les figuiers & les fruits.*

DE L'VSAGE ET PERF. DES PLANT.
De l'vtilité du bois des arbres.

L'vtilité des Plantes est encore en leurs feüilles, dont quelques animaux se repaissent, ou bien elles seruent à fumer la terre, ou à faire du feu: mais cela est de peu de consideration & de peu d'vsage, au prix du bois, d'autant que la pluspart des feüilles sont dissipées par les vents, au lieu que les branches & le tronc demeurent. Nous sçauons assez que pour les arbres dont le bois est gros & fort, estans coupez ils seruent à faire du feu pour se chauffer, ou pour apprester les viandes, ou pour faire du charbon, qui sert à mesme vsage, & outre cela, à eschauffer les fourneaux de plusieurs Artisans. Le bois le plus haut & le plus dur, n'est pas employé à brusler; Il est gardé pour bastir des maisons, ou des nauires & des machines: & s'il est fort dur & bien coloré, c'est pour faire des meubles de menuiserie pour le mesnage, ou des outils pour diuers mestiers. Il y a mesme de petites plantes, plus dures & plus seches que les autres, dont la tige sert aussi aux necessitez humaines: La paille des bleds sert à couurir des cabanes, & le chanvre sert à faire de la toile. Ce sont les vsages les plus remarquables de tout ce qui depend des plantes.

De l'Vsage, Melioration & Perfection des Animaux.

CHAPITRE VII.

Que les hommes ont du pouuoir sur la production des insectes & des animaux qui naissent de corruption

A consideration des Animaux venant icy en ordre, il faut voir comment ils sont sousmis au pouuoir des hommes. En ce qui est de ceux qui naissent de putrefaction, l'on en rend la naissance facile, laissant en quelque lieu la poussiere & les ordures qui y sont propres. En vn certain endroit il naistra des araignées, en l'autre des mouches, en l'autre des vers, &

mesmes des rats & des souris. La chair corrompuë, & les autres substances humides, peuuent engendrer diuers insectes. L'on tiét que des entrailles d'vn taureau il s'engendre des mousches à miel : de celles d'vn cheual, des guespes, de la chair d'vn canard, des crapaux : & que de la corruption de tous les autres animaux, il se fait des productions particulieres : Il s'en fait aussi de leur sueur & de tous leurs excremens quand ils viuent, comme les puces & les vers. Que si nous voulons nous seruir de ce qui procede des Corps humains, l'on tient que les cheueux d'vne femme qui a ses fleurs, estans serrez sous du fumier, se changeront en des serpenteaux. Qu'il s'engendre des lezards, des especes de raines & autres animaux, de la corruption du sang menstrual, & que de celuy d'vne femme rousse, il s'en pourra engendrer vne espece de Basilic. Plusieurs autres insectes ont de méme leur generation selon ce qu'ils sont, soit qu'ils procedent des Corps animez, ou de ceux qui sont simplemét vegetatifs, comme du fromage qui est fait de laict de vache ou de chéure, du miel qui est fait par les mousches, des draps qui sont faits de laine de beste, & des graines que l'on garde, & du bois des meubles, qui deriuent des plantes. L'on void produire aux vns ou aux autres de ces Corps, des mites, des fourmis, des calendres & des vers. Il faut dire que sçachant en quel estat toutes ces choses se doiuent trouuer pour de telles generations, l'on les peut accomplir quand l'on veut, & que l'on peut faire naistre aussi plusieurs autres animaux qui viennent de putrefaction, administrant à la Nature ce qui luy est necessaire pour vne operation semblable. Si parmy les productions des Meteores l'on comprend aussi les grenoüilles comme nous auons veu, elles ne seront dóc pas hors de nostre puissance. L'on peut obseruer quel est le limon qui sert à les produire, & en quel temps cela se fait, pour y proceder de mesme. L'on croid encore que des gazons herbus, trempez de rosee estans suspendus à la superficie d'vne eau dormante, y feront produire de petits poissons ou de petits insectes aquatiques. Il faudroit estre certain de la verité de l'experiēce pour s'amuſer à en chercher la raiſon: mais quand cela ne ſe feroit pas ainſi, l'on peut croire que le limon y ſert, ou quelque amas de poiſſons morts & corrompus. Tant y a que les ſemences de toutes les choſes du Monde paroiſſent bien eſtre eſpanduës dans l'Vniuers: car ſi l'on prend de la Terre pure bien ſaſſée & bien arrouſée, laquelle on met apres à l'air dans vn vaiſſeau, l'on trouuera au bout de quelque temps qu'il s'y ſera formé des Corps de toutes les trois familles des Deriuez & meſlez, à ſçauoir des mineraux, vegetaux & animaux, car l'on y trouuera de petits cailloux, & poſſible de petits Marcaſites, l'on y verra poindre des herbes, & l'on y trouuera des vermiſſeaux. L'Eau des pluyes qui tombe porte auſſi auec elle la ſemence de pluſieurs herbes, & celle de pluſieurs inſectes: l'Eau de la Mer & celle des Riuieres ou des Lacs, ont auſſi leurs productions. C'eſt aux curieux à chercher ce qu'ils peuuent faire en s'accordant aux voyes de la Nature. D'autant que pluſieurs animaux naiſſent de putrefaction, l'on accorde que les Hommes ont le pouuoir de les faire produire en des lieux où il n'y en euſt iamais eu, & auec des matieres qui ne ſe fuſſent pas portées à la corruption que l'on y a introduite, & qui poſſible ſe fuſſent incontinent changées en terre, ou bien euſſent fait des productions moindres que celles que l'on a pû rendre accomplies.

Comment l'on facilite la production des Animaux les plus parfaits.

Les animaux qui naiſſent les vns des autres, ont des prerogatiues particulieres. Il ſemble bien que les Hommes n'ont pas vne telle autorité ſur leur generation, pource qu'eſtans plus parfaits, leur naiſſance deſpend des ſouueraines Loix de la Nature. Pour ce qui eſt de faciliter la production de leur fruit, c'eſt vne choſe toute commune. De meſme comme l'on fait eſclorre les vers à ſoye, en les expoſant au Soleil, il y a des animaux plus accomplis dont le fruit ne laiſſe pas quelquefois d'auoir beſoin du ſecours des Hommes pour venir à perfection. Les oyſeaux peuuent eſtre aidez à couuer leurs petits, en leur preſentant ce qui eſt neceſſaire à baſtir leur nid, & à fomenter leur chaleur naturelle : mais sans cela l'on peut mesme faire esclorre leurs œufs dans du fumier ou dans vn four tiede, & cela se fait quelquefois pour les œufs de poule & de pigeon. Pour y faire plus de façon, l'on emplit des sachets de fiente de pigeon ou de poule bien chaude, les ayant couuerts de plume autour, & l'on met les œufs dessous la pointe en haut, tenant tousiours autour quelque feu moderé. Quand aux bestes à quatre pieds, l'on leur donne aussi de l'aide en leurs productions, soit en les mettant à leur aise, ou en leur faisant manger ce qui leur est propre en l'estat où elles se treuuent.

Pour vne remarquable operation, l'on demande si vn homme pourroit de son seul pouuoir faire produire de nouueaux animaux, & mesmes d'extraordinaires en ce qui est des plus parfaits. Où pourroit-il composer vne matiere esgale à celle de leur sperme ? Nous en voyons la figure, la couleur & l'espaisseur, mais il y a de certains esprits cachez la dedans, qui ne peuuent estre tirez que d'vne substance pareille à eux. L'artifice ne sçauroit donc faire des productions extraordinaires, ny mesme faire produire luy seul les corps communs, pource que l'Ame qui viuifie le corps des bestes, doit venir d'vn corps animé, & non pas d'vn corps composé simplement. Tout ce que l'on peut executer, c'est que si l'on accouple des Animaux de diuerse espece, l'on leur fera produire diuers Monstres, mais l'on tient encore qu'vn sperme diuers enfermé dans vne coquille d'œuf, estant donné à eschauffer à vne poule, il s'en pourra produire vn animal du tout nouueau; mais ces choses ont vn accomplissement difficile, pour la chaleur naturelle que l'on a peine à conseruer en cette substance, de quelque animal qu'elle ait pû sortir. L'on dit encore que si l'on trempe des œufs de geline dans vne liqueur, où l'on aura meslé de l'arsenic auec quelque autre poison, & mesme du venin des serpens & des viperes, lors que la poule les aura couuez, il en viendra vne sorte d'animal venimeux. L'on repartira que quand cela se feroit, ce ne seroit qu'vn insecte ou vn animal imparfait, & que pour les plus grands

A sçauoir si l'on peut faire produire de nouueaux animaux entre les parfaits, ou bien des monstres.

DE L'VSAGE animaux, l'on ne les sçauroit faire naistre par vn tel
ET PERF. moyen ny dans leur forme ordinaire ny auec defectuosité.
DES ANIM. S'il s'en fait des monstres qui ayent des parties differentes
ou superfluës, ou mesme quelque figure de membre toute
nouuelle, il faut que la semence ait esté trop abondan-
te ou defectueuse, soit qu'elle vienne d'vn seul animal
ou de l'accouplement de plusieurs, & qu'elle ait esté
pourtant receuë dans vne matrice à peu pres conuenable : Mais qui plus est, le vice d'vne semence ny le mélange, ne produisent pas tousiours quelque chose, ou
s'ils le font, c'est d'vne maniere toute autre que celle
que l'on attendoit. Toutefois, quand cela arriue par
l'industrie des hommes, cela tesmoigne le pouuoir qu'ils
ont sur les productions de la Nature, puisqu'ils peuuent
mettre ensemble des animaux de differente espece pour
en auoir vne nouuelle race. S'ils ne peuuent rien accomplir sans vne matiere propre, au moins ils apportent
diuers changemens à celle qu'ils se proposent. Au reste,
s'ils ne paruiennent pas aisément au changement de la
forme du corps, ils obtiennent auec plus d'asseurance ce-
Les Hommes font luy de la couleur. Il ne faut que mettre quelque drap ou
changer la cou- autre corps coloré dans les lieux où les volailles, les pi-
leur & stature geons & les autres animaux se meslent ensemble, afin que
des Animaux. ce soit vn perpetuel obiet à leurs yeux & à leur sens bru-
tal. Cela reüssit quelquefois, mais pour la figure, elle n'entre pas si facilement dans leur imagination, à cause qu'ils
l'ont trop foible pour distinguer les obiets, de sorte que
leur fruict n'en est pas marqué, comme pourroit estre celuy de la femme. Pour ce qui est de changer la stature,
cela se peut faire encore auec quelque artifice, donant de
la contrainte aux bestes lors qu'elles sont pleines, & vsāt
d'vne certaine nourriture pour leurs petits dés qu'ils sont
nez. L'on dit qu'vn chien nourry de lait où l'on a fait
fōdre du Nitre, demeure tousiours fort petit, à cause de la
froideur de cette nourriture qui l'empesche de profiter.
L'on se seruira de semblables inuentions enuers les autres
bestes, leur donnant aussi, au contraire si l'on veut tout ce
qui

qui peut feruir à les faire croiftre & groffir, mais cela n'eft DE L'VSAGE
pas pourtant fi facile que de les rendre petits. ET PERF.

Apres les fecrets de la generation, fi l'on regarde ceux DES ANIM.
de la nourriture, l'on trouuera que tous les animaux la re- *Les Hommes ad-*
çoiuent bien mieux des Hommes qu'ils ne la fçauroient *miniftrẽt la nour-*
prendre eux-mefmes. N'ayans autre fecours que leur in- *riture aux beftes,*
ftinct pour trouuer les chofes neceffaires, elles leur man- *& leur confer-*
queroient fouuent, fpecialement en ce qui eft des dome- *uent leur fanté.*
ftiques, fi les Hommes n'auoient foin d'eux. Par ce moyen
leur fanté eft conferuee, & leur vie prolongee. Que s'il
arriue qu'ils tombent malades, les Hommes font encore
capables de trauailler à leur guerifon. Les beftes farouches qui courent la campagne, font laiffees en leur pouuoir, mais fi l'on les tenoit, encore donneroit-on du remede aux maux qui les affligeroient. Quant à celles que
l'on nourrit aux maifons, c'eft vne chofe toute commune
de leur apporter toute forte de foulagement. Les moutons, les bœufs, les cheuaux, & autres animaux, font gueris de diuerfes maladies par diuers remedes, que l'on a ex-
perimentez de longue-main.

Lorsque les Hommes fe veulent deliurer de quelques *Le pouuoir de*
beftes, ils n'en ont pas moins de pouuoir que de les con- *deftruire les beftes*
feruer. Pour celles qui naiffent de putrefaction, fi elles *eft auffi accordé*
font fort petites, ils les efcrazent facilement, & s'il y en a *aux Hommes.*
de plus groffes & de difficiles à attrapper, ils leur tendent
quantité de pieges où elles fe prennẽt, ou bien ils frottẽt
les endroits où elles vont de quelque drogue qui les fait
mourir, foit par fon odeur, ou foit qu'elles en mangent.
Le grand chaud & le grand froid font infupportables à
plufieurs infectes, fi bien que l'eau froide ou l'eau boüil-
lante les tuent.. L'odeur du foulphre & des cornes, ou des
plumes bruflees, & celle de la couperoze, de l'origan &
de l'ache, chaffent quelques petits animaux, & contre les
autres il faut ietter de la lie d'huyle & de l'eau d'Aloyne
& de ruë; comme contre les moufcherons, les chenilles &
autres beftioles qui fe trouuent aux iardins. Si l'on veut
faire mourir les rats, il faut mefler de l'hellebore & de la

DE L'VSAGE ET PERF. DES ANIM. coloquinte auec de la farine d'orge. L'on cherchera ainſi ce qui peut eſtre vn poiſon à toutes les beſtes, pour le meſler parmy la nourriture qu'elles aiment le mieux. L'on trouue dans la Nature beaucoup de choſes contraires à chacune pour en dépeupler les lieux où elles nuiſent. Pluſieurs Liures enſeignent cela, & l'experience le confirme tout les iours.

De l'vtilité que l'on reçoit des Animaux pendant leur vie & après leur mort.

Quant aux vtilitez que l'on reçoit des animaux tant qu'ils viuent, les chiens ſeruent à la garde des maiſons, & à la chaſſe des autres beſtes; les chats font la guerre aux fourys; les cheuaux ſeruent à porter les Hommes aux voyages, à la chaſſe & aux combats, & à traiſner les chariots & les fardeaux. Les bœufs, les aſnes & autres animaux peuuent auſſi eſtre propres à porter & à traiſner: L'inuention des Hommes ſe fait connoiſtre à les y dreſſer, ſpecialement ceux qui ſont le plus indociles. Il y en a meſme des plus ſauuages comme ſont les ours, à qui l'on apprend à ſauter, à danſer, à faire de certaines poſtures dans l'inſtant que l'on leur dit vn mot exprez; La longue accouſtumance leur fait faire cecy: l'on les bat quelquefois iuſques à tant qu'ils faſſent ce que l'on deſire, & il y en a d'autres que l'on gagne en les flattant ou en leur donnant à manger. L'on y adiouſte d'autres inuentions. L'on a veu quelques beſtes danſer au ſon du tambour, comme ont fait quelques Chameaux, parce que l'on les auoit mis ſouuent dans vne eſtuue fort chaude où la chaleur les auoit côtraints de leuer les pieds l'vn apres l'autre fort habilement, & tandis l'on ſonnoit touſiours du tambour, de ſorte que ſi-toſt qu'ils entendoient vn pareil ſon, ils leuoiét ainſi les pieds par accouſtumance, ou craignans de ſe bruſler encore. Sur tous les animaux, les chiens & les cheuaux ſont fort diſciplinables. Les baſteleurs leur font faire pluſieurs actions où il ſemble qu'ils iouyſſent de la raiſon. Ce ſont des induſtries inutiles qui ne ſeruent que d'ébatemét, Mais pour l'vtilité, elle eſt manifeſte aux chiens qui ſont inſtruits pour la chaſſe; Il y a des oyſeaux meſme qui y ſont dreſſez contre les autres oyſeaux. C'eſt auſſi vne belle chose de voir comment les cheuaux sont dressez à toute sorte de pas par des Escuyers experts, & comment l'on les asseure encore pour la guerre, leur faisant souuent retentir aux oreilles des coups d'harquebuse & des sons de tambour & de trompette. C'est par tous ces moyens que l'on donne de la Melioration & de la Perfection aux animaux. Pour ce qui est des vtilitez que l'on reçoit de leurs corps, lors qu'ils n'ont plus de vie, la principale est, que la pluspart seruent à la nourriture des Hommes. Les poissons sont bons à manger, la chair des oyseaux l'est pareillemēt, & celle de plusieurs bestes à quatre pieds est vn aliment assez ordinaire. La plume des oyseaux sert à emplir des lits, Quelques peuples en font des vestemens, & pour le general, le poil de plusieurs bestes y est fort propre, estant tissu pour faire des estoffes, & la peau estant courroye sert à diuers vsages. Il n'y a pas iusqu'aux ongles, aux cornes & aux os, qui ne soient employez à quelque chose; & mesme les costes & arestes des grãds poissons peuuent auoir leur employ, tant l'industrie humaine est prompte à faire profit de tout ce qu'elle trouue.

De la Melioration & de la Perfection des Hommes, en ce qui est de leur Corps.

Et de la Medecine.

CHAPITRE VIII.

LE plus parfait Animal est l'Homme, à la melioration duquel si l'on trauaille, c'est faire aussi quelque chose de meilleur que ce qui se fait pour tous les autres animaux. En tout cecy, l'Homme a le pouuoir de profiter ou de nuire à soymesme, & de procurer sa mort ou sa vie : mais puisque le bien vaut mieux que le mal, ou que la vie est plus chere que la mort, il doit songer à ce qui luy est de plus conuenable. Premierement, pour parler de la naissance des enfans, les Hommes la peuuent procurer, s'ils font tout ce qui peut seruir à les rendre capables de generation; s'ils vsent de viandes moderees, & s'ils ne s'adonnent point par excez aux voluptez charnelles. Comme le sexe masculin est iugé plus noble que le feminin, l'ont peut tendre à le produire ainsi qu'vne melioration. Si le mary & la femme se nourrissent de viandes aussi chaudes qu'humides, & principalement si le mary se tient en vn estat vigoureux, il pourra auoir des enfans masles. L'on y obserue aussi le sixiéme ou le septiéme iour d'auparauant que la femme ait ses purgations. D'autres approuuent ce terme quand les purgations sont cessees; tant y a que d'vne façon ou d'autre, de telles obseruations y peuuent estre fauorables. L'on y aiouste qu'il faut que la femme se couche sur le costé droit apres la conception, d'autāt que l'on tient que c'est en ce costé de la matrice que les masles sont formez. Mais pour ce qui est de cette derniere obseruation, elle ne sçauroit seruir qu'à rendre l'effet meilleur & plus facile, au cas qu'il doiue arriuer, car si la semence n'y estoit pas disposee, cela y seruiroit de bien peu. Tout ce que l'on fait en cela est selon l'intention de la Nature, & l'artifice y a fort peu de part, ne faisant que s'y conformer. Il ne sçauroit se monstrer icy plus puissant, ny agir par des voyes extraordinaires. Quelques Chymistes ont osé publier qu'ils imiteroient si bien la chaleur naturelle dans leurs vaisseaux, qu'ils y changeroient le pain & le vin en Chyle, & puis en sang & en esprits, de mesme que cela se fait au corps de l'Homme, & qu'ayant aussi elaboré de la semence, elle formeroit vn corps organisé, qui tirant sa nourriture du sang qui luy seroit distribué par mesure, pourroit venir à perfection. Ce sont des gēs qui prennent plaisir à publier des choses bigearres & incroyables. Ils ne sçauroient seulement faire ny de vray Chyle ny de vray sang; & quand ils prendroient mesme vn Embryon tout formé, ils ne sçauroient auoir ny le vaisseau ny la chaleur qu'il faut pour le conduire à perfection : & comme le receptacle des parties necessaires ne peut estre imité, ils manqueront tousiours en la matiere & en la cause efficiente, de ce qu'ils veulent faire produire. Ils ne pourroient pas mesme faire produire le corps d'vne beste brute par cette voye, dautāt que l'Ame sensitiue découle de la puissance d'vne autre Ame. Quelle proposition insensee, de penser produire des Hommes par artifice, puisque leur Ame ne dériue pas de la matiere? Cela est encore plus absurde que l'opinion de ces Anciens, qui croyoient que les Hommes auoient esté engendrez du limon de la terre par la chaleur du Soleil. Nous sçauons bien qu'ils ont esté creez d'vne puissance superieure, qui leur a donné la faculté, & à tous les autres animaux aussi, d'engendrer leurs semblables par les seuls moyens qu'elle a establis, sans que l'on puisse en cela faire aucune imitation de la Nature. Il ne reste aux Hommes que de se rendre plus propres à cét effet naturel lors qu'ils le peuuent, & tascher de faire qu'en conseruant leur santé, ils fassent aussi des productions saines. Pour ce qui est d'auoir de beaux enfans, il faut que l'Homme & la Femme se representent tousiours de beaux objets dans l'imagination. Pour ce qui est de leur stature & de leur bon temperamment, l'exercice moderee de la Femme grosse & vn bon regime de viure, y seruent de beaucoup. Si l'accouchement se fait à bon terme, & si l'enfant est donné à vne bōne nourrice, cela luy profite aussi grandement. Quelques enfans peuuent estre nourris du lait de quelques animaux, mais rien ne leur est si naturel que celuy de la Femme. Il seroit à souhaitter encore que les meres fussent tousiours leurs nourrices, non seulement pour en auoir plus de soin, mais aussi afin qu'ils fussent nourris de mesme sang que celuy dont ils l'ont desia esté dans la matrice. Toutefois, si la santé de la mere, ou quelque autre accident ne le permet pas, l'on peut choisir vne nourrice qui ait toute la vigueur que l'on desireroit à la mere, & qui soit tres-propre à cette fonction, estant de bon temperament & de bonnes mœurs. Pour monstrer l'importance de cecy, l'on raconte qu'vn agneau qui aura ietté vne cheure n'aura pas seulement le poil plus rude, mais aussi sera plus farouche que ne porte son naturel. L'on repartira que toutes Femmes sont de mesme espece. Toutefois, leur varieté est si grande, qu'il n'y a quelquefois guere moins de difference entr'elles que d'vn animal à l'autre. Pour ce qui est du temps que les enfans doiuent tetter, c'est l'espace de deux ans, quelquefois plus, quelquefois moins, selon qu'ils sont robustes, & selon les accidens qui suruiennent.

De la Medecine, & premierement de la conservation de la santé.

TOVTES ces choses dépendent de la Medecine, qui ayant égard à la prolongation de la vie des HOMMES, & à remedier à leurs maladies, les considere dez leur naissance. Nous deuons traiter desormais des autres moyens dont elle se sert pour paruenir à ses fins, & premierement nous parlerons de la conseruation de la santé. Puisque les Corps Animez ne sçauroient viure sans prendre des alimens, il faut considerer icy quels ils doiuent estre. Quãd les enfans sont encore reduits au lait, il leur en faut donner vn qui s'accorde à leur sexe & à l'estat de leur corps, & qui ne soit pas en trop petite quantité, si l'on connoist qu'ils ayent besoin de beaucoup de nourriture. Lors qu'ils commencent à manger, il ne leur faut donner que des viandes temperees, & non pas de trop seiches ny de trop froides, ny de trop seiches ny de trop humides, car leur constitution est encore si foible, que tout ce qui est excessif les destruit. En ce qui est des Hommes faits, ils se peuuent bien maintenir en santé vsant du mesme regime, si ce n'est que lors qu'ils sont trop eschauffez ou trop refroidis par quelque accidẽt, ils doiuent se seruir de choses qui corrigent petit à petit l'excez qui est en eux, mais pourtant iamais les viandes temperees ne leur sçauroient faire de mal : au contraire, elles seruiront beaucoup à leur nourriture. Le pain estant mangé tout seul peut bien substanter le corps de l'Homme, mais pour le faire profiter dauantage il y faut mesler quelque chose d'humide, comme des herbes, des legumes ou des fruicts ; & si l'on y adiouste du poisson & de la chair, il s'en faict vne nourriture plus puissante, d'autant que cette viande a plus de rapport à la matiere du Corps. La chair des animaux terrestres y est encore bien plus propre que le poisson, & entre ces animaux l'on en remarque aussi dont la chair est plus aisée à digerer & plus nourrissante. La façon de les aprester doit estre considerée, car il ne faut pas qu'ils soient accompagnez de trop de sel ou d'espice, ny qu'ils soient trop cruds ou trop cuits. Pour ce qui est des fruicts, de la salade, du fromage & autres viandes qui ne nourrissent pas tant, ceux qui se portent fort bien en peuuent manger beaucoup, sans que cela leur fasse mal ; les autres en doiuent peu manger ou point du tout, ou bien ils doiuent prendre garde au temps, & que ce soit plustost à disner qu'à souper, à cause que l'exercice que l'on fait le reste du iour aide à la digestion. Il faut mesme auoir égard aux heures que l'on mange les meilleures viandes, & telles qu'elles soient, il n'en faut point prendre excessiuement, si l'on veut conseruer sa santé. Il ne faut pas demeurer aussi trop long-temps sans prendre des vnes ou des autres ; car vn ieusne trop long affoiblit merueilleusement le corps. Quãt à la boisson, ce doit estre de l'eau pour les enfans ; le vin a trop de fumées pour eux. Si les Hommes qui ont le foye bien chaud, ne boiuent aussi que de l'eau la plus part du temps, ils ne s'en trouueront que mieux. Les personnes bien temperées peuuent boire du vin, mais il y faut mettre de l'eau, craignant qu'il ne leur donne de l'intemperie. Quant à ceux de froide complexion, il ne leur sera pas mal de le boire quelquefois tout pur ; mais pour les vns & les autres, l'excez en est dangereux. Pour se conseruer sain, outre le boire & le manger, il faut encore considerer cinq ou six choses tres-necessaires. Il faut auoir esgard à l'air dont l'on est enuironné : Il ne faut pas qu'il soit ny trop chaud ny trop froid, ny trop humide : Pour se garentir de la foideur & de l'humidité, l'on a inuenté les habillemens dont l'on change selon les saisons, & l'on cherche l'ombrage contre la chaleur, & le couuert contre la pluye, la neige ou les vents. Les maisons ont esté basties pour remedier à ces iniures de l'air, & l'on met des chassis & des verrieres aux fenestres pour estre esclairé, sans souffrir les autres incommoditez. L'on fait des voûtes sousterraines pour se tenir à la fraischeur pendant l'Esté, & des poësles pour se tenir chaudement durant l'Hyuer. En toute sorte d'habitations l'on ferme les ouuertures du costé d'où viennent les mauuais vents, & specialement les vents contagieux. L'on prend aussi des preseruatifs contre le mauuais air, lesquels empeschent souuent que l'on ne reçoiue du dommage. L'exercice sert encore à maintenir la vigueur corporelle. Ceux qui ont beaucoup d'humeurs, & ne manquent point de force, se doiuent beaucoup agiter. Ceux qui ont seulement le sang chaud, & n'abondent point en flegme, doiuent estre plus moderez. Il faut prendre garde aussi de ne pas trop retenir ses excremẽs, & de les repousser à propos, & il ne faut pas estre dans vne trop grande abondance d'humeurs, ny souffrir leur perdition. Il faut aussi éuiter les perturbations de l'Ame, qui ne manquent guere d'apporter du trouble au Corps, & il se faut concilier le sommeil fuyant les veilles excessiues, sans toutesfois dormir par excez, afin que l'on ne soit ny trop desseiché ny trop remply d'humeurs. Si l'on obserue toutes ces choses, l'on conseruera son Corps en bon estat, & si la Nature y a mesme laissé quelque defaut, l'on le pourra enfin corriger. Pour y reussir heureusement, il est besoin de connoistre nostre temperament & nos inclinations, & auoir obserué ce qui nous a nuy quelquesfois, afin de nous en abstenir doresnauant, sans nous figurer que tout ce qui est bon aux autres nous soit bon aussi. Celuy qui sera capable de connoistre ces choses, sera vn bon Medecin à soymesme, ou plustost n'aura que faire des preceptes de Medecine en ce qui est de la guerison de plusieurs maladies dont il s'exemptera; mais il est vray que l'vsage des choses communes à la vie est rangé parmy les regles des Medesins, pource qu'ils ont esgard à la conseruation des hômes

sains

sains en tant qu'ils veulent suiure leur regime, & qu'il y a DE LA ME-
des malades ausquels il faut aussi prescrire de quelle sorte DECINE.
ils se doiuent seruir de ces mesmes choses.

Si l'on fait le contraire de ce qu'ils ont obserué, dont *De la cause des*
nous auons dit la principale partie, les moindres maux que *Maladies.*
l'on aura deuiendront grands, & les personnes les plus
saines pourront tomber en des maladies tres-fascheuses.
De l'excez du boire & du manger, toutes mauuaises humeurs abonderont au corps, & seront prestes à se deschar-
ger sur les parties les plus foibles. Le foye en sera aussi rendu plus chaud, & l'estomach moins propre à la digestion.
La trop grande chaleur auec la contagion de l'air, peuuent causer vne fiéure ardente; La froideur & l'humidité
donnent les rheumes & les catharres: L'exercice immode-
ré debilite extremement, & peut causer aussi la fiéure: La
rentention des excremens peut causer de grandes douleurs de teste & des autres parties; La trop grande eua-
cuation d'humeurs & d'esprits, & ce que l'on appelle
Inanition, rendent l'homme sujet à des pasmoisons & à
des contractions de nerfs: Les perturbations de l'Ame
eschauffent le sang, & troublent la digestion: Les veilles
dessechent le cerueau, & le sommeil trop long l'humecte
excessiuement. Ces accidens estans meslez les vns auec
les autres, rendent les maladies plus griéues, outre qu'ils
rencontrent souuent vn corps qui naturellement a quelques parties trop foibles pour y resister, si bien que sa plus
grande vigueur se perd pour quelque temps, & quelquefois la mort s'ensuit.

Les maladies peuuent estre diuisees selon les bons ou
mauuais vsages dont nous auons parlé; soit des alimens, *Diuision des*
de l'air, de l'exercice, de la retention, ou trop grande eua- *Maladies.*
cuation des excremens ou des humeurs, des vehementes
affections, & de la veille ou du sommeil. L'on diuise encore les maladies selon les parties du corps, comme de
la teste, du cerueau, de la poitrine, du poulmon, du
foye & de la ratte, & selon les parties organiques ou
dissemblables, comme celles que nous venons de nom-

Vol. III. Q

mer, & selon les semblables, comme la chair, le sang & les autres humeurs. Pour les parties organiques, il y a les maladies ou la conformation est changée, soit en la figure, soit au nombre, soit en la grandeur, soit en la situation : Il y a aussi la solution de continuité, qui est commune aux parties semblables & dissemblables. Quant aux maladies de toute la substance, elles sont principalement aux parties semblables : c'est comme la rage, ou le venin espandu par tout le corps pour la piqueure d'vn Scorpion. Cela nous fait prendre garde qu'outre les choses necessaires ou ordinaires à la vie, dont le different vsage cause la maladie ou la santé, il y a des choses externes dont il se faut tousiours garder, à sçauoir des corps qui nous enueniment, comme les poissons & les animaux venimeux, ou qui font des playes comme les pointes des cailloux ou du fer, & toute sorte d'armes, ou qui brisent ou disloquent les membres, comme les fardeaux qui tombent sur nous ; & auec cela, il se faut aussi garder de tomber contre tous les corps durs & aigus, qui par ce moyen nous feroient les mesmes maux. Nous deuons apprendre dauantage dans la consideration generalles des maladies, qu'elles ont diuers degrez; & quoy que celles qui sont particulieres, semblent n'estre attachées qu'en vn endroit, si est-ce qu'elles excitent quelquefois vn trouble general, & la corruption des humeurs augmente le dommage. Le mal le plus commun que les autres peuuent causer, est la fiéure : mais sans cela la fiéure fait aussi vne dangereuse maladie elle seule. Il y en a qui tiennent qu'elle n'est causée que par trois humeurs de nostre corps, le phlegme, la bile & la melancholie, & que le sang en sa pureté ne peut estre nuisible ; mais il faut craindre sa repletion, qui peut donner de grandes emotions. Il y a donc diuerses fiéures selon la diuersité des humeurs : De-là vient que leurs accez ont des termes differens de trois & de quatre iours : Il leur faut plus ou moins de temps pour faire leur effet, & receuoir après de nouuelle matiere attachée à la premiere, qui fait paroistre encore sa violence par de mesmes interualles, ayant tous-

DE LA ME-
DECINE.

iours esté assemblee en mesme proportion selon que la nature du mal a la force de la ramasser. C'est la raison que l'on peut donner de l'interualle des fiévres tierces ou quartes: Celles qui sont continuës ont vne abondance de matiere qui ne leur permet point de cesser. Outre ce que nous auons dit, l'on peut diuiser les maladies par le dommage qu'elles apportent aux facultez corporelles, & aux animales & sensitiues, les empeschant en leurs fonctions ordinaires, ce que l'on appelle aussi les Symptomes des maladies. Ce que l'on considere au reste, c'est qu'il y a des maladies plus faciles à guerir les vnes que les autres, & qu'il y en a qui ostent la santé sans oster la vie, & les autres qui terminent la vie incontinent si l'on n'y prend garde. Il est certain que l'on ne peut pas tousiours durer, & que l'on ne peut plus resister au mal quand l'on vient à vn certain aage, mais il faut tousiours pourtant se defendre auec vn bon espoir; car outre que l'on peut maintenir sa vie dans la longueur commune, l'on peut aussi quelquefois luy en faire passer les limites de quelques annees.

Quand les plus fascheux accidens arriuent, l'on n'est pas destitué de remedes; Premierement, le mal est senty par celuy qui le reçoit, & qui le peut dire en quelque façon au Medecin; D'ailleurs, le Medecin en iuge par le poux, par les vrines, par la couleur des membres, ou par leur tumeur, par leur chaleur, & par quantité d'autres signes exterieurs, tellement que là dessus il peut ordonner ce qui est necessaire pour la guerison. L'on se peut representer que la Medecine est diuisee en addition & en soustraction : c'est à dire qu'il faut rendre quelquefois au corps ce qu'il a perdu & qui luy est necessaire, & d'autre fois en retrancher les superfluitez. Vne nourriture faite par bon regime sert à la reparation, & diuers moyens sont employez au retranchement des humeurs surabondantes. La saignee est bonne aux trop grandes chaleurs & aux repletions, & puis apres les medecines purgatiues, car il faut oster premierement ce qui empesche le plus, qui est l'abondance de sang. Si le mal ne cesse point, la saignee se

Remedes des maladies.

Q ii

peut reïterer plusieurs fois, ayant égard à la saison, au païs, à l'âge, à la complexion des Hommes & au danger present. Il ne faut pas pourtant dés la moindre émotion que l'on sent, se faire saigner comme nous conseillent plusieurs. Bien souuent le repos nous remet en peu d'heure, ayāt pris quelques breuuages refrigeratifs: & ie tien qu'vn des grands secrets pour se rafraischir, ce n'est pas de s'efforcer tout d'vn coup de changer l'estat du Corps, mais principalement de ne se plus eschauffer, & de s'abstenir de tout ce qui eschauffe. Quand l'on a aussi quelque flux de ventre ou quelque dissenterie, le vulgaire croid qu'il n'y ait rien à faire qu'à prendre des choses qui resserrent: mais c'est vn abus : le premier remede est de ne plus manger de choses qui laschent le ventre par leur crudité & leur indigestion, non par le seul ramollissement. Quelquefois aussi quand le mal continuë, l'on peut bien prendre des choses qui corrigent l'intemperie & qui purgent, non pas en qualité d'alimens, mais en qualité de medicamens. Que cela soit receu pour exemple de la reprehension de quelques erreurs populaires, lesquels on peut corriger à l'imitation de ceux-là, & que ce soit aussi vn auis aux personnes qui ne sont pas fort instruites des regles de Medecine, de ne se pas fier à leur propre iugement, mesme dans le commencement des moindres maux. Si les malades se rapportent au conseil d'vn bon Medecin; il leur ordonnera les lauemens, les saignees, & les medecines dans le temps & dans le nombre conuenable, & auec cela specialement il reglera la nourriture qui aux maladies dangereuses ne doit point estre de viandes, mais de boüillons, de consommez & de gelées : Que s'il est besoin d'apozemes, de iuleps & de syrops, ils seront aussi administrez. Nous remarquerons encore icy qu'en ce qui est des medecines purgatiues & de tous les autres remedes, c'est vn abus d'y mettre tant d'ingrediens comme font quelques-vns : Bien souuent les plus simples sont les meilleures, & il ne faut pas croire que des drogues soient plus salutaires pour venir des Indes : & pour estre venduës fort cherement, où pour auoir vn nom inconnu. Chaque Prouince peut porter d'excellentes herbes; mais s'il y en a à d'eſtrāge pays qui de verité ſoient meilleures, en ce cas là il ne faut pas faire difficulté de les meſler aux noſtres lors que l'on les peut recouurer. Tout ce que l'on peut faire des vnes & des autres, ce ſont des breuuages purgatifs & refrigeratifs, ou confortatifs. Les clyſteres ſeruent auſſi de beaucoup. L'on fait encore des linimens, des fomentations & des vnguens pour les parties exterieures, afin que ſi quelque mal y paroiſt, l'on y apppplique des emplaſtres pour le faire reſoudre, ou le faire percer, ou pour en apaiſer la douleur, ou bien pour en diſſiper la corruption, ſi c'eſt vn vlcere, ou pour rejoindre la chair diuiſée, ſi c'eſt vne playe. Auec la compoſition des drogues, il faut donc conſiderer l'operation des mains. Ce ſont les deux parties des remedes de la Medecine, qui ſont exercees par deux profeſſions diſtinctes ſouſmiſes à cette Science, qui ordonnes de ce qu'elles doiuent faire. La premiere eſt employee à compoſer les medicamens dont nous venons de parler, la pluſpart deſquels ſont bons contre les maux internes. Elle s'appelle la Pharmacie. Quant à la ſeconde, qui eſt la Chirurgie ou l'Operation des mains, elle eſt employee aux ſaignees, à penſer les membres bleſſez, à faire reprendre ceux qui ſont rompus, à fendre & à couper la chair & autres parties où l'on craint que la gangrene ne ſe mette. Par ces deux miniſteres de la Medecine, l'on obtient la gueriſon de pluſieurs maladies, & les corps ſont remis en leur premier eſtat. Que s'il y a des maladies incurables, c'eſt ſouuent que l'on les a negligees du commencement, de ſorte que ſi les Hommes prenoient bien garde à eux, ils n'en auroient point d'autres d'ordinaire que celles qu'ils auroient apportees au Monde dés leur naiſſance; Encore les pourroient-ils enfin corriger en s'abſtenant des choſes qui leur ſont dommageables, & en ſe ſeruant de remedes propres. Que s'ils n'y profitent en rien la pluſpart, c'eſt qu'ils meſlent les excez aux remedes,

Q iij

& qu'ils ne sçauent pas bien choisir la saison où leur mal peut receuoir du soulagement.

Ce n'est pas descouurir tout ce qui est de nostre suiet, si l'on ne declare qu'il y a diuerses sectes de Medecine, qui ont mis plusieurs en peine, laquelle ils doiuent suiure. Il y a celle des Empyriques qui ne reçoiuent que l'experience pour maistresse, & qui tiennent que s'estans serius heureusement d'vn remede contre quelque mal, ils le peuuent employer en asseurance contre tous les maux qu'ils croiront estre semblables sans songer à leurs differences. Le peuple est fort partisan de ces gens-là, mais à leur conte, il n'y a homme si ignorant qu'il ne fust capable d'exercer la Medecine, ayant vne routine de quelques receptes. Cependant, comme ceux qui n'agissent point par raison se mesprenent beaucoup dans la connoissance des maladies, ils peuuent s'y abuser de telle sorte, qu'ils y ordonneront vn remede fort nuisible. Ie ne doute pas qu'ils ne le fassent souuent faute d'en sçauoir d'autre, mais c'est aussi pource que dans leur ignorance, ils s'imaginent qu'il soit fort souuerain. Cette Secte sera tousiours fort décriée par les hommes de iugement.

Des Medecins Rationels, & des Methodiques.

Venons maintenant à celle qui pretend de traiter la Medecine par ordre & par raison, cherchant ses fondemens dans la connoissance du corps humain & de ses maladies pour y ordonner apres les remedes. Il y a eu autrefois des Medecins qui s'en sont separez, ne voulans sçauoir autre chose que ce qui estoit necessaire à la guerison, & se faisans appeller Methodiques, mais l'abondance de doctrine ne sera iamais reprehensible, de sorte que les Medecins Dogmatiques & Rationels ont dés long-temps gagné leur cause contr'eux. Ceux-cy admettent bien l'experience, mais ils luy preferent encore la raison, pource qu'ils tiennent qu'il faut que l'experience ait mesme quelque raison pour la conduire. Leurs premieres considerations sont de l'Anatomie du Corps humain & de la diuersité de ses temperamens, apres des choses qui seruent à conseruer la santé, & des causes des maladies, de leurs differences, de leurs symptomes, de leurs crifes & de tous les fignes, que l'on peut trouuer de leur eftat & de leur durée, de la maniere d'y remedier, & de la façon de preparer les remedes.

Des Medecins Chymiques.

Cét ordre a femblé excellent à plufieurs, & neantmoins il s'eft trouué des hommes qui ont voulu le contrarier, en donnant vn autre tout nouueau qu'ils affeurent eftre meilleur: & afin que le changement fuft entier, ils ont auffi propofé d'autres maximes, & vne autre methode de guerir. Ce font les Medecins Chymiques, qui ont retranché les longues Obferuations de la Medecine vulgaire, & les Conferences fur ce fujet. Ils ont tout reduit à des preceptes plus courts, dont ils promettent neantmoins de plus grands effets. Ils n'attribuent point les maladies à l'abondance ou à la corruption des quatre humeurs: du Sang, du Phlegme, de la Bile & de la Melancholie, & fe foucient fort peu d'en faire des diuifions felon les parties qu'elles affligent; Ils difent que les maladies arriuent quand le fel fe refoud, fe calcine & fe reuerbere, le Mercure fe fublime, fe diftille ou fe precipite, & le Soulphre s'enflamme, fe coagule ou fe refout: Que du Mercure procedent les Catharres, l'Apoplexie, la Paralyfie & l'Hydropifie: du Soulphre, l'Afthme, la Phtifie & les Fiéures: & du Sel, les Apofthemes, les Phlegmons, la Pefte, la Lepre & autres femblables: Que puifque ces maux viennent du defordre de ces principes, qui fe corrompent & s'alterent quelquefois, & fe iettent fur des parties où ils ne fe deuroient pas trouuer en fi grande quantité, il les faut auffi corriger par de femblables principes, lefquels foient dans vn eftat parfait; & que pour les trouuer tels, il les faut extraire du Corps des Animaux, des Plantes & des Mineraux. Les remedes qui font dônez d'autre forte leur femblent defagreables & nuifibles, & c'eft ce qu'ils ont à reprocher principalement aux Medecins ordinaires. Ils difent qu'il faut feparer le pur de l'impur, & que de penfer corriger la malignité d'vne drogue en la meflant fimplement à vne autre, c'eft abufer le Monde:

Que c'est faire la mesme chose que si au lieu d'oster les immondices d'vn lieu, le pouuant faire, l'on se contentoit d'y apporter des parfums; ou bien si l'on mesloit de l'antidote auec les viperes plustost que d'en oster le venin: Qu'il faut entierement extirper ce qui est dommageable ou inutile aux remedes, & que c'est aussi vne grande erreur de les administrer auec leurs cruditez, lors que l'on leur peut donner vne bonne cuisson. Ils font ces propositions qu'ils pretendent executer & rendre valables, en se seruant des diuerses operations de la Chymie pour la composition de leurs drogues, asseurant d'ailleurs que puisqu'elles s'adressent aux principes par le moyen des principes, il n'y aura point de maladies qui leur soient incurables.

Responses aux Medecins Chymiques.

Pour ce qui est d'oster les diuerses questions de Medecine touchant l'estat du Corps Humain, ils n'ont aucune raison en cela, car l'on n'en sçauroit trop sçauoir pour se mesler de cette profession, & qui n'auroit esgard qu'à leurs trois principes & à la preparation des remedes, suiuant la voye de la Chymie, sans estre capable de raisonner profondement sur les causes des maladies, & sur les moyens de les guerir, ce seroit reduire la Medecine à vne simple Pharmacie, qui est vne partie subalterne à cette belle Science, & quoy que les secrets de la Chymie soient fort vtiles, l'on ne sçauroit iustement la preferer à celle qui luy preside. Il faut accorder à ceux de ce party, que les maladies dependent de la corruption de quelques principes, mais ils en ont changé les noms, & au lieu des quatres humeurs & du mélange des temperamens, ils ne parlent que du sel, du soulphre & du Mercure, surquoy l'on pourra faire quelque accommodation auec eux, si cela se rencontre semblable pour la signification des mesmes qualitez & des mesmes euenemens. Pour ce qui est de leurs extractions, l'on ne les sçauroit blasmer, puisqu'elles seruent à separer exactement les substances diuerses: mais il ne s'en faut seruir qu'aux occasions necessaires, ce qu'ils n'obseruent pas, les employant indiscrettement en toute sorte de rencontres. Quant aux remedes cruds ou simplement meslez, qu'ils qu'ils reprochent à la Medecine ordinaire, il ne les faut point méprifer, puis qu'il y a des maux où ils feruent beaucoup en cette forte. Le ius d'vne herbe pilée, peut quelquefois feruir dauantage que l'Eau qui en feroit extraite par l'alambic. D'ailleurs, veu que les Medecins Dogmatiques fe feruent d'ordinaire de decoctions pour leurs remedes, il ny a pas lieu de les cenfurer pour auoir employé des remedes tous cruds. Plufieurs perfonnes demeurent d'accord, que cela vaut bien autant que toutes les fubtiles extractions & reunions des Chymiques, & que l'on ne fçauroit approuuer ceux qui fous ombre que leurs drogues, ont efté compofées auec beaucoup de façon, croyent qu'elles doiuent profiter dauantage: & fi par toute forte de raifons, l'on reconnoift que les maladies foient incurables, il ny a point d'apparence qu'ils les puiffent guerir; ioint qu'ils ne fe rendent pas mefme capables de guérir les moins dangereufes, s'ils ne fe feruent par tout que de certaines receptes extrauagantes, fans prendre garde à la difference des maux & de leurs circonftances, par le moyen des fignes apparens ou des fecrets.

Replique des Chymiques.

Les Chymiques ne manquent point de repliquer à ces fortes obiections: Qu'ils ont efgard aux fignes neceffaires autant que les autres, mais qu'ils mefprifent les difcours fuperflus, & qu'ils ont cét auantage au deffus des Medecins vulgaires, qu'au lieu qu'ils fe feruent de peu de remedes, comme de quelques medecines de fenné, de rhubarbe ou de caffe, de lauemens de fon, ou de la decoction de quelques herbes communes, auec la faignée fouuent reïterée, ils ont quant à eux des remedes plus nobles, plus agreables & moins nuifibles: Qu'ils tirent des huyles, des fels, des efprits & des quinte-effences de toutes chofes, que chaque maladie a fon remede particulier, & qu'ils gueriffent plus feurement & plus promptement: Qu'outre cela, les Medecins qui fe font nommer Rationels, n'vfent pas tant qu'eux de leur raifonnement, pource qu'ils fe contentent de connoiftre les plantes, & tous les autres Corps par les qualitez de leur temperament, enquoy ils fe peuuent beaucoup tromper, puis qu'il y a des qualitez occultes & specifiques qu'il ne faut point ignorer, & qui ne sont connuës que par l'experience, apres laquelle la Raison agit: Que l'on auroit beau considerer l'Agaric, le Séné & la Rheubarbe, & prendre garde quelles sont celles des quatre premieres qualitez qui y president le plus, auant que l'on pûst connoistre que l'vn doit purger la pituite, l'autre la melancholie & l'autre la bile: Que ce n'est point seulement par la chaleur ou la froideur, l'humidité ou la secheresse qu'ils agissent, comme ce n'est point par ces mesmes qualitez que l'aymant attire le fer, & que toutes les sympathies se font, mais par vne proprieté particuliere, de sorte qu'ils ne trouuent que de la vanité dans les discours des temperamens, & croyent que si l'on veut traiter les malades auec plus de seureté, il se faut seruir de tant de beaux remedes particuliers que l'on a reconnus propres contre chaque mal.

Defense des Medecins ordinaires, & nouuelles attaques contre les Chymiques.

Les Medecins ordinaires ont sujet de respondre, qu'il ne faut pas mespriser entierement la consideration des quatre principales qualitez: Qu'elles sont veritables en ce qu'elles demonstrent, & que s'il y a outre cela des qualitez occultes, ils veulent bien encore les obseruer, & se seruir de quelques remedes specifiques pour de certaines maladies où ils sont propres, mais que pour la pluspart ils se seruent de leurs saignées, de leurs lauemens & de leurs medecines vulgaires, dont le bon effet a esté reconnu par vn si long-temps & par tant de personnes, que l'on ne le peut plus reuoquer en doute : Que s'ils vsent fort peu d'autres remedes, c'est qu'en effet toutes les maladies internes peuuent estre soulagées par ceux-cy, & il ne faut point dire qu'il est donc fort aisé d'exercer la Medecine, car il y a assez de difficulté à iuger en quel temps l'on se doit seruir de chacun de ces remedes, & combien de fois l'on les doit reïterer ; Au reste, que l'on ne les sçauroit blasmer sur les saignées frequentes, lesquelles ils n'ordonnent que suiuant les forces du malade & la necessité de la maladie: Que les remedes que donnent les Chymiques sont bien plus dangereux; Que leurs pillulles & leurs electuaires peuuent auoir l'odeur ou le goust agreable sans estre fort vtiles; Que ce sont des remedes violens qui enuoyent promptement vn Homme au tombeau, ou qui ne le guerissent que par hazard. Les Chymiques doiuent auoir recours là dessus aux exemples de leurs cures, mais elles sont si peu connuës, qu'il ne s'y faut pas arrester. D'ailleurs, l'on leur remonstre encore, que s'ils ne se seruoient que des Plantes, les malades se deuroient fier dauantage à eux, mais qu'ils se seruent des Mineraux qui sont trop forts ou trop corrosifs pour estre vtiles à la santé de l'Homme. Ils respondent qu'ils sçauent les preparer & les corriger de telle sorte, qu'ils tesmoignent leur puissance sans aucun dommage. Mais quoy qu'ils disent qu'est-ce que le corps des Hommes doit auoir de commun auec ce qui est dans les entrailles de la Terre? Cela est reculé de leurs yeux, & ne peut estre mis au iour qu'auec peine, & il y a encore beaucoup de trauail à le purifier & à le mettre en estat d'en tirer quelque seruice. Cela fait connoistre que les Mineraux n'ont point esté faits, ny pour seruir de nourriture aux Hommes, ny de remedes à leurs infirmitez. Les plantes qui sont exposées en veuë, & que l'on trouue assez facilement, se monstrent bien plus propres à cét effet. Ce qui le fait connoistre principalement, & qui n'est pas seulement vne preuue morale, mais naturelle, c'est que comme les plantes sont tres-bonnes pour l'aliment des Hommes, elles le doiuent estre aussi pour la cure de leurs maladies; Si elles n'ont pas vne puissance si forte ny si prompte que les Mineraux, il ne la faut pas telle aussi sur le corps de l'Homme, mais celle qui luy est plus douce & plus familiere. Que si l'on trouue encore quelque chose aux corps des Animaux qui soit propre pour la guerison des maladies, l'on s'en peut bien seruir, puisque plusieurs seruent encore à nourrir le corps de l'Homme; En effet, c'est la meilleure & la plus prompte nourriture, d'autant que chaque chose aide à ce qui luy est semblable, & par vn tel moyen la guerison des maux peut aussi estre

DE LA MEDECINE.

Des Mineraux employez aux remedes des maladies.

Chaque chose aide à ce qui luy est semblable

facilitée. L'on tire des eaux, des graisses & des huiles des membres des Animaux pour seruir à diuerses cures. De mesme qu'entre ce qui est tiré des plantes, le vin est leur suc le plus nutritif, & par consequent l'esprit ou l'extrait en est estimé propre à la restauration des corps affoiblis; L'on a dit aussi que le sang d'vn ieune Homme sain estant soigneusement distillé, l'eau qui en prouiendra sera excellente pour conseruer ou pour restaurer les forces des personnes les plus infirmes. Voyla comme l'on a tasché de pouruoir à la santé par les choses qui ont semblé les plus conuenables; Et mesme pour remedier au mal de chaque partie du corps, l'on a pris les extraits de semblable partie de quelques animaux bien sains & les plus approchans de naturel à l'Homme. L'on auroit pû aussi prendre leur sang, n'estoit que l'on a creu en auoir desia pris vn meilleur, puis qu'à se seruir simplement du sang de l'Homme, qui abonde quelquefois excessiuement, l'on n'a pas iugé qu'il y eust en cela de la cruauté & de l'impieté. Pour ce qui est de prendre partie pour partie dans la cure des maladies, il y peut auoir de la superstition & de l'erreur: tellement qu'il suffit que nous sçachions que dans toutes les parties des Plantes & des Animaux indifferemment il se peut trouuer de bons remedes, soit pource qu'ils se rapportent à nostre nourriture ou à nostre constitution. Si l'on pretend guerir par ressemblance ou affinité de matiere, c'est à eux qu'il se faut adresser, & non pas aux Mineraux. Auec cela il ne faut pas soustenir absolument, que les semblables soient tousiours gueris par les semblables, comme proposent les Medecins Chymiques. Cela ne se fait que quand il est question de rendre de la vigueur à vn corps; mais pour ce qui est des intemperies, elles doiuent estre corrigees par leurs contraires : Que si l'on applique quelquefois vn remede d'vne qualité semblable à l'humeur superfluë & nuisible, il faut que ce soit de ceux qui sont capables d'attirer par vne similitude de substance, & en ce cas-là, ce n'est pas proprement guerir les semblables par les semblables, d'autant que le remede ne ressemble

Comment les semblables sont gueris par les semblables.

pas à l'eſtat parfaiᶜt où doiuent eſtre les parties du corps, mais à leur condition infirme & vitieuſe, ce qui paroiſt auſsi fort eſtrãge, & ne reuſſit que bien difficilement. Pour bien eſperer, il faut que ſi l'on adminiſtre vn remede ſemblable à la partie, ou à la qualité dominante, il ſoit aſſiſté d'vn vehicule contraire au mal. Par ce moyen vn remede ſera excellent eſtant aſſorty du contraire & du ſemblable. De cette ſorte il ne ſe pourra faire qu'il ne reuſſiſſe: Mais pour eſtre ainſi, il faut pluſtoſt qu'il ſoit tiré des Animaux ou des Plantes, que des Metaux ou Mineraux, qui n'ont point de contrarieté moderee, & qui n'ont point de reſſemblance auec le corps humain, eſtans d'vne matiere trop baſſe & trop groſſiere. Que s'il ſe faut ſeruir quelquefois de ce qui eſt tiré d'eux, il faut reſeruer cela pour quelque mal extraordinaire, qui ait beſoin auſſi d'vn remede non commun.

Pour trouuer de plus forts argumens en faueur de la Medecine mineralle, l'on a recours aux proprietez de l'or, que l'on pretend eſtre capable de reſtaurer les parties affoiblies, & de prolonger la vie de l'Homme. Ce ſont de belles imaginations que l'on s'eſt figurees, à cauſe que l'on le tient pour le premier de tous les metaux, & que l'on l'eſtime incorruptible, comme ſi vn corps dur & maſſif, tel que celuy-là, pouuoit communiquer ſon incorruptibilité à vn corps foible & delicat, tel que celuy de l'Homme. Eſtant d'vne nature fort differente, de meſme que tous les mineraux, il ne ſçauroit eſtre propre à la gueriſon de ſes maladies; & meſme pour la reſtauration, il faudroit qu'il euſt quelque faculté plus nourriſſante que l'ordinaire, car de reſtaurer le corps de l'Homme, & le rendre propre à vne longue vie, c'eſt faire quelque choſe qui repare le defaut de ſes parties principales, ce qui ne ſe fait pas par vn vulgaire aliment, lequel leur donne bien le pouuoir de s'entretenir quelque temps en meſme eſtat, mais qui ne rend guere leur condition meilleure. Poſé le cas que l'or ait toutes les bõnes qualitez que l'on luy attribuë, en peut-on eſperer quelque choſe d'vtile, lors qu'eſtant en feüille

A ſçauoir ſi l'Or peut reſtaurer les parties affoiblies.

ou en poudre, l'on le mesle auec quelques autres ingrediens, & l'on l'aualle de cette sorte, si l'estomach ne le pouuant digerer, le rend de la mesme façon qu'il l'a pris? Ne seroit-il pas estrange que la simple chaleur du corps de l'homme eust du pouuoir sur vn metal qui resiste si lon-gtemps à la plus viue ardeur des fourneaux? Si l'on la fait tremper dans quelqu'eau, ou boüillir auec elle, il y a raison de croire qu'il luy aura donné quelque qualité extraordinaire, mais c'est à sçauoir si elle en est plus salutaire.

De l'Or potable, à sçauoir s'il se peut faire.

LES Chymistes asseurent eux-mesmes que toutes ces procedures n'ont pas grand effet, & qu'il faut rendre l'or sujet à estre digeré, & premierement le rendre entierement propre à seruir de boisson, ou bien en extraire l'huile & l'esprit, que l'on pourra prendre de mesme, & qui en ce cas-là seruiront à vne generale restauration du Corps. Plusieurs ont cherché diuerses inuentions pour paruenir à faire cét or potable. Ils ont tasché de dissoudre l'or de telle façon que ce fust vne vraye liqueur, mais ils ont esté fort differens d'auis à prendre leurs dissoluans, & à leur maniere d'operer. Les vns ont pris l'esprit du vinaigre, les autres l'eau de vie, & quelques-vns le salpestre ou la rosée. Ils se sont seruis apres du fourneau, ou de la chaleur du fumier pour la digestion & maturation de l'œuure: mais s'ils ont faict quelque extraict liquide, l'appellant baulme, huile ou quint-essence, cela n'empeschoit pas que cela ne gardast quelque chose de la solidité de l'or, puis que c'est la principale qualité de sa constitution. Cela monstre que l'ouurage n'estoit pas accomply. Il faut qu'en vne vraye dissolution, le dissoluant & le corps que l'on veut dissoudre, se ioignent; mais côment se ioindront à l'or des corps humides, comme le salpestre ou la rosée, qui s'exhalent, & qui sont d'vne autre nature? l'eau de vie & le vinaigre, & tout ce qui est tiré des plantes, n'est-il pas aussi trop different? Si l'on y vse des autres metaux, ne sont-ils pas au contraires trop semblables à l'or pour le pouuoir dissoudre? Prenons qu'ils le fassent en quelque forte, il reuiendra toufiours en fa nature par vne bonne feparation. L'Eau-forte, qu'on appelle Regale, le met bien auffi en quelque liquefaction: Neantmoins, il n'eſt pas veritablement diffout par ce moyen, puis que cette Eau eſtant feparée de luy par diftillation, il retourne en fa premiere forme. Il le faudroit faire autre que ce qu'il eſt pour l'empefcher d'eſtre folide, & alors n'eſtant plus vn vray metal, il eſt à croire qu'il auroit auffi perdu quelques-vnes de fes qualitez. Les Chymiſtes promettent de le reduire en fes principes, & que le Mercure, le Soulphre & le Sel qui en prouiendront, luy eſtans particuliers, auront autre effet que ceux des au Corps: mais ils feront toufiours fuiets à reprendre la folidité, autrement ils ne feroient pas les principes de l'or. L'on pretend par le mefme moyen faire le grand Elixir, ou la parfaite Coction qui purge les metaux de leurs imperfections & les change en or; pource que cette medecine eſtant la fouueraine, eſt la medecine des metaux auffi bien que du Corps des hommes: mais il eſt difficile que les maladies des hommes foient gueries entierement par cette voye, ainfi que nous auons trouué mal-aifé, que celà remediaſt entierement à toutes les maladies des metaux, & les fiſt paffer d'vn degré abaiffé au plus eminent. D'ailleurs, quelques-vns ont dit que quand l'on pourroit faire de l'or par artifice, quoy qu'il euſt la couleur, le poids & la folidité du vray or, il n'en auroit pas toutes les facultez propres à reſtaurer le corps de l'Homme, eſtant d'vne nature diuerfe, & fe trouuant trop corrofif. Toutefois, ceux qui en promettent les effets, difent au contraire que s'il differoit de l'or qui fe trouue dans les mines, c'eſt qu'il feroit plus excellent, & que l'or terreſtre n'ayant qu'vn degré de bonté, celuy-là en auroit cent, voire mille, pource que l'or & l'argent que l'on void d'ordinaire ne peuuent plus vegeter, au lieu que les metaux fur lefquels ces excellens artiſtes ont trauaillé, font rendus vifs & vegetables, de forte que fi l'on en iette quelques grains fur vne plus grande partie de metal imparfaict, ils le transforment en vne fubſtance parfaite:

DE L'OR POTABLE. Qu'ainsi, l'or fait de leur main possede vne puissance particuliere, & surmonte aussi tout autre en ce qui est de la guerison des maladies : Que si l'or commun en guerit quelques-vnes, celuy-là les guerit toutes, chassant tous venins & toutes infirmitez. Ce sont-là de hautes propositions, mais l'on doute de leur accomplissement. L'on dispute au reste, si en quelque façon que ce soit, l'or a quelque qualité propre à conseruer la santé de l'homme. Plusieurs croyent que cela soit à cause de sa perfection, & disent méme qu'encore qu'il ne soit point veritablement dissout, toutesfois il doit seruir de quelque confortatif sans estre digeré, comme il pourroit estre si l'on l'auoit reduit en vne vraye liqueur; car il y a beaucoup de remedes qui operent par le seul lauement ou attouchement sans qu'ils passent en nourriture, & soient transmuez en la substance du corps. Les extraits de l'or, & mesme les eaux où l'on a fait tremper ou boüillir ce metal, peuuent donc seruir à quelque chose, & l'argent se rend vtile de mesme selon les maladies où l'on en a besoin. Nous y voulons bien consentir, pourueu que l'on ne tire point de-là des consequences trop incroyables.

D'vn seul remede à tous maux.

POVR ce qui est d'auoir vn seul remede pour toutes sortes de maladies, ie n'y adiouste guere de foy, quoy que les Chymistes en puissent promettre. Ie pense bien qu'vne drogue fort temperée en toutes sortes de qualitez, ne pourra causer de dommage en quelque occasion que ce puisse estre, & qu'au contraire, elle apportera quelque adoucissement ou quelque autre vtilité, mais cela ne sera pas si propre à la guerison que les remedes qui seront composez diuersement selon la diuersité du mal; Car si l'on veut qu'vn remede vnique ne puisse nuire à quelque mal que ce soit, il faut de necessité qu'il soit dans vn parfait temperament : & si cela est, il ne sera donc pas si propre à vne cure qui doit estre faite, par vn remede fort chaud ou fort froid. Cecy est dit d'vn certain remede que l'on prend par la bouche pour toutes fieures, langueurs, hydropisies

& au-

& autres infirmitez. L'on promet encore vn certain baul- D'VN SEVL
me ou vnguent pour toutes playes, vlceres, gouttes & REMEDE.
tous maux que l'on pense par le dehors: mais il est bien
plus à propos de croire que chaque mal doit auoir son particulier remede. J'approuuerois dauātage ce qui a esté publié de quatre seuls remedes propres à la guerison de toute
sorte de maladies, à cause de l'intemperance des quatre
humeurs. Les Chymistes les reduiront encore à trois, s'ils
veulent, à cause de leurs principes. Il n'importe, puisque
l'on establit de la difference en ces remedes, ils ne sont
pas tant hors de raison qu'vn remede vniuersel. Neantmoins, il semble que c'est encore trop peu pour la guerison
de toutes les maladies qui ont tant de diuersitez. Posons le
cas que ces trois ou quatre remedes suffisent à tout, & que
mesme vn seul remede general y soit propre par vn souuerain effet de la Nature iointe à l'artifice; Toutefois, ce n'est
point vne chose qui soit peu à estimer, de voir que l'on
peut trouuer des remedes aussi diuers que les maladies.
Comme ces Hommes-là sont rares mesme, qui ont connoissance du supreme remede, au cas qu'il se trouue, il ne
se faut pas fier à tous ceux qui donnent des remedes vni-
uersels, lesquels sont quelquefois plus de mal que de bien,
& quād ils ne seroient ny bons ny mauuais, font au moins
perdre le temps de la guerison. Ceux qui les distribuent
sont assez souuent des ignorans qui ne sçauent que cela, &
le veulent faire valoir. Nous deuons plustost auoir du re-
fuge à chaque remede particulier; & si l'on nous demande enfin s'il les faut tous receuoir de la Medecine vulgaire
ou de la Chymie, nous respondrons qu'il ne faut point ac-
cepter l'vne sans auoir esgard à l'autre: Que les iugemens
de la Medecine Rationelle sont tres-vtiles pour la connoissance des maladies, & que la Chymie estant si puissante à faire des solutions de corps & des coagulations, ses
belles operations peuuent estre vtiles à quantité de medicamens pour rendre la santé aux Hommes.

QVANT à la prolongation de la vie, il ne la faut pas *De la prolongā-*
tenir impossible. Il est certain que la bonne nourri- *tion de la vie.*

Contre ceux qui croyent qu'il soit inutile de songer à sa conservation.

ture & les remedes soigneusement administrez, contre toutes nos maladies nous peuuent faire subsister plus long-temps sur la Terre. Nous doit-on obiecter, que c'est vne chose vaine de songer continuellement à sa conseruation: Que nos iours sont comptez, & qu'il faut partir lors que l'heure en est venuë? Il ne faut pas entendre cela superstitieusement, & croire que ce soit vne follie de trauailler à se maintenir en santé puis qu'il faut tousiours mourir, à vn certain moment ordonné de plus haut. Il faudroit donc qu'vn homme creust que s'il deuoit viure encore vn mois, & que cela fust ordonné du Ciel, il viuroit bien sans boire & sans manger, de mesme que s'il deuoit reschaper d'vn mal, il en gueriroit bien sans vser de remedes. Il arriueroit donc aussi qu'encore que l'on s'adonnast à toutes sorte d'excez, & que l'on receust mesme plusieurs coups d'espée au trauers du corps, l'on ne pourroit mourir que cét instant de la mort ne fust venu. Ceux qui s'imaginent cela, prennent la destinée à rebours. La sagesse Diuine a preueu de tout temps qu'vn Homme deuoit mourir à vne telle heure, mais elle auoit preueu auec cela que la cause de sa mort, seroit qu'estant d'vn temperament ou de l'autre, il ne faudroit qu'vn tel mauuais vsage de certaines choses pour le conduire à la mort, car le terme de la vie est assigné à chacun selon la force naturelle de sa constitution, & selon qu'il mesnagera cette force. Les hommes ont leur libre arbitre, pour se porter au bien ou au mal. Dieu preuoit de tout temps à quoy se tournera chacun, & pourtant il ne contraint personne à suiure aucun party. L'on peut dire à la verité, qu'encore que l'on apporte vn grand soin à se garder de toutes les incommoditez qui affligent nostre corps, il peut arriuer qu'vn mauuais temps qui nous surprendra en quelque lieu nous rendra malades, & enfin nous causera la mort: Mais cela n'arriuera pas si tost à ceux qui se gardent beaucoup qu'à ceux qui ne se gardent guere, & cela ne preuue point qu'il se faille entierement negliger. Il est certain qu'il y a vne heure que Dieu sçait, à laquelle nous déuons mourir, mais elle n'arriue quelquefois qu'en vne grande vieilleſſe, pourueu que l'on ſe ſoit bien conſerué. Quant aux accidens que nous ne pouuons preuoir, comme d'eſtre frappé du foudre, d'eſtre eſcrazé ſous vn toit, d'eſtre aſſaſſiné par des traiſtres & autres ſemblables, il n'y a que Dieu qui les ſçache & en puiſſe preſeruer : mais auſſi tous les Hommes ne finiſſent pas de cette ſorte : & comme nous mettons noſtre eſperance en celuy qui a tout pouuoir ſur nous, nous ne deuons pas laiſſer de ſonger à la conſeruation de noſtre ſanté dõt nous auons touſiours affaire, n'eſtans pas tous deſtinez à perir de mort violente. Il ne faut point meſme deſeſperer de la longueur de ſa vie pour ſe voir de foible complexion : Il arriuera que des Hommes maleficiez viuront dauantage que des robuſtes, pource que ceux-là abuſent de leurs forces, au lieu que les foibles s'eſpargnent, & entretiennent le peu qu'ils en ont. Ne void-on pas meſme qu'aux perſonnes qui s'en vont mourir l'on fait durer la vie quelque peu d'heure dauantage qu'elles ne feroit par quelques eſſences que l'on leur met dans la bouche : Cela monſtre que d'autres perſonnes plus ſaines qui ont encore de mediocres eſpaces de leur vie à paſſer, ont quelque pouuoir d'aſſiſter la Nature par leur ſoin & leur artifice, luy faiſant faire pour eux plus qu'elle n'euſt fait toute ſeule.

DE LA PROLONGAT. DE LA VIE.

Nous connoiſſons donc que noſtre conſeruation deſpend ordinairement de noſtre volonté, mais il y a encore icy vn fort argument contre la prolongation de la vie. L'on auoüe bien qu'vn homme peut viure plus long temps en ſuiuant vn bon regime, qu'en ſe laiſſant aller au deſordre. Si la vie peut eſtre accourcie d'vne façon, elle peut bien eſtre allongee de l'autre. La Science des contraires eſt toute ſemblables. Si l'on arriue au bien par le bien, l'on arriue au mal par le mal : Mais ce n'eſt pas le principal poinct ſi nous ne parlons que d'vne duree mediocre, & telle que la Nature la promettoit vray-ſemblablement ſelon noſtre premiere conſtitution, de laquelle l'on accorde que nous pouuons nous approcher ou nous reculer ſelon noſtre façon de viure ; L'on veut ſçauoir dauanta-

A ſçauoir ſi l'on peut donner à la vie vne longueur extraordinaire.

S. ij

DE LA PRO- ge, si quoy que le temperament que nous auons receu à
LONGAT. nostre naissance & toute la constitution de nostre corps
DE LA VIE. ne nous puissēt promettre qu'vn certain limite de vie moderé, nous le pouuons prolonger extraordinairement par
quelque Art. Quelques-vns le nient, disans que l'on ne
peut rien operer contre la Nature? Mais nous respondons
que nous ne faisons rien contre la Nature en luy prestant
du secours, & que si vn homme est d'vn temperament trop
sec, en luy donnant sans cesse vne nourriture chaude &
humide, il se pourra humecter dauantage. Celuy qui est
trop humide pourra aussi estre desseché conuenablement.
Celuy qui a trop de chaleur sera raffraischy, & celuy qui
a trop de froideur sera eschauffé. Ainsi, la condition sera
renduë meilleure par l'Art qu'elle n'estoit par la Nature.
Mais l'on tient que pour cét effet il faut que nous nous ser-
uions vn peu de la Chymie, que plusieurs ont iniustement
negligee. Nous aurons par son moyen des cuissons plus
excellentes que les communes, & des digestions qui de-
liureront nostre estomach de la peine de les faire soy-mesme, & d'vser ses forces en les faisant. Puisque les alimens
vulgaire sont impurs, n'ayans auec eux qu'vne fort petite
quantité de substance viuifiante embarassée d'excremens,
qui n'est attirée qu'auec peine par la faculté interieure de
nostre corps: s'il la reçoit souuent toute apprestee, cela conseruera meruicilleusement ses forces: Et si l'on obserue la
mesme chose en ce qui est des remedes, l'on les rendra
tres-propres à la guerison des plus dangereuses maladies.
Quoy que la Medecine ordinaire ne s'occupe la pluspart
du temps qu'à purger les mauuaises humeurs, celle qui
empruntera quelque chose de la plus parfaite Chymie aura encore du pouuoir pour la restauration d'vne vigueur
entiere. C'est vn excellent secret de separer la portion
confortatiue d'auec la destruisente, la pure de l'impure,
l'esprit d'auec le corps: La vie despend de la conseruation
de l'humidité radicale & de la chaleur naturelle. Il faut
empescher que l'vne & l'autre ne soient dissipees ou suffo-
quee, leur administrant auec temperature ce qui leur est

necessaire, & destournant ce qui leur peut estre dommageable. L'vne sera consommee moins habilement si on l'accompagnent de choses qui occupent ce qui la destruit, & l'autre sera entretenuë dans sa vigueur si l'on s'abstiẽt de la porter à des excez violens. Ce sont les secrets qu'il faut chercher, lesquels pourront beaucoup retarder la mort. Il est certain qu'il y a vn terme prefix à la duree de la vie des Animaux, lequel ils ne peuuent passer. L'on ne peut si ben faire que la substance vitale ne soit enfin dissipee. Le corps des Hommes souffre ce dommage comme tous les autres corps viuans. Mais il faut reconnoistre que plusieurs ne se conseruent pas comme ils deuroient, ce qui est cause que la vie humeinẽ ne paruient pas si souuẽt ou elle pourroit aller. Quelques-vns ayans vescu iusques à six ou sept vingts ans, & mesme iusques à deux ou trois cens & dauantage, cela monstre que les limites de nostre vie ne sont pas si courtes que nous pensons, lors que nous voyons que tant d'hommes meurent si ieunes, & les autres ne passent guere soixante-dix ou quatre-vingts annees. Il n'y a que l'estat corrompu où nous sommes qui nous retire si loin d'vn plus haut terme. Nous ne deuons point perdre l'esperance d'y pouuoir reparer quelque chose, & de paruenir à la moitié, au tiers ou au quart du chemin que d'autres ont fait, de sorte que nous deuons mesnager nos forces autant que nous pourrons afin que nostre vie en soit plus longue, & que ceux qui viendront apres nous participent à cette felicité temporelle, mesme auec augmentation. Si cela semble fort merueilleux, cela est pourtant fort croyable : Car si l'on obserue premierement en particulier les Preceptes generaux qui sont icy sur ce suiet, bien que les corps ne puissent pas tousiours estre dans leur supréme perfection : toutefois, plusieurs en aprocheront : Et si des hommes sains se marient à des femmes saines, leurs enfans seront sains aussi, & mesme beaucoup dauantage si leurs peres ont obserué dans la generation de ne s'y adonner que dans leur plus grande vigueur & en leur meilleur estat : De surplus, ces enfans corrigeãs

S iij

DE LA PROLONGAT. DE LA VIE.

encore ce qu'ils auront de manque, & ameliorant toute leur constitution par les regles qui en auront esté establies, la rendront d'autant plus excellente, & la communiquant apres à d'autres enfans, cela s'augmentera ainsi des vns aux autres de telle maniere, qu'au lieu que le terme de la vie va en diminuát lors que l'on se gouuerne par les voyes contraires il ira tousiours en augmentant, & il y aura des hommes qui pourront paruenir à cette lögueur de vie que l'on attribuë à ceux des premiers siecles où ils estoient encore en leur estat parfait. Leur Nature peut estre corrigee de mesme comme elle a esté corrompuë ; Ainsi, plusieurs se peuuent procurer la prolongation de leur vie : Nous n'y trouuons point de contradiction. Que si tous les hommes ensemble y conspiroient, & si leurs enfans auoient encore la mesme pensee, & les enfans de leurs enfans, ils feroient beaucoup pour eux-mesmes, & beaucoup pour la posterité du genre humain. Chacun a quelque pouuoir en cecy à l'égard de son particulier, mais il est plus grand sans comparaison, lors que l'on a de l'aide de ses predecesseurs. Il faut auoüer que pour y paruenir plus aisément, l'on doit obseruer les Loix Morales autant que celles de la Medecine ; Le discours en est reserué pour les Traitez de la Perfection generalle des Hommes. Il ne s'agit maintenant que de la Perfection de leurs Corps.

De la Restauration & de la Renouation des Hommes.

NOVS pouuons faire suiure icy la question de la Restauration des Hommes. Quelques-vns ont tenu que non seulement l'on pouuoit reparer les forces de leur corps & les raieunir, mais encore les faire reuiure apres leur mort. Pour ce qui est de les raieunir, qui est proprement vne Restauration, plusieurs Chymistes le promettent de leur souueraine Medecine, soit que ce soit leur Elixir ou leur Or Potable : de sorte qu'à leur compte, ceux qui en auront vsé dés leur ieunesse ne vieilliront point, & ceux que la vieillesse aura surpris raieuniront s'ils commencent d'en vser. L'on raconte qu'il y a eu des Hommes & des Femmes qui lors que leur vsage estoit tout plein de rides & leur poil tout blanc, leur aage estant fort auancé, leur teint est deuenu clair & poly, & leurs cheueux blancs estans tombez, il leur en est venu de noirs, comme en vne vraye ieunesse; mais l'histoire n'attribuë cela qu'à la force de leur nature, non point à la vertu de quelque drogue particuliere. Neantmoins puisque la Nature peut estre secouruë par l'artifice, qui se sert des facultez qu'elle a, lesquelles il employe conuenablement, il peut donner à des corps ce que l'on accorde qu'ils ont quelquefois d'eux-mesmes: Mais ie croirois que l'on empescheroit plustost la vieillesse de venir, ou que l'on la retarderoit, que de la chasser quand elle seroit venuë; car il est plus mal-aisé de rendre les premieres forces à des organes vsez que de les conseruer. L'on peut donner ce qui est necessaire à la conseruation de ce qui demeure encore en estat, mais comment peut-on restablir ce qui n'est plus? Nous croyons que la vieillesse peut estre retardée, puisque nous nous sommes accordez sur la prolongation de la vie. Cela se peut faire par le bon regime, par la nourriture exquise, & les medicamens choisis; Toutefois, le corps de l'homme estant composé d'vne matiere fragile, ne peut pas tousiours demeurer en mesme estat, de sorte que sa conseruation ne sera que pour vn temps, au bout duquel il faudra que cette belle harmonie soit rompuë, & que l'Ame s'en separe, d'autant qu'il se perd tousiours quelque chose de ce qui entretient l'vnion, dont la matiere estrangere ne sçauroit faire vne reparation assez puissante. Cela estant arriué, que peut-on faire pour renouueller les hommes? Les ferons-nous ressusciter? Si nous n'auons pû conseruer leur Ame dans leur Corps, par quel moyen l'y ferons-nous reuenir? Il faut confesser que cela est hors de nostre puissance, & que le corps mort n'est plus qu'vne matiere propre à engendrer des vers ou des serpens, & diuerses sortes d'insectes, comme il est arriué en quelques-vns, ou à se conuertir en vraye terre. Les plus suffisans Chymistes se leuent encore icy, & nous disent que de verité si nous laissons mourir le corps entiere-

DE LA REST. OV RENOV. DES HOMM.

A sçauoir si l'on peut renouueller les hômes.

ment, l'abandonnant à la corruption de l'Air ou à celle de la Terre & de l'Eau, il n'en faut plus rien esperer qui soit digne de ce qu'il a esté autrefois: mais que si nous en sçauons retenir les esprits fuitifs, nous en pourrons faire des productions merueilleuses. Ils alleguent pour leurs raisons, qu'outre l'Ame raisonnable qui est toute spirituelle, il demeure au corps vne certaine puissance subtile, qui est semblable à celle qui a donné de la vegetation à la semence auparauant que cette Ame y fust infuse dans la matrice de la Femme, & qui est capable de donner la figure a des corps complets auec la faculté de se nourrir & de croistre. Que pour les bestes brutes, elle leur donne aussi tout ce qui les rend sensibles: mais que pour les Hommes, elle laisse interuenir vne substance plus haute qui leur donne le sentiment & la raison: Que cette puissance qui agit dans le corps des bestes se trouue pareillement dans le corps des Plantes, à qui elle donne la vegetation seulement: Que l'on la peut tenir pour vne substance qui est autre chose que le corps, & que ce n'en est pas vn accident simple: Que cela se peut appeller la Forme du Corps, laquelle on peut conseruer si l'on y employe quelque soin, & qu'elle est capable de fournir à la production d'autres corps semblables, tant vegetatifs que sensitifs: Que toutes ces Formes estans cachees dans le sel des Corps, si l'on tire le sel des cendres d'vne plante bruslee, ce sel ietté en terre produira de semblables plantes, de mesme que leur semence: Que si l'eau où sera ce sel deuient glacee par le froid, l'on y verra aussi la figure des plantes dont il deriue; Qu'estant enfermé dans vn vaisseau de verre, l'on y pourra susciter les mesmes figures par le feu: & qu'il est arriué encore que le sel de quelques animaux ayant esté tiré, l'eau où il estoit meslé s'est conglutinee auec la figure à peu pres semblable à leurs corps. L'on rapporte là dessus pour exemple qu'vne eau où estoit du sel d'ortie, s'estant glacee, il s'y est representé des figures d'orties: que la figure des roses & de quelques autres fleurs, & mémes de plusieurs plantes entieres, s'est monstree dans des

phiolles

phiolles bien bouchées, ou l'on ne conſeruoit qu'vn peu de cendre, qui eſtant eſchauffee ſe reſueilloit incontinent, & faiſoit ſouſleuer la repreſentation des plantes dont l'on l'auoit tirée auparauant; ſpecialement qu'en diſtillant de la therebentine, & en faiſant l'extraict de pluſieurs bois reſineux, la figure de leurs arbres s'eſt leuée contre le verre des alambics: Qu'il eſt arriué dauantage à quelqu'vn qu'ayant tiré le ſel des eſcreuiſſes, l'eau où il eſtoit meſlé, a pris la figure de pluſieurs eſcreuiſſes entaſſees les vnes ſur les autres. Il y a des Autheurs qui certifient ces choſes, & quelques hommes viuans aſſeurent d'en auoir veu la pluſpart, ſurquoy les incredules ne ſçauroient rien dire, ſinon que l'on ſe peut tromper quelquefois à iuger des figures qui paroiſſent au trauers d'vn verre, & que ſi en faiſant diſtiller quelques parties d'vne plante reſineuſe, comme celle du Therebynte, l'on a veu s'eſleuer des eſpeces de branchages dãs l'alambic, l'on peut croire que ce n'eſtoit pas pourtant la vraye figure de l'arbre, mais que ſa matiere a la proprieté de s'eſleuer ainſi par filets qui ſe diuiſent. L'on dira que de méme l'on ſe peut méprendre à l'apparéce du corps des Animaux. La replique doit eſtre, que ceux qui ont veu ces merueilles ne ſont point gens à s'y laiſſer abuſer. Mais l'on objectera là deſſus que ſi elles ſont veritables, ceux qui les ont faites vne fois, ne les ont pas pû faire derechef quãd ils l'ont voulu, & que le hazard les y a conduits pluſtoſt que leur ſcience: Que d'ailleurs, cela ne s'eſt pas fait encore auec toute ſorte d'animaux ny de plantes. L'on peut repartir qu'il n'importe point pour la verité de la choſe, ſi elle a eſté ſouuent reïteree: Qu'il ſuffit que nous trouuions qu'elle eſt faiſable; Que ſi cela n'eſt pas arriué de tous les Animaux & de tous les plantes, cela n'empeſche pas que l'on ne croye, que ſi cela ſe peut faire des vns, cela ſe peut faire des autres. Cherchons-en maintenant les conſequences. Peut-on inferer de là autre choſe, ſinon que le ſel qui coagulle les Corps complets poſſede vn certain eſprit qui ſert à leur donner leur figure ordinaire; & par cét Eſprit nous entendons ſelon noſtre vſage, vne substance fort deslice, mais corporelle toutefois. C'est de verité vn beau secret de pouuoir faire parestre cela; mais ce ne sont point de vrayes plantes & de vrays animaux; ce ne sont que leurs fantosmes & leurs legeres representations. Neantmoins, l'on adiouste que l'on pourroit passer outre, rendant la matiere plus propre qu'elle n'estoit à vne production veritable, & que l'on doit bien penser que du mesme principe dont la figure des Corps despend, toute la forme substancielle en despend aussi. Or l'on peut bien croire que ce principe est le Sel, puisqu'en effet ayant semé en terre le sel de quelques plantes, l'on en a veu produire de semblables, pourueu que les remettât auec quelque meslange des autres principes, l'on ait rendu l'operation accomplie ; Et ce n'est point seulement du sel des greines que l'on pretend faire de nouuelles generations, mais du sel des branches, des feüilles des fleurs & de toutes les autres parties. Il ne faudroit donc, à l'exemple de cela, que couper le corps des animaux en pieces, & en prendre tel membre que l'on voudroit pour le calciner, & en tirer la substance necessaires. Plusieurs tiennent aussi que la puissance de tout le corps est toute en chaque partie : Mais quoy qu'il en soit, nous dirons que si cela se manifeste aux plantes, cela est plus facile qu'aux animaux, d'autant que le sel des plantes estant ietté en terre est dans la mesme matrice où l'on ietteroit sa semence, & où l'on planteroit les reiettons d'vn arbre, & qu'il y en a plusieurs qui pillulent par leurs scions transplantez; Au lieu que les extraicts que l'on feroit du Corps des Animaux, ne pourroient estre mis que dans quelque vaisseau Chymique sur vn feu artificiel, où mesme leur meilleure semece n'accompliroit point sa production ordinaire, ce qui est bien loin de le faire par le sel que l'on auroit tiré de quelqu'vn de leurs membres seulement : Quand l'on l'auroit tiré de tous, l'on ne croiroit point que cela fust plus faisable, & quand cela se pourroit accomplir pour les bestes, il n'y a point d'apparence que cela se fist de mesme pour les Hommes, d'autant que ce ne seroit point des Hommes que l'on en feroit fortir ; Ils n'auroient pas l'Ame raifonnable, laquelle ne procede point de la matiere corporelle, & ne fera point infufe dans vn corps monftrueux & produit contre Nature. Toutefois, l'on rapporte qu'vn vieux Chymifte voulant donner à fon corps vne Renouation parfaite, enchargea à fon valet de le tuer, & ayant haché fes membres en pieces fort menuës, les enfermer proprement dans vn grand vaiffeau de verre, qu'il laifferoit l'efpace de neuf mois fous vn fumier, efperant qu'il renaiftroit là dedans, & qu'au bout du terme il feroit propre à iouir de la clarté du iour. L'on dit que cela fut fait, & que la Iuftice en ayant cognoiffance, fit prendre le vaiffeau où eftoit fon corps pour le ietter au feu, & que l'on y voyoit defia la figure d'vn petit enfant. Il fe peut faire qu'vn homme qui eftoit las de viure en l'eftat où il fe trouuoit à caufe de fes infirmitez & de fon chagrin, ait efté affez aueuglé pour fe faire tuer dans l'efperance de reffufciter : mais que l'on vift defia vn enfant formé de fa charogne, c'eft ce que l'on reuoque en doute : Et d'ailleurs, il y a en cela vne belle remarque à faire, qui tefmoigne que quand l'on pourroit faire naiftre vn Corps par ce moyen, cela ne feroit pas reffufciter les Hommes, car ce feroit là vn autre homme que celuy qui auroit efté mis en pieces. Il y auroit-là vn corps qui procederoit de la corruption de l'autre, qui tiendroit lieu de femence, & il faudroit auffi que ce Corps fuft animé d'vne autre Ame dont la faculté memoratiue n'auroit aucune impreffion des chofes paffees, de forte que ce feroit faire de nouueaux hommes, non pas reparer les mefmes. Pour les reparer veritablement, il faudroit que le corps ancien demeuraft en fon entier depuis fa mort, & fuft reffufcité apres, reprenant fon ame propre. Mais la reffurrection eft impoffible à la puiffance humaine : & quant à la Renouation dont l'on parle, ce n'eft qu'vne nouuelle generation, qui ne feroit pas reuenir au Monde ceux qui y ont efté auparauant, outre qu'auec cela l'on ne tient point qu'vn corps produit par vn tel moyen pûft eftre doüé d'vne Ame raifonnable. Quel-

T ij

qu'vn a dit qu'il n'importe point dans quel vaiſſeau vn corps ait eſté formé, ſoit naturel ſoit artificiel, & que s'il paruient à eſtre fourny d'organes & d'eſprits tels que les autres, rien ne repugne qu'vne Ame telle qu'il luy conuient ne luy ſoit donnee. Mais eſt-il beſoin de ſe mettre en peine ſur cette queſtion, n'ayant pas trouué que ce qui la fait agiter puiſſe eſtre accomply ? Toutefois, ſi en parlant de la naiſſance des Hommes, nous auons condamné l'opinion de ceux qui propoſent que dans leurs vaiſſeaux chymiques ils changeront la matiere nutritiue, en chyle, en ſang & en ſemence, & apres en formeront vn corps humain ; ceux dont nous parlons maintenant, croyent auoir de meilleures raiſons, pource qu'ils veulent prendre la chair, le ſang & les eſprits de l'Homme en leur naturel pour leur faire accomplir vne nouuelle production : Mais ces Eſprits qui demeurent auec la chaleur d'vn corps depuis peu tué, ne ſont que des vapeurs du ſang dont l'Ame raiſonnable ne deſpend point ; & quand l'on accorderoit cela pour l'ame des beſtes, il faut bien atribuer vne autre dignité à celle des Hommes. D'ailleurs, il y auroit de la cruauté & de l'impieté dans le deſſein de ceux qui voudroient tuer les Hommes pour les faire reuiure. Il ne s'en trouuera guere qui y conſentent, & qui leur pardonnent leur mort ſur l'aſſeurance de leurs promeſſes. Ils diront peut-eſtre qu'ils ne voudroient prendre que les corps de ceux qui ſeroient morts naturellement, ou qui auroient eſté tuez par leurs ennemis, & qu'il ſuffiroit meſme de quelqu'vne de leur parties, pourueu qu'elle fuſt enfermee toute chaude dans leurs vaiſſeaux. Si de chaque partie des plantes l'on peut tirer vne ſubſtance qui prend la figure du total, & qui peut faire naiſtre vn arbre ſemblable. Ils aſſeurent que cela ſe peut faire encore plus facilement des animaux qui abondent plus en eſprits que les plantes. En ce qui eſt des Hommes, quelques-vns ont aſſeuré méme que leurs figures ont eſté ſouuent ſuſcitees de leurs corps morts enterrez dans les cimetieres : Que les vapeurs qui ſont ſorties de leur foſſe, ſe ſont eſleuees auec vne semblance d'homme, & que ce sont les phanthosmes que l'on y a veus quelquefois; Que cela procedoit de la puissance naturelle enfermee dans les principes des corps, laquelle se feroit pareistre auec plus d'efficace, si elle estoit aidee par l'Artifice, & renfermee dans vn vaisseau exprez. N'est-ce point vne chose controuuee que ces phantosmes des corps morts? Quand il s'en esleueroit des vapeurs visibles, elles seroient sans aucune figure reiglee; Et si l'on pretend de faire dauantage dans les vaissaux chymiques y faisant voir quelque figure d'animal, ce n'est pas à dire que l'on en puisse produire vn entierement, & l'amener à perfection. Posé le cas que l'on imite la chaleur de la matrice dans vn vaisseau artificiel, & que l'Embryon y ait dequoy tirer de l'aliment, l'on ne sçauroit pourtant imiter les esprits naturels que la femelle communique à son fruict, tellement que nous pouuons conclure de mesme qu'au premier discours de la production des animaux, que l'on ne sçauroit pas seulement faire produire vne beste brute par artifice, ce qui est bien loin de faire produire des Hommes, soit que l'on les vueille faire d'vne matiere empruntee, ou que l'on les vueille renouueller par leurs corps morts. Les plus opiniastres diront qu'ils ont encore des moyens pour suppleer aux esprits naturels, & quelque difficulté que l'on leur obiecte, il leur semblera que si l'on a de la peine à l'accomplissement, cela n'en oste point la possibilité. Au moins, ils nous apprennent quelles imitations l'on peut faire touchāt les productions des animaux, & quelles sont les plus curieuses imaginations que l'on puisse auoir sur ce suiet. Quant à eux, ils y comprennent aussi la Melioration & la Perfection, car outre la Renouation des Corps, qui les rend semblables à ce qu'ils estoient en ieunesse, ils pretendent que par quelques secrets adioustez au mesme Art, ils rendront les Hommes plus grands, plus forts, & moins suiets aux maladies qu'ils n'estoient auparauant: Que les Geans, les Heros & les Demy-Dieux, les Nymphes, les Faunes & tous les Dieux châpestres ont esté produits par ce moyen.

T iij

DE LA REST. OV RENOVATION DES HOMMES.

Que l'on peut regler la quantité de la substance qui est necessaire pour vne stature extraordinaire, & que non seulement la constitution en peut estre renduë durable, mais diuerse par des meslanges diuers, tirez de plusieurs corps vegetables & sensitifs, pour faire des corps terrestres, aquatiques, aëriens ou ignees, tels que ceux que l'on attribuë aux diuerses classes des Demons; Mais c'est s'imaginer que l'Homme puisse faire ce qui le surpasse, & mesme ce qu'il ne connoit pas. Il se faut contenter d'vn moindre pouuoir, & croire que c'est assez si nous pouuons faire voir les aparences des choses sans souhaitter de produire les choses mesmes, par des voyes fort esloignees de la Nature. Nous n'entendons parler icy que d'vne perfection naturelle des Corps, & en ce sens nous auons cherché le bien du Corps des Hommes en general: Nous le chercherons desormais en particulier.

De la melioration & de la Perfection des Sens corporels.

SI nous parlons apres cecy de mettre les Sens corporels au meilleur estat où ils puissent estre, nous entendons encore simplement de traiter de ce qui concerne leurs organes, sans confondre auec eux le Sens commun de l'homme, qui est d'vne plus haute consideration. Pour trouuer vne Melioration qui leur soit vtile en general, il faut procurer la santé du Corps en la maniere que nous auons dite, car s'il se porte bien il ne s'engendrera point de mauuaises humeurs qui se respandent en toutes ses parties. Entre les maladies les plus fascheuses, la paralysie oste tout à fait le sentiment, & dans les autres il languit encore beaucoup. Outre cela, chaque Sens est affligé par des maladies particulieres; Il en faut éuiter la cause, ou tascher de les guerir quand elles sont suruenues. L'Attouchement est conserué par des remedes qui donnent de la vigueur aux membres. Le Goust estant presque perdu & depraué, l'on le restablit en chassant par des purgations les mauuaises humeurs qui le corrompent. L'Odorat, l'Ouye & la Veue, sont aussi conseruez par des saignees, des medecines & des fomentations, contre les fluxions qui les gastent.

Quand les facultez des Sens sont entierement aneanties par la ruine des Organes, en ce cas-là l'on ne les peut plus reparer, mais si les Sens sont seulement opprimez par vne cause qui peut cesser, cela est remediable. Il y en a des exemples aux mains, à la langue, ou au palais, au nez, aux oreilles & aux yeux, à qui l'on oste les empeschemens qui leur nuisoient. Quand mesme les yeux qui sont si delicats sont couuerts d'vne taye, l'on treuue quelquefois des Operateurs assez experts pour la leuer. Il est vray, qu'à plusieurs elle reuient vn an ou deux apres, de sorte qu'ils sont encore en pareille peine, d'autant que ce qui engendre cette pellicule n'a pû estre osté. Cela se peut faire auec meilleur succez aux personnes ieunes, & qui se portent bien en tout le reste du corps, n'y ayant rien à oster en eux que le mal, qui est presentement en vne partie, sans craindre qu'il se renouuelle d'autre-part. Ce sont-là les moyens d'ameliorer les Sens. Pour les rendre parfaits dans leur vsage, il faut les appliquer specialement aux objets qui les recreent, & les accoustumer neantmoins à la diuersité. L'Attouchement se plaist à sentir les corps doux & mediocrement chauds; le Goust aime les viandes sauoureuses; l'Odorat se delecte des bonnes odeurs; l'Oüye possede son plus grand bien d'oüyr vne parole agreable, ou bien vn chant harmonieux & vne bonne musique d'instrumens, & la Veuë est satisfaite de la contemplation du Ciel & des Astres, de la varieté de la Terre & du corps de tant d'Animaux, & de la Beauté humaine. Il faut quelquefois aussi esprouuer les objets contraires, afin de mieux connoistre les vns par la difference des autres.

Afin que l'vsage des Sens corporels se fasse auec plus de perfection, il y en a qui empruntent quelque chose de l'artifice, & operent plus vtilement par de certains aides que l'on y employe. Quant à l'Attouchement, pour estre plus certain, il doit estre faict immediatement par quelque partie du corps. En tenant vn baston, l'on sent bien si quelque autre corps est mol ou dur, stable ou mouuant, mais l'on le sentiroit mieux auec la main. Il n'y a point de

DE LA MEL. ET PERF. DES SENS CORPOR.

Du secours des Sens; de ceux de l'Attouchement, du Goust & de l'Odorat.

DE LA MEL. secours artificiel qui soit bien propre a cela, si ce n'est con-
ET PERF. tre les corps que l'on n'oseroit toucher que par l'interposi-
DES SENS tion de quelqu'autre, à cause de leur extreme chaleur. En-
CORPOR. core moins se seruira-t'on d'aide pour le Goust. Il faut que
la langue touche les choses mesmes que l'on veut gouster
pour sentir la saueur. Si l'on dit qu'il y a des choses que la
langue ne peut gouster, sans qu'elles soient meslees à d'autres qui les rendent propres à estre mises dans la bouche, &
que cela luy aide beaucoup; C'est plustost vn empeschement qu'vn secours, pource que les choses qui sont meslees confondent leur goust, & le rendent mal propre à estre
connu & distingué. L'on peut mieux dire de l'Odorat, que
sa puissance sera aidee, si l'on se sert de quelque moyen
pour chasser les vapeurs deuers l'organe qui les doit sentir, lors que leur éloignement les empesche de venir iusqu'à nous. Ce n'est point pourtant fortifier l'odorat; C'est
luy aider seulement.

Du secours de   L'Oüye est secouruë par vn moyen plus propre. L'on ap-
l'Oüye. plique des Cornets aux oreilles, où le son venant à se rendre, est insinué plus facilement. Cecy est bon pour ceux
qui ont vn peu de surdité. Au reste, pour faire ouyr vne
voix esloignee à ceux qui oyent le mieux, & qui pourtant
ne la pourroient ouyr à cause de la distance, l'on se sert de
canaux cachez dans les murailles & de longues sarbata-
nes. Il y a aussi vne forme de voûte, qui fait que ce que l'on
dit tout bas au coin d'vn cabinet, est entendu de ceux qui
sont contre la muraille de l'autre costé, bien que ceux qui
sont au milieu de la place n'en puissent rien ouyr. Les re-
tentissemens & les repetitions de la voix par les Echos,
sont encore du sujet de cette consideration de l'ouye.

Du secours de la   Pour la Veuë, elle a le secours des Lunettes qui gros-
veuë par les Lu- sissant les obiets, les rendent plus aisez à remarquer. El-
nettes. les sont faites auec vn verre qui va tousiours en s'épaississant vers le milieu, de sorte que les especes des choses s'é-
largissent en leur reception. Par ce moyen, quand l'on
veut lire, l'on void les lettres plus grosses & tous les objets
qui paroistroient confus aux vieillards, & à ceux qui ont
la veuë

la veuë basse, son aisément distinguez. Les Lunettes dont l'on se sert le plus, ne font paresstre qu'vne mediocre grosseur, pource qu'il suffit ordinairement que l'on voye les choses ordinaires. Mais l'on en fait d'autres pour plaisir qui grossissent dauantage, afin de distinguer les parties des plus petits corps. L'on les applique à des boëtes, dans lesquelles ayant enfermé des puces & autres insectes, l'on les fait paresstre si gros que l'on leur void vn grand nombre de pieds, des cornes, des aiguillons, des queuës & autres membres, dont l'on pensoit qu'ils fussent priuez. L'on fait encore de grandes Lunettes d'vn verre plus bossu, qui grossissent tellement, que par leur moyen vn petit doigt paroistra de mesme grosseur qu'vn bras; Ce sont celles qui seruent aussi d'ordinaire de miroirs ardens. L'on fait au contraire de cela des verres concaues, où les obiets sont rapetissez; & ceux-là seruent à des Hommes dont les rayons visuels sont tellement separez, qu'ils ne voyent pas les choses distinctement. Les Images des choses se rassemblent dans ces sortes de Lunettes. L'on fait encore d'autres Lunettes à facettes, lesquelles multiplient les objets, mais elles ne font pas mieux reconnoistre leur figure, & cela n'est que pour plaisir.

Des Lunettes d'approche.

Pour encherir sur toutes les autres inuentions, l'on a inuenté les Lunettes à long tuyau, à chaque bout desquelles l'on a enchassé vne differente sorte de verre. Celuy que l'on met contre l'œil est concaue, & l'autre est vn peu bossu ou connexe. Par ce moyen l'on a accouplé les deux sortes de Lunettes pour vn effet admirable. Celle qui est conuexe estant esloignee de l'œil par vne certaine distance, grossit fort les Images des choses, & les fait mieux representer; mais nostre veuë n'estant pas proportionnee à les receuoir, l'on a ajousté entre deux vn long tuyau qui reçoit les representations auec distinction, & les faict voir à l'œil qui est tenu contre. L'on appelle cecy des Lunettes d'approche ou à longue veue. Toutes les apparences des objets qui sont au plus loin dessus l'horison en sont tellement grossies, bien que naturellement elles doiuent estre petites dans leur esloignement, qu'il semble que l'on les fasse approcher, puis que l'on y remarque des parties, qu'aparauant on ne voyoit point. L'on void auec cela assez distinctement ce qui ne paroist que confus à sept ou huict lieuës loin, & l'on remarque parfaitement bien, ce qui n'est qu'à deux ou trois lieuës. L'on verra des animaux, des cailloux, ou des buissons, que l'on ne pouuoit reconnoistre, & si l'on regarde le Ciel, l'on en remarquera mieux la couleur & la figure des Astres, & toutes les taches de la Lune seront distinguées. Si l'on pouuoit souffrir l'esclat du Soleil, l'on obserueroit aussi quel est l'estat de ce Corps merueilleux. Pour faire que ces Lunettes portent plus loin, il faut garder vne certaine mesure dans la figure des deux verres, & dans la longueur du Tuyau où ils sont appliquez. Plus l'on y est exact & plus l'on y reussit. L'on tient encore, que si l'on taille le verre des Lunettes auec vne figure Hyperbolique, l'on les fera porter de beucoup plus loin qu'à l'ordinaire. Que si l'on se veut seruir des vnes ou des autres à regarder le Soleil, il y faut adiouster des verres rouges, bleus ou verds, qui empescheront que la viuacité de la lumiere n'offense les yeux, mais cela rendra aussi la Lunette plus obscure. Pour euiter l'vn & l'autre inconuenient, & voir au moins l'Image du Soleil, si l'on ne void le Soleil mesme, il faut se tenir dans vne chambre bien fermee, où il n'entre aucun iour que par le trou de la Lunette, qui sera attachee en dehors, & la representation du Soleil y entrant, l'on pourra obseruer la figure de son corps, & celle de ses macules que l'on prend pour de petits Astres qui font leur cours autour de luy.

Des Miroirs.

Nous pouuons adiouster les Miroirs au nombre de ce qui a esté inuenté, non seulement pour le secours de la veuë, mais pour sa recreation. C'est bien vn estrange & miraculeux secours, en ce que les yeux ne pouuans pas voir le lieu où ils sont attachez, & encore moins se voir eux-mesmes, ils voyent tout cela dans vn miroir, & comme ils sont lassez de voir les propres obiets qui leur sont presens, ils les peuuent voir là aussi par representation. Les Miroirs qui sont faits d'vn metal poly, representent l'Image des Choses, pource que l'Air illuminé qui est peint de toutes les couleurs est aizément receu & refleschy dans leur polissure, au lieu qu'il perd sa naïueté sur les corps grossiers. Quant aux Miroirs de verre ayans vne feuille d'estain au dos, ils rendent aussi les mesme representations: Car comme le verre est transparent, il faut qu'il reçoiue toutes les representations des Choses que la lumiere luy enuoye, qui ne sont que les couleurs de leur surface, & la feuille qui est au dessous les y arreste. au lieu que si elles n'y estoient point arrestees elles passeroient outre de mesme qu'au milieu de l'Air. C'est la raison de l'effet des Miroirs. L'on en peut tirer encore vn secours plus particulier, en ce que les choses qui seront cachees au delà d'vne muraille, ou dans vne chambre plus haute ou plus basse que nous, nous peuuent estre monstrees par des Miroirs qui soient posez d'vne telle façon qu'ils se puissent refleschir l'vn dans l'autre. L'on perfectionnera aussi le secret de cette chambre fermee, où vn petit verre fait remarquer contre vn papier blanc les simulachres de tout ce qui est au dehors, car si l'on pose vn Miroir en haut, les choses qui sont veuës renuersees sur le papier, seront droites dans le Miroir. Pour ce qui est des effets ordinaires des Lunettes, ils sont imitez par les Miroirs, mais il faut pourtant tailler les Miroirs d'autre sorte. Les Miroirs concaues grossissent les representations, au lieu que les Lunettes concaues les rapetissent; C'est que les Images sont diuisees aux Miroirs concaues, & ne se reunissent point pour passer outre comme aux Lunettes. Les Miroirs bossus rapetissent aussi les choses, pource qu'ils en reçoiuent l'Image en vn seul point, au lieu que dans les Lunettes les rayons iroient tousiours en s'eslargissant.

Or que l'on considere les Lunettes ou les Miroirs dans leur concauité ou leur conuexité, quoy qu'ils donnent du secours à la Veuë, si est-ce qu'il semble qu'ils la trompent, puisqu'ils luy monstrent les choses autrement qu'elles ne

DE LA MEL. ET PERF. DES SENS CORPOR.

Des tromperies des Lunettes & des Miroirs, & de celles qui sõt pour recreation.

luy doiuent pareſtre, dans ſon meilleur eſtat : Mais ſi les Aſtres paroiſſent plus gros en les regardant auec les Lunettes qu'ils ne paroiſtroient aux meilleurs yeux des hommes, cela les fait pourtāt bien moindres qu'ils ne ſont en effet, de ſorte que les Lunettes ne nous abuſent point en ce qui eſt de ces corps. S'il y en a d'autres plus proches de nous qu'elles font pareſtre plus grands; c'eſt en ceuxlà que l'on peut dire qu'elles nous abuſent : Toutefois, cela ſe fait auec vtilité, puiſque nous les diſtinguons mieux dans cét eſlargiſſement. Il y a d'autres tromperies qui ne ſont ſeulement que pour recreation. Il y a des Miroirs qui font voir pluſieurs Images d'vne ſeule choſe. Si l'on en poſe quatre ou cinq l'vn deuant l'autre, ils fōt pluſieurs reflexions, & multiplient ainſi les Images. L'on les peut auſſi multiplier par le moyen d'vn ſeul Miroir, ayant laiſſé quelques angles ou quelques boſſes au verre ou l'effet du Miroir ſera diuiſé, tellement qu'en chaque partie il ſe fera vne repreſentation. Si l'on preſente vne choſe à vn Miroir concaue bien arrondy, & qu'elle ſoit oppoſée iuſtement à ſon centre, l'on la verra ſortir en dehors, de ſorte qu'vn doigt & vne main pareſtront eſleuez : & ſi l'on tient vne eſpee, à meſure que l'on s'approchera il ſemblera qu'il en ſorte vne du Miroir toute preſte à nous enferrer. Par le moyen de ſemblables Miroirs l'on peut faire auſſi qu'vne perſonne ſemble eſtre penduë en l'air ou renuerſee la teſte en bas, ſi elle ſe met hors du centre, & ſi elle ſe regarde d'vn lieu proportionné. Ayant auſſi caché de certaines figures deuant les Miroirs ou derriere, & ſelon les formes particulieres du verre les obiets ſeront changez ou multipliez diuerſement, & l'on en verra meſme que l'on ne ſçaura d'où ils pourront venir, comme ceux des viſages bien formez qui paroiſſent aux Miroirs Cylindres, lors que l'on a placé deuant eux, certain amas de couleurs qui ſemblent eſtre confuſes, & qui ſont pourtant arrangees ſelon les regles de l'Optique. Il y a beaucoup de telles inuentions de Miroirs que les Hommes font pour tromper la veuë au premier abord & pour la reſiouyr par leur diuersité, tellement que comme ils sont faits pour elle seule, l'on en peut parler auec ce qui luy est de plus vtile.

 C'est la façon de parler ordinaire que les Sens sont trompez, & neantmoins plusieurs Philosophes des plus habiles condamnent cette opinion. Ils disent que les Sens ne peuuent errer : Que le Sens commun qui est fort esleué au dessus des Cinq-Sens externes, en ce qui est des Hommes, peut bien connoistre la verité de toutes les choses qui se presentent, & que s'il y manque, la faute est de son costé, & la tromperie se fait plustost enuers luy qu'enuers les Cinq-Sens. En effet, pour prendre exemple de ce qui se fait pour la veuë, l'on peut dire que les apparences que les yeux voyent aux Miroirs sont celles-là mesmes qui s'y trouuent. Si l'on void vne teste prodigieuse dans vn Miroir qui grossit ; cette Image y est telle effectiuement. Nos yeux ne sont point abusez : mais nostre Sens commun le seroit, s'il pensoit que la vraye teste dont il ne void que la representation, fust de cette grosseur. Vous m'objecterez à cette heure-cy que la tromperie est manifeste lors que vous regardez la vraye teste auec des Lunettes, & qu'elle paroist plus grosse ; Toutefois, prenez garde que les yeux voyent encore l'espece de la teste qui est eslargie en dehors par la conuexité du verre. Peut-on rapporter entre les tromperies de la veuë l'esloignement des choses qui les fait paroistre petites, & leur diuerse disposition, & situation qui leur donne des representations qu'elles n'ont pas en effet ? Les yeux reçoiuent ces especes telles quelles sont en l'air, & qu'elles peuuent estre receue d'eux selon leur disposition. La peinture ne trompe point aussi la veuë lors que dans vn bon tableau il semble que les noirceurs placees prez d'vne couleur plus claire, soient les plys d'vn vestement, & que les traits rapetissez de la representation d'vne galerie, soient vn bastiment enfoncé. Les yeux reçoiuent ces couleurs telles qu'elles sont, & s'il y a de la tromperie elle est exercee sur le Sens commun de l'Homme qui ne sçait pas distinguer la représentation d'auec la verité, & ne s'en auise que lors qu'il a connoissance des artifices de la Perspectiue, & mesme lors que la pensée luy en fournit le souuenir. Ainsi, l'Ouye trouue vn son trop aigu, le Palais vn goust trop fade, l'Odorat vne odeur trop forte, l'Attouchement vn corps trop dur, pource qu'en effet ces obiets sont tels à leurs esgard. Ces Sens ne se trompent point, mais le Sens commun se tromperoit s'il ne connoissoit que ces choses ne paroissent point telles à tous les autres Hõmes : & comme elles ne le doiuent point estre aussi pour les raisons & les experiences qu'il en sçait, il les doit estimer ce qu'elles sont. Voylà comment l'on peut prouuer que les Sens externes des Hommes n'errent point, & quand l'on dit qu'ils errent, l'on comprend le Sens commun auec eux : pource qu'en effet la reception du mensonge aussi bien que de la verité, se doit faire par l'vne des facultez de l'Ame raisonnable, & ne s'estend point iusqu'aux Organes corporels. Selon les mesmes regles, l'on pourroit dire que les sens des bestes ne sont point trompez, comme en effet ils ne le sont pas pour l'apparence des choses, mais leur sens commun l'est tousiours pour l'estre reel, à cause qu'il ne suit que cette apparence, n'estant pouruec d'aucune raison.

De l'Vsage de la Voix.

LA Voix des Hommes n'est pas consideree apres les Sens dans le Traité de l'Estre des Choses, pource qu'vne suite de discours l'a placee autre-part. Toutefois, elle vient fort bien icy en rang pour ce qui est de son vsage, à cause qu'elle sert de truchement à l'Ame, & que par ce moyen elle est au nombre des Choses les plus excellentes qui despendent du corps. Nous auons veu que l'on la pouuoit transporter par des canaux faits exprez, & la faire reflechir par des voustes. Nous adiousterons que les Cors de chasse, & les Trompettes, seruent à la faire esclatter plus haut, mais cela n'est fait que pour vn son qui n'a point de diuersité plus grande que celle des mesures longues ou breues des reprises. Le vray vsage de la Voix

est en la parole simple que l'on varie selon que l'on la DE L'VSAGE
pousse hors du gosier, & selon que les léures s'ouurent & DE LA VOIX
se ferment, & que la langue s'approche ou se recule des
dents & du pâlais. Cela sert à representer les affections
& les desseins des Hommes, lors qu'ils font vn accouplement de differentes prononciations, dont ils forment des
mots, & de ces mots des discours continus. Les mots sont
differents, selon les nations & selon la coustume, sans qu'il
semble que l'on y puisse donner naturellement aucune regle certaine. Au reste, en quelque langage que ce soit, la
parole peut estre renduë plus rude ou plus douce, & plus
triste ou plus gaye, selon que l'on la profere. Pour estendre
encore l'vsage de la Voix, l'on s'en sert au chant, qui consiste à la hausser ou baisser par diuers tons & diuerses mesures. Les regles de la Musique ont esté inuentees pour en
conduire l'Harmonie. Pour vne imitation de la Voix humaine, l'on a inuenté les Orgues, & mesme les Violes, les
Violons & quelques autres instrumens. Ie nommerois aussi les flustes & les haut-bois, mais c'est la Voix mesme qui
les fait iouër, de sorte qu'ils ne l'imitent pas d'eux-mesmes; Cela est plustost propre aux musettes, qui ne iouent
que par le moyen des soufflets.

IL nous reste de considerer en gros les principaux arti- *Des artifices des*
fices que les Hommes ont inuentez, tant pour leur vti- *Hommes, tāt pour*
lité & leur necessité, que pour leur diuertissement, & pour *leur vtilité que*
monstrer leur industrie. Les Hommes estans portez na- *pour monstrer leur*
turellement à leur conseruation, comme aussi à la melio- *industrie.*
ration de leur Estre, ont cherché tout ce qui pouuoit ser-
uir à cét effet. Les plus necessaires inuentions sont celles *De ce qui concerne*
qui concernent le boire & le manger, lesquelles par conse- *la nourriture.*
quent doiuent estre consideree les premieres. Les Hom-
mes labourent la terre, sement vn peu de bled pour en recueillir beaucoup dauantage, & en faire du pain; Ils taillēt
la vigne, qui portent les raisins dont ils tirent le vin: Ils cultiuent quantité d'arbres pour en manger les fruicts, & le
ius qui sort de quelques-vns sert encore à leur boisson: Ils

DES ARTI-
FICES DES
HOMMES.

se nourrissent aussi de plusieurs herbes, & afin que tout ce qui est viuant, ou qui l'a esté, serue à l'entretien de leur vie, ils mágent la chair de plusieurs animaux, qui leur ont fourny pareillement de nourriture pendant leur vie, comme les Poules, dont ils ont mangé les œufs, & les Vaches & autres bestes dont ils ont mangé le laict. Ils font bouillir la chair de toutes ces sortes d'animaux, ou ils la rotissent, ou la fricassent. Quelques herbes y sont entremeslees dans les potages & dans les fricassees les espiceries, qui ne sont que des fleurs ou des graines de quelques plantes chaudes, lesquelles seruent à tous les saupiquets. Puis que nous faisons estat de rapporter icy ce que l'on trouue de plus merueilleux, nous dirons qu'il y a eu des gens qui ont asseuré que les Hommes se pouuoient nourrir auec la Terre seule, dôt ils sçauoient l'art de faire du pain, la broyant & la meslant plusieurs fois auec de l'eau : Toute Terre n'y est pourtant pas propre, & d'ailleurs cette nourriture ne sçauroit estre fort bonne ; mais l'on s'en pourroit seruir dans vne grande sterilité d'annee, ou dans vn siege de ville. L'on a parlé aussi de quelqu'vn qui a retardé sa mort en se nourrissant de l'odeur seule de quelque viande chaude lors qu'il ne pouuoit manger, mais cela ne se pouuoit faire que pour vn petit nombre de iours, & encore cela n'arriueroit pas à toute sorte de personnes, de sorte qu'il n'en faut establir aucune regle certaine.

Des Exercices du Corps.

En suite de la nourriture, l'on peut parler des exercices du Corps qui seruent à entretenir la santé & la vigueur. Il y a des exercices lesquels outre qu'ils maintiennent la force de l'Homme sont vtiles en d'autres occasions, comme de sçauoir bien manier vn cheual ; Cela est propre pour faire mieux des voyages, & pour aller à la chasse ou à la guerre, & cela est aussi de la bien-seance. La danse est encore pour le plaisir & la bonne grace. Les ieux de paulme, de mail, & autres, sont auec cela pour le diuertissement, & tous ces Exercices sont vtiles à corrompre les mauuaises humeurs, & conseruer le bon estat du corps, pourueu qu'ils soient pris moderément ; & mesme par des

Hommes

Hommes entierement sains, car si l'on à quelque mal que ce soit, il faut auoir recours à d'autres remedes.

DES ARTI-FICES DES HOMMES.

De la Cure des maladies.

La Cure de toutes les maladies qui peuuent arriuer peut encore estre icy consideree. L'on a tiré des remedes de tous les Corps du Monde, appliquant leur parties toutes simples & en leur premier estat, ou les meslant & les changeant de forme, ou bien en ayant fait quelque extrait par distillation ou autrement.

De ce qui corrige les difformitez, & repare les defauts du Corps.

L'on y a ioint des secrets pour corriger les difformitez, comme les eaux qui blanchissent ou qui ostent les taches du visage, & tous les fards. Il y a aussi des moyens de reparer les defauts de plusieurs autres parties, comme de porter vne fausse perruque, des yeux d'esmail, des dents d'yuoire, des iambes de bois. Quelques-vnes de ces inuentions ne seruent que pour empescher que le visage ne soit desfiguré, comme font les yeux faux; Les autres sont plus vtile, comme les dents d'yuoire auec lesquelles on peut manger: les autres ne reparent guere le corps & sont vtiles pourtant, comme les iambes de bois sur lesquelles on se soustient au defaut des iambes naturelles.

Des Vestemens.

De-là l'on peut parler des vestemens, non seulement necessaires à l'honesteté, mais à la conseruation de la santé, à cause du froid & des iniures de l'Air. Quelques Hommes Sauuages & mal-polis se couurent encore de feuilles d'arbre, les autres de peaux de bestes, & les autres de plumes d'oyseaux. Les nations les mieux instruites se seruent de chanvre pour faire du linge, de la laine pour faire des draps, & de la soye que filent les vers pour faire d'autres estoffes plus delicates. Les habits que l'on en fait sont de differentes façons, selon la fantaisie de chaque peuple, & il y en a qui tous les iours y apportent du changement. Chacun croit auoir les plus commodes & les mieux seans, & peut-estre ont-ils autant de raison les vns que les autres, & ce seroit vne chose fort inutile de s'amuser à en disputer.

du Logement.

Apres les Vestemens il faut encore chercher le couuert dans quelque logement. De mesme, que l'habit sert à se

Vol. III.   X

DES ARTIF. couurir en allant d'vn lieu à l'autre, dauantage lors que
DES HOM. l'on prend son repas ou que l'on trauaille à quelque profession, ou que l'on se repose, il faut s'exempter si l'on peut de la pluye, de la neige, des vents, de l'air trop froid, ou de la trop grande ardeur du Soleil. Les premiers logemés des Hommes ont esté dans des grottes, ou bien sur des arbres, & apres l'on a coupé des branches pour les faire plus commodes, & l'on s'est seruy encore de la terre & des pierres pour les edifier. Mais ayant inuenté plusieurs instrumens propres à la maßonnerie, enfin quelques pierres ont esté tirees des Carrieres, & taillees iustement pour estre atrangees les vnes sur les autres, & en bastir des maisons. Les Reigles de l'Architecture ont esté alors trouuees, lesquelles estans diuerses selon le caprice des nations, ont donné diuerses mesures à toutes les parties des edifices, & à tous leurs ornemens. Il y a pourtant eu par tout des entablemens, des moulures, des colomnes, des corniches & des architraues; & la Sculpture estant inuentee au mesme temps, l'on y a adiousté des figures au naturel de tout ce qui se void dans le Monde. Les Statuës des Grands Hommes y ont esté placees dans des niches pour se souuenir de les imiter, & d'autant que les gens de guerre attachoient leurs enseignes au deuant de leurs maisons, & les chasseurs leurs arcs, leurs espieux & les testes des animaux qu'ils auoient pris, auec plusieurs branchages & festons chargez de fleurs & de fruicts, cela a donné suiet de representer les mesmes choses sur la pierre. Le bois a esté aussi employé à edifier les maisons, & specialement il a seruy aux planchers, aux lambrys, aux fenestres & aux portes, & le fer a seruy à ioindre les parties les plus necessaires, soit pour la pierre ou pour le bois, & à faire les gons & les serrures des portes.

Des meubles & vstanciles des maisons & des mestiers.

Il faut adiouster icy quantité d'inuentions de lits, de tables, de sieges, de buffets, de pots, d'escuelles & d'autres vaisseaux, & tous les meubles & vstanciles qui seruent en vne maison. L'on peut parler encore des outils de diuers mestiers, & de tous ces mestiers mesmes qui seruent aux commoditez de la vie humaine, où l'Homme a **DES ARTI-** tesmoigné des artifices tels qu'il conuenoit au suiet, sans **FICES DES** qu'il s'y puisse rien adiouster ny diminuer: & cela concer- **HOMMES.** ne plusieurs vsages des metaux & des plantes, où du bois des arbres & d'autres choses dont nous auons desia parlé.

Or les edifices n'ont pas seulement esté construits pour *Les Armes & les* ne pas sentir les incommoditez du temps, mais pour n'e- *Pieges ont esté in-* stre point aussi exposé aux bestes farouches qui pourroient *uentez contre les* nuire à des personnes lesquelles s'edormiroient en vn lieu *bestes.* qui ne seroit point clos. Et pour empescher encore que l'on n'en reçoiue des attaques en cheminant par les chaps, ou qu'elles ne fassent du mal à quelques animaux plus dociles dont l'on a soin à cause du profit que l'on en reçoit, c'est ce qui a esté la premiere cause de l'inuention des armes: L'on a inuenté les massuës, les espieux, les dards; & pour atteindre encore plus loin, l'on a fait des arcs & des flesches, & depuis l'on a inuenté les bastons à feu dont l'effet est plus prompt & plus dangereux. Cela n'a pas seruy seulement contre les bestes les plus dommageables & les plus affreuses, mais encore contre plusieurs de celles qui sont fort foibles & fort petites, lesquelles tasche à se defendre par la fuite. Que si l'on desire d'en tuer quelques-vnes, craignant d'en receuoir du mal durant leur vie, l'on espere de tirer de l'vtilité des autres apres leur mort. La chair des vnes estant bonne à manger, se faict souhaiter, & les autres ont du poil & de la peau qui seruent à faire des habits ou à quelque autre profit de mesnage. L'on a ioint les ruzes à la force pour les mieux surprendre, & outre les armes dont l'on les peut blesser, l'on a fait des pieges & des filets pour les attraper. Quelques animaux ont aussi esté dressez contre les autres pour les aller chercher, & les faire mettre en veue, & quelquefois les arrester, Si les Chiens seruent à cela contre les bestes terrestres, ils y seruent encore contre quelques oyseaux qui uolent par bas, & les oyseaux de proye sont employez à en prendre d'autres qui volent plus haut. Si diuerses sortes

DES ARTI-
FICES DES
HOMMES.

Les armes ont ſervy auſſi aux hommes contre les autres Hommes, & delà on a inuenté encore les forteresſes.

d'armes ont eſté inuentées contre les beſtes, elles ont encore ſeruy aux Hommes contre les autres Hommes, pour contenrenter leurs paſſions & vuider leurs querelles : Ils y ont adiouſté les eſpees, les poignards, les lances, les piques, & pluſieurs pieces d'artillerie : car outre celles que l'on tire à la main, qui feruent contre les Hommes & contre les beſtes, ils ont encore les canons qui foudroyent les armees & abattent les murailles des villes. Icy nous voyons que la cloſture du logement des Hommes n'a pas ſeulement eſté inuentee contre les beſtes farouches, mais encore pour ſe donner garde de ſes ennemis, & il ne faut pas ſeulement mettre en ce nombre ceux qui ſe declarent tels, ou bien la pluſpart des eſtrangers, mais des ennemis couuerts, entre leſquels il faut conſiderer ceux qui ne viuent que de larcins, leſquels obligent les Hommes à ſe tenir bien fermez pour conſeruer leur biens & leurs vies. Les maiſons & toutes leurs cloſtures ſont dreſſees pour cét effet : & dauantage, pluſieurs maiſons iointes enſemble, ont eſté fermees de ramparts, de murailles & de foſſez, pour en compoſer des Villes, & l'on taſche tous les iours d'augmenter quelque choſe à leur fortification. L'on fait encore des citadelles tres-mal aiſees à prendre : mais outre leur forme commune, qui eſt d'auoir pluſieurs baſtions bien reueſtus, l'on propoſe d'en faire vne dont les foſſez & les murailles iront en ſerpentant, en maniere d'vn limaſſon, ou bien par diuers angles, & tous les logemens y ſeront enfermez, de ſorte que l'on s'y pourra retrancher auec plus de facilité, & s'y tenir touſiours couuert : Meſmes, s'il y a autant de logemens dans terre que deſſus, l'on en craindra moins les coups de canon & les bombes. Le defaut de ſoldats & de munitions ſert encore à la priſe des places, mais ſi l'on les veut long-temps conſeruer, l'on peut pouruoir à tout ce qui s'y trouue neceſſaire. Il y a auſſi des inuentions contraires à tout ce que nous auons dit. L'on peut faire des machines couuertes pour s'approcher des forrereſſes ſans craindre beaucoup leur artillerie, & pour prendre celles que l'on eſtime imprenables. Il y a encore des secrets pour perdre les armees qui tiennent la campagne, soit par d'autres machines propres à cela, soit par des stratagemes diuers; & mesmes l'on les peut arrester soudain par des branchages de fer qui se ployent en croix, dont chaque pionnier portera le sien pour les enfoncer dans terre, & les enchaisner à la premiere occasion, ce qui seruira d'vn rempart inuincible.

Les Hommes tesmoignent leur industrie en toutes ces choses pour la conseruation de leur corps, dõt nous auons consideré la nourriture, les exercices, les maladies & leurs remedes, les vestemens, le logement & les armes, ce qui est necessaire à tout Hõme quand il ne bougeroit de chez luy: mais l'on y peut ajouster des agilitez extraordinaires, qui peuuent seruir en quelques rencõtres pour se tirer de peril, & quand elles ne seruiroient point, c'est tousiours pour tesmoigner quel est le pouuoir du corps humain. Nous sçauons qu'il y a des gens qui sautent de fort haut sans se blesser, ce qui peut estre vtile quelquefois: les autres font des culbutes & des sauts perilleux: dansent sur la corde, mesme sans contrepoids, & ayant des poignards, des paniers, ou des boules & autre chose attaché aux pieds: Ils voltigent aussi autour d'vne petite corde attachee au faiste d'vne maison, & s'y tiennent par la iointure du genouil, le reste du Corps estant renuersé. Ce sont des souplesses ausquelles les basteleurs s'accoustument, dont l'on pourroit bien parler au rãg des Exercices du Corps: Toutefois ce ne sont pas de ceux qui entretiennent la santé, mais qui la destruisent, si bien qu'il n'est pas necessaire que toute sorte de gens y soient instruits. Il est honeste seulemẽt d'auoir la dexterité de bien sauter, & celuy qui peut marcher asseurement sur vne corde ou sur vne muraille estroite, s'en seruira en beaucoup d'occasions de guerre. Au defaut de cela, il y a des inuentions pour sauter des fossez auec de grands bastons, en s'eslançant au delà: l'on a aussi d'autres bastons pour se soustenir sur les murailles, & l'on a des eschelles pour se guinder en haut, soit de fer, de bois ou de corde, & l'on s'esleue aussi soy-mesme sur

Des agilitez extraordinaires

DES ARTI-
FICES DES
HOMMES
Comment les Hõ-
mes se seruent de
l'agilité des ani-
maux pour se fai-
re porter & traif-
ner; Et des Ma-
chines qu'ils peu-
uent faire pour se
passer d'eux.

vn leuier, auec vne corde que l'on tire, laquelle passe par plusieurs poulies pour augmenter son pouuoir.

Les Hommes ayans accompagné leur force naturelle d'armes & d'instruments propres pour exercer quantité de choses qui sans cela leur auroient esté difficiles, & ayans encore vne agilité naturelle à laquelle ils donnent du secours, il leur est besoin d'auoir vne agilité entierement empruntee en d'autres occasions. Il y a des Hommes qui courent aussi viste que les bestes les plus legeres : mais ils se lassent bien plustost, & afin que ceux mesme qui n'ont guere d'agilité en trouuent vne à l'exterieur qui leur serue autant que si elle estoit à eux, ils se peuuent tous seruir de celle des bestes, montant sur leur dos, pour estre transportez en plusieurs lieux auec moins de temps & de peine. Specialement, ils ont donc monté sur le dos du cheual qui les porte où ils veulent, & se sont aussi deschargez sur luy de beaucoup de fardeaux. Quelques autres animaux, comme le Chameau & l'Elephant, ont esté trouuez propres à supporter vn grand poids, mais ils ne les ont pas pû manier si dextrement. Ils se sont fait aussi mener dans des chariots traisnez par plusieurs bestes, comme par des Pantheres, des Ours, des Cerfs, des Bœufs ou des Cheuaux, mais les Cheuaux y sont les plus propres. Pour cheminer encore sur la Terre sans peine, & mesme sans le secours des animaux, ils ont pû faire aller des chariots par le moyen du vent, les ayant rendu fort legers, & ayant esleué au milieu vn grand mast auec la voile. L'on les peut aussi faire marcher par le moyen de diuers ressorts dont les forces seront assez puissantes pour faire tourner les rouës qui les soustiendront. Vn goutteux se peut aussi promener pareillement sur vne chaise dont les piliers seront posez sur quatre petites rouées que d'autres feront tourner, ne faisant cependant que donner vn coup de doigt à vne petite barre, qui sera le principe du mouuement : Et si l'on veut mesme, il y a moyen de faire que les chaises & les chariots cheminent, non seulement par des contre-poids, mais par vn ressort secret, sans que l'on y touche incessamment.

Pour ce qui est de se faire porter sur l'Eau, les Hommes le font encore mieux que tous les autres animaux. Les bestes ont vn instinct qui leur apprend à remuer les pieds, afin de s'y faire supporter, & de se sauuer en cas de necessité. Mais si les Hommes ne sçauent pas nager naturellement, ils l'apprenent auec vn peu d'artifice. Auec cela, ils vont aussi bien dessous les eaux que dessus, ce que ne font pas les bestes. Ils nagent sur le ventre & sur le dos en diuerses manieres. Il y en a qui s'aident pour cela de vessies ou de calebasses; & mesme afin de ne se point lasser, l'on a inuenté des bourlets de cuir pleins de vent, sur lesquels l'on se tient assis, & l'on les fait aller en remuant les mains, ou bien tenant de petites palettes. L'on peut aller fort loin de cette sorte, & auec peu de peine, si l'on veut se laisser emporter au courant de l'Eau; Que si le bourlet passe entre les iambes & autour des cuisses pour mieux soustenir vn Homme, quand il aura le corps couuert d'escailles & vne queuë de poisson qui en ressortira en forme de Monstre-marin, il pourra contrefaire les Tritons & les Sireines, dans des magnificences naualles. L'on peut aussi marcher sur les eaux ayant de semblables bourlets sous les pieds: Mais pour y aller plus seurement & plus commodement, l'on se sert de batteaux, de nauires & de galeres. Voyant que le bois va sur l'eau, & que l'on peut estre porté dessus, il n'a esté question que de trouuer les diuerses formes de vaisseaux propres pour chaque mer, ou pour chaque riuiere. Les vaisseaux creux & larges sont pour les hautes eaux; les plats & longs, pour les basses. L'on tend des voiles où le vent est bon, & l'on se sert de rames aux autres endroits; mais tout cela n'exempte point du naufrage dans les grandes tempestes qui renuersent les vaisseaux ou qui les fracassent. L'on a crû pourtant auoir trouué l'inuention d'vn vaisseau qui ne periroit iamais, l'ayant entouré de longues poutres iointes ensemble, ausquelles il seroit attaché par des chaisnes ou des ca-

DES ARTIF. DES HOM.

Comment les hommes sont portez sur l'Eau en nageant, ou sur des bourlets & sur diuers vaisseaux.

Comment l'on peut éuiter le naufrage.

bles, ou bien qui tenans à luy, feroient partie de son corps. Il seroit-là assez bien soustenu pour n'estre point renuersé. Cela l'empescheroit aussi de choquer contre les rochers; & quand mesme il se briseroit, l'on se pourroit sauuer sur la machine flottante. L'on respondra que cela se feroit à grands frais, & que cela ne seroit pas assez leger pour faire beaucoup de chemin en peu d'heure : Neantmoins, il y a quelque vtilité en cela, & il est certain que l'on peut trouuer les moyens d'aller plus seurement sur la mer y adioustant aussi les secrets de la Charte Marine, pour ne se point engager en des lieux dangereux. L'ayguille aimantee nous fait assez bien connoistre la distance du Pole, à cause qu'il est inuariable : mais pour la longitude ou la distance du Meridien, elle est difficile à trouuer. Toutefois, l'on espere d'y paruenir par l'obseruation des Eclypses de Lune ou de Soleil ; mais cela ne se peut pas obseruer souuent, & n'est guere vtile pour se conduire sur Mer. Cela se doit faire auec plus de succez par l'obseruation que l'on a proposee de la distance de la Lune auec deux estoilles que l'on choisit, ou par la variation de l'aymant en quelques endroits du Monde, ou par des Montres & des Horloges de sable & d'eau, qui mesurent iustement l'heure qu'il est au lieu que l'on a quitté, tandis que l'on obserue auec l'Astrolabe l'heure qu'il est au lieu où l'on se trouue, afin que de cette varieté l'on iuge en quel quartier du Monde l'on peut estre. La difficulté de ces inuentions consiste à dresser des Tables certaines des obseruations que l'on aura faites, & à rendre ses instrumens fort iustes : mais la patience & le trauail des Hommes puuent accomplir beaucoup de choses. Au reste, nous remarquerons que pour monstrer des effets de l'industrie au lieu de faire aller des vaisseaux à force de bras sur les Mers paisibles, sur les Lacs & sur les Fleuues, cela se pourra faire par des ressorts n'y faisant que toucher fort peu, ou les laissant iouer tous seuls selon la force qui les poussera. L'on peut mesme accommoder vn batteau de telle sorte, qu'il ira tout seul contre le courant d'vne riuiere. Ceux qui

Comment l'on peut trouuer les Longitudes.

Des vaisseaux qui cheminent par ressorts.

qui le reuoqueront en doute, penseront obiecter que si l'on veut donner le mouuement à toutes les rouës par le moyen d'vne roue à aisles qui sera exposée à l'eau, le courant emportera pluftoft le batteau qu'il ne fera tourner cette roue: Mais l'on promet que la faisant fort petite & fort mobile, elle aura vne prompte action sur les roues du dedans qui doiuent faire iouer les rames: D'ailleurs, pour obuier à tout inconuenient, l'on peut faire que la force mouuante ne depende point de l'Eau, mais d'vne grande lame d'acier tortillée, enfermée dans vn baril qu'elle poussera en s'estendant, pour communiquer le mouuement à tout le reste de la machine. L'on pourroit aussi faire que ce mesme batteau trauerseroit la riuiere, le tournant comme il faudroit, & si l'on vouloit en faire aller & reuenir vn autre inceffamment, comme vne maniere de bac, cela s'executeroit par le Moyen des deux machines que l'on cacheroit dans des caues sur les riuages, lesquelles auroient des ressorts ou des contrepoids pour faire marcher le batteau par le moyen de trois cordes où il seroit attaché, dont l'vne seruiroit à le guider, & les deux autres à le tirer de chaque costé, par deux mouuemens succeffifs également mesurez. Outre cela, si l'on veut aller secrettement sous les eaux, il faut auoir vn vaisseau couuert chargé de quelque poids, qui le fasse enfoncer, & qui en mesme temps fasse iouer des ressorts pour le traisner sur le sable, sur des roues qui seront au dessous, & pource que l'air est necessaire à la respiration des Hommes, vn lon tuyau qui montera iusqu'au dessus de l'eau, en pourra donner, & dauantage introduira quelque clarté dans la cabanne. Toutes ces inuentions font assez voir comment l'Homme donne de l'aide à ses forces. Cela depend de la premiere inuention des machines, par lesquelles l'on peut faire mouuoir & transporter diuerses choses, ce qui est executé par les contre-poids, les bandages & les roues. Pour connoistre l'entiere puissance de ces instrumens, nous auons sçeu que par eux l'on peut faire diuerses choses vtiles, comme les horloges & les moulins; & en ce qui est du transport, nous

Vol. III.   Y

DES ARTIF. voyons combien les gruës seruent aux bastimens, & nous
DES HOMM. deuons apprendre qu'il y a mesme d'autre machines encore plus subtiles, pour transporter des statuës & des pyramides, & les poser adroitement où l'on veut sans y rien gaster.

A sçauoir si les Hommes peuuent voler comme les oyseaux.

Il ne nous reste que de sçauoir si les Hommes qui ont le pouuoir de faire transporter tant de gros fardeaux, & de se faire aussi transporter eux-mesmes sur la terre & sur l'Eau, ont le mesme priuilege dans l'Air. Ils s'y esleuent bien auec quelque soustien ou quelque attache, & si tiennent quelque peu de temps en sautant; mais pour y demeurer dauantage, c'est ce que l'on met en doute, s'ils n'ont vn secours du tout miraculeux. Toutesfois, il y a eu des Hommes assez hardis pour promettre de voler comme les oyseaux, & l'on ne tient point cela impossible, pourueu que l'on eust de fort grandes aisles attachées au bras, soit de plume ou de toile, dressées sur des verges menuës, & que l'on les remuast en temps conuenable; car si de gros oyseaux sont supportez en l'Air, le corps des Hommes le pourroit bien estre auec des aisles proportionnées. L'on adioustera qu'il faudroit qu'vn homme se lançast du haut d'vne tour ou d'vne montagne, afin d'auoir assez d'air pour le supporter: De verité, c'est ce qui rend l'experience perilleuse, & d'ailleurs les bras se pourroient lasser à remuer les aisles comme il faudroit: En voylà les inconueniens. L'on a trouué plus vray-semblable, d'estre esleué dans vne grande machine d'oyseau, dont les aisles seroient iustement remuées par des ressorts expres, & dans laquelle l'on seroit couché si doucement, que la cheute ne feroit pas beaucoup de mal.

Des auantages des Hommes au dessus des bestes.

Toutes ces choses acheuent de monstrer combien les Hommes surpassent les bestes en plusieurs choses, ou tout au moins les esgalent en d'autres, pour ce qui est des facultez corporelles, ainsi que l'on a desia trouué ailleurs. En ce qui est du Spirituel, l'auantage y est tout manifeste, il n'en faut point parler. Quant aux auantages du corps, les tours de souplesse que font quelques Hommes, surpassent ceux de tous les animaux. Leurs baſtimens ſont auſſi bien plus induſtrieux que les nids des oyſeaux, & leur compoſitions chymiques auſſi admirables que le Miel des abeilles : Que ſi quelques beſtes ont des ongles & des dents qui ont beaucoup de force, les Hommes n'en manquent point en leurs mains : Dauantage, ils les garniſent de pluſieurs armes tranchantes, & ſi les beſtes iettent du venin au dehors; les boulets d'harquebuſe ſont bien plus redoutables. Quand il ſeroit auſſi entierement impoſſible à l'Homme d'aller par l'air, il luy doit ſuffire d'auoir le moyen d'aller à cheual, & de ſe faire traiſner dans des chariots, & ſur tout d'auoir inuenté la nauigation, plus vtile meſme que le vol n'eſt aux oyſeaux; car ils ne ſçauroient trauerſer les grandes mers faute de trouuer où ſe repoſer & dequoy ſe nourrir, au lieu que l'Homme les trauerſe dans des vaiſſeaux où il ſe repoſe, & où il vit aſſez commodement. Il y a encore quantité de choſes à obſeruer pour les auantages de l'Homme : Mais ce que nous auons dit eſt ſuffiſant pour faire connoiſtre que l'on ne doit pas ſe plaindre de la Nature, qui n'a donné par inſtinct que fort peu de choſe aux animaux irraiſonnables, mais qui a donné à l'Homme le pouuoir d'accomplir tant de belles œuures par ſon induſtrie. Dira-t'on que ce que les beſtes ont, elles l'ont de leur nature qui eſt plus excellente que l'Art : Mais ſi l'Homme a l'artifice outre la nature commune, n'eſt-ce pas encore vn effet de ſa nature de ſe pouuoir ſeruir de cét artifice? Pour monſtrer meſme combien il eſt eſleué au deſſus des brutes, il poſſede luy ſeul toutes les qualitez qu'elles ont chacune à part, car toutes les puiſſances qu'elles ont ne leur ſont propres que ſelon leurs eſpeces, & il en eſt de meſme de toutes leurs operations, au lieu que l'Homme s'aplique generalement à toutes ces choſes.

L'Homme peut auſſi repreſenter tout ce qui appartient à toute ſorte d'animaux. Il peut imiter la diuerſité de leurs cris, ſoit en déguiſant ſa voix toute ſeule, ou bien en vſant de diuers chifflets & autres inſtrumens, ce qui ſert à les

DES ARTIF. DES HOMM.

Comment l'Homme imite le cry, la figure & les mouuemens des beſtes.

Y ij

DES ARTIF. tromper à la chasse, & mesme à tromper aussi quelquefois
DES HOMM. les autres hommes. L'Homme contrefait encore luy-mesme tous les mouuemens, & toutes les actions des bestes, enquoy il prend de l'aide quand il est besoin, se couurant de leurs peaux ou de quelque chose qui leur ressemble. Il les contrefait aussi en diuerses matieres, comme en pierre, en bois, en metal & en cire; Dauantage, il donne du mouuement à leurs Statuës auec des ressorts ou des rouës, les faisant marcher comme des corps viuans. Pour ce qui est de faire voler des oyseaux contrefaits, leur matiere estant fort legere, l'on peut auoir mis dans leur ventre de petits ressorts, qui feront mouuoir leurs aisles quand l'on les aura iettez en l'air : Mais s'ils sont de grande stature & d'vne estoffe vn peu lourde, il faut quelque corde pour les soustenir, car encore que leurs roues fassent mouuoir leurs aisles, le poids de leur corps les entraisnera en bas : Ce sera vne assez grande subtilité de faire que leurs aisles se remuent, & que l'on les voye aller vers vn certain endroit comme s'ils voloient, & puis cela se peut faire en quelque lieu, où ce qui les soustiendra sera subtilement caché.

Comment l'homme se contrefait aussi luy-mesme à toutes autres choses.

De mesme que l'homme contrefait les bestes, il se contrefait aussi luy-mesme. Il fait diuerses statues qui ressemblent au naturel, soit qu'elles soient taillées au cizeau ou iettées en moule ; & par vne industrie nompareille, il fait mesme des portraits qui ne sont que de platte peinture, lesquels representent neantmoins les corps de la mesme

Difference de la Peinture, de l'Esmail, de la Grauure & de la Sculpture.

sorte que s'ils estoient releuez ou enfoncez. Cela se fait par les regles de la Perspectiue, où les viues couleurs & les ombres sont mesnagez adroitement, & cela ne represente pas seulement les Animaux, les Plantes & toute la face de la Terre, mais aussi la face du Ciel, la clarté du Soleil & de la Lune, & l'esclat du feu. Non seulement cela contrefait aussi les corps insensibles, mais les sensibles; & la naïueté en est si grande, que de loin l'on les prend pour estre massifs, & mesmes pour estre mobiles. L'Esmail est vne des dependances de la peinture. L'on s'y sert des mesmes

traits, il ny a que la matiere des couleurs qui est differen- DES ARTIF.
te, car les couleurs de la Peinture ordinaire sont moins so- DES HOMM.
lides que celles de l'Esmail, qui estant appliqué sur les metaux doit aussi auoir des couleurs metalliques. L'on peut
dire que l'Esmail ne sert qu'à de petites representations : Il
en est de mesme de la Graueure & des Tailles-douces, qui
ne representent d'ordinaire les choses qu'en petit, & sans
aucune varieté de couleurs. L'Art de Peinture obseruant
toutes ses regles, represente mieux les choses les imitant
en leurs couleurs & en leur grandeur ; mais s'il trompe
beaucoup par l'éloignement, la Sculpture peut tromper
encore dans la proximité, pource que dauantage elle represente les choses auec leurs figures : Toutesfois, la Peinture a cela au dessus, que la Sculpture ne peut representer
comme elle, le Ciel, les Astres, le Feu & la lumiere ; &
que mesme sans le secours de ses couleurs, les figures
qu'elle fait ne sçauroient estre vne parfaite imitation des
Corps, soit des Animaux, des Arbres ou de la face de
la Terre. Mais l'homme ayant donné aux representations
la figure & la couleur, y adiouste le mouuement, ce qui
rend la Sculpture assez honorée, pource que cela ne se fait
qu'aux figures de relief, soit qu'elles soient de bois ou
d'autre matiere.

Nous auons desia declaré ailleurs de quelle sorte le *Comment l'on*
mouuement est donné aux Statuës, soit des Hommes ou *peut faire mou-*
des Animaux. L'on en peut faire de legeres que des res- *uoir les Statues*
sorts feront mascher, leur faisant aussi remuer la teste & *des Animaux, &*
le reste du Corps. Ainsi, l'on pourra faire tenir diuerses *leurs crys ordi-*
postures aux figures des bestes, & pour celles des Hom- *naires.*
mes, l'on les fera sonner de la trompette, toucher le luth,
l'espinette & les orgues, & trauailler à diuers mestiers. Si
cela se fait en de petites Statuës, pour vne plus parfaite
imitation, l'on le peut faire en quelques-vnes de la hauteur des corps naturels, leur donnant des ressorts plus puissans. Il y a bien plus, l'on peut faire que les figures des animaux rendent vn son pareil à leurs crys ordinaires. Puisque cela se peut imiter par diuers chifflets & tuyaux, il ne

DES ARTIF. faut qu'auoir de l'Eau difposee pour y chaffer du vent, ou
DES HOMM. dreffer quelque mouuement qui faffe iouer des foufflets.
Paffons outre, & difons que non feulement l'on peut faire
que les Statues des Hommes, ayent vn fon de voix ou vn
Commēt l'on peut chant pareil au leur, mais auffi la parole. Nous faifons
faire parler les defia des orgues où l'on contrefait vne voix humaine qui
Statues des hom- chante, fans qu'aucune parole y foit articulee ; Il y faut
mes. adjoufter la diuerfe terminaifon des mots, par vn artifice
exquis. L'on peut bien paruenir iufques-là ayant vne entiere connoiffance de ce qui forme cette diuerfité, & par
vne exacte imitation. Il faut remarquer que l'on ouure
la bouche diuerfement pour prononcer les voyelles, &
leurs differentes conionctions auec les confonnes ; Qu'il
faut pour quelques-vnes que les lévres fe refferrent, que
pour les autres elles s'ouurent quelque peu, & que la langue fe remuë auffi diuerfement pour cét effet : Il feroit
donc befoin que les tuyaux s'ouuriffent ainfi pour rendre
le fon : Qu'ils euffent auffi vne languette mobile, & qu'il
y en euft autant de fuite comme l'on voudroit faire prononcer de fyllabes ; ce qui feroit conduit par vne machine
expres. D'ailleurs, il faudroit que les tuyaux euffent diuerfes groffeurs felon que la prononciation des voyelles
eft douce ou rude, & foible ou forte : & fi l'on pouuoit, il
faudroit encore qu'ils s'eflargiffent ou fe preffaffent diuerfement, pour imiter l'eflargiffement & la compreffion du
gofier, ce que l'on feroit par des tuyaux de cuir au lieu
d'eftre de plomb : & à faute de cela, fi l'on les vouloit faire folides, l'on les mettroit au meilleur eftat où ils deuroiēt
eftre : mais de quelque façon que ce foit, tout au moins
la bouche & la languette des tuyaux deuroient eftre d'vne
matiere molle & flexible. A dire la verité, il faut des obferuations fi difficiles pour faire reuffir cela, que plufieurs
l'entreprendroient fans en venir à bout, mais nous connoiffons bien neantmoins que cela eft poffible, & que fi
vne telle machine eftoit appropriee dans le corps d'vne
Statuë, il fembleroit qu'elle parlaft, lors qu'en mefme tēps
vn reffort particulier luy feroit ouurir la bouche de temps

en temps ; Or pource que difficilement tant de tuyaux & de rouë necessaire au mouuement, pourroient estre rangez en si petit espace, il suffiroit aussi qu'ils fussent placez derriere son dos en quelque armoire, & ce seroit vne chose assez merueilleuse, de ce que l'on feroit prononcer quelques mots par vne telle inuention. Ce sont des secrets dont l'on a desia parlé, mais la maniere de les accomplir auoit esté inoüye iusques à present. Pour acheuer de vous estonner: nous disons dauantage, que l'on ne peut pas seulement faire proferer quelques mots choisis à vne telle machine, mais tous ceux que l'on se pourra imaginer, & que l'on la fera parler en telle langue que l'on voudra. Cette proposition semble encore plus estrange ; Mais que l'on escoute comment l'on pretendroit l'executer. Pour faire prononcer de certains mots qui seront tousiours les mesmes & en certaine quantité, cela se fera par le moyen d'vn gros tambour qui aura diuerses pointes, lesquelles frapperont en tournant sur les touches comme si c'estoit les doigts d'vn homme, de sorte que leur nombre sera limité selon les paroles que l'on voudra faire oüyr, ce qui pourra estre accommodé de mesme qu'en des orgues qui ioüent toutes seules de certaines chansons. Mais si l'on veut faire parler diuersement ces sortes de machines comme si elles estoient raisonnables, il faut outre cela faire des tuyaux pour toutes les voyelles, & leurs diuers accouplemens auec les consonnes pour former les syllabes, qui ne montent guere à plus de cinquante pour nos Alphabets vulgaires. Cela seruira pour prononcer tous les mots que l'on se pourra imaginer, & l'on en composera vn discours si l'on que l'on voudra. Il est vray que si l'on veut que cela s'execute tout sur le champ, & que le langage soit varié en mille & mille façons, il faudra qu'vn homme expert mette luy-mesme les doigts sur les touches, selon les paroles qu'il desirera faire entendre, touchant les tuyaux des syllabes l'vn apres l'autre, pour composer toute sorte de mots ; & cela se fera aussi viste comme il en sera capable par la disposition de ses doigts. Pource que la diuersité des mots va iufqu'à l'infiny, la preparation des machines qui eft bornée, ne peut operer cela toute feule. Il eft befoin que l'homme doüé de raifon & de volonté y trauaille; mais cela ne laiffe pas d'eftre bien merueilleux s'il imite la varieté de fa parole, auec des tuyaux & autres inftrumens faits d'vne matiere infenfible. D'ailleurs, nous deuons comprendre que pourueu que l'on ait de la patience, toute forte de difcours peuuent eftre mefme proferez par ces machines, fans qu'aucun homme mette les mains fur les touches, fi l'on veut arranger l'vne apres l'autre fur la rouë muficale, les pointes qui feruent à toucher le clauier. Il faut que l'induftrie & le foin operent pour accomplir ces rares ouurages, qui font des chefs-d'œuures de l'Artifice. Nous auons affez veu comment l'homme peut trauailler à la Melioration & à la Perfection de ce qui eft corporel. mais voicy mefme vne Imitation de fa voix, qui eft inuifible, & femble n'auoir point de corps, & qui eft vn des inftrumens de l'Ame. Si cela n'eft vtile manifeftement au bien de fa vie, cela monftre au moins l'excellence de fon inuention, qui s'exerce en de pareils fujets pour fe rendre capable de ce que l'on doit le plus eftimer.

De l'Vfage des Proprietez cachées : Et des Sympathies, & des Influences ;

Ou de la Magie Naturelle.

CHAPITRE IX.

TOVTES les operations que les hommes font fur les corps & auec les corps, par le moyen des qualitez les plus fenfibles, font affez admirables pour la plufpart, mais celles qui fe font par des qualitez entierement fecrettes, & que l'on ne connoift par leurs effets, leur difputent le prix. Ce font celles qui
doiuent

doiuent estre appuyées sur les Emanations subtiles, sur DE LA MAG.
la Sympathie ou Antipathie, & sur les Influences. L'on NATVREL.
asseure que si l'on en a connoissance, & si l'on s'en sert à
propos l'on execute des choses qui tiennent du miracle;
& c'est proprement ce que l'on nomme la Magie naturelle. A dire la verité, tous les vsages extraordinaires des
Corps naturels que nous auons proposé iusqu'à cette heure, peuuent estre rangez sous cette Science, mais nous
en sçauons dont la puissance estant plus cachée ont bien
plus d'apparence d'estre Magiques. L'on dira que l'esprit de l'Homme n'y trauaille pas tant qu'à des ouurages
ingenieux qu'il fait agir par son industrie : mais s'il n'a
point fait quelque effort pour trouuer tant de facultez secrettes, que l'on rencontre quelquefois par hazard &
sans y penser, au moins il en a pû faire pour les appliquer
diuersement. Or ayant desia appris qu'il sort de tous les
corps de certaines effusions, que l'on peut estimer corporelles, quoy que fort subtiles, il vient icy en ordre de considerer leur vsage, & quel pouuoir nous auons de leur dōner de la melioration, & de les tourner au bien ou au mal.
Au cas que l'on mette en ce nombre les plus simples,
qui sont aussi les plus connues, lesquelles portent les corps
à se ioindre ensemble d'vne affection naturelle, comme
font les corps semblables, ou ceux qui ont quelque affinité auec d'autres, nous dirons que l'on peut aider ou nuire à de telles Effusions rendant les corps assez voisins, &
que l'on peut augmenter ou diminuer leurs facultez en
changeant la constitution de ces mesmes corps. Comme si
l'eau se ioint à l'autre eau gardant sa fluidité : au contraire, lors que l'on l'eschauffera, l'on la fera monter en vapeur
pour s'en esloigner. L'on causera ainsi plusieurs changemens par le chaud ou le froid, & en ce qui est de tourner toutes ces puissances à nostre vtilité, cela se fait diuersement. Si les proprietez des Corps principaux tombent
sous nostre pouuoir, celles des particuliers ou Deriuez, n'y
resistent pas dauantage. En ce qui est des Meteores,
pource que ce sont des Corps simplement meslez, ils sui-

uent d'ordinaire la loy des principaux, n'eſtans qu'eau eſtenduë ou exhalaiſon enflammée. Si nous venons à ce qui leur eſt inferieur, les Eaux des fontaines ont diuerſes proprietez que nous employons à leur effet propre : Nous en faiſons de meſme des Terres, mettant enſemble celles qui ſont capable de rendre les Plantes fertiles, comme la terre chaude & humide auec la froide & la ſeche. Celles qui ont quelque effet de Medecine ſont employées dans les occaſions, comme la Lemnienne & le Bol Armenien, qui arreſtent le flux de ſang. Les Pierres ont auſſi leurs proprietez particulieres. L'on ſe ſert de la pierre d'Aimant pour les quadrans & les bouſſoles : L'on en attire auſſi vn morceau de fer, qui pourra apres attirer vn autre fer, & cettuy-là vn autre, pour en faire comme vne chaiſne : Tenant cette pierre cachée ſous vn plat, l'on y fera cheminer des aiguilles auec ſuiet d'admiration. Elle pourra encore ſeruir au mouuement de quelques roues & de diuerſes figures où il y aura de l'acier, & l'on rapporte qu'en la hauſſant & baiſſant ſous vn baſſin plein d'eau, dās lequel l'on aura mis vne petite naſſelle auec vne figure d'homme tenant des auirons, ſi cette figure a du fer ſur le dos, elle ſe renuerſera coup ſur coup, comme pour ramer. A l'imitation de cela, l'on peut inuenter d'autres gentilleſſes qui ſont des vſages de plaiſir, s'ils ne le ſont d'vtilité. Toutes les pierres precieuſes ont de meſme leur employ. Celles qui ont des qualitez propres à reſiouyr l'homme y operent lors que l'on les porte ſur ſoy, & ſpecialement quand l'on les regarde : C'eſt ce que l'on doit eſperer de leur eſclat & de leur couleur : Mais outre cela, ſi l'on aſſeure que leurs tranſmiſſions peuuent cauſer vne allegreſſe d'eſprit par le ſeul attouchement, cela eſt difficile à croire, & l'on ne void point que ceux qui les portent ſoient plus ioyeux ou plus triſtes, que ſelon leur naturel, ou ſelon le ſuiet qu'ils ont de changer d'humeur. Leur ſanté n'en eſt point auſſi mieux conſeruée, ny pluſtoſt recouuerte quand elle eſt perduë. Au moins, l'on dit que la pluſpart des pierres precieuſes donnent des marques de l'eſtat de ceux qui les portent, faiſant connoiſtre s'ils sont fort malades, & l'on asseure cela principalement de la Turquoise & de l'Esmeraude. Quelques-vns asseurent encore que la Turquoise se rompt si elle est au doigt de ceux qui commettent adultere ; D'autres disent qu'elle s'obscurcit seulement, & qu'elle fait connoistre en general l'intemperance des Hommes. Il y a plus d'apparence en cette derniere opinion, pource qu'il peut sortir de mauuaises vapeurs du corps des intemperans, lesquelles ternissent l'éclat de ces pierres: Mais cela n'arriuera pas à toutes personnes, puis qu'il y a des Hommes vicieux, qui estans de forte complexion, ne sentent pas si-tost le dommage que font les excés, au lieu qu'il y en a de vertueux qui sont tousiours malades. Toutesfois, s'il est ainsi qu'en quelque façon que ce soit les Pierres precieuses fassent voir quelquefois quel est l'estat de la santé de ceux qui les portent, c'est leur attribuer des marques des vices du corps, & non pas de ceux de l'Ame, ce qui est le plus vray-semblable : Mais il faut se figurer encore que bien que la pierre soit au doigt d'vn malade, les vapeurs malignes qui sortiront de son corps, n'offusqueront pas tousiours leur esclat, estans arrestees de quelque obstacle, ou esleuees ailleurs: & dauantage, il faut reconnoistre que cecy n'est point de l'effet des transmissions des Pierres, puis qu'elles monstrent icy leurs souffrances & non point leurs actions.

Quant à l'vsage de plusieurs autres proprietez extraordinaires & incroyables, il n'est pas besoin de le regler, puis que l'on n'en sçait point d'exemple. C'est vne chose controuuee de dire que l'on chasse toute crainte hors de soy, & que l'on se fait redouter par ses ennemis en portant à son costé gauche la pierre Alectorine tiree de la teste d'vn vieil Coq : Que l'on se fait aimer de chacun en portant la pierre Chelidoine prise au ventre des hirondelles : Que l'on interprete toute sorte de songes en tenant la pierre Asmadus : Que l'on deuine les choses futures en mettant sous sa langue la pierre Colunite trouuee en la teste d'vne tortue : & que l'on se rendra inuisible en portant sur soy vne pierre appellee Ophtalmus enuelopee de

De l'Vsage des proprietez incroyables des Pierres.

feueiles de Laurier. Voilà la façon d'vser de ces Pierres, qui est assez facile, mais la pluspart sont inconnues, ou tres-difficiles à trouuer. L'on ne sçauroit estre asseuré de leur vertu par l'experience, mais il suffit de considerer qu'il n'y a aucune raison qui puisse faire croire que l'on en doiue esperer de si éstranges effets. L'on en attribuë à peu prés de semblables à des pierres assez connues dont l'on void aizément le mensonge, comme l'on dit que la Cassidoine chasse la frenesie & la fausse imagination de l'esprit des melancholiques ; Que la Topaze arreste incontinent le sang qui coule d'vne playe : Que le Saphir rend aimable, & beaucoup de miracles qu'l'on raconte d'autres pierres. Il les faut nier absolument, nous asseurant que les Autheurs les ont inuentez par leur seul plaisir, ou tout au plus que ce qu'ils en disent, a quelque signification mysterieuse : Car par exemple, si l'on a dit que celuy qui porteroit la pierre Alectorine tirée de la teste d'vn Coq, se rendoit redoutable à ses ennemis, l'on a voulu signifier que pour cét effet il falloit auoir le courage du Coq. L'on expliquera les autres chacun à sa phantaisie. Il est vray qu'il y a aussi quelques Pierres de qui l'on publie d'autres choses qui semblent d'abord fort miraculeuses & impossibles, mais qui se font neantmoins veritablement d'vne certaine maniere : & c'est que le discours de ceux qui en ont parlé les premiers a esté ambigu & caché pour causer plus d'admiration. Ils ont escrit que la pierre Heliotrope estant mise dans vn bassin plein d'eau, fait rougir le Soleil, & le fait presque eclypser. Il semble à les ouyr que cette pierre ait du pouuoir sur cét Astre comme si elle seruoit à quelque puissant charme : mais il ne faut entendre cela que de la representation du Soleil qui se fait dans le bassin à l'endroit où la pierre est mise. De mesme, quand l'on dit que la pierre d'Iris fait parestre l'Arc-en-Ciel estant exposée au Soleil, ce n'est pas dans les hautes parties de l'Air qu'elle fait voir cét Arc, mais contre la terre & autres corps solides opposez, ausquels elle communique la varieté de ses couleurs, de mesme qu'vn cristal triangulai-

re. Nous auons aussi parlé ailleurs d'vne maniere de faire DE LA MAG.
voir quand l'on veut l'Arc-en-Ciel opposé au Soleil dans NATVREL.
vn lieu exprez, où la representation du Soleil & du Ciel
est telle qu'ils sont alors, & où celle de l'Arc despend de
l'artifice d'vn cristal. Ainsi les operations des Pierres qui
semblent si miraculeuses à en entendre discourir quelques
Naturalistes, n'ont souuent que des effets assez communs;
comme si l'on publie que la pierre Pantaura, possede les
qualitez de toutes les autres Pierres, l'on veut dire seulement que lors qu'elles sont mises prez d'elle, elle represente soudain leur esclat, pource qu'elle est si claire qu'elle reçoit leurs images comme feroit vn miroir, & en ce cas-là,
elle ne s'attribuë que des qualitez suiettes à la veuë, telles
que sont les couleurs.

Plusieurs se sont encore trompez d'vne autre sorte à ce *Quelques Pierres*
qu'ils ont veu escrit touchant la vertu des Pierres, car ils *ne seruent de re-*
ont creu que celles qui seruent de remede à quelque mal, *medes à quelques*
le pouuoient faire, estans penduës au col ou au bras, ou *maux, qu'estans*
portees en anneau; & neantmoins elles ne sont vtiles qu'e- *dissoutes.*
stans dissoutes dans quelques liqueurs, ou mises en poudre pour estre prises en forme de medicament, ou bien
lors que l'on en a tiré quelque extrait par voye chymique,
pour le mesme dessein. Ainsi, l'on trouue que le sel & le
magistere du Corail sont vtiles aux maladies du foye & à
l'intemperie du sang, restreignant le sang lors qu'il s'eschauffe & se déborde ; Mais l'on auroit beau porter du
Corail sur soy, auant qu'il produisist vn mesme effet, quoy
que l'on ait escrit qu'il ne faut qu'en porter des colliers ou
des bracelets.

Cecy nous fera entrer dans la consideration des Plan- *Plusieurs Plantes*
tes, dont l'on rapporte encore de semblables merueilles. *n'agissent que par*
L'on dit que le Iusquiame verd estant mis sous le cheuet *vne transmission*
d'vn homme qui ne peut dormir, il luy excite le sommeil. *prochaine.*
L'on nomme encore plusieurs Plantes à qui l'on attribuë
le mesme effet, mais l'on se trompe dans l'vsage : car ce
n'est pas seulement sous le cheuet du lit qu'il les faut placer ; il les faut plustost estendre sous vn bandeau que l'on

Z iij

DE LA MAG- applique sur le front, ou bien il en faut auoir tiré des eaux
NATVREL. ou des huiles dont l'on frotte le front & les temples. Si
l'on les veut mettre simplemēt sous le cheuet, il faut donc
qu'il y ait vn gros faisceau de leurs branches, afin que la
transmission en soit plus forte, & ne se pas contenter d'vn
petit rameau comme l'on fait quelquefois. L'on dit aussi
qu'en portant sur soy de l'armoise, l'on ne se lasse point
en cheminant : C'est plustost qu'elle delasse si l'on s'en
frotte les pieds. Ainsi les transmissions de la plusspart des
Plantes ne monstrent leurs forces que par vne application
prochaine. A n'en point mentir, quelques-vns se sont
purgez par la seule veue & par l'odorat du Sené, non seulement pour ce que sa transmission est fort puissante, mais
pource qu'ils en estoient fort susceptibles. Plusieurs autres
Plantes n'agissent que dans l'interieur du corps, soit que
l'on prenne leurs parties entieres, ou leur suc & leur tein-

Les effets miracu
leux que l'on at
tribue à quelques
Plantes, sont in
croyables.

ture. L'vsage des vnes & des autres est reglé selon les experiences que l'on en fait : Mais pour ce qui est des Plantes à qui l'on attribue des effets miraculeux & au dessus
de la Nature, de mesme qu'aux Pierres il est inutile de s'y
arrester. Nous ne croyons pas que l'on puisse estre tousiours heureux au ieu, ou aimé des Dames, en portant sur
soy du Treffle à quatre feuilles, selon l'erreur de quelques
esprits foibles. Il semble mesme que l'on se moque de
nommer cette Plante, comme estant impossible de la trouuer, d'autant que la Nature du Treffle est de n'auoir que
trois feuilles, ainsi que son nom le tesmoigne : mais il faut
croire qu'il y a de certain treffle qui montant, & poussant
encore quelques feuilles au dessus des trois, donne suiet
aux Arboristes de l'appeller du Treffle à quatre, soit qu'il
n'y ait que quatre feuilles, ou qu'ils rognent les surabondantes pour tromper les idiots à qui ils les vendēt. Neantmoins, de quelque façon que cette herbe soit, elle ne doit
auoir aucune puissance sur le hazard du ieu, ny sur vne
chose volontaire comme l'amour. Il faut penser le mesme
de la Verueyne dont l'on dit qu'il se faut frotter les mains
pour se faire aimer, & en aller frotter celles de la personne

dont l'on veut estre aimé. L'on rapporte encore d'autres chofes qui ne font pas plus croyables : L'on dit qu'il y a vne herbe qui rend inuifible, vne autre qui fert à faire ouurir toutes les portes ; & penfez que l'on a voulu parler de la mefme qui desferre les cheuaux, d'autant que l'on a crû qu'elle tireroit aufli bien les ferrures de leur place : mais nous auons defia repliqué, que fi elle desferroit les cheuaux c'eſtoit en rendant leur corne plus molle, de forte que cela n'eſt pas receuable pour autre chofe. Les herbes que l'on dit qui rendent Prophete ou bien-heureux, en les mafchant ou les portant, font auſsi au nombre des chofes fabuleufes. Elles ne feroient pas plus connues quand l'on rapporteroit leurs noms, pource que la pluſpart font barbares & inconnus, & l'on ne doit point mefme chercher l'vfage d'vne chofe qui ne fe trouue point.

DE LA MAG. NATVREL.

L'on attribue encore des puiſſances merueilleufes aux corps des animaux entiers, & à leurs parties, pour de femblables effets que ceux que nous auons nommez, & pour les maladies les plus fafcheufes. Quant aux effets miraculeux, ils n'y ont aucun pouuoir : mais pour ce qui eſt de remedier à quelques maladies, il eſt certain qu'ils le font en diuerfes maniere. L'on fe peut feruir vtilemẽt de ce qui eſt tiré d'eux, foit que l'on en ait fait des eaux, des huiles ou des vnguens, & cela opere par vne application prochaine. Quelquesfois leurs parties toutes fimples feruent au corps humain, comme le cœur, le foye & la ratte, qui font pris tous chauds pour fomenter de femblables parties affligees, & l'on les applique auſsi en de differens endroits contre les fiévres, comme aux poignets, aux temples & fur l'eſpine du dos, encore que le principe du mal ne foit pas en tous ces lieux-là, d'autant que l'on croit que les tranfmiſsions de ces parties fe communiquent par là iufqu'à fa fource. Puifque l'on les prend lors qu'elles gardent encore leur chaleur, l'on peut eſperer que cette qualité eſt aſsez penetrante pour tranfmettre auec elle d'autres facultez : Mais outre cela, l'on aſseure que les mefmes parties toutes feiches & long-temps gardees, ne

Des puiſſances que l'on attribue aux corps des animaux & à leurs parties.

font pas destituees de pouuoir. Plusieurs s'en seruent contre quelques maladies, & l'on ne peut nier que cela n'ait eu quelquefois du succez. Pour les parties qui sont naturellement seiches, comme les ongles, les cornes, les dents & les os de plusieurs bestes, l'on s'en peut seruir en tout temps sans difficulté, & leurs racleures trempees dans de l'eau, ou bien leurs poudres prises diuersement, ont de differentes prerogatiues. Il y en a que l'on porte aussi en leur entier pour seruir de remede à quelque mal, comme la dent de cheual marin & celle de loup, & autres, contre la goutte, la migrine ou la cholique : le pied d'Elan, contre l'Epilepsie : & le pied de liéure, contre la Nephritique. Pour ce qui est de leur chair, de leur sang, & de leurs os broyez, ils peuuent estre vtiles à composer plusieurs drogues dont l'vsage n'est pas si estrange, pource qu'elles agissent auec plus de proximité dans leur application qu'vne partie seiche qui est simplement portee au col, au bras, ou sur les flancs. Toutefois, il est permis de s'enquerir si le pouuoir des parties seichees est iustifié par l'experience, ce qui sera fort mal-aizé à trouuer. Quoy qu'il en soit, il en a falu donner quelque exemple en ce lieu-cy. L'on promet bien de guerir les maladies par des remedes plus bigearres : L'on dit que si ayant rogné ses ongles des mains & des pieds, l'on les pend au col d'vne anguille dans vn petit sachet, & l'on la remet apres dans l'eau, cela fera perdre les fievres : Que l'on guerira aussi de la fiévre quarte si l'on porte vne araignee pendüe au col dans vne coquille de noix, ou des fourmis ou des punaises entortillees dans vne toille d'araignee blanche. Ce sont toutes absurditez & superstitions.

Comment l'on subtilise à chercher de vrays effets.

Ceux qui subtilisent dauantage, pretendent que les vrays effects de la Magie naturelle se monstrent lors que l'on sçait apliquer les choses à leurs semblables, ou à d'autres choses qui n'en different guere, & qui leur peuuent enfin ressembler en quelque sorte. Ils pensent que tout ce qui vient des passereaux peut seruir à rendre les Hommes lascifs comme eux, soit que l'on mange leur chair ou que l'on

l'on porte sur soy quelques-vnes de leurs parties. Ils asseu- DE LA MAGI
rent aussi que si vne femme boit deux ou trois fois à jeun NATVREL.
vn demy verre d'vrine de mule, elle deuiendra sterile. Ils
attribuent le mesme effect à la raclure de la corne de mule
portee sur soy, mais plustost auallee parmy quelque breu-
uage ou quelque viande. Si les choses qu'ils disent ont apparence de verité, c'est comme lors qu'il est besoin de porter les hommes à l'amour ou à la colere, il est certain que
les alimens qu'i's prendront estans mediocrement ou excessiuement chauds, changeront le temperament pour le
rendre propre à exciter diuerses passions. Les choses froides ou astringentes auront de mesme leur puissance particuliere; mais il ne se fait presque rien au delà. En ce qui est
des Corps ou de leurs parties que l'on applique à d'autres
semblables, il est certain que si leur estat se trouue bon, il
se peut communiquer. Quelques-vns prennent garde que
de tels animaux n'ayent point esté suiets au mal que l'on
veut guerir, ou qu'ils soient de ceux qui s'en guerissent facilement; Les Magiciens naturels disent d'auantage, qu'il
faut obseruer, que si l'on tire quelque partie d'vn animal,
cela se fasse tandis qu'il demeure encore vif, & que l'efficace en est plus grande. Il est croyable que les esprits y demeurent en plus grande abondance; que si cette partie en
estoit tiree lors qu'il seroit mort entierement, & que cela
sert d'vne meilleure fomentation. Nous ne serons point
en discord auec eux sur de telles regles.

L'on nous raconte quelques secrets qui sont tirez des *Des secrets pour*
parties des Plantes & des Animaux, & d'autres choses *fasciner les yeux,*
pour faire plusieurs merueilles qui semblent estre vn ieu *& faire voir les*
de basteleurs ou d'enchanteurs : mais il n'est pas possible *Hommes auec des*
qu'elles ayent le pouuoir de tromper les Sens, ainsi que *testes de cheual ou*
l'on pretend. Il ne faut pas croire que naturellement l'on *d'asne, & autres*
puisse fasciner les yeux, comme plusieurs ont dit, & que *merueilles.*
pour auoir tiré de l'huile de la teste d'vn asne ou d'vn autre animal, l'ayant faict bouillir par trois iours dans vn pot
neuf, les lampes qui en seront allumees dans vne chambre obscure, fassent voir tous les assistans auec vne teste

Vol. III. Aa

DE LA MAG. d'asne ou de cheual, ny que la semence des mesmes ani-
NATVREL. maux ou les ordures de leurs oreilles, ou mesme leurs sien-
tes meslees dans quelque huyle, ayent le mesme effet, &
que l'on puisse faire des chandelles auec leur mouelle
meslee à de la cire vierge pour vn semblable dessein. Il n'y
a aucune raison qui puisse faire imaginer que cela soit veritable: Les chandelles qui sont faites de suif de mouton,
deuroient donc faire paroistre les assistans auec des testes
de mouton. L'on dira que l'on n'y obserue pas les ceremonies, de faire bouillir les membres des animaux dans
des pots neufs pour auoir la graisse, & de l'allumer dans
vne lampe neufue, ou bien de la mesler à de la cire vierge:
mais ces obseruations n'y peuuent point estre plus vtiles:
Ce ne sont que des superstitions: & quoy que l'on rapporte cela dans des Liures de Magie naturelle, cela n'a rien
de naturel, & ne se peut faire que par vne Magie diaboli-
que. L'on peut bien faire paroistre des visages palles, par
des fumees de souphre & autres semblables, & leur donner quelque couleur qu'ils n'ont pas: L'on les peut aussi
faire voir plus longs ou plus larges par des fumees qui
estendent l'image des objets: mais de changer entierement leur figure par ce moyen, l'on le doit tenir pour impossible. Il est vray que l'on peut bien trouuer l'inuention
de certains verres ou de papiers peints qui feront paroistre
diuerses figures par leurs couleurs, mais quand elles viendroient fraper sur les visages, la clarté qui s'épandroit au
reste du lieu, ne laisseroit pas de les faire voir en leur propre forme. L'on peut argumenter par là tres-subtilement,
que quand l'huyle tiree de la teste des animaux estant allumee dans vne lampe, auroit mesme vne partie du pouuoir que l'on luy attribuë, ce seroit seulement de former
des especes de leur teste qu'elles enuoyeroient au dehors,
lesquelles paroistroient aussi-tost contre vne muraille que
contre le corps d'vn Homme, selon l'endroit où elles s'a-
dresseroient: Et posez le cas qu'il en vinst vne iustement
sur la teste d'vn Homme; elle ne paroistroit que comme
vn ombrage, & la forme du visage humain se verroit tous-

jours en son naturel dans vne clarté diminuee. Cette tromperie des Sens ne se fait donc point, puisque de telles especes ne se forment point du tout, & que quand elles se formeroient, il n'en arriueroit pas ce que l'on pretend. En ce qui est de faire paroistre les Hommes sans teste auec vne chandelle faite de cire neufue où l'on ait meslé de la poix Greque, de l'orpiment & de la poudre faite de la peau d'vn serpent: c'est vne chose tres-absurde: car que peut-on penser de quelque lumiere si estrange que ce soit, sinon qu'elle iettera des fumees qui obscurciront toutes choses; & en ce cas-là si l'on ne void point la teste, tout le reste du Corps ne sera-t'il pas caché aussi ? L'on a escrit en outre que si l'on auoit enfermé de l'huile dãs vne bouteille attachee à vne grape de raisin qui tinst encore au sep, & qui eust pris sa croissance là dedans, si l'on auoit apres espraint le raisin dans l huyle, lors qu'elle seroit allumee elle feroit paroistre vne chambre toute pleine de raisins. Voyez comment il faut raisonner diuersement. Il est certain que si cette huyle pouuoit representer les especes des raisins, elle les feroit paroistre assez facilement contre les murailles de la chambre selon cette proposition, pource qu'il n'importeroit de quel costé allassent les representations, & cela seroit encore aisé à imiter par les verres & les papiers peints accommodez en guise de lanterne: Mais l'on ne pourroit pas faire paroistre de mesme les Hommes auec des testes d'animaux, puisque quand ces Fantosmes se formeroient, ils ne se trouueroient que par hazard sur leur vsage, & il faudroit plustost dire qu'au cas que cela se fist, toutes les murailles de la chambre se verroient peintes de semblables testes. Au reste, nous nous pouuons figurer que ceux qui ont proposé cela, ont touché grossierement à quelques veritez dont ils auoient ouy parler, touchant les formes des Corps sensitifs & vegetaux que l'on fait paroistre dans des phioles, ainsi que nous l'auons asseuré tantost; mais cela se fait par vne maniere plus subtile que celle qu'ils alleguent, de faire boüillir simplement des testes & des excremens, & il ne faut pas

DE LA MAG. que les esprits se perdent comme ils feroient en vne chan-
NATVREL. delle ou vne lampe.

Des secrets pour causer d'estranges visions à ceux qui dorment, & pour leur faire declarer leurs secrets.

L'on adiouste à ces illusions, les moyens que l'on peut trouuer d'auoir des visions extraordinaires en dormant. L'on dit que si en s'allant coucher l'on se frotte les temples de sang de Huppe, l'on verra en songe tout ce que l'on se peut imaginer d'estrange & de miraculeux ; & que si l'on a fait aussi vne suffumigation de Pouliot, de pierre d'azur, de graisse de Dauphin, de Loup, de Cheual & d'Elephant, & de sang d'asne & de chauue-souris, l'on verra parestre en dormant vne personne qui annoncera les choses cachees & les futures. L'on a accouplé toutes ces drogues, pource qu'il est difficile de les trouuer ensemble, & que l'on n'en descouurira pas si-tost le mensonge. Mais sans les esprouuer, nous iugeons qu'elles ne sçauroient auoir vne puissance surnaturelle, & que mesmes quand elles pourroient remplir la fantaisie de diuerses images, elles n'y en feroient pas naistre specialement quelques-vnes puisqu'elles doiuent suiure le temperament des personnes. L'on dit encore qu'vn œil d'hirondelle mis dans vn lit empesche de dormir celuy qui y est couché, luy causant mille inquietudes : Que la langue & le cœur d'vne grenouille de marests, estans mis sous le cheuet, feront parler vn Homme en dormant : Que s'ils sont mis sur sa poitrine à l'endroit du cœur, il respondra à toutes les choses sur lesquelles on l'interrogera, & que principalement cela arriuera à vne Femmes, pource que les Femmes sont enclines à babiller, & que cela leur pourra faire découurir leurs secrets, & mesme tout le mal qu'elles auront fait en leur vie.

De quelques merueilles de curiosité & de plaisir.

Pour ioindre icy d'autres merueilles de curiosité & de plaisir, l'on rapporte qu'ayant fait cuire sous les cendres, vn morceau de paste de farine de froment, meslee à la poudre de la pierre Æritès, cela seruira à faire descouurir vn lasron, pource qu'en ayant fait manger à tous ceux que l'on souplonne, celuy qui sera coulpable du fait, ne pourra aualler son morceau apres l'auoir masché. L'on dit aussi qu'ayant mis sous des plats l'herbe de Balisic auec sa racine, sans qu'vne Femme le sçache, elle ne voudra taster d'aucune viande pendant le repas ; Que si l'on fiche secrettement sous la table, vne aiguille dont l'on ait plusieurs fois cousu les draps des morts, toutes les personnes d'vn banquet demeureront tristes, & n'auront aucun appetit de manger. Ce sont-là des miracles ausquels nous n'adioustons aucune foy. Il est vray qu'il se fait des choses prodigieuses dans la Nature, mais il n'y en a point qui le soient tant que celles-là : Qui plus est, l'on trouue quelquefois des raisons de ce que l'on en espere, au lieu que l'on n'en rencontre point en cecy : car de dire que la grenoüille fait caqueter les Femmes, pource qu'elle ne cesse de coasser, & que l'ayguille des morts attriste pource qu'elle est vn suiet de tristesse, ce sont des imaginations appropriees au suiet, lesquelles ne sont point confirmees par d'autres exemples. Il faudroit donc que le pistolet & l'espee qui sont serrez dans vne chambre, fissent naistre des querelles entre ceux qui s'y trouueroient, & qu'vn archet de violon, ou le violon mesme, caché en quelque lieu, excitast incontinent chacun à la ioye & à la danse. Si l'on raconte de semblables choses, elles ne peuuent estre fondees que sur le pouuoir que les obiets ont d'esmouuoir les passions diuerses ; & cela estant, il les faut manifester, non pas les mettre en lieu caché. S'ils nous touchent, alors il n'y aura point de merueille extraordinaire : mais si c'estoit sans estre veus, il faudroit qu'ils eussent des euaporations & des influences, que l'on ne reçoit pas pour tous les corps selon la fantaisie de ceux qui les ont imaginees. Enfin, tant de proprietez particulieres que l'on raconte, ne sont pas assez veritables, pour estre mises au nombre de celles qui dependent de la Magie naturelle.

Si les hommes ont de la peine à operer sur eux-mesmes ou sur les autres par le secours des choses exterieures, il faut voir ce qu'ils peuuent faire de leurs propres forces. Cherchons s'ils ont le pouuoir de causer du mal ou du bien, & de se faire hayr ou aymer. Pour le premier, l'on

Comment les Ãmes peuuent operer sur les autres

dit que tous les Corps du Monde ayans des qualitez propres au bien ou au mal, il n'est pas croyable que l'homme qui est le plus parfait de tous les Animaux, en soit destitué. Pour donner apres des exemples des Animaux par qui les maux se communiquent, l'on rapporte que le Basilic tuë de son regard, & que le Loup oste la voix à ceux qu'il apperçoit les premiers. Il est vray qu'il y a des bestes qui iettent des vapeurs fort venimeuses de leurs yeux, ou plustost de toutes leurs autres parties; mais quant au Loup, l'on n'a point trouué qu'il puisse oster la voix si ce n'est d'apprehension. L'on adiouste que la Tortuë couue ses œufs, & fait éclorre ses petits de son seul regard, mais cela est dit par figure, pour exprimer le soin qu'elle en a, craignant qu'il ne leur arriue quelque dommage; car au reste il suffit de la chaleur de la Terre & de celle de l'air pour les faire esclorre, comme il arriue aux Lezards & à plusieurs insectes. Quant aux Hommes que l'on dit qui se guerissent de la iaunisse s'ils ont regardé les premiers vn oyseau appellé Loryot, & qu'il meurt pour ne s'en estre pas donné garde, c'est vn conte fabuleux dont ie ne sçay où l'on a esté chercher la raison ny l'exemple. Il est bien vray que les Hommes se communiquent le mal des yeux l'vn à l'autre par les vapeurs malignes que iettent ceux qui en sont malades. C'est vn semblable pouuoir que celuy de quelques odeurs qui font esternuer; Les aulx & les oignons font bien pleurer aussi estans pelez assez loin. Cela monstre qu'il y a de certaines choses qui sont nuisibles à la veuë: Les vapeurs que iettent les yeux malades ne sont point si aspres, mais pourtant elles affligent d'vn semblables mal les autres yeux qu'elles touchent. Cela ne paroist pas estrange, pource qu'il y a vne ressemblance de nature d'vn membre à l'autre. Mais de croire que l'on puisse aussi communiquer quelque autre mal par les rayons des yeux, c'est ce qui n'est pas croyable. Il n'est pas possible qu'vn Homme puisse donner la fiévre à vn autre en le regardant seulement, ou qu'il le rende infortuné, comme quelques-vns pretendent. Quoy que l'Homme soit superieur aux bestes par le raisonnement & par la dignité de son Ame, son corps n'a point cette eminence de pouuoir, qu'il soit capable non plus de les infecter à sa volonté par quelques vapeurs de ses yeux, comme l'on dit de ceux qui font emmaigrir vn troupeau pour l'auoir seulement regardé. L'on dit bien que la saliue de l'Homme est mortifere à quelques bestes venimeuses : Mais ayons esgard à ne point croire de leger tout ce qui est dans plusieurs Liures. Si vn Homme est bien composé, ses excremens ne seront pas tousiours nuisibles. Quelqu'vn a escrit mesme qu'vn enuieux a du pouuoir sur les autres Hommes par son seul regard, ou par les transmissions qui sortent de sa personne entiere au plus fort de sa passion, specialement si celuy qui est enuié est alors dans la ioye & la satisfaction de son bon-heur, d'autant que ses pores s'ouurent & le rendent plus susceptible du mal que l'on luy souhaite. De verité, la ioye excessiue met tout le corps en émotion, & peut troubler la santé : mais il ne se faut pas persuader que la mauuaise volonté d'vn autre Homme soit suffisante pour causer cét accident, ou pour l'empirer. La puissance des esprits & des exspirations des corps sur les autres corps voisins, n'opere pas en toute sorte d'occasions comme l'on s'imagine, & si elle le fait, c'est si secrettement que l'on ne le peut presque remarquer. Il y a seulement de certaines maladies qui en depend quelquefois assez manifestement. L'haleine de ceux qui ont le poulmon gasté peut affliger de mesme ceux dont ils approchent, & ce mal se gagne de mary à femme. Il y a d'autres maladies qui se communiquent dans vn assez grand éloignement, comme la peste & toutes les fiéures contagieugieuses, d'autant que tout le corps en est infecté, & a de certaines euaporations qui se portent iusqu'aux autres corps viuans. Le linge & les habits gardent aussi ce venin, specialemēt pour la peste, & en offensent ceux qui s'en seruent ou qui les touchent. Il y a d'autres maladies salles, cōme la rogne, la lepre & la verolle, qui se gagnent en se touchant, ou en beuuant & mangeant en de mêmes vaisseaux,

& sur tout en couchāt enfemble. Elles ne fe gagnent point par la communication de l'air feulement, pource qu'elles ne font pas fi fubtiles, que celles qui font attachees aux efprits, ayant leur fiege dans leurs humeurs. Quelques maladies fe communiquent feulement par vne ouuerture de playe, comme la rage dont les chiens font tourmentez; S'ils mordent vne autre befte ou vn homme, & entament la chair, le venin s'efpand par tout le corps. Ce venin confifte en vne efcume faite d'vn fuc melancholique & groffier, qui ne pouuant fe communiquer par vn fimple attouchement exterieur, le fait par la morfure, qui le faict paffer au fang du corps qui a efté entamé. Le moyen de ne point encourir ces maux, c'eft de fe garder de ceux qui les peuuent donner & de les füyr. Il femble que les maux qui fe communiquent par le moyen de l'air, font les plus dangereux & les plus difficiles à euiter. Toutefois, il y a des hommes dont la conftitution n'y eft pas fujette : Les autres à force de demeurer parmy les malades, ont fait que le mal ne leur a plus efté contraire.

Comment le bien fe peut communiquer.

Si le mal peut eftre communiqué, le bien le peut eftre auffi, mais non pas fi facilement, pource que les corps viuans eftans d'vne nature fuiette à diffolution, font plus aifément corrompus que conferuez. Toutefois, il faut croire que, comme cela profite de demeurer en vn lieu fain, il fert auffi de loger auec des perfonnes faines. S'il fort des expirations de leur corps, elles ne peuuent eftre que falutaires; Les vieillards mefme fe portent mieux de conuerfer auec les ieunes gens. L'on tient auffi qu'il y a des perfonnes dont tout le corps donne vne fanté extraordinaire, ou bien l'attouchement de quelqu'vne de leurs partie. Durant la vie d'vn certain Roy de l'antiquité, l'on a creu que la plante de fon pied droit gueriffoit du mal de ratte, tellement que tous ceux qui eftoient atteints de ce mal, alloient à luy pour fe faire toucher; & apres fa mort, le gros orteil de fon mefme pied, n'ayant pû eftre confommé au bufcher, l'on s'en feruit depuis encore à toucher ceux qui auoient la mefme maladie, ou qui auoient le mal caduc.

caduc. Il faloit que cette partie euſt vn pouuoir tout par- DE LA MA-
ticulier : Mais pluſieurs diront, que la conſtitution de GIE NATV-
l'Homme ne ſçauroit eſtre capable de cela, & que l'on s'eſt RELLE.
trompé dans cette croyance, ſur ce qu'il y a eu quelqu'vn
qui par hazard a eſté guery apres auoir eſté touché de cet
orteil, ce qui eſt aſſez vray ſemblable.

 Si nous cherchons apres cecy le pouuoir que les Hom- *Du pouuoir que*
mes ont de ſe faire hayr ou aimer, nous conſidererons d'a- *les Hommes ont*
bord que nous auons deſia reſolu au Traité des Influen- *de ſe fair hayr ou*
ces, que de certaines emanations pouuoient operer cela *aimer.*
tirant leur origine de chaque corps, & qu'en outre, la reſſemblance ou la diſſemblance des Ames y agiſſoit; Mais
les tranſmiſſions corporelles demeurent le plus ſouuent
en l'eſtat où ſe trouue le corps, dont la conſtitution n'eſt
pas ſi facilement changée, & celle de l'Ame l'eſt encore
moins. Toutefois, les nouuelles habitudes y peuuent enfin apporter de la variation, de ſorte qu'en ce cas là, l'on
peut ſouſtenir qu'il eſt en noſtre pouuoir de nous faire
hayr, ou de nous faire aimer, quand meſme la Nature n'y
auroit pas beaucoup contribué, & cela arriuera ſelon les
diuers degrez de capacité, que nous en pourrons auoir.
Pour ce qui eſt de ſe faire aimer par le ſeul élancement des
regards, il eſt vray que ſi vne perſonne connoiſt par là
qu'vne autre l'aime, cela la peut exciter à l'aimer auſſi;
mais c'eſt vn effet de iugement & de ratiocination qui luy
perſuade qu'vne perſonne qui aime ſi fort, eſt digne de
pitié, & apres cela eſt digne d'amour; Ce n'eſt pas que
les rayons des yeux d'vn Amant ayent vn charme naturel & infaillible pour le faire aimer. Pluſieurs n'aquierent
par là que du meſpris & de la moquerie, & s'ils ne ſont ai-
mables d'eux-meſmes, ou bien s'ils ne donnent de la com-
miſeration, leur affection demeure ſans recompenſe. L'on
ne doit point douter pourtant qu'il ne ſorte de viues tranſmiſſions des yeux d'vn Amoureux qui regarde l'obiet aimé auec vne affection exceſſiue; mais pour les faire reuſ-
ſir à ſon profit, il faut que les autres conditions y cooperent. Or ſi l'on peut bleſſer les autres, l'on ſe peut auſſi

Vol. III.   Bb

DE LA MAG. blesser soy-mesme par reflexion en se regardant dans vn
NATVRELL. miroir, où au moins l'on se rendra plus malade de corps &
d'esprit que l'on n'estoit auparauant, si l'imagination y est
associee, d'autât que l'on s'ensorcellera quelquefois d'vne
trop bonne opinion de soy-mesme, ou bien se voyant fort
pasle & fort défait par les continuelles inquietudes que
donnera l'amour d'vne autre personne, l'on augmentera sa
langueur & sa frenaisie. Si les transmissions qui sortent des
yeux & du visage d'vne personne se peuuent reflechir sur
elle-mesme, que ne feront-elles pas sur vne autre qu'elles
touchent droitement? Or s'il y a des puissances naturelles au Corps des Hommes pour les faire haïr ou aimer, il y
en a encore pour les faire respecter & craindre, & ceux qui
ne les possedent pas, ne sont ny crains ny respectez. Il est
vray que l'artifice adiouste beaucoup à tout cecy, mais il
demeure encore quelque gloire pour la Nature, sans laquelle l'artifice ne feroit rien; & par la Nature l'on n'entend pas seulement vne beauté visible pour exciter à l'A-
mour, & vne Majesté apparente pour donner du respect,
mais des charmes secrets qui sortent insensiblement de
toute la personne. Toutefois, il faut auoüer que ce pouuoir
deriue autant de l'Esprit, que du Corps.

De l'Vsage des   EN apprenant l'Vsage des Proprietez singulieres du
Sympathies.   Corps, l'on apprend encore celuy des Sympathies
ou Antipathies, car les vnes sont souuent meslees auec les
autres, puis que la plus part des transmissions corporelles
tendent à l'amitié ou à la haine, à l'vnion ou au discord:
Mais nous auons entrepris d'en parler encore icy plus particulierement. Les Corps Principaux ou Elementaires, &
les Deriuez, participent à ce pouuoir, duquel l'on se sert
diuersement. La Proprieté de l'Aimant estant vne vraye
Sympathie auec le Fer, l'on en connoist l'Vsage; Toutes
les pierres, les herbes & les parties des animaux que l'on
tient propres à faire aimer ou haïr, sont mises aux rang des
Corps Sympathiques ou Antipathiques; mais nous ne
receuons pas tout ce que l'on en rapporte, pource que

nous n'attribuons à ces Corps aucune puissance sur l'esprit DE L'VSAGE
de l'Homme. Toutefois, l'on tient que quelques-vns en DES SYMPA-
ont sur les humeurs qu'ils peuuent changer facilement, & THIES.
delà vient qu'à cause de la liaison de l'Ame auec le Corps,
l'on leur attribuë du pouuoir sur cette haute partie qu'ils
touchent par reflexion. Mals cela s'execute difficilement
aux personnes qui iouyssent pleinement de leur volonté,
& s'il y a quelque contrainte ou quelque persuasion à y
donner, il y faut employer d'autres efforts que ceux que
les anciens Naturalistes ont alleguez. Si quelque effet est *De la guerison de*
accomply plus certainement, c'est dans l'operation des *quelques mala-*
corps sur les autres corps, principalement pour la guerison *dies.*
de quelques maladies. L'on dit qu'il n'y a rien de meilleur
pour chasser les vers du corps que de prendre de ces mesmes vers, & les ayant fait secher sur vne thuille chaude, en
faire aualler la cendre à ceux qui en sont persecutez. L'on
dit que la poudre du Scorpion profite beaucoup à celuy
qui en a esté piqué, & que le poil d'vn chien enragé qui a
mordu vn Homme, estant appliqué sur la morsure, est capable de la guerir. La pierre crapaudine qui se trouue en
la teste des crapaux, guerit aussi toutes les morsures ou
piqueures des bestes venimeuses, ce qui se doit faire pource que chaque chose attire ce qui luy est semblable : car vn
corps venimeux attire le venin d'vn autre corps où il est
apposé, & le lieu est rendu sain apres. Vne experience
pareille à cela se void en de moindres choses : Les taches
de graisse & d'huyle ne sont ostees de dessus les estoffes,
que par de certaines terres argilleuses, ou par le sauon, à
cause que ce sont aussi des corps huileux. L'on a cherché
ainsi les Sympathies des choses pour trauailler à plusieurs
Arts : specialement l'on a eu soin de tout ce qui concerne
le bien du Corps ou de l'Esprit : Celuy du Corps se void
en vne infinité de secrets de Medecine, où plusieurs choses sont employees selon leur nature : En ce qui est du
bien de l'Esprit, l'on l'obtient en appaisant les passions qui
s'y esleuent. L'on sçait bien que les remonstrances y ont

Bb ij

DE L'VSAGE DES SYMPATHIES

Du pouuoir de la Musique sur les passions, & pour guerir quelques maladies.

du pouuoir, mais ce sont choses spirituelles. Pour y operer mesme par les choses corporelles, l'on s'y sert de musique de voix, ou d'instrumens. De verité, la Musique a quelque puissance sur de certains esprits, mais il y en a qui ne s'y laissent aucunement toucher, à cause de la disproportion qu'ils ont auec vne bonne harmonie. La Musique peut aussi au contraire exciter les passions comme la tristesse ou la fureur ; mais il faut que ce soit en des esprits qui y ayent vne grande inclination, autrement ils demeureront tousiours dans leur humeur : & il ne faut pas croire que pour iouer vn air brusque sur vn luth ou sur vne violle, l'on fasse mettre en colere vn pacifique. Ces instrumens mesme sont trop doux pour cét effet : les tambours & les trompettes y seroient plus propres. Tout ce que les Autheurs ont escrit du pouuoir de l'ancienne Musique n'est pas receuable. S'il y a eu des Capitaines qui ont tiré l'espée, au son d'vn air martial ioué sur la lyre, & qui l'ont soudain remise au fourreau, lors que l'on a changé de notte, c'est qu'ils ont pris plaisir à tenir ces postures, non pas que leur volonté y fust forcée. Tout ce que la Musique peut faire, c'est de nous entretenir en l'humeur où elle nous treuue, & de nous porter à celle qui nous est la plus ordinaire : Elle peut bien aussi inciter à quelque geste ou contenance de ioye, de transport ou de langueur, comme de faire ouurir ou fermer les yeux, laisser pancher la teste & les bras negligemment : mais pour côtraindre à des actions trop violentes & contre la bien-seance, elle ne le fera pas, lors qu'vne personne aura l'esprit bien reiglé. L'on luy atribuë encore le pouuoir de guerir de certaines maladies qui affligent le corps & l'esprit, & qui viennent de la morsure de quelques bestes : Mais c'est que ceux qui en sont touchez ont de l'inclination à danser & à sauter, & lors qu'ils entendent la Musique, ils dansent & sautent encore dauantage : & pource que leur mal se passe quelquefois en suant, vn tel exercice leur est fort propre. Quelque authorité que l'on se donne sur l'esprit de l'homme par tous ces moyens-là, c'est en attaquant seulement la partie sensitiue. Pour toucher l'Entendement & la Volonté, il les faut exciter au respect & à l'Amour, & celuy qui le fera pour soy en acquerra le bien & la satisfaction de son esprit propre. Nous auons desia reietté plusieurs choses que l'on disoit seruir à cela, n'y admettant que les plus naturelles, comme les qualitez venerables & aymables: Mais l'on cherche encore des secrets pour supleer à tout le defaut, qui sont de se seruir de doubles Sympathies & non pas d'vne seule, afin que deux personnes en estans pourueues, en soient plus estroittement liees. L'on dit donc que si vn mary porte le cœur d'vne caille masle, & que celuy de la femelle soit porté par la femme, l'vnion d'affections & de volontez sera continuelle entr'eux; D'autres le disent d'vn cœur de comlombe fendu en deux, dont chacun porte sa part: Mais si l'on se resout à les porter chacun auec dessein que cela serue à se faire entr'raimer, le soin que l'on en a, est desia vn signe que l'on s'aime. L'on repartira que si l'on fait porter cela à vne personne sans qu'elle le sçache, l'ayant caché en quelque lieu de ses habits, ou l'ayant enfermé dans quelque affiquet dont l'on luy aura fait present, cela aura le mesme effet. Mais de telles inuentions n'ont aucune raison pour les appuyer. Parlerons-nous de l'Hippomane, qui est vne loupe que l'on tire, à ce que l'on dit, d'vn poulain naissant? Quand l'on l'auroit fait porter ou manger mesme à la personne dont l'on veut estre estimé & chery, cela n'y auroit pas plus de pouuoir. Plusieurs ont creu qu'il y faloit ioindre des choses qui vinssent de celuy mesme qui veut estre aimé. C'est l'opinion de quelques-vns, que la coëffe que quelques enfans apportent du ventre de la mere, leur peut seruir à cét effet, si elle est bien conseruee; L'on y ioint encore des cendres de cheueux, d'ongles & d'excremens: mais la superstition en est trop grande pour la vouloir esprouuer, & en tenir quelque compte. L'on a adiousté que si deux personnes auoient fait tirer de leur sang en vne mesme heure, & si l'ayant meslé, l'on y auoit ioint de la poudre d'aimant: tandis qu'ils en porteroient chacun, ils s'aimeroient l'vn l'au-

DE L'VSAGE DES SYMPATHIES.
De l'Vsage des Sympathies pour se faire respecter ou aimer.

tre, & celuy qui en porteroit le plus, aimeroit aussi dauantage. Pour faire croire encore que cecy est plus fort, l'on dit qu'il faut que cette saignee ait esté faite sous vne constellation propre à l'amitié, & c'est là que l'on commence de mesler les Influences auec les Sympathies. Mais toutes ces obseruations estans vaines, il ne faut point croire que ny les plantes ny les parties d'aucun animal, ny mesme ce que l'on a tiré de son propre corps, & que l'on fait porter à quelqu'vn, puisse seruir à s'en faire aimer, quoy que cela luy ait esté donné secrettement. De telles choses ne peuuent pas auoir des éuaporations qui dominent sur l'Ame de l'homme. Si cela est donné & pris de chacun librement, en signe de l'amitié reciproque, & auec dessein que cela serue à la confirmer, en ce cas-là l'imagination peut iouer son roolle, & rendre l'affection inuiolable, sans que ce soit vn effet de la drogue, qui n'opere ny par sa qualité ny par les ceremonies que l'on a employees à la faire.

Des secrets Sympathiques pour agir sur les Corps separez & esloignez.

MAIS l'on ne s'est pas contenté de chercher des secrets Sympathiques pour operer sur les corps de ceux qui portent les choses que l'on croid necessaires à cer effect: L'on en publie encore d'autres pour agir mesme sur les corps separez & esloignez. L'on dit qu'ayant du sang d'vn homme, l'on y peut imprimer telles qualitez que l'on veut, lesquelles agiront sur le reste du sang qui luy sera demeuré au corps, & que cela se fera malgré l'esloignement: Qu'ayant bruslé le sang d'vn homme, auec vn meslange de certaine drogue, la fiévre sera excitée

Pour donner la fiévre ou la guerir;

dans son corps: Que l'on la pourroit aussi guerir par d'autres ceremonies: Qu'employant encore son artifice sur tous les excremens qui peuuent sortir d'vn Corps, l'on

Pour guerir vne vlcere, ou vne playe, en appliquant seulement vn vnguent sur le puz, ou sur le sang.

luy causera diuerses maladies, ou bien l'on luy rendra la santé diuersement: Que s'il est aussi offensé quelque part, soit par vne vlcere ou vne playe, & que l'on ait du puz de l'vlcere ou du sang de la playe, sur vn linge, vn fer, ou vn baston, l'on le guerira en y apliquant vn certain vnguét, quoy que le blessé fust à plus de cent lieues loin: Et pour

accomplir le chef-d'œuure, l'on promet encore que deux **DES SE-**
amis se pourront communiquer leurs pensées par de telles **CRETS SYM-**
drogues Sympathiques, quand l'on seroit à vn bout de la **PATHIQVES**
Terre, & l'autre à l'autre; Que c'est le secret tant desiré, *Pour communi-*
que plusieurs ont proposé, disans qu'ils feroient sçauoir de *quer les pensées de*
leurs nouuelles en tel lieu qu'ils voudroient sans aucun *deux amis, d'vn*
Messager, & sans allumer des feux, ou faire tirer des coups *bout de la Terre à*
d'artillerie, dont mesme le bruit ne sçauroit estre porté *l'autre.*
plus loin que cinq ou six lieuës. L'on sçait à peu prez comment l'on se seruira des autres secrets que l'on propose;
mais l'vsage de cettuy-cy est caché. Il le faut pourtant descouurir, & ne point laisser les curieux en attente; C'est que
deux amis ayans vn meslange de leur sang, accommodé
auec les ceremonies requises dans vne espece de liniment,
s'en frotteront le bras gauche à vne certaine heure arre-
stee entr'eux pour s'entrecommuniquer. Or ils diuiseront
ce bras par autant d'espaces qu'il y a de lettres, lesquels seront iustement proportionnez auec le compas, de sorte
que l'vn ayant pris vne aiguille frottee d'vn vnguent sympathique, quand il touchera de la pointe sur l'espace ordonné pour vne lettre, l'autre en sentira la piqueure par
sympathie, & de ces lettres amassees il formera des mots,
& apres des discours, à quoy il pourra aussi donner response de la mesme maniere. Nous vous dirons encore ce qui *Composition de*
entre dans l'vnguent sympathique, soit celuy que l'on *l'vnguent sym-*
pourroit mesler au sang d'vne personne à qui l'on vou- *patique.*
droit donner ou oster la fiéure, ou causer quelque autre
changement en son corps, ou que l'on applique simplement sur le sang d'vn blessé, ou celuy qui seroit meslé
au sang de deux amys pour la communication de leurs
pensees : Car l'on se sert presque d'vn pareil meslange
pour toutes ces choses; L'on y employe du Bol Armenien, de l'huile de lin, de l'huile rosat, de la graisse d'homme, de la Mumie, & d'vne certaine drogue secrete, que
l'on appelle de l'Vsnee. Tous les effets que l'on en attend
ont de mesmes regles & de mesmes defenses; & d'autant
que le vulgaire les estime precieuses, nous les allons con-

siderer pour mieux iuger de la verité. Ceux qui parlent sur ce suiet pensent d'abord s'aider des argumens pris de plusieurs choses, qui à leur auis ont de la Sympathie entr'elles, de sorte qu'ils s'imaginent que l'on ne doit point trouuer estrange s'ils en attribuent aux drogues qu'ils veulent preparer; & voicy ce qu'ils alleguent.

Argumēs de ceux qui parlent pour l'Vnguent Sympathique, pris premierement de l'vnion des Corps semblables.

Ils disent que dãs toute la Nature l'on trouue des Corps qui agissent reciproquement les vns enuers les autres: Que tous les Corps semblables le font particulierement, & ont des qualitez attractiues & conionctiues. Il est vray que le feu & l'Eau preuuent cette vnion, & toutes les liqueurs & les vapeurs pareillement, mais cela ne se fait que dans vn lieu prochain: Si l'eau se ioint à l'autre malgré vne grande distance, il faut que le poids l'y porte par vn penchant. Si les feux se ioignent aussi d'assez loin, c'est que leurs fumees se touchoient desia, & ont attiré les flammes apres elles, de sorte que l'on monstre par là que deux flammes n'agissent point l'vne enuers l'autre sans se toucher; Les gouttes d'eau mesme qui s'vnissent ensemble se sont touchees par leurs vapeurs. Tout cela ne monstre rien, sinon que les choses semblables se plaisent ensemble, & se ioignent quand elles se peuuent toucher, non pas qu'elles ayent vne action reciproque dans l'éloignement. Tout ce que l'on en dit ne fait rien à nostre suiet. Il est besoin de trouuer vne Sympathie si forte, que deux choses se mettent tousiours au mesme estat l'vne que l'autre pour se mieux accorder, quoy que separees.

Des plantes qui lorsque les autres croissēt heureusement, croissent biē aussi.

L'on allegue là dessus qu'il y a force plantes qui se plaisent l'vne auprez de l'autre, & qui lors que les autres croissent heureusement, croissent bien aussi. L'Oliuier est bien auprez du Myrte; les aulx, les rosiers & les lys, se portent certaine affection, & l'on tient que plusieurs autres plantes ont beaucoup d'affinité: mais l'on peut dire que la proximité y est necessaire, & que leurs racines qui s'aiment & qui se touchent, sont cause de les faire prosperer les vnes & les autres. D'ailleurs, il faut considerer qu'il y a des plantes qui demandent vne pareille situation. Celles-là les-là viennent bien auprès de celles qui sont d'vne mesme qualité, mais c'est à cause du terroir qui leur est propre esgalement. Il y en a d'autres de qualité differente, qui neantmoins ne laissent pas de croistre fort bien l'vne auprès de l'autre, pource que si l'vne aime l'humidité, elle l'attire toute à elle, & fait que l'autre qui aime la secheresse, s'en trouue mieux. L'on rapporte qu'il y a difference de sexe entre les palmiers, & que le masle & la femelle s'entr'aiment de telle sorte, qu'il les faut planter l'vn auprès de l'autre pour les faire croistre parfaitement : Que si l'vn reuerdit, l'autre reuerdit en mesme temps : Que s'il y en a vn qui se meurt, l'autre se meurt aussi. Nous respondrons encore à cela, qu'estans en mesme terroir, il ne faut pas s'estonner s'ils prosperent esgalement : Et s'il arriue à tous deux de ne guere porter de fruit vne certaine annee, c'est qu'estans si voisins, les gelees, les gresles ou les pluyes trop grandes n'ont pas sçeu endommager l'vn sans l'autre, & delà il peut arriuer aussi que la mort surprenne tous les deux en vn temps assez proche. C'est ce qui trompe ceux qui s'y figurent de la Sympathie. Toutefois, ils disent qu'outre cela il sort de certaines vapeurs de l'vn & de l'autre qui les recreent, & que s'ils sont vn peu esloignez, il suffit que le vent en soit le porteur: Que l'on connoist aussi leur affection en ce qu'ils se panchent l'vn vers l'autre, & souhaitent de se lier. Pour leurs vapeurs, ce sont choses inuisibles, qui pourtant agiroient par l'attouchement, au cas qu'ils en eussent. Que si l'on adiouste que pour rendre les Palmiers femelles fertiles, il les faut frotter de la poudre du masle, cela monstre encore que plus ils se touchent, plus ils agissent l'vn enuers l'autre. Au reste, ce sont de vieilles obseruations qui la pluspart du temps sont assez inutiles. Quant aux Palmiers qui s'embrassent s'ils sont fort proches, cela peut arriuer à plusieurs autres arbres sans aucune vehemente affection. Toutefois, ie veux accorder qu'il s'y en trouue : Il faudra tousiours reconnoistre que le bien & le plaisir qu'vn palmier reçoit de son voisin ne se fait que par l'attouchement, ou

Vo. III.   C c

de ses propres membres, ou de ce qui en sort, tellemēt que ce n'est point là vne Sympathie qui agisse dans vne longue distance, comme doiuent faire les drogues dont nous auons parlé.

De l'Ambre qui attire la paille, & de l'Aymant qui attire le fer.

Ces preuues estans renuersees, l'on en cherche d'autres qui semblent plus manifestes. L'on n'a garde d'oublier l'Ambre qui attire la paille; mais si l'on y prend garde, il faut que la paille se trouue assez proche; & d'auantage l'on doit croire qu'il sort de euaporations de l'Ambre pour la toucher. S'il est besoin de froter l'Ambre auparauant; c'est pour resueiller de telles effusions, & les exciter à la sortie. L'on parlera apres de la pierre d'Aimant, dont l'effet est plus puissant & plus merueilleux. Il est vray qu'elle attire le fer mesme au trauers des corps les plus solides, comme le marbre & les metaux, & si elle est mise sous vne table ou sous vn bassin, lors que l'on la remuera, elle fera sauter les aiguilles qui seront dessus. Nous reconnoissons que les effusions qui en sortēt sont si subtiles qu'elles agissent malgré ces empeschemens, mais il faut que ce soit dās vne distance proportionnee, autrement elles ne feroient rien. Que s'il ne se trouue aucun obstacle, il est certain que le fer ira promptement s'attacher à l'Aimant; mais encore faut-il cōsiderer que le fer doit estre beaucoup moins pesant que cette pierre, & que la ionction ne s'accomplit qu'en vn lieu assez prochain, où les transmissions qui sortent de l'vn & de l'autre, font qu'ils se collent ensemble: Elles se perdroient dans vne distance plus grande, & ne se faisant aucune attraction, chaque corps demeureroit en son lieu. L'on rapporte encore que le fer se peut tenir suspendu en l'air à cause de plusieurs pierres d'aimant attachees à des murailles, qui l'attireront egalemēt de chaque costé: Toutefois, il est difficile que cela se fasse, & que la puissance des pierres soit si esgale qu'il n'y en ait point quelqu'vne qui attire entierement le fer à elle: Car en ce qui est du tombeau de Mahomet que l'on dit estre suspendu de cette sorte, l'on a sceu des Turcs qui l'ont esté voir, que c'est vne bourde, & qu'il est posé sur vn pied d'estal

entouré de baluſtres. Quand la biere ſeroit de fer, il fau- **DES SE-**
droit d'eſtranges pierres d'Aimant pour ſuſpendre vne ſi **CRETS SYM-**
groſſe maſſe : Mais ſuppoſons qu'elles puiſſent ſuſpendre **PATHIQVES**
vn petit dard ou vne aiguille, il faut croire que le lieu où
cala ſe fera, ſera moderé, afin que la force des Aimans aille iuſqu'au milieu de l'eſpace, & que leurs effuſions ne ſe
perdent point, tellement que c'eſt touſiours vne action
qui ſe fait par proximité, & qui n'a rien d'égal à celles que
l'on attribuë à des Sympathies qui agiſſent dans vn fort
grand eſloignement.

Des Quadrans
L'on nous veut eſblouir icy de quelque experience *Alphabetiques,*
merueilleuſe. Quelques-vns ont dit que ſi deux aiguilles *dont les aiguilles*
forgées d'vne meſme piece de fer, & trempées d'vn meſ- *ſont d'vne fabri-*
me acier, & frottées d'vne meſme pierre d'Aimant, eſtoiēt *que eſgalle, &*
poſées dans deux quadrans autour deſquels l'on euſt eſcrit *ſeruent à commu-*
les lettres de l'alphabet, cela pourroit ſeruir à deux perſon- *niquer les penſees*
nes qui ſe voudroient communiquer ſecrettement leurs *entre deux amys*
nouuelles, & que quand l'on mettroit l'vne des aiguilles *eſloignoz.*
ſur quelque lettre, l'autre ſe trouueroit incontinent ſur la
meſme. Qu'outre que les deux aiguilles ſeroient d'égale
fabrique, l'on pourroit auſſi enchaſſer à chaque bout vne
piece rompuë d'vne meſme pierre d'Aimant, & qu'elles
auroient vn meſme mouuemēt l'vne que l'autre dans vne
grande diſtance, ce qui ſe feroit en recompenſe de ce qu'elles ne ſe pourroient ioindre. Nous auons à dire contre
cela qu'il s'eſt pû trouuer ſouuent des aiguilles fabriquées
de cette ſorte, ſans que l'on ait remarqué qu'elles euſſent
vne telle correſpondance entr'elles, & ce ſeroit vne ſim-
plicité de s'imaginer vne choſe qui n'a aucun fondement.
Si le fer change de place, ce n'eſt que par l'attraction de
l'Aimant, non pas pour prendre plaiſir à ſe mettre en meſme eſtat que luy : C'eſt pourquoy l'on peut bien en paſſant ſecrettement vne pierre d'Aimant ſous vn plancher,
ſur lequel vn quadran alphabetique ſera mis, faire aller
tantoſt l'aiguille ſur vne lettre, & tantoſt ſur l'autre, pour
former quelques mots, ce qui eſtonnera les aſſiſtans : mais
cela ne ſe fera pas dans vn eſpace fort grand, & en vain

Cc ij

l'on tascheroit de faire sçauoir quelque chose par cette inuention à vn homme qui seroit dans vn cachot fort creux, ou en quelque lieu fort esleué, ou bien qui seroit en vn païs fort esloigné. Cét exemple qui a esté allegué pour tous les effets de la Sympathie, deuoit estre particulierement destiné pour monstrer la certitude de la communication de deux amis qui auroient frotté chacun leur bras d'vn Liniment Sympathique : Mais si l'vn n'a point de succez, aussi n'en peut auoir l'autre. Les aiguilles esgalemēt fabriquees, ny les pierres d'Aimant rompues, ne se meuuent point de pareille sorte dans l'esloignement, ny mesme dans la proximité, si ce n'est que l'on fasse que l'Aimant attire le fer: mais comme nous auons reconnu, cela n'arriue que dans vn espace fort petit.

De la vertu attractiue du Pole sur l'Aymant.
L'on peut adiouster icy vne repartie qui semble fort subtile, c'est que si nous ne sommes en peine que touchant l'operation qui se fait malgré la distance, il s'en trouue assez au mesme Aimant, puisqu'en quelque lieu du Monde qu'il soit, lors qu'il est suspendu il se trouue vers le Pole qui l'attire sans cesse. Mais nous auons desia fait connoistre ailleurs qu'il y a beaucoup de gens trompez à cela. Il ne se faut pas imaginer que le Pole ait cette vertu attractiue, ou bien qu'elle soit logee en quelques roches d'Aimant situees pres ce lieu ; les effects n'en pourroient pas estre connus si loin : Les esprits qui en sortiroient se pourroient dissiper quelquefois à moitié chemin sans estre receus, de sorte que la pierre d'Aimant & toutes les aiguilles qui en sont frotees, demeureroient souuent d'vn autre costé. Tenons pour certain que le principe qui donne de l'inclination à cette pierre vers vn certain lieu, est en elle mesme : Que de sa Nature elle doit tousiours se tourner vers vn certain endroit : Qu'elle s'aime en cette position, & que par ce moyen il n'est pas necessaire de s'imaginer quelque attraction exterieure.

De l'Heliotrope qui suit le Soleil.
Pour ne passer sous silence aucun des Corps à qui l'on attribuë des forces Sympathiques ; l'on allegue la fleur de l'Heliotrope, qui se tourne vers le Soleil : Outre ce que

nous en auons desia remarqué, l'on peut dire qu'il ne faut pas s'estonner si elle suit le Soleil, veu que ses rayons arriuent iusqu'à elle, & qu'il n'y a point d'Astre qui en ait de si puissans que le supreme Agent de la Nature. Cela ne fait rien pour les drogues sympathiques dont nous traittons : car ce seroit vne moquerie de dire qu'elles iettassent des rays à vingt lieues loin sur quelque corps. Il est vray que l'on dit que l'Heliotrope ne laisse pas de suiure le lieu où est le Soleil; encore qu'il soit caché de nuages, ou qu'il soit passé en l'autre hemisphere. Si cela est, nous connoissons que cette fleur ne tourne pas pour estre attiree par le Soleil, mais parce que de sa Nature elle doit tousiours tourner ainsi; & d'autant que le chemin qu'elle fait s'accorde en quelque sorte à celuy de ce grand Astre, l'on a pensé qu'elle en estoit attiree. Ie dy cecy au cas qu'il soit vray qu'il y ait au Monde vne fleur qui tourne de cette façon, mais nous ne sçauons qui elle est, & ou elle se trouue; & si l'on luy a donné vn nom qui signifie la qualité que l'on luy attribuë, c'a esté afin d'apporter quelque apparence de verité à ce que l'on en publioit. Quelques-vns prennent le Soucy pour l'Heliotrope, ou d'autres fleurs iaunes qui en ont presque la forme, mais qui sont de beaucoup plus grosses. Il est certain que quand le Soleil se leue, ces fleurs s'espanouyssent & font quelquefois vn peu de chemin, mais elles ne font pas vn tour entier, & le Soleil est souuent d'vn costé lors qu'elles sont de l'autre. Que si l'on en void quelques-vnes s'ouurir & se tourner comme fait le Soucy, c'est que le Soleil fait sortir l'humidité de la fleur, & resueille les esprits qui la possedent, lesquels la tournent vers l'endroit qui les attire : & parce qu'estant grossie elle ne se peut plus tenir droite, elle se panche aussi de ce costé-là par son propre poids, & ne tourne plus de l'autre. Que si elle se panche vn peu vers l'Orient à vn autre iour, ce n'est pas qu'elle ait fait vne reuolution entiere pendant la nuit : Il faut que ce soit que la nourriture humide qu'elle a prise l'ait vn peu redressee, pour flechir apres au premier rayon du Soleil. Puisqu'elle n'est donc point agitee en l'absence de cét Astre, la comparaison ne sert de rien pour l'vnguent de Sympathie, à qui l'on attribuë du pouuoir sur les corps esloignez.

Du vin qui se trouble dans les Caues quand les vignes sont en fleur.

L'on allegue encore que le vin se trouble dans les caues lors que les vignes sont en fleur; Mais quelle erreur de croire que c'est la vigne qui esmeut le vin par sympathie? Ce n'est rien autre chose que la saison qui opere sur l'vn & l'autre, à cause qu'ils sont de semblable nature. L'on aura amené du vin de cent lieues loin; y auroit-il quelques esprits qui procederoient de la vigne dont il auroit esté tiré, lesquels viendroient iusqu'à luy pour le troubler? Il faut bien que cela se fasse, disent les aduersaires, car si vn climat est plus chaud que l'autre, les vignes y doiuent estre en fleur auant que les autres bourgeonnent, & suiuant cela, le vin qui a esté transporté se doit conformer à cette hastiue saison, lors qu'il fait encore fort froid au pays où il est; & cela estant, l'on connoist qu'il est agité par sympathie qu'il a auec sa vigne, & qu'il n'emprunte rien de la témperature du climat où il se trouue. Mais où a-t'on fait ces obseruations: Fait-on des voyages pour aller remarquer si les vignes sont en fleur à cent lieues loin, lors que leur vin est agité, ou bien en cherche-t'on des nouuelles: Il seroit mal-aisé d'aiuster ces choses: Et sans tant de peine nous remarquons au contraire que les vins suiuent la loy du climat où ils se rencontrent, ce qui est tres-naturel, puis qu'ils s'eschauffent ou se refroidissent, selon les lieux où ils sont mis. Quand mesme ils ne bougeroient du pied de leur vigne, s'ils estoient agitez en mesme temps qu'elle seroit en fleur, ce ne seroit pas elle qui en seroit la cause, mais ce changement leur arriueroit à tous deux d'vne mémé cause superieure. Il n'y a donc point là d'exemple pour l'vnguent sympathique.

Des pastez de cerf qui se gastent lors que les Cerfs sont en ruth.

Il en est de mesme de ce que l'on allegue touchant les pastez de Cerf qui se gastent lors que les Cerfs sont en ruth: Cette corruption vient de ce que le temps est alors eschauffé, non pas que ce soit vne pure sympathie d'vne chair sur vne autre semblable.

DES SE-CRETS SYM-PATHIQVEs.
De la Sympathie des animaux auec les Astres.

Les autres correspondances que l'on cherche dans le corps des animaux ne sont pas aussi telles que l'on pretend. L'on ne remarque point ce changement d'yeux des chats, que l'on dit suiure le cours de la Lune & tous les accroissemens, & les diminutions d'humeurs & de maladies que l'on y rapporte, n'ont guere d'asseurance. Quant mesme beaucoup de changemens se feroient selon le mouuement de cette planette, l'on pourroit respondre que cela se rencontreroit en mesme mesure, sans qu'elle en fust la cause; & quand elle la seroit, ce ne seroit que par le moyen de ses rayons qui toucheroient les corps lors qu'ils seroient presens. L'on dira le mesme de tout ce que l'on pretend que les autres Astres operent en Terre; & pour ne point laisser de doute, il y faut adiouster, que si l'effet de leur puissance continuë, mesme lors qu'ils sont absens, ce n'est qu'en vertu de l'impression qu'ils ont donnee auparauant par leur presence. Toutes les inuentions sympathiques ne sçauroient pas auoir dauantage de pouuoir pour operer pendant l'absence, & iouyr mesme de la force d'vne impression qu'elles ne sçauroient donner par la proximité, sans vne vraye application.

Des cordes de luth qui font mouuoir celles qui sont montees au mesme ton.

L'on cherche encore auec cecy de la Sympathie ou Antipathie, aux Corps qui sont artificiels, ou qui sont dressez & arrangez artificiellement. C'est vne opinion commune, qu'vne corde de luth en fait resonner vne autre montee à vn mesme ton, soit qu'elles soient sur vn mesme instrument ou en deux diuers, & que deux luths également montez se doiuent faire resonner l'vn l'autre, lors qu'on n'en touche qu'vn seulement. La raison qu'on en peut donner, c'est qu'en effet les cordes d'vn luth poussent l'air assez fort pour esmouuoir celles d'vn autre luth qui sera mis assez prez, & que les cordes qui se trouuent montees esgalement, ne se nuisent point dans les circulations de l'Air, de sorte qu'elles sont facilement esmeuës l'vne par l'autre, au lieu que s'il y a de l'inégalité dans leur grosseur & leur ton, le premier mouuement resistera au second: Mais nous ne sçaurions esprouuer que les inesgalitez du pouſſement de l'Air & de ſes circulations ayent tant de puiſſance. Lors que deux cordes ſont tendues également, ſi en touchant l'vne, l'on fait mouuoir l'autre, c'eſt ſi peu qu'elle ne rend point de ſon, de ſorte que pour connoiſtre ſon mouuement, il faut mettre deſſus vne paille ou vn petit morceau de papier, & ſi l'on les met auſſi ſur les autres cordes, l'on connoiſtra qu'elles ſe remuent de meſme, d'autant que celle que l'on touche, agitant l'air, doit faire mouuoir tout ce qui ſe rencontre dans l'eſtenduë de ſon effort. Que ſi en touchant toutes les cordes d'vn luth, l'on fait mouuoir celles d'vn autre, c'eſt par ce mouuemēt vniuerſel, non point par chaque correſpondance particuliere. Dauantage, il faut que les deux luths ſoient mis l'vn contre l'autre, ſi bien que voilà vne action tres-proche, & tous ces beaux miracles de Sympathie ne s'y trouuent point, quoy que les Autheurs en parlent de meſme que ſi vn luth étant touché en faiſoit reſonner vn autre aſſez haut pour eſtre entendu, bien qu'ils fuſſent ſeparez de quelque diſtance, ce que les eſprits ſimples croyent ſans l'auoir experimenté.

Des exemples tirez de la chair ou du ſang, & premieremēt du ſang qui ſort d'vn corps navré deuant le meurtrier.

Mais tous ces exemples eſtans pris de choſes diuerſes, ceux qui ſe paſſionnent pour ſouſtenir l'effet des drogues ſympathiques, en veulent donner encore de plus ſemblables. Comme ils trauaillent ſur la chair & le ſang, c'eſt-là principalement qu'il faut chercher leurs correſpondāces. Ils penſent au moins trouuer des marques d'Antipathie, en ce qu'ils diſent que le corps d'vn homme qui a eſté tué reçoit de l'émotion ſi le meurtrier eſt amené deuant luy; Que ſon ſang boüillonne & ſort de ſes playes, & rejallit meſme contre le coupable, quoy qu'il y ait deſia quelque temps qu'il ſoit eſtanché; Que cela monſtre que les choſes corporelles ont du ſentiment les vnes pour les autres, & que cela ſe fait malgré la diſtance. Pluſieurs s'eſtonnent de cecy, & les curieux font de grands diſcours pour ſçauoir prezicémēt la raiſon de cette merueille. Mais n'eſt-ce pas eſtre bien de loiſir & perdre ſa peine à credit, ſi premierement l'on ne ſçait ſi cela eſt vray? A-t'on veu

touſiours

toufiours le corps d'vn Homme tué faigner deuant le meurtrier pour en faire vne reigle certaine? N'a-t'il point aufli faigné quelquefois deuant les perfonnes innocentes, Ne confidere-t'on pas qu'il n'y a aucune raifon qui monftre que cela fe doiue pluftoft faire deuant vn Homme que deuant l'autre? Nous pouuons croire que s'il arriue quelquefois qu'vn corps faigne deuant le meurtrier, c'eft qu'ayant demeuré quelque temps en repos, comme l'on vient à le remuer, fes playes fe r'ouurent & iettent du fang, & quand le meurtrier n'y feroit point, la mefme chofe pourroit arriuer. Ceux qui ne cherchent pas des raifons dans la correfpondance des chofes, difent neantmoins qu'il ne faut pas tenir cette ouuerture de playes pour fabuleufe ou hazardeufe; Qu'elle fe fait par permiffion diuine, afin que le coulpable foit puny. Ie leur accorde que cela fe peut faire ainfi à caufe que Dieu eft Tout-puiffant, mais en ce cas-là il ne fert de rien d'amener en exemple vne chofe furnaturelle, lors qu'il eft queftion d'vn effet naturel. Ceux qui tiennent bon pour la Nature, & pour des fympathies imaginées à plaifir, ne vont pas aufli plus loin: Ils difent que cela fe fait naturellement, & que l'Ame d'vn Homme ayant efté touchee de colere à l'heure qu'il s'eft fenty fraper, a donné fon impreffion au fang; Il eft vray qu'elle l'a efchauffé lors qu'elle eftoit en courroux; mais eftant partie, elle l'a laiffé tout froid. Ils adiouftent que celuy qui a efté tué ne penfant qu'à fe vanger, à remply tous fes efprits & tout fon fang de l'image du meurtrier, contre lequel il s'eft enflammé merueilleufement, de forte qu'arriuant-là, ce fang en qui cette impreffion eft demeuree, fe iette violemment deuers luy, comme pour executer ce que le corps ne peut plus faire: mais il femble que pour cét effet il faudroit qu'vn corps ne fût pas entierement priué de vie, & qu'il luy reftaft quelque iugement pour difcerner les Hommes. L'on refpond qu'apres que la fubftance qui viuifie vn corps, s'eft retiree, fes effets fe montrent encore quelque peu; qu'il refte de la chaleur aux cendres apres que le feu eft efteint: Que les boutõs des fleurs ne laissent pas de s'épanouir apres qu'ils sont cueillis, & que les ongles & les cheueux croissẽt pour quelque temps aux morts. Mais que tout cela soit vray ou non, ce ne sont que des actions d'vne faculté vegetatiue, dont l'impression peut demeurer encore, ce que ne fait pas celle de la faculté cognoscitiue, qui est inseparable de l'Ame humaine. Il est inutile d'alleguer dauantage que le visage de l'Homme demeure auec la mine qu'il auoit quand il est mort; les marques de courroux ne se rencontrent pas tousiours dans sa pasleur, & quand elles s'y trouueroient, il ne faut pas croire que cette passion s'y trouuast encore interieurement; Que si les membres d'vn corps palpitent aussi quelque temps apres la mort, cela ne leur donne pas pourtant de l'impulsion vers vne personne choisie, d'antant que cela despend de la connoissance qui ne se rencontre plus en vn lieu dont l'Ame s'est retiree. L'on ne laisse pas de soustenir pourtant qu'il se trouue quelque miracle sympathique à l'effusion du sang d'vn corps mort: Que cela arriue ordinairement à cause que ceux qui voyẽt le mort font éuaporer quãtité d'esprits par leur affliction, & font ainsi mouuoir par sympathie les esprits qui luy restent; Mais cela monstre que le corps naué saignera donc plustost deuant ses amis que deuant ses ennemis. L'on replique là dessus, que le meurtrier arriuant éuapore aussi des esprits par sa crainte ou sa fascherie, & que ceux du mort en estans touchez se poussent encore dehors, & font sortir le sang des playes. Voilà tout ce que l'on a pû trouuer de plus probable, & pourtant cela ne prouue point que l'on puisse connoistre par là qui est l'homicide, puisque le corps saigne autant pour les amis que pour les ennemis. Dauantage, si plusieurs personnes se trouuent-là auec le meurtrier, comment sçaura-t'on quel il est ? L'on peut respondre que l'on se rapportera aussi à d'autres indices, & qu'enfin cette effusion de sang se faisant pour les amis ou pour les ennemis, monstre tousiours quel est le pouuoir de la Sympathie ou de l'Antipathie. Mais c'est vne replique suffisante de redire encore que le sang ne fort la plufpart du temps, que pour l'émotion que l'on donne à ce corps.

Nous pouuons paffer à vn exemple du laict qui n'eft qu'vn fang blanchy, ou l'on pretend de trouuer de grandes correfpondances. L'on dit que les nourrices eftans efloignees de leurs enfans, fentent que leur lait les aiguillonne au mefme inftant que leurs enfans crient; Que ce leur eft vn aduertiffement de les aller retrouuer, & qu'ils ont befoin de tetter : Mais c'eft que comme il y a long-temps que leurs enfans n'ont tetté par confequent le lait abonde auffi en mefme temps en leurs mammelles, fans qu'il y faille chercher vn rapport de fympathie, veu que mefme cela n'arriue pas à celles qui n'ont guere de lait.

Des Nourrices qui fentent quand leurs enfans ont befoin de tetter.

Pour vn autre exemple, l'on dit que les nourrices donnans de leur laict à quelqu'vn pour faire quelque medicament, leur doiuent encharger de ne le point faire chauffer, d'autant que cela fait tarir celuy qui eft en leurs mammelles. L'opinion en eft tres-fauffe; Quelques nourrices ont eu tant de laict qu'elles en ont fait de la bouillie, & cependant le lait leur eft toufiours refté en pareille quantité & qualité. Elles s'en font trouuees de mefme quand les Chirurgiens s'en font feruis pour quelque cataplafme, Cette fuperftition eft fondee fur des parolles mal entendues. L'on a dit cecy abfolument; Qu'il n'y auoit rien qui fit fi-toft tarir le laict comme de le chauffer · mais il faut pluftoft dire de l'efchauffer, ce qui s'entend ordinairement quand la perfonne s'efchauffe foy-mefme, tellement qu'il eft dangereux que les nourrices efchauffent leur laict, foit par trop boire ou trop manger, ou par vn trop violent exercice, ou par les paffions de l'Amour & de la colere. C'eft ce qui peut faire tarir leur lait ou luy faire changer de conftitution, non point par vne fympathie qu'ait le lait, qui eft defia bien loin hors de leurs mammelles, auec celuy qui eft dedans.

Du lait qui tarit aux mammelles quand celuy qui en eft dehors eft chauffé.

L'on parle encore de deux tronçons de carpe ou de brochet, d'ont l'vn eftant boüilly dans vn chaudron, l'autre qui demeure fur la table, eft agité auffi; mais c'eft qu'il

Des tronçons de Carpe & autres membres d'Animaux reciproquement agitez.

Dd ij

y est demeuré quelques esprits qui souslevent ce morceau de poisson en s'exhalant. Vn pareil effet s'y trouueroit quand l'autre moitié ne seroit pas mise sur le feu. Si la mesme chose arriuoit au corps d'vne volaille ou de quelqu'autre animal, il faudroit auoir la mesme croyance. Quand l'on a aussi coupé en pieces des serpens & plusieurs insectes, chaque morceau peut estre agité pour les esprits particuliers qui y sont demeurez, sans que cela arriue par la sympathie qu'ils ont l'vn pour l'autre.

De celuy qui ayāt vn Nez qui estoit creu dans le bras d'vn autre Homme, le perdit quād cet Homme mourut.

Pour vn parfait exemple de Sympathie, l'on fait grand cas de ce que l'on tient estre arriué à vn Gentilhomme, qui ayant la moitié du nez coupé, loüa vn pauure homme à prix d'argent pour permettre qu'on luy fist vne incision dans le bras, où le Chirurgien fourra sa moitié de nez qui reprist chair, & fut apres bien formee; L'on dit qu'à quelques années de là, ce bout de nez tomba en pourriture, & l'on sceut que c'estoit qu'en mesme temps celuy qui auoit presté son bras estoit mort. L'on pese que cela arriua par sympathie, & que la chair de ce nez ne pouuoit subsister apres que le corps dont elle auoit esté tiree n'estoit plus viuant. Mais nous deuons dire que ce bout de nez n'estant pas d'vne chair fort naturelle, ne deuoit pas tousiours durer, & que par hazard il estoit arriué qu'il estoit tombé au mesme temps que le pauure homme estoit trespassé. C'est au cas que cela soit vray, mais il n'est guere croyable, qu'vn nez prist sa croissance dans vn bras, & que l'en ayant separé, il demeurast bien formé; & quand cela seroit, s'il estoit fort bien venu, ie tiens qu'il ne periroit pas, encore que le corps qui luy auroit donné la naissance & l'aliment mourust. Que ceux qui le disent prennent vn peu garde aux consequences que l'on en peut tirer. Par cette raison les enfans deuroient mourir lors que leur mere mourroit; & tout au moins, les scions des arbres qui seroient transplantez ou entez, deuroient perdre leur vigueur, lors que l'on auroit abbatu l'arbre dont ils auroient esté coupez: Mais cela n'arriue point, pource que les Corps qui ont donné la naissance à d'autres, ne les corrompent point par vn changement qui n'arriue qu'en eux-mesmes, & ceux qui procedent d'eux sont encore moins capables de les changer.

Il a esté tres-vtile de destruire ces exemples de Sympathies, que beaucoup de gens qui sont les sçauans à faux titre, alleguent comme tres-asseurez: Cela ne sert pas seulement pour monstrer qu'ils ne preuuent rien en ce qui est de la puissance des drogues que l'on veut faire agir sur le corps de l'hôme malgré la distance, mais pour tous les autres effets que l'on se pourroit figurer à leur imitation: Et cela côuient encore fort bien en ce lieu, à cause qu'il estoit besoin de considerer l'vsage de toute sorte de Sympathies, suiuāt nostre premier ordre. Apres tout cecy, nous remarquerons que plusieurs merueilles que l'on raconte, n'arriuent point du tout, ou bien ont vne autre cause que celle que l'on leur donne. Et que d'ailleurs, quand tous ces exéples que l'on employe à la defense des remedes Sympathiques seroient veritables, ils different beaucoup de ce que l'on a proposé, & leur côtrarieté est capable de ruiner toute sorte de preuue. Quand l'on dit que le Fer suit l'Aimant, & que l'Aimant se tourne vers le Pole, & l'Heliotrope vers le Soleil, l'on entend qu'ils en sont attirez, & que chaque chose obeyt à vne autre qui luy est superieure. Si l'on propose encore que le vin est agité quād les vignes sont en fleur; Que les pastez de Cerf se corrôpent quand les Cerfs sont en ruth, & qu'vn Nez qui auoit tiré son origine d'vn corps emprunté, tomba en pourriture, lors que ce corps fut mort: C'est que de tels Corps suiuent aussi la Loy de ceux dont ils dépendēt. Il faut donc côfésser que tout cecy est au rebours de ce que l'on attend de l'Vnguent Sympathique, qui estant appliqué sur le sang d'vne playe la doit guerir, puisque l'on veut que le sang agisse sur le lieu dont il est tiré, & qu'à mesure que la drogue y apportera du chāgement, il en arrive aussi à la playe dont il procede. Voidon de mesme que le fer fasse mouuoir l'Aimant, que l'Aimant agisse sur le Pole, l'Heliotrope sur le Soleil, le Vin sur la vigne, & la chair morte sur la viuante? Comment le

DE L'VSAGE DES SYMPATHIES.

Les exemples de Sympathie ne preuuent rien en ce qui est de la puissance des drogues que l'on peut faire agir sur le corps de l'homme.

D d iij

DES SE-
CRETS SYM-
PATHIQUES

sang qui est separé du corps, auroit-il du pouuoir sur la playe dont il est sorty, ou sur le reste de sa masse? Il semble que ce deuroit plûtost estre cette masse de sang ou cette playe, qui le feroient changer à leur imitation, au cas que toutes ces Sympathies eussent du lieu: Mais si ces exemples sont contraires, il y en a d'autres qui ne le sont pas, comme du sang de la nourrice, qui estant boüilly pourroit faire tarir son lait, & quelques autres où la Sympathie est reciproque. L'on soustient encore que le fer peut attirer l'Aimant, pourueu que cette pierre soit moins pesante que luy. D'ailleurs, si l'on a rapporté des exemples faux, cela n'empesche pas qu'il n'y en ait aussi de veritables, & nous ne sçaurions nier qu'il n'y ait des Sympathies en plusieurs choses. L'on nous veut persuader qu'il y en a principalement entre les choses qui sont semblables; & dauantage qui sont tirees d'vn mesme lieu: Nous l'auoüons franchement, mais nous n'accordons pas que cela se puisse manifester dans la distance, & nous soustenons que si les choses purement naturelles, ont quelque action l'vne enuers l'autre, l'on n'en peut pas faire vne parfaite imitation par l'artifice. Tant s'en faut que l'on y puisse apporter vn tel accroissement que cela semble estre surnaturel; Mais si nos Operateurs voyent que l'on ne trouue rien en la Nature qui ait tant de pouuoir que ce qu'ils publient, ils en reuiendront à cette defense, que c'est aussi vn effet particulier du meslange de leurs drogues, & du temps auquel il est fait, ou de la maniere dont l'on en vse. Il faut donc examiner à part ce secret, comme le plus grand que l'on attribuë aux Sympathies.

De l'Vnguent Sympathique.

Il n'y a aucun Vnguent qui puisse faire agir le sang sur le corps dont il a esté tiré; & les ceremonies que l'on y obserue, y sont inutiles.

SI le pouuoir de l'Vnguent Sympathique est tel qu'en faisant vne chose en vn lieu, cela opere en vn autre fort esloigné, c'est vne cure merueilleuse. Toutefois, puis que l'on pretend que tous les corps semblables agissent reciproquement ensemble, & se mettent au mesme estat les vns que les autres, il faudroit croire aussi que quelque vnguent que ce soit, estant appliqué sur du sang, ce sang pourroit agir sur la masse entiere, d'auec laquelle il auroit esté tiré, & sur le corps où elle seroit enfermee, par la faculté que l'Vnguent luy donneroit. Mais il n'y a aucun vnguent qui ait vn tel priuilege, quoy qu'il y en ait de fort excellent, tellement que l'on peut dire que l'on ne doit rien attribuer dauantage à celuy-cy qui ne paroist pas plus exquis. Quant aux ceremonies auec lesquelles on le fait, si elles sont autres que les vulgaires, l'on y doit soupçonner de l'erreur & de la superstition, & l'on iugera le mesme de celles auec lesquelles on l'employe. Quelques Anciens ont dit, qu'auparauant que de le faire il falloit ieusner quelques iours, & se tenir net de corps & d'esprit : Mais quoy que cette pureté soit tousiours necessaires aux bonnes actions, il y en a qui sont si fort attachees à la matiere qu'en quelque état ou l'on soit, l'on y peut trauailler, pourueu que l'on en ait la force. Pour le temps de l'ouurage, il sert quelquefois estant chaud ou froid, sec ou humide, selon que la chose le demande : mais cela n'a point de tels effets que ceux dont l'on parle icy. Quant à la maniere d'employer de telles drogues, elle semble estre si impuissante à supleer aux autres defauts, qu'à la considerer toute seule, l'on la iuge extrauagante & ridicule. L'on dit que si l'on veut donner du mal à quelqu'vn, il ne faut que faire bouillir quelque mauuaise drogue auec son sãg; mais quel pouuoir aura cette ebullition sur ce qui en est separé? D'apliquer simplement vn vnguent sur du sang pour guerir la fiéure & toute autre maladie, & mesme les vlceres & les blesseures, n'est-ce pas vn vain remede? Dauantage, pourquoy dit-on qu'il faut que le sang soit sur vn baston, ou sur vne espee qui aura fait vne playe? Qu'est-ce que ce sang aura de commun auec le fer ou le bois, & si les armes qui ont fait la blesseure, sont entre les mains de l'ennemy, ne suffit-il pas d'appliquer l'vnguent sur quelque baston ou quelque linge ensanglanté? Neantmoins, quelques-vns appellent leur drogue l'Vnguent des Armes, comme si elle ne seruoit à guerir les playes qu'en l'appliquant sur l'espee qui a fait le coup, mais il faut croire qu'ils ne l'appellent ainsi que par galanterie & pour rendre le remede plus remarquable. Il y en a d'autres aussi, qui promettent de guerir vne playe pourueu qu'ils ayent le pourpoint ou la chemise du blessé, C'est qu'en effet ils croyent que leur Vnguent guerit toutes les playes dont l'on peut auoir du sang : & il ne se peut faire qu'vn Homme ayant esté blessé, il n'y ait des taches de sang sur son pourpoint. Mais cette cure n'a aucune apparence ny d'vne façon ny d'autre, & l'on estimeroit des personnes bien simples de s'y fier, & de negliger de se faire penser en appliquant des remedes au lieu où ils sont necessaires, plustost que sur du linge ou des bastons tachez de sang. Il y a à respondre que cela se fait lors que le malade ne peut aller où est l'Operateur, ny l'Operateur vers luy, & que quand on voudroit l'aller querir, il y auroit dauantage de temps à perdre entre l'auertissement & sa venuë, au lieu qu'il n'a qu'à apliquer son Vnguent sur le baston ensanglanté aussi tost qu'il la receu : Que sans cela, il y a moins d'incommodité à estre pensé de la sorte que par les voyes communes : Car l'on dit qu'il ne faut cependant auoir autre soin du blessé, que de lauer sa playe auec son vrine, & y changer tous les iours de linge : Que l'on ne fait pas plus de façon aux vlceres : & que pour guerir les autres maladies, il ne faut qu'vser de regime, tandis que le sang est medicamenté de cette sorte. Voylà ce que l'on peut dire pour tesmoigner qu'vn tel secret est vtile, & mesmement, l'on peut alleguer qu'il seroit tres-estimable quand il ne seruiroit à autre chose qu'à monstrer les merueilles de la Nature : outre que l'on l'estime encore propre à la communication de deux amis separez. Si l'on considere que de telles propositions sont fort auantageuses, quoy que l'on s'en meffie beaucoup, l'on aura la curiosité de s'enquerir plus auant si les drogues dont l'on promet tant de miracles, sont autres que les communes, & si le temps où l'on les prepare y peut operer plus puissamment que ce que l'on s'en imagine d'abord.

 Nous auons desia dit ailleurs dequoy est composé l'Vnguent

guent Sympathique. Il faut declarer icy ouuertement ce que nous en penſons. Il eſt certain que la plufpart des choſes qui y entrent ſont aſſez communes, pour faire que nous ſçachions qu'elles n'ont rien chacune qui ſoit capable de ce que l'on leur attribuë. Rien ne nous arreſte dauantage ſinon qu'il y faut adiouſter de l'Vſnee, qui eſt vne drogue toute nouuelle, que nous croyons eſtre vn peu difficile à trouuer. L'on dit que pour en auoir de bonne, il faut prendre des champignons ou de la mouſſe qui ſoient creus ſur des os de mort; mais l'on ne void guere d'os, où il croiſſe aucune choſe, à cauſe de leur ſeichereſſe. Ceux qui en ont parlé depuis le premier inuenteur, ont dit de plus qu'il falloit que ce fuſt ſur le Crane d'vn homme qui auroit eu vne mort violente; Et parce que tous les corps de ceux qui ont finy par vne telle mort ne ſont pas laiſſez ſans ſepulture, ce qui empeſche qu'on n'y puiſſe rien trouuer, d'autres ont commenté là deſſus, & ont aſſeuré qu'il falloit que ce fuſt ſur le Crane d'vn pendu, à cauſe qu'il eſt expoſé à l'air, & que la chair qui y demeure ſe pourriſſant eſt capable de produire quelque choſe, outre que le corps ayant eſté ſuffoqué, les eſprits qui ſe ſont trouué preſſez dans la teſte, ont porté vne vertu extraordinaire au Crane. Ie ne croy pas pourtant qu'il y vienne ny champignons ny potirons, ny mouſſe: mais quoy que ce ſoit la pourriture qui s'y trouue, peut eſtre raclee, & l'on l'appellera de l'Vſnee, ſi l'on veut. Comme cette choſe eſt incertaine, auſſi luy a-t'on pû donner vn nom inconnu. Quant à la force des eſprits reſſerrez, ie tien qu'elle eſt vaine, & que l'homme eſtant mort, ſes eſprits ſe ſont amortis, & ne ſe ſont point portez à cette partie exterieure. Mais quand ils y auroient eſté, & quand l'Vſnee y ſeroit en abondance, quelle qualité auroit-elle pour agir ſur des corps ſeparez, eſtant ſeulement appliquee ſur leur ſang; ou pour faire que ce ſang y puiſſe agir? Si la Mumie, la graiſſe d'homme, le bol Armenien, l'huile roſar & l'huile de lin, ne peuuent rien à cecy chacun à part, pourquoy y auroient-ils tant de pouuoir eſtans aſſemblez

DE L'VNG. SYMPATH. Dans la compoſition de l'Vnguent Sympathique il n'y a que l'Vſnee qui ſoit vne drogue nouuelle.

Ny l'Vſnee, ny les autres drogues, ne ſçauroient agir ſur des corps ſeparez.

DE L'VNG
SIMPATH

& meslez à l'Vsnée? Il y a eu mesme des modernes qui ont proposé qu'à faute de ce qui estoit tiré du corps des Hommes, l'on pouuoit prendre de la graisse de Sanglier & d'Ours & du cerueau de Sanglier, ce qui semble encore moins raisonnable; car qu'est-ce que les Hommes ont de commun auec ces animaux, s'il est ainsi que l'on vueille agir par ressemblance? L'on dira que la conuenance est en ce que l'on a du propre sang du blessé, sur lequel l'on a apliqué ce remede, & qu'il suffit que ce soit vne composition propre à guerir, comme en effet l'on se sert de la graisse de toute sorte d'animaux pour faire des vnguens: Mais cela est bon pour les cures ordinaires. Il semble qu'à cause que l'on en a voulu faire vne extraordinaire, l'on a ordonné de prendre de la graisse d'homme, & si l'on change d'auis, cela rend l'affaire suspecte d'incertitude & de mensonge. Ceux qui ont inuenté ces choses pretendent bien pourtant auoir dequoy les defendre. Ils disent que de verité la matiere de leur composition doit estre certaine, mais qu'entre plusieurs drogues qui y peuuent seruir, l'on peut prendre les vnes ou les autres selon l'occasion, & qu'au reste le principal est de les mesler en vn temps tres-propre.

Quoy que l'Vnguent Sympathique soit en vain comparé à l'Aymant, l'on dit qu'ils dependent tous deux des Astres.

Mais en quelque temps que ces drogues puissent estre meslées, pourquoy leur attribuera-t'on tant de puissance? Nous auons desia veu qu'entre tous les Corps du Monde, l'on n'en trouue point qui en ayent vne telle, & qu'en vain l'on y cherche des argumens par les semblables. Toutesfois, quoy que l'on considere cét effet comme tout particulier: ceux qui le soustiennent ont beaucoup de peine à abandonner leurs allegations, & specialement celles des Sympathies de l'Aimant, ausquelles ils reuiennent encore comme à leur principal secours, en ayant beaucoup affaire en ce lieu-cy. L'on leur accorde que l'Aimant est vn des Corps les plus remarquables pour la Sympathie, ce qui leur fait donner souuent le nom de cette pierre à leurs drogues, les appellant Magnetiques, comme estans faites à son imitation: Mais nous auons desia refuté ce que l'on en dit touchant l'attraction du Pole: Et neantmoins, ils

ne laissent pas de fonder de mesme leur espoir sur des puis- DE L'VNG.
sances imprimées par les Astres, desquelles ils veulent que SYMPATH.
leur vnguent emprunte sa force comme l'Aimant tire la
sienne des estoilles Polaires. Ils declarent donc que ce
temps conuenable qu'ils desirent à leur composition, est
de la faire sous vne constellation propice, & que c'est ce
qui luy donnera l'effet qu'ils pretendent: A ce qu'ils disent
cette constellation se treuue lors que le Soleil est au signe
des-Balances. Il faut croire qu'ils n'ont choisi ce signe qu'à
cause que c'est vne marque de l'esgalité de deux choses, ce
qui represente bien la Sympathie. Mais ne voyent-ils pas,
que ce sont-là des appliquations plus morales & plus my-
sterieuses que naturelles?

Cependant, c'est la plus importante piece de leur secret *Response à ce que*
qu'ils sont contraints de descouurir quand ils se trouuent *l'on dit de la con-*
fort pressez. Nous auons à leur respondre, que sous quel- *stellation sous la-*
que constellation que l'Vnguent puisse estre composé, *quelle l'Vnguent est fait.*
quand l'on auroit fait que les Astres auroient ietté dessus
leurs rayons, il n'y a guere d'apparence qu'il y en demeurast quelque impression apres. Lors que les Astres ne luisent plus, la chaleur qu'ils ont donnée s'aneantit: Mais
l'on dira qu'auec cela ils ont ietté quelque influence qui
s'imprime dans vn sujet bien preparé, & y demeure apres
vn long-temps. Toutesfois, il n'est point croyable que diuers ingrediens reçoiuent vne force pareille aux Astres
sous lesquels on les a mélez, & qu'ils soient d'autres Astres
en Terre, & fassent encore plus que les Astres; Car il ne
se trouue point d'Estoille, qui pour estre mesme placée au
dessus de la maison d'vn homme, guerisse ses blesseures
sans autre appareil. Neantmoins, l'on se fonde sur cette
vertu celeste; c'est pourquoy l'vnguent qui sert à cette cure
porte encore le nom de Constellé: Et si l'on demande
comment vne playe peut-estre guerie en frottant seulement de cette drogue le dard ensanglanté, l'on dit qu'il sort
de là vne puissance secrette, qui va iusqu'au corps du malade malgré l'esloignement, ainsi que les Estoilles iettent
leurs influences du Ciel en Terre, au trauers des nuages &

Ee ij

DE L'VNG
SYMPATH.

L'on dit que l'Esprit vniuerfel fert au tranfport des facultez des aftres & de l'vnguent Sympathique, mais c'eft vne chofe feinte.

des autres empefchemens qu'elles rencontrent. L'on accorderoit auec quelque facilité que l'vnguent peut receuoir de la puiffance des Aftres pour agir fur les corps aufquels il fera appliqué; mais l'on ne peut comprendre comment le tranfport s'en peut faire iufqu'à la playe efloignee de cent lieues ou dauantage.

Ceux qui defendent cette cure acheuent icy leur declaration touchant l'accompliffement de leur œuure. Ils declarent ouuertement que le tranfport des facultez des Aftres, & de celles de leur vnguent, & du fang où il eft appliqué, fe doit faire par l'Efprit vniuerfel du Monde, qui eftant efpandu par tout, lie les chofes celeftes auec les terreftres, les fuperieures auec les inferieures, & conjoint celles qui s'entr'aiment & qui font diuifees, feruant de vehicule ou de chariot pour tranfporter leurs affections, & qu'outre que les matieres bien preparees le difpofēt à cela, le defir ardent auec la forte imagination de celuy qui fait l'operation, l'y incitent, & font qu'il s'y attache pour y feruir de fecours. Voylà vne puiffance tres-grande : mais elle eft feinte, & n'eft fondee que fur des erreurs. Les Aftres ne donnent point vn pouuoir extraordinaire à des matieres qui font preparees fous leur conftellation, & il n'y a point d'efprit vniuerfel qui adhere à cét ouurage, & obeyffe à l'imagination de l'Homme. Quelques Philofophes qui ne reconnoiffoient point la Toute-puiffance de Dieu, ont cruft que le Monde eftoit vn grand Animal qui auoit du fentiment & de la raifon, & que fon ame efpanduë par tout, donnoit vigueur à toutes chofes; Mais nous fçauons que la maffe des elemens n'a point d'autres qualitez que celles qui font propres à fa matiere ; Que le fentiment eft feulement pour les animaux, & la raifon particulierement pour l'Homme, & que Dieu conduit toutes ces chofes felon la Nature qu'il leur a donnée, eftant par tout & au deffus de tout, & s'y meflant fans y eftre contraint ; Or ce feroit vne impieté de croire qu'il s'afferuift aux volontez des Hommes, & à leurs vaines operations, & quand le Monde ne feroit mefme gouuerné que par vne ame particuliere, comme quelques-vns pretendent, ce feroit vn abus de penfer en tirer des feruices pour accomplir toutes les chofes que l'imagination fe pourroit former. Au lieu de luy laiffer fa puiffance fouueraine, ce feroit la vouloir captiuer fous nos loix. Si nos Operateurs n'ont point d'autre fecours pour guider leurs Sympathies, nous n'y fçaurions guere voir d'accompliffement. Les Influences & les communications vniuerfelles ne font pas telles qu'ils les publient, & quand elles le feroient, les Hommes ne les pourroient pas attirer.

DE L'VNG SYMPATH.

NOVS fommes montez infenfiblement à l'vfage des Influences, dont les particularitez font dignes de confideration. Ce font les Aftres que l'on eftime pourueuz de telles facultez, & d'autant qu'ils femblent fe tirer du pouuoir des Hommes par leur grandeur & leur efloignement, il ne faut pas croire que l'on fe ferue d'eux fi facilement que des autres Corps: Toutefois, nous auons defia arrefté que l'on peut difpofer de la lumiere & de la chaleur qu'ils enuoyent iufqu'en Terre, & que l'on peut augmenter ou tranfporter l'vn & l'autre? Ne doit-on pas croire que l'on fera le mefme de leurs Influences? Pour l'augmentation de ces fecrettes effufions, il eft indubitable qu'elle fe peut faire auffi, & que fi ce n'eft en leur fource, c'eft au moins en leurs defpendances & en leurs effets. Si les Influences font adreffees fur les terres, les pierres les mineraux, les plantes & les animaux, l'on fait qu'elles y operent dauantage en rendant ces corps plus capables de receuoir leur impreffion. Voylà vne puiffance qui eft accordée à l'Homme en ce qui eft des chofes exterieures: Il n'en a pas moins pour foy-mefme, car n'ayant rien de plus prefent que ce qui le touche, il y peut fonger à toute heure, pour y caufer tel changement qu'il y pourra donner, felon que fa nature le permettra. Comment il peut faire changer le temperament des autres, il peut bien châger le fien iufques à de certains bornes que fa conftitution luy prefcrira. En ce qui eft de fon Ame, il a encore vne

De l'vfage des Influences.

De l'augmentatiõ des Influences.

E e iij

DE L'VSAGE puissance plus estenduë, de sorte que luy donnant de tres-
DES INFL. fermes inclinations par sa resolution & ses habitudes, il la
pourra accorder s'il veut auec les Influences, & par ce
moyen les rendant de beaucoup plus fortes sur luy, il s'en
seruira vtilement dans les occasions necessaires : il tra-
uaillera ainsi à leur melioration & leur perfection, non
seulement pource qu'il les fera agir auec vne pleine liberté, mais d'autant qu'il les tournera entierement au
bien. Que si dés sa naissance il en a receu plus de mauuaises
que de bonnes, il sera en son pouuoir de leur resister, &
de faire pareftre que le Sage domine sur les Astres. Si la
constellation sous laquelle il est né, a contribué à le rendre d'vn certain temperament, & à luy causer des passions
vehementes & iniustes, il s'estudiera à les moderer, & à
faire toute autre chose que ce qu'elles luy conseillent. Ce
doit estre-là le principal secret de la vie heureuse, qui ne
sçauroit estre acquis de la pluspart de Hommes sans auoir
ouy beaucoup de preceptes, lesquels sont reseruez pour
les Traittez de Morale. Il suffit d'apprendre icy que l'on
peut reüssir à ce trauail lors que l'on en a vne ferme volonté.

Du transport des Influences.

Nous disons ce qui se peut faire touchant l'augmentation ou la diminution de la force des Influences : Il reste
de parler de leur transport, que nous ne manquons point
d'accomplir aussi. Il ne se fait pas de vray si manifestement que celuy de la chaleur & de la lumiere, lequel se
fait par les corps solides, & specialement par les miroirs de
verre & d'acier. Celuy-là est descouuert à la veue, mais
le transport des Influences ne se monstre la pluspart du
temps qu'à l'esprit, à cause de sa subtilité : Toutefois, nous
sçauons veritablement qu'il se fait, & pour comprendre
ce secret, il faut se representer, que si deux Corps vegetatifs ou sensitifs, ont desia vne Sympathie reciproque, sans
doute l'Influence que l'vn receura, pourra estre commu-
niquee à l'autre, à cause de leur affinité. La reflexion d'vn
Corps pourra mesme causer quelque effet sur vn autre,
quoy qu'il ne soit pas son principal allié : & si ces choses se

font assez obscurement sur les pierres, les metaux, les plantes & les animaux irraisonnables, cela se monstre auec beaucoup plus de distinction, sur les Hommes & par les Hommes; Car outre qu'ayans receu l'Influence, ils l'enuoyent encore ailleurs par reuerberation sans y penser. Ils le font auec plus d'efficace, lors qu'ils y employent leur effort, Or comme l'on donne du secours à ces choses, l'on y apporte aussi de l'obstacle quand l'on veut: Et en tout cela, il y a du profit ou du dommage, & enfin de la perfection ou de la melioration.

Nous demeurons d'accord de ces effets que les plus subtils pourront remarquer par vne diligente recherche: Mais il faut prendre garde que toutes les choses ausquelles on attribuë des Influences, ne les ont pas telles que l'on les dit, & ne sont pas capables de faire de puissantes reflexions. Quelques-vns ont escrit que si l'on porte sur soy des pierres, des metaux, des parties des plantes, ou de quelques animaux, selon les Planettes & les Signes, dont l'on desire estre regardé fauorablement, l'on ne manquera point d'en voir vn bon succez: mais les qualitez que ces choses ont receuës des Astres, ne sçauroient estre communiquees pour les porter simplement, & n'opereront pas aussi en tous les hazards du Monde, comme l'on se figure. Si l'on veut mesme les faire operer sur l'estat des corps, il les faut reduire en fomentations ou en breuuages: C'est par ce moyen que les billieux trouuent dequoy se raffraischir, & que les phlegmatiques obtiennent la chaleur qui leur est necessaire. Cela s'appelle la Medecine celeste, d'autant que tous les genres de mineraux, de vegetaux & de corps sensitifs, sont placez sous le gouuernement de quelque Astre selon leur nature: Et s'il n'est pas certain que chaque Astre donne particulierement à plusieurs les facultez qu'ils possedent: l'on dit neantmoins que l'on les a pû ranger sous cét empire, à cause de la conformité qu'ils ont auec les qualitez que l'on attribue aux Corps superieurs. Mais cela n'empeschera pas que nous ne croyons encore qu'ils ne sçauroient seruir que par vne ap-

Toutes les choses du Monde ne sont pas capables de faire de puissantes reflexions des Influences.

plication prochaine, si l'on veut que cela se fasse pour guerir les hommes de plusieurs fascheuses maladies, ou pour entretenir leur vigueur, resiouïr leurs esprits, adoucir leurs inquietudes, fortifier leur memoire & leur imagination, esclaircir leur iugement, & enfin operer sur l'Ame par le Corps comme par de doubles reflexions. Quand cela est executé, ce n'est aussi que par vn long-temps & par des obseruations toutes naturelles & sensibles : mais l'on en cherche qui operent auec plus de force & de promptitude, & mesme par des moyens où il semble que la Nature soit surmontee & vaincuë; puisque cela est ordonné pour vne application assez esloignee, & que l'on veut mesme que cela opere immediatement sur les affections des hommes, & que cela preside à tous les accidens de la vie.

Des Figures constellees, appellees Talismans.

CEVX qui ont entrepris de proposer des secrets extraordinaires touchant les choses qui sont sousmises aux Corps celestes, ont dit que pour en receuoir de grandes vtilitez, il ne suffisoit pas de les prendre toutes simples; mais qu'il falloit adiouster des ceremonies particulieres à leur preparation ; Qu'ayant choisi les matiere dediees à chaque Astre dont l'on vouloit se concilier les Influences, il falloit y grauer des figures exprez, & principalement les tailler en bosse selon l'effet que l'on desiroit, & qu'il estoit besoin d'accomplir cét ouurage sous la constellation qui s'y trouuoit vtile. C'est ce que l'on appelle des Figures Constellees, qui portent aussi le nom de Talismans, mot Arabe que l'on dit estre deriué d'vn autre mot Chaldeen assez approchant, lequel signifie Image, & auquel l'on donne encore d'autres explications plus significatiues. Nous sçauons assez ce que l'on entend par-là, & nous ne sommes en different que sur la verité de ce qui en depend. L'on dit qu'ayant taillé auec soin de telles figures, les Astres y impriment des qualitez si puissantes, qu'elles operent apres de mesme que la constellation sous laquelle l'on les a faites, & que l'on n'a qu'à les porter sur soy, ou les placer en quelque lieu, pour y causer diuers effets;

Qu'il

Qu'il y en a qui font aimer & respecter celuy qui les por- DES FIGVRE-
te ; Qui le rendent riche & bien fortuné, d'autres qui le CONSTELL.
rendent victorieux contre ses ennemis, & d'autres qui le
garentissent de plusieurs maladies, & de mourir de mort
violente : Et qu'aux endroits d'vne maison où l'on aura
placé de tels simulachres, les vns feront que tous ceux qui
y entreront seront soudain excessiuemét tristes ou ioyeux,
& les autres empescheront qu'il ne s'y trouue de vermine
& de bestes venimeuses ou mal-faisantes, ou bien que les
larrons n'en puissent approcher. Voilà des ouurages merueilleux par lesquels l'on pense tesmoigner manifestemét
le pouuoir que les Hommes ont sur les Astres ; car l'on
pretend par ce moyen ne faire pas seulement vn transport
des effets & des Influences des Astres, mais de violenter
les Astres mesmes. L'on confesse que l'on n'apporte point
ainsi de changement en leur corps ; mais s'il est vray que
leurs puissances secrettes soient leurs forces principales,
c'est leur donner beaucoup de contrainte de la porter ou
l'on veut malgré leurs premiers decrets; & tout au moins,
c'est vser enuers eux de sollicitation & de persuasion pour
en obtenir ce que l'on desire ; ce qui est encore vn pouuoir & vn artifice dont l'Homme peut estre honnoré. Il
faut sçauoir de quelle façon l'on a proposé ces choses pour
iuger de leur certitude.

L'on dit que si lors que Saturne est heureusement placé *Description de*
dans le Ciel, l'on fait auec de la pierre d'Aimant la figure *quelques Figures*
d'vn Homme qui ait vne teste de Cerf, & soit assis sur vn *Constellees.*
dragon, tenant en main vne faux, cela seruira à la longueur
de la vie : Que si sous la mesme Planette iointe à Mercure, l'on fait vne figure d'airain ayant la forme d'vn vieil-
lard venerable, ceux qui la porteront pourront predire
l'auenir : & mesme quelques Anciens ont asseuré que si
l'on fait la mesme figure plus grande & plus accomplie,
elle parlera pour instruire les hommes de ce qu'ils auront
à faire , & que c'estoit de telles Idoles fabriquees sous des
constellations conuenables, qui rendoient autrefois des
Oracles. Que sous Iupiter il faut faire la figure d'vn hom-

me couronné, qui sert à augmenter les honneurs & les richesses: Sous Mars, celle d'vn Homme armé, monté sur vn Lyon, tenant d'vne main vn coustelas & de l'autre la teste d'vn homme, pour emporter la victoire sur ses ennemis: Sous le Soleil, la figure d'vn Homme assis dans vn trosne, qui sert à s'agrandir & se faire aimer de tout le monde: Sous Venus, vne Femme nue, pour estre heureux en des amours impudiques: Sous Mercure, vn ieune homme portant le caducee pour se conseruer la paix, acquerir la facilité du discours, & la prosperité du commerce: & sous la Lune, vne Femme ayant le croissant sur la teste, qui sert à rendre les voyages heureux: Que pour chacune de ces figures, il faut choisir la pierre ou le metal qui sont dediez à la Planette dont l'on a besoin: Que l'on en peut faire encore de diuerses, non seulement à chaque Signe du Zodiaque, mais à chaque degré, comme aussi à chacun des vingt-huit iours de la Lune, & pareillement à l'intention de chaque iour de la semaine, obseruant les heures & les momens, selon qu'ils sont dediez à chaque Planette, & selon les diuers effets que l'on se propose. Il y a des Liures qui monstrent en particulier la forme de toutes sortes de graueures ou de sculptures, & declarent à quelles constellations elles appartiennent. La pluspart sont des chiffres barbares & inconnus, ou des figures monstrueuses où l'on croid qu'il ne faut rien changer: mais en ce qui est des figures naturelles & significatiues, plusieurs Autheurs laissent la liberté d'en inuenter quantité à l'imitation de celles qu'ils ont données, les appropriant à l'effet que l'on desire, comme si l'on fait la figure de deux Hommes qui se touchent dans la main pour prouoquer l'affection & la fidelité : & si au contraire l'on fait qu'ils s'entrebattent pour les exciter à s'entretuer, ou tout au moins à s'entrehayr & se quereller : & si l'on fait aussi que l'vn mette le pied sur la gorge à quelqu'autre pour rendre celuy-là propre à suppediter ses ennemis, & les outrager à sa volonté : car l'on fait de telles figures pour le mal de mesme que pour le bien, & pour l'vn & pour l'autre l'on choisit vn temps qui soit propre, & vne matiere conuenable : & l'on croit operer encore dauantage, si connoissant sous qu'elle horoscope vn homme est né, l'on prend garde que les figures que l'on fabrique pour luy, soient faites à vne heure que les autres Astres s'accordent aux siens, & tout de mesme si trauaillant pour quelque pays, quelque ville, ou quelque maison, l'on considre à quelle Planette & quel Signe ils sont sujets. Que si l'on veut destourner d'vn lieu tous les animaux nuisibles, & tous les mal-heurs qui y peuuent arriuer, l'on fait aussi des figures qui expriment cela, lesquelles sont taillees sous la constellation qui y peut operer.

Or d'autant que les statues ou figures en bosse coustent plus à faire que des figures grauees simplement, l'on les estime dauantage, mais c'est aussi parce qu'il s'y fait vne representation plus naïue de ce que l'on desire. Toutefois, les figures grauees ont tousiours esté autant en regne, pource qu'estant besoin de trauailler sur de certaines pierres precieuses, l'on n'en peut pas tailler des statues à cause de leur petitesse & de leur dureté, & l'on craint de les gaster, & puis l'on a plustost fait d'y grauer ce que l'on veut. Il est vray que les ceremonies que l'on y obserue font croire que cela n'est pas moins puissant. Au reste, cela semble fort commode pour les porter tousiours, les faisant enchasser en des anneaux. Les autres peuuent estre portees au bras ou au col ou quelque autre part sur soy, & quant aux statuës qui sont fort grandes, soit de pierre ou de metal, elles sont mises en des lieux choisis selon l'effet que l'on en attend. L'on peut bien esperer quelque effet des figures qui sont simplement grauees sur vne pierre platte, ou sur vn metal, puisque mesme l'on faict des lames sur lesquelles l'on graue seulement quelques caracteres dediez aux Planettes, & l'on les croid propres à ce que l'on desire, pourueu qu'elles soient accommodees exactement sous la constellation necessaire; & l'on graue aussi des caracteres semblables sur des bracelets ou des

Les figures grauees ont esté autant en vsage que les figures en bosse.

DES FIGVR. anneaux par lesquels l'on pretend encore d'accomplir ses
CONSTELL. desseins.

Raisons pour sou-
stenir le pouuoir
des Figures Con-
stellees.

Le pouuoir que l'on attribuë à ces Figures Constellees, est si merueilleux qu'il semble que cela vaut bien la peine d'escouter les raisons de ceux qui les soustiennent. Ils disent que tout ce qui est icy bas despend des Corps Celestes, & que quand quelque chose est produite, c'est à la ressemblance de la constellation qui se trouue dans la plus forte; Que premierement l'air inferieur suit la nature des Astres, estant pluuieux sous les Astres humides, & fort sec sous ceux qui sont secs; Que les Plantes qui naissent participent à leur humidité ou à leur secheresse, ou à leurs degrez de chaleur, & de mesme les Animaux. Qu'auec ces premieres qualitez que les Astres influent, ils disposent à l'amour & à la haine, & donnent aux Hommes des inclinations vertueuses ou vicieuses, & si les autres substances ne sont capables d'en receuoir les impressions, ils leur donnent au moins le pouuoir de les faire naistre ailleurs; Que si l'on prend aussi vn metal ou vne pierre, ou quelqu'autre matiere qui leur conuienne, & que l'on y graue vne figure propre, ils y verseront de telles influences & facultez; & apres cette pierre ou ce metal pourront communiquer cela à d'autres corps, & les Hommes qui les porteront d'ordinaire seront suiets aux mesmes accidens que s'ils estoiét nez sous vne pareille constellation, & leurs desseins auront tousiours vn mesme succez que s'ils estoient encore en ce temps fauorable.

Comment l'on re-
fute les propositiõs
des Figures Con-
stellees.

Il y a beaucoup de choses à dire contre ces propositions. Premierement en ce qui est des statuës que l'on s'imagine pouuoir parler : c'est vne chose honteuse, que des Autheurs modernes ayent encore mis cela dans leurs escrits, puisque ce sont des resueries des anciens Idolâtres. Ceux qui en ont parlé les premiers, ont peut-estre demandé pour cecy vne certaine rencontre d'Estoilles qui ne sçauroit arriuer en dix mille ans, afin que les esprits foibles les croyent sans chercher aucune experience. L'on doit penser le mesme des figures, qui à ce qu'on dit, rendent l'Homme Prophete. L'on n'a iamais veu aucun effet semblable. Ny les choses artificielles ny les naturelles ne pouuent rien à cela, puisque la prophetie est vn don de Dieu; & si quelqu'vn a vne bonne preuoyance de l'auenir, il faut qu'il l'ait acquise par vn long estude. Quant aux Figures dont l'on pretend faire à toute heure les mesmes choses que l'on attribuë aux plus fortes influences, cela est encore en doute, car l'on n'accorde pas mesme tous les effets que l'on attribuë aux Astres, & quand l'on auoüera qu'ils ont du pouuoir sur le changement des Saisons, sur toutes les productions des Meteores, des Mineraux, des Plantes & des Animaux, cela ne nous fera pas croire qu'ils donnent vne mesme impression à vn corps artificiel que l'on compose exprez. Nous sçauons assez ce que l'on peut dire des Figures en bosse ou grauees, que l'on croid rendre capables de mettre de l'affection ou de la hayne entre les personnes, de faire rire & chanter, ou pleurer tous ceux qui entreront au lieu où elles seront, d'empescher que les voleurs n'entrent iamais dans vne maison, & de rendre vn Homme victorieux à la guerre. Plusieurs les ont desia condamnees pource qu'ils asseurent ques les Astres mesmes ne forcent point les volontez, & par consequent que ces figures fabriquees à leur ressemblance ne le sçauroient faire. Que l'on ne sçauroit faire aymer ou hayr quelques Hommes, s'ils n'ont en eux les vrays principes d'amour ou de hayne. Que si l'on est ioyeux lors que l'on entre dans vne maison, il n'est pas croyable que l'on y soit triste sans cause, ny que l'on y deuienne soudain ioyeux, lors que l'on est triste: Que pour empescher les larrons d'executer leur larcin, cela n'est pas possible, d'autant qu'vne petite figure mise dessus ou dessous, ou derriere vne porte n'est pas vne forte barriere qui les empesche d'entrer ; & pour ce qui est de rendre victorieux à la guerre, qu'il n'y a pas d'apparence aussi qu'vne figure donne à vn Homme coüard & foible qui la porte, vne generosité extraordinaire, & qu'elle oste aux plus braues des ennemis leur valeur accoustumee, pour se laisser terrasser honteusement, &

DES FIGVR.
CONSTELL. que mesme toute vne multitude ne puisse rien faire contre vn seul Homme.

Responſe pour les Figures qui ſeruent à faire aymer ou hayr, qui rendent ioyeux ou triſte, qui empeſchent que les voleurs n'entrent dans vne maiſon, & qui rendent vn Homme victorieux deſ s ennemis.

En ce qui eſt des figures d'amour ou de haine; ceux qui les ſouſtiennent reſpondent qu'ils ne pretendent pas que les Aſtres ayent vn pouuoir abſolu ſur l'Ame de l'Homme, qui eſtant ſpirituelle & immortelle, eſt libre dans ſes foctions, mais que s'ils ne la contraignent pas, ils luy donnent au moins des inclinations, qui bien que foible au cōmencement, ſe fortifient par l'habitude, & que la volonté ſe laiſſe emporter apres: Qu'il y a des occaſions où l'élection ne ſe fait point, & la volonté n'eſt pas conſultee, de ſorte que l'on aime ou l'on hait ſans ſçauoir pourquoy, & meſmes il ſemble que l'on voudroit bien quelquefois aymer ceux que l'on haït, mais l'on ne le peut, quoy que l'on ſçache que l'on y eſt obligé par le droit de parenté, par quelque merite de la perſōne, & par quelque bien-fait receu, & que le ſuiet de cette paſſion n'eſt que pour la cōtrarieté de l'Influence des Aſtres; Que l'on peut eſtre encore excité à la ioye ou à la triſteſſe en entrant dans vn logis ſās ſçauoir pourquoy, & qu'il nous arriue ainſi tous les iours quantité de mouuemens contraires; ſans en pouuoir dire la cauſe; tellement que la volonté n'y eſt point forcee, puis que cela ſe fait meſme ſans que nous y ſongions; Qu'en ce qui eſt des voleurs s'ils ne trouuent aucune reſiſtance ſenſible en la maiſon, ils ont au moins en leur eſprit vn certain mouuement qui leur faict differer d'y entrer, ou qui les mene ailleurs; Et que la figure qu'vn Homme de guerre porte, luy peut auſſi eſchauffer le ſang & le courage iuſqu'à luy faire terraſſer ſes ennemis, ou ſe retirer de leurs mains, s'ils ſont en trop grand nombre.

Replique pour monſtrer que les Aſtres ny les Figures Conſtelle s, ne ſçauroient forcer les inclinations.

L'on replique à tout cela, que ſi l'inclination entraiſne la volonté; c'eſt touſiours la violenter, & contreuenir au libre arbitre de l'Homme; Que nous ſçauons que le priuilege du choix ne nous ſçauroit eſtre oſté par les Aſtres: Qu'ils ne nous forcent point à aymer ou à hayr par de ſecrettes Influences, & que ſi l'on cherchoit bien, l'on trouueroit qu'il n'y a inclination ſi precipitée qui ne tire origine de son vray obiet. Qu'en ce qui est des mouuemens qui portent à la ioye ou à la tristesse entrant dans vne maison, c'est pource que l'on la trouue agreable ou desplaisante, & que bien souuent telle qu'elle soit, elle nous laira en l'humeur que nous y auõs apportée: Que les Astres n'ayãs aussi autre faculté que de rẽdre vn Corps plus humide ou plus sec, & changer les degrez de chaleur, il n'est point à propos de leur attribuer la puissance d'exciter les vns aux larcins & d'en retirer les autres: Qu'vn certain temperament peut bien rendre les Hommes lasches, & faire qu'ils se plaisent à viure du labeur d'autruy, ce qui les porte quelquefois aux rapines & aux larcins. Mais bien que les Astres cooperent à leur donner cette humeur à l'heure de leur naissance, si est-ce qu'il y a beaucoup d'accidens qui destournent cela, & leur font suiure vn autre chemin: mais quand ils s'y accorderoient, & quand leur temperament porteroit leur Ame à la lascheté, il faudroit qu'ils en prissent vne habitude pour delà s'accoustumer à viure de larcin, ce qui cõtrarie de toutes parts à l'effet des figures grauees dont l'on pretend imiter les Astres: car si les Astres ne forcent point la volonté des Hommes, & s'il leur faut du temps pour porter leur inclination au bien ou au mal, cõment est-ce que la figure arrestera tout d'vn coup la volonté du larron, qui a desia planté l'eschelle pour aller piller vn logis? D'ailleurs, si l'ascendant de ce larron l'a porté de tout temps à suiure ce train de vie, la puissance du Talisman sera-t'elle plus fort contre luy que sa propre constellation? Celle-cy s'est fortifiee par vne habitude reïteree, & l'autre opereroit en vn moment. Cela n'a aucune vray-semblance. De dire que le vol est empesché par d'autres personnes qui suruiennent: Quelle puissance auroient les Figures Constellees sur des gens fort esloignez pour les faire venir là à poinct nommé? Pour ce qui est de surmonter des ennemis, il s'y trouue encore la mesme difficulté: car il faudroit que les figures que l'on porteroit eussent vn soudain effet malgré la constellation des personnes contre qui l'on combattroit.

DES FIGVR. CONSTELL.
L'abus de plusieurs Figures.

A l'exemple de cecy, l'on peut remarquer l'abus de plusieurs figures faites pour diuerses occasions, comme pour se rendre fauory des Roys, se faire respecter du peuple, faire tourner l'entreprise d'vne affaire ou de quelque commerce de telle sorte que l'on y puisse gagner, & pour d'autres prosperitez que l'on souhaitte. Si vne personne est difforme ou mesprisable, il faudroit que pour ce faire aimer ou respecter il se trouuast soudain du changement en ses coustumes, en ses gestes & en son visage mesme, ou bien il faudroit que tous les yeux des autres y fussent trōpez, mais il n'y a point de Talisman qui puisse seruir d'vn tel charme. Quant à la facilité des entreprises & à l'acquisition des richesses, il ne seroit pas seulement necessaire de s'y rendre propre, mais aussi de destourner tous les empeschemens qui y suruiendroient, & de commander aux choses fortuites & à celles qui arriuent selon l'ordre du Monde. Comment se pourroit-il faire que ces figures eussent tant d'actions diuerses, & surmontassent les Influences particulieres des hommes, celles des nations, des villes & des maisons, & de la chose mesme dont l'on se voudroit seruir à quelque effet, soit arme, monnoye, marchandise, pierre, metal, plante, ou beste. Il n'y a pas moyen de soustenir de telles operations, si l'on ne monstre qu'a toute heure les choses d'icy bas peuuent receuoir de nouuelles Influences, soit des Astres ou des Figures qui participent à leur pouuoir, mais cela destruiroit la doctrine de l'horoscope qui fait croire que les Hōmes sont principalement asseruis à ce qui leur a esté ordonné dés leur premiere heure, & que les bestes & les plantes sont dans vne suiection pareille dés l'instant de leur production, & les villes, dés l'instant de leur fondation. Si l'on tient que cela puisse estre changé, c'est renuerser toute l'Astrologie, & cependant l'inuention des Figures Constellees en tire tous ses fondemens. La fille voudroit-elle donc ruiner la Mere? Elles ne peuuent subsister toutes deux dans ces contrarietez.

Ce ne sont pas les seules raisons dont l'on abat le credit de ces de ces Figures Astrales : mais il n'est guere besoin d'en dire dauantage, contre celles que l'on pretend auoir du pouuoir sur la volonté d'autruy : C'est assez de les condamner par-là, puisqu'aparamment c'est vne chose impossible. Il faut reseruer tous les autres argumens contre celles qui n'ayans pas de si hautes promesses, en ont acquis plus d'authorité enuers les esprits credules. L'on doit mettre de ce nombre celles que l'on fait seulement pour se procurer quelque bien à soy-mesme. L'on les peut defendre subtilement, pource que tant s'en faut que l'on entreprenne par elles de forcer la volonté, qu'au contraire c'est à dessein qu'elles la suiuent, & qu'elles produisent des effets conformes à nos intentions. Mais il y a encore icy d'abord, d'autres responses fondees sur ce qui a desia esté dit. Premierement, nous reconnoissons bien que ce que l'on desire ne force point la volonté ; Toutesfois, pour desirer vne chose l'on ne l'obtient pas tousiours, & si la volonté n'y repugne point, les habitudes de l'Ame & du Corps y peuuent contrarier. Vous faites des figures à dessein de vous rendre sçauant & éloquent, & de vous faire viure longuement ; Vostre volonté y consent, mais la stupidité de vostre esprit & la foiblesse de vos principaux membres y resistent. Quel pouuoir ont les Talismans, pour vous faire autre que vous n'estes ; Il vous faudroit repaistrir, & vous faire renaistre. Les figures ne peuuent faire ce que les Astres mesmes ne feroient pas. Si dés vostre naissance ils vous ont porté à l'ignorance & aux infirmitez, destruiront-ils ce qu'ils ont ordonné ? Cela n'a aucune apparence, & cette contrarieté se trouue autant au bien que nous desirons pour nous, qu'au mal que nous voudrions procurer aux autres. Il ne faut point se flatter sur ce que nostre volonté s'accorde au bien que nous demandons, au lieu que la volonté des autres fuit le mal que nous taschons de leur faire : Ce n'est pas de là seulement que despend l'effet. C'est de la vertu d'vne Influence nouuelle que l'on veut opposer à la premiere : Or cette derniere ne peut pas estre plus puissante que l'autre, qui s'est fortifiee par le

DES FIGVR. CONSTELL.

Que les Figures que l'on fait pour soy sont inutiles, encore qu'elles ne contraignent pas la volonté ; Et que l'on ne sçauroit se procurer aucun bien par elles.

Vol. III.   G g

DES FIGVR'
CONSTELL.

temps : & puis si l'on admet les Influences, il faut croire qu'elles ne peuuent cesser de regarder leur obiet, autrement elles ne seroient pas Influences. Les figures que l'on fait volontairement pour soy, ont donc en cela le mesme inconuenient que celles que l'on fait pour forcer la volonté d'autruy, qui est de ne pas trouuer vne matiere disposée à les receuoir : Mais il est vray que celles que l'on fait contre les autres ont encore cét empeschement de surcroist, qu'elles n'y trouuent pas vn consentement de volôté. L'on se pourroit contenter de cela sur ce suiet ; neantmoins les autres raisons que nous auons à remarquer estans contre toute sorte de figures, l'on s'en peut encore seruir, mais pource qu'elles sont prises specialement de la nature de la chose dont il s'agit, elles sont reseruees contre celles dont l'on iuge l'effet plus naturel.

Des Figures faites contre la pluye, la gresle ou le foudre, pour garder le bestail, chasser les animaux nuisibles & remedier à plusieurs maladies ; & de ce que l'on peut dire contre.

L'on ne fait pas beaucoup de difficulté d'aduoüer que les Astres ont du pouuoir sur toutes les choses corporelles, & delà l'on pretend que leurs Images en doiuent auoir aussi ; Qu'elles peuuent empescher que la pluye, la gresle ou le foudre ne tombent en quelque lieu : Qu'elles seruent à la conseruation des fruicts ; Qu'elles peuuent garder les troupeaux de bestail de tout peril, chasser les animaux nuisibles de quelque endroit, & remedier à quantité de maladies qui arriuent au corps humain. L'on pense auoir treuué en cela des secrets naturels & faisables. Il est certain qu'il y a des choses naturelles qui empeschent que l'orage n'apporte du dommage en quelque lieu, & si l'on veut aussi empescher qu'il n'y tombe, l'on le fait par des couuertures espaisses & asseurees, mais l'on n'arrestera la production des Meteores & leur descente, que selon la situation de certains pays, comme nous auons remarqué dans le Traitté de leur Vsage, & les Figures Constellees n'y seruent de rien, pource que mesme il ne se peut faire que les Astres leur ayent donné vne puissance contraire à la leur ; Car s'ils sont cause de la production des Meteores, ces figures n'y resisteront pas, ioint qu'elles n'ont aucune qualité qui soit propre à cela. Il y a encore d'au-

tres propositions où il faut voir comment l'on peut reussir. DES FIGVR.
L'on ne s'imagine pas que les priuileges de quelque haute CONSTELL.
faculté y soient interessez comme ceux de la volonté de
l'Homme. Car bien que l'on promette de commander par
là à des animaux irraisonnables, les faisant aller où l'on
voudra, & les gardant d'approcher de quelque lieu, il
n'est besoin que d'agir en cela sur leur appetit qui est entierement attaché à la matiere, & peut receuoir de l'alteration par elle. Quelques-vns tiennent donc que l'on peut
croire sans offense, que les Astres estans les Souuerains
Corps du Monde, gouuernent tous les autres Corps Inferieurs, & que l'Ame des bestes qui despend de la matiere corporelle, en peut receuoir les impressions comme
tous les autres Corps, & que si l'on sçait l'art de faire des
Images qui reçoiuent l'Influence des Astres, elles auront
les mesmes effets. Mais quand nous accorderons que les
Astres peuuent diuersifier les Meteores, nuire ou profiter
aux fruicts, retarder ou auancer la guerison des maladies,
& gouuerner l'appetit des bestes, le mesme pouuoir doit-
il estre attribué aux Talismans de diuerse matiere que l'on
fait sous leur ascendant? Sont-ils capables de receuoir de
telles effusions? Vn animal a vne chair poreuse & pene-
trable, & ses esprits sont susceptibles de plusieurs impressions, au lieu que les pierres & les metaux sont durs, immobiles, & insensibles en toute leur consistence. Si c'estoit
aussi la matiere des Talismans qui agist, il ne faudroit que
s'en seruir sans autre obseruation : De dire dauantage que
ce soit la figure, quelle nouuelle puissance apporte-t'elle à
la matiere qui demeure tousiours semblable? Quand l'on
donnera la figure de quelques animaux au Metal & à la
Pierre, cela ne les rendra pas d'vne pareille constitution. *Defenses pour les*
Il faut ouyr ce que peuuent alleguer sur ce suiet les Do- *Talismans, sur ce*
cteurs Talismaniques. *que la figure rend*
les corps plus pro-
Ils declarent qu'ils ne pretendent point rendre le Metal *pres pour agir en*
ou la Pierre du tout pareils aux animaux dont ils leur don- *de certaines*
nent la ressemblance exterieure, mais que leur figure gra- *actions, auec les*
uee sous la constellation requise obtient d'autres qualitez *responses là dessus.*

G g ij

DES FIGVR. particulires, & que l'on void bien que les representations
CONS TELL. des bestes ou des Hommes, ne sont pas tousiours necessaires aux Talismans, puisque l'on y en graue de bigearres
& d'inconnuës, ou mesme de simples caracteres. Qu'au
reste, voicy ce qu'ils peuuent alleguer en general pour la
puissance de toute sorte de figures : Qu'il est certain
que la diuerse figure rend les corps plus propres pour agir
en de certaines actions : Qu'vn morceau de fer reduit en
boule va au fonds de l'eau : mais que s'il est large & fort
deslié, il n'enfoncera pas : Mais c'est vne erreur de croire
que le fer ou autre metal nage à cause de sa figure : Que
l'on en fasse vne masse ronde, triangulaire, quarree, ou
cornuë par diuerses irregularitez, il enfoncera également,
& que les feuilles soient coupees en triangle, en quarré,
en pentagone ou hexogone, elles nageront tousiours. Cela vient aussi de la quantité, & non pas de la figure, & cette quantité ne doit pas estre consideree en la largeur de la
feuille : car la quantité de la feuille estendue est pareille à
celle de la masse ? L'on la prend de l'espaisseur, qui doit
estre si petite que l'eau qui sera dessous se trouuant plus
lourde soit capable de la soustenir. Quelque largeur
qu'ait la feuille, cela n'empesche pas qu'elle ne soit suportee : car chaque partie n'est quasi qu'vn atome, & ces parties n'estans point l'vne sur l'autre, mais estendues dans
leur liaison, trouuent tousiours leur soustien, & soit qu'elles finissent en rondeur ou en pointe, ce sont tousiours de
tres-petites portions de metal, qui encore qu'elles soient
capables de faire vne masse assez lourdes estans rassemblees en globe, ne sont pas si pesantes estans vnies en largeur, à cause que chaque partie est toute seule à presser
l'eau : En ce cas-là, quand il y auroit vne feuille de metal
aussi large que la Mer, elle s'y pourroit soustenir, quelque
figure qu'elle eust en ses bornes, puisque ce sont seulement
des parties adioustees ou retranchees : & si l'on auoit coupé cette feuille en autant de pieces qu'elle a d'atomes, elle ne seroit pas plus aisee à suporter à cause que, les atomes
n'estans collez qu'en largeur, n'en sont pas plus lourds. Ie

pense que cela est assez clair pour faire connoistre la fausse subtilité de ceux qui defendent le pouuoir des figures. Mais ie leur diray encore que s'ils mesprisent les limites de la feuille (comme l'on les doit mespriser) ils croyent donc que c'est la figure platte qui la fait nager : mais si cela estoit, elle pourroit encore nager lors qu'elle seroit fort espaisse, ce qu'elle ne fait pas, d'autant que la quantité y repugne. Vne planche de bois qui seroit encore plus espaisse, nageroit facilement, pource que le bois n'est pas si massif, & non point à cause de la figure platte ; car iettez vne boule de bois dedans l'eau, elle nagera de mesme que la planche, tellement que l'on connoist que ce n'est pas la figure qui opere en plusieurs actions corporelles. L'on rapporte encore l'exemple d'vn clou qui entre dans le bois fort facilement à cause de sa pointe : Il faut auoüer que sa figure sert en cecy, mais c'est parce qu'elle est iointe à sa massiueté & dureté, autrement si la seule figure pointue estoit capable de se faire ouuerture, il faudroit qu'vn petit morceau de cire allongée en pointe, eust le méme effet. Icy les aduersaires croyans auoir gagné, disent que leur figuré opere aussi auec sa matiere comme estans fort propres chacune de leur part à l'effet que l'on en recherche, mais il faudroit auoir prouué le pouuoir de cette matiere & de cette figure. Ils adioustent vne autre comparaison de la pierre ou du bois, qui estans massifs ne sçauroient tenir l eau, & y sont rendus propres en les creusant. Mais c'est à sçauoir si leurs artifices ont vne semblable vtilité en ce qu'ils pretendent. Tant y a que l'on connoist par leurs propositions qu'ils s'imaginent que leurs figures reçoiuent l'Influence des Astres dedans leurs graueures, ce qu'ils veulent confirmer par l'exemple de ces miroirs bossus qui reçoiuent mieux la chaleur du Soleil que les pleins, iusques à brusler ce qui leur est exposé : Et des diuerses parties de la Terre qui sont plus ou moins eschauffees, selon qu'elles sont plattes ou montagneuses, surquoy il faut remarquer encore qu'ils croyent que si l'on pretendoit faire des Talismans par des figures qui fussent seule-

DES FIGVR-
CONSTELL:

ment peintes, l'on trauailleroit vainement. Si cela est, d'autant plus que leurs sculptures seront grandes & leurs graueures profondes, d'autant plus auront-elles de force. Mais ils ne font point mention de cette particularité, & tesmoignent que s'il n'y a que la figure qui soit requise, il n'importe de quelle grandeur elle soit. Ils defendront cela en ce qu'ils croyent que les Influences estans tres-subtiles n'agissent pas à la maniere des choses grossieres, & qu'il ne leur est pas besoin de beaucoup d'espace pour estre receues, comme s'il y en pouuoit entrer plus grande quantité, d'autant plus que le lieu seroit capable de les contenir : Que leur effet est esgal sur vn corps grand ou petit, pourueu qu'il soit bien disposé. Mais quel auantage tirent-ils de la graueure ? Ils disent que comme la figure d'vn lyon est autre que celle d'vn Homme, aussi l'Influence qui est receuë dans chacune est dissemblable. Ils appliquent encore icy la similitude des miroirs & des bosses de la terre qui reçoiuent la chaleur du Soleil diuersement : mais quelle diuersité de chaleur y aura-t'il en vne petite figure de la grandeur d'vn teston ? Que s'ils s'imaginent que la diuersité n'est que dans l'Influence, pourquoy vsent-ils donc de ces similitudes ? D'ailleurs, la chaleur du Soleil est tousiours chaleur, & ce sont les lieux qu'elle touche qui la reçoiuent auec difference : Veulent-ils dire que les Influences sont aussi tousiours semblables en elles-mesmes, & qu'il n'y a que les figures qui les diuersifient en les receuant ? Ils le peuuent penser ainsi, puis qu'ils rapportent l'exemple du cachet, qui selon la figure que l'on y a grauee, marque diuersement la cire. Mais c'est vne comparaison trop basse de la cire aux Influences, qui sont des facultez actiues. Quelques-vns arrangeront cela auec plus d'ordre, disans que le cachet qui imprime la cire selon sa figure, doit estre comparé au Talisman qui agit diuersement sur les choses qui luy sont suiectes, selon l'image que l'on y a grauee. Qu'au reste, cette Image n'est point ce qui diuersifie les Influences, mais qu'il faut qu'elle soit ou d'vne façon ou d'autre, pour s'y accommoder

Il est bien difficile à croire pourtant que cinq ou six petits **DES FIGVR.** coups de burin qui changeront la figure d'vn chat en cel-**CONSTELL.** le d'vn lyon, & la figure d'vn Homme en celle d'vne Femme, soient cause que le metal où cela est graué, soit propre à receuoir quelques Influences plustost que d'autres: puisque mesme l'on doute s'il en reçoit du tout.

Comme l'on n'est pas satisfait touchant le pouuoir extraordinaire que l'on attribuë à des matieres qui auparauant n'auoient rien de pareil, l'on donne suiet de chercher des comparaisons auantageuses. Il y en a qui disent que l'on trouue plusieurs choses qui n'agissent point si elles ne sont excitees : Que pour faire que certaines herbes rendent de l'odeur, il les faut escraser entre les doigts: Que l'Ambre n'attire point les festus s'il n'est frotté : Que la chaux ne monstre point sa chaleur si elle n'est mouillee, & le caillou ne produit point de feu s'il n'est battu : & qu'auant que les Hommes eussent appris l'vsage de toutes ces choses, ils en pouuoient ignorer l'effet, ne le deuinãs point à les considerer seulement. Il leur faut auoüer cela, mais l'on leur peut dire aussi, que ces choses ont en elles le principe naturel de ce qu'elles font, lequel demande seulemẽt d'estre vn peu aidé par l'exterieur, & que l'on ne croid pas qu'il en soit de mesme de la pierre ou du metal en ce qui est de les rendre propres à des effets merueilleux pour auoir receu vne simple sculpture ou graueure. Ils repliqueront que pour guerir de certaines maladies l'on prend des pierres qui y sont desia propres d'elles-mesmes, & que la figure que l'on y graue sous certaine constellation, les y rend encores meilleures, & que le Bezohar qui a la force de chasser les venins est rendu souuerain contre celuy du Scorpion, si on y graue la figure de cette beste, sous l'ascendant du Scorpion celeste. Ils nous veulent persuader cela, mais si cette Pierre guerit, ce n'est que par sa propre vertu. D'ailleurs, l'on se sert de quantité d'autres pierres & metaux qui n'ont aucun pouuoir en eux touchant ce que l'on desire: car ou en treuue-on qui puissẽt empescher la pluye & la graisle, & garder les moutons du loup ? Mais

Nouuelles defenses de ceux qui soustiennent les Talismans sur ce que l'on prend des matieres propres & que l'on en fait des figures conformes aux Astres, & les reparties sur ce suject.

ce disent-ils, la graueure leur donne cela : Comment cela se fait-il si la matiere ny la figure n'ont point vn tel pouuoir ? Est-ce qu'elles ont chacune quelque chose de manque qui est reparé par leur assemblage, dont il se fait vne harmonie tres-puissante ? C'est icy leur pensee que nous n'approuuons pas neantmoins, car il est mal-aisé que de deux choses imparfaites accouplees, il sorte tant de perfection : mais ils n'auoüeront pas aussi que ce soient des choses imparfaites qu'ils employent : Ils remonstrent qu'ils ne prennent que des matieres choisies qui sont desia vtiles manifestement à beaucoup d'operations, & qui ont d'autres qualitez secrettes, dont l'on tire iugement, lors que l'on sçait à quels Astres elles sont sousmises chacune. Mais nous auons desia monstré que les Pierres, les Metaux ny les parties des Plantes ou des Animaux, n'operent pas comment l'on pretend en des effets extraordinaires : Qu'elles ne font point auoir le don de prophetie, qu'elles ne rendent personne inuisible, & qu'elles ne seruent pas à faire aymer ou hayr les Hommes, & à causer diuerses passions & diuers accidens : tellement qu'il ne faut pas conclurre qu'estans desia propres à cela, l'on les y destine entierement par vne certaine preparation. Toutes les choses du Monde ne rendent pas aussi vne obeyssance infaillible aux Astres, comme l'on feint, & ne sont pas non plus si ponctuellement dediees à chaque Planette ou chaque Signe. Que si l'on pense que cela puisse seruir par le secours des Figures, quelles Figures mesmes peut-on choisir qui soient vtiles à tant de diuers effects ? Celles que l'on attribuë à Saturne, à Iupiter, à Mars & aux autres Dieux des Planettes, ne sont que suiuant l'imagination des Poetes & des Idolatres. Il n'y a pas plus de raison que l'vn soit representé d'vne cōdition que de l'autre : & quant aux Signes du Ciel, les Images en sont encore controuuees à plaisir, comme nous auons desia veu dans la premiere Partie de la Science Vniuerselle : & ce seroit estre bien credule de s'imaginer que pour auoir graué vn Belier sous le Signe d'Aries, si ce Talisman estoit mis dans vne bergerie

gerie, le troupeau en prospereroit dauantage, & que si DES FIGVR. l'on grauoit vn Lyon sous le Signe, à qui l'on attribuë la CONSTELL. figure de cet animal, cela donneroit des influences de generosité & de victoire. Toutes ces figures ne sont point au Ciel, & ne sont attribuees aux Signes que pour quelque remarque du changement des saisons, de sorte que leur representation ne peut auoir de force. Toutefois pour monstrer que la figure donne du pouuoir à la matiere, l'on dit encore qu'il se trouue plusieurs cailloux où il y a diuerses representations, par exemple des testes d'Hommes & d'autres animaux, & d'autres figures bigearres releuees naturellement, & que quand l'on les fend, l'on ne trouue que de la varieté de leurs couleurs, il se fait encor diuerses images, de sorte que l'on a creu que cela pouuoit seruir à quelques operations merueilleuses, comme si pour y auoir la figure d'vn œil, cela seruoit à guerir le mal des yeux estant porté sur soy, & ainsi des autres figures, & s'il y en auoit qui donnassent vne nouuelle inclination aux Hommes, ou qui leur procurassent du bon-heur ou du mal-heur: Mais ces figures naturelles sont impuissantes en cela autant que les artificielles.

Ceux qui tiennent l'affirmatiue ne s'arrestent pas en ce *De quelle sorte* chemin. Ils poursuiuent encore d'asseurer que si l'on choi- *la Nature laisse* sit bien la matiere, y grauant vne figure conuenable sous *accōplir à l'Ar-* la constellation necessaire à nostre intention, l'on en doit *tifice ce qu'elle a* esperer des effets merueilleux, que les simples pierres ne *commencé.* peuuent accomplir auec toutes leurs figures naturelles: Qu'il y a quantité de choses que la Nature ne faict pas, & qu'elle laisse pourtant faire à l'Artifice. Elle n'a pas fait le pain tout prest à estre mangé. Elle n'a faict que le bled, dont les Hommes ayans faict de la farine, la paistrissent auec l'eau, & la font cuire au four: Elle n'a pas faict les medecines; Elle n'a fait que les racines & les herbes, que l'on faict cuire parmy d'autres drogues, ou que l'on distile pour en tirer diuers remedes. Ainsi dit-on qu'elle a laissé le pouuoir de faire des Talismans auec les metaux & les pierres. Ce sont icy de fausses similitudes. La Nature laisse

DES FIGVR. faire quelque chose à l'artifice, mais elle a commencé ce
CONSTELL. qu'il ne fait qu'acheuer, & l'on se pourroit seruir de ce
qu'elle a faict sans autre façon. Le bled en l'estat qu'il est
peut seruir à nostre nourriture, mais l'on a trouué plus
commode & plus agreable de le moudre & de le paistrir.
Plusieurs herbes & racines guerissent aussi quelques maux
sans souffrir alteration ny mixtion, & si l'on les distile ou
les mesle auec d'autres ingrediens, c'est pour les rendre
plus subtiles ou plus fortes. Il faut considerer encore que
tous les artifices que l'on employe ne sont que suiuant les
premieres regles de la nature, dont il n'est pas possible de
passer les bornes. Si vne plante est froide, quelque chose
que l'on y fasse, elle ne quittera pas cette qualité, & si les
drogues chaudes sont meslees auec les froides, il s'en fera
vn temperament qui viendra des vnes & des autres. Pour
ce qui est de toutes les facultez que l'on remarque en quelque corps que ce soit, elles doiuent toutes proceder de
leurs qualitez particuliere. Tous les artifices mechani-
Que les matieres ques se font dans cet ordre. Ce qui est solide estant creu-
dont ont faict les sé est propre à retenir la liqueur comme sont la pierre, le
Talsmans n'on metal & le verre: Ce qui est ferme & lourd est propre à
point en elles le abattre les edifices, estant suspendu comme la machine du
principe des ope- Belier; Et pour les Corps fermes & durs comme le fer,
rations que l'on ils sont propres à s'enfoncer dans le bois, & si le forgeron
leur attribue. les accommode en pointe comme vn cloud, & mesme les
tourne en viz comme vn foret, ils perceront d'autant plus
aizément. Nous voudrions que les Figures faites sous
certaines Constellations, à qui l'on attribuë tant de pouuoir, en eussent ainsi quelque principe que l'on pust employer, mais cela ne se descouure point: Il faut donc considerer le reuers de ces similitudes, que plusieurs ont alleguees pour leur party, & qui seruiront icy neantmoins à
leur contrarier sur la trop grande puissance qu'ils attribuent à la figure, sans cõsiderer la matiere. En vain l'on auroit creusé quelques gommes & quelques terres qui n'auroient pas assez de solidité pour retenir l'eau; Et plusieurs
machines, qui seroient aussi grosses, & mesme aussi pesan-

tes que celles qui s'enfoncent dans les autres corps, ne le DES FIGVR. feroient pas si elles n'auoient leur massiueté & leur dureté. CONSTELL. Ainsi, les matieres dont on fait les Talismans n'ayans rien qui soit propre à guerir les maladies, ou à destourner les orages, & chasser les bestes dangereuses, il n'y a aucune figure qui les y puisse rendre propres. L'on peut respondre que l'on prend principalement des pierres ou des metaux pour cét effet, & qu'il est croyable qu'ils ont beaucoup de puissances cachees ; Que les Chymistes se vantent de tirer de l'huyle, du sel & des esprits, de tous les metaux & de toutes les pierres, & promettent d'en guerir plusieurs maux. Si cela est, toutes ces matieres ont les principes de la guerison, mais il faut considerer qu'ils ne se manifestent pas par vne simple graueure, & qu'il s'en faut seruir autremēt que de les porter simplement sur soy. D'ailleurs, pour ce qui est de chasser les orages & les bestes fascheuses, où a-t'on appris que le metal le pust faire pour estre seulement placé en quelque lieu ? Il est vray que les cloches peuuent destourner quelques nuees par leur son, & qu'à coups de pierre & d'espieu l'on chasse les bestes dommageables, mais ce seroit vne moquerie de se vouloir seruir de cela pour raison en ce lieu. Les cloches poussent l'air par leur solidité, & les armes chassent les bestes par la mesme qualité, & tout cela est conduit par la force des Hommes. Ce sont-là nos principes de solidité & de pesanteur qui sont tous naturels : & la figure sert encore auec cela à rendre les cloches capables de sonner, & les armes de blesser.

Le pouuoir que l'on attribuë aux Talismans n'est pas si sensible. L'on entend qu'vn morceau de metal ou vne pierre placee en quelque lieu sans auoir de mouuement, chasse les orages & les bestes. Cela se deuroit faire pour ce que la disposition de tout ce qui seroit autour en seroit tellement changee, qu'il n'y pourroit tomber de pluye, de gresle, ny de tonnerre, & que les bestes y receuroient dés l'entree vne apprehension secrette qui les en feroit esloigner. Mais il n'est pas possible que des pierres, pour estre

Les Astres mesmes ne sçauroient faire ce que l'on attribuë aux Figures Constellees.

DES FIGVR. grauees sous quelque constellation que ce soit, ayent cet-
CONSTELL. te puissance. Il en faut donner vne raison dont les aduersaires soient contens, car elle tranche court toutes leurs
propositions ? C'est que les Astres mesmes n'ont pas le
pouuoir qu'ils attribuent aux figures qui sont faites pour
leur ressembler, & pour operer par leurs Influences. Ie
soustien que les Astres n'empeschent point les orages de
tomber en quelque lieu. Si cela estoit, alors que ceux que
l'on croit capables de les destourner, seroient sur quelques
autres contrees, il n'y tomberoit iamais vne seule goutte
d'eau, & cependant ils ne les en garentissent pas de telle
sorte qu'il n'y pleuue quelquefois, au lieu que l'on pretend
faire des Talismans qui empeschent cela continuellemēt.
Il en est de mesme de la gresle, du foudre & des autres
Meteores. Quant aux animaux nuisibles, les Signes du
Ciel n'empeschēt point qu'ils n'aillent par tout où ils veulent. S'ils en sont retenus, c'est par l'excez de la chaleur
ou de la froideur. Ils cherchent les contrees qui sont commodes à leur temperament & y demeurent. L'on ne
void point que lors qu'vn certain Signe est sur vne region, tous les animaux auquel l'on le iuge contraire, s'en
retirent, & si cela ne se fait point, pourquoy la figure grauee sous cette constellation, auroit-elle le pouuoir de les
chasser ? Quant aux maladies que l'on pretend estre gueries par de telles figures, comment le feroient-elles si leurs
Astres n'y peuuent rien ? car il faut auoüer que si vne certaine constellation donne à la pierre où l'on graue sa figure, la puissance de guerir quelque maladie, elle deuroit
auoir premierement cette faculté en elle, & si elle l'auoit,
il faudroit qu'aussi-tost qu'elle se trouueroit sur vne Prouince, tous ceux qui seroiēt touchez de cette maladie fussent gueris. Que peut-on repartir là dessus ? Se faut-il imaginer que les Astres ont des puissances dōt nous ne voyons
aucunes marques en leur particulier ? En auront-ils dauantage lors que l'on implorera leur secours par les Talismans ? Les Pierres, les Figures & les Influences estans

jointes ensemble, auroient-elles vn pouuoir dont elles ne donnent aucun indice separement?

L'on peut obiecter encore, que l'ouurier qui graue la figure est quelquefois enfermé dans vne chambre, & que mesme quand il seroit à descouuert, le Ciel est souuent couuert de nuages, & les Astres dont il implore la faueur, sont si esloignez qu'il n'est pas à croire qu'ils iettent leurs rayons iusques sur luy & sur son ouurage. L'on respondra que de verité la chaleur & la lumiere ne viendront pas alors iusques-là, mais que l'Influence est vne faculté qui se communique plus loin, & qui frachit tous obstacles, pour se ioindre aux choses qui ont de la correspondãce auec elle: Et comme ces sortes de choses seruent de comparaison les vnes pour les autres, l'on rapportera toutes celles que l'on croit agir par sympathie malgré l'esloignement, comme les deux ayguilles touchees d'vn mesme aymant, le vin & les vignes, le sang tiré du corps, & celuy qui y demeure: mais ces allegations peuuent estre refutees, & toutes celles qui leur ressemblent. Apres tout cela, quand mesme les Astres auroient donné quelque pouuoir aux matieres qui leur sont exposees, voudroit-t'on qu'elles les puissent apres esgaler) L'on dit que de mesme qu'vn fer touché de l'Aymant peut attirer vn autre fer: ainsi la pierre touchee de la Constellation a le mesme pouuoir qu'elle. Mais comment preuue-t'on que la Constellation touche la pierre? & quand elle la toucheroit, quel rapport y a-t'il, d'vn si petit corps à de si grands Astres? Les Astres ont leurs rayons par lesquels ils agissent sur les autres corps, mais où sont ceux de la pierre? Neantmoins, si elle pouuoit chasser les orages de quelque endroit, il faudroit que elle iettast au dehors quelques traits, car si les corps sont repoussez de quelque lieu, c'est par d'autres corps, ou par leurs effusions. Si quelques animaux sont empeschez aussi d'étrer quelque part, il faut que ce soit par quelque vapeur ou quelque odeur qui ne leur plaise pas, ainsi que nous remarquons en tous les Secrets naturels dont l'on se sert pour les chasser, mais la pierre ou le metal ne changent

DES FIGVR. CONSTELL.
Les Astres n'agissent point par sympathie auec les Figures Constellees, qui n'ont point aussi de rayons pour leur ressembler.

DES FIGVR.
CONSTELL.

Les Figures Constellées n'offensent point les animaux par leur odeur, & ne les intimident point par la veuë.

point d'odeur pour auoir receu vne nouuelle figure en vn certain iour de l'annee, & il ne s'en exhale aucune vapeur qui offense les animaux, de sorte qu'il n'en faut point attendre les effets que l'on en propose. Quand les pierres auroient aussi quelque souffle ou exhalaison, ce ne pourroit estre qu'à proportion de leur corps, c'est pourquoy elles n'agiroient point dans vn fort grand espace. La crainte qu'elles donneroient aux bestes ne s'estendroit gueres loin. Il est vray que les animaux sont aussi intimidez par la veuë. Il y a des couleurs qu'ils abhorrent & des figures qui les espouuantent : mais les Images dont nous parlons estans souuent fort petites, n'auroient pas grand effet pour estre veues de loin, outre que l'on a mesme accoustumé de les cacher sous terre, ce qui fait connoistre que l'on n'entend pas qu'elles agissent par la veue : & puis, ce seroit donner fort peu de pouuoir aux Figures Costellees, de n'en point parler d'autre sorte que d'vn espouuantail qui est esleué au milieu d'vn champ pour empescher que les oyseaux ne viennent manger le grain. De quelque autre sorte que l'on croye que les Talismans agissent, puisque l'on les enterre ou les enferme ; cela y doit pourtant beaucoup nuire, veu que les Astres mesmes n'agissent que sur les corps qui sont en leur presence. D'auoir recours à des sympathies imaginaires, ce sont des choses sans exemple & sans preuue ; Et quãd l'on dira qu'il y a au moins des Talismans que l'on porte sur soy, & qui doiuent guerir les maux en les touchant, il n'y a aucune raison qui nous monstre qu'ils doiuent auoir cette puissance à cause des figures que l'on y a grauees.

Exemples que l'on donne de la puissance des Figures Constellees.

Que si à faute de raisons l'on a recours aux exemples, remonstrãt qu'il est arriué plusieurs fois que quelque chose s'est faite suiuant le dessein de ceux qui ont graué les figures sous certaines constellations, l'on respondra qu'il y peut auoir du mensonge en la relation, ou bien que ceux qui ont voulu remarquer cela, s'y sont trompez eux-mesmes n'y prenant pas garde d'assez prez, & si cela est veritablement arriué, qu'il en faut chercher la cause ailleurs.

L'on trouue escrit qu'il ne pleuuoit iamais dans le paruis DES FIGVR. du Temple de Venus à Cypre, & quelques-vns ont asseu- CONSTELL, ré que cela se deuoit faire par la puissance d'vne Figure Constellee. Toutefois, les Anciens ne disent point qu'il y en eust, mais quand il y en auroit eu, il ne faut pas croire qu'elle fust capable de cela. Il ne pleuuoit peut estre guere en toute la region, & ceux qui y auoient esté n'y auoient point veu pleuuoir ; voilà pourquoy ils auoient publié qu'il n'y pleuuoit iamais. L'on rapporte qu'il y a eu en diuers lieux des figures pour chasser les mousches, les chenilles, les sauterelles & autres insectes, & mesmes quelques animaux plus grands & plus dangereux, & que cela auoit de l'operation. I'asseure encore que cela n'a pû estre faict par ce moyen, puis que la raison naturelle nous le fait connoistre. Au cas qu'il soit vray que l'on ait fait fuyr ces animaux de quelque lieu, il falloit que l'on y eust caché quelque chose qu'ils auoient en hayne, & qui frapast leur sentiment, ce qu'vne simple figure de pierre ou de metal ne peut faire. Si l'on tient pour asseuré qu'il y a eu vne boucherie en Espagne où les mouches n'entroient iamais, il falloit que tout l'edifice, ou au moins les soustenemens & autres parties, fussent composez de quelque bois, dont l'odeur desplust aux mouches, ou que les murailles fussent frottees de quelque drogue qui eust le mesme effect, plustost que cela arriuast d'vne petite mousche constellee, faite de pierre ou de metal, cachee en quelque coin du bastiment. L'on raconte de plus, que sous le regne de Clotaire second, Roy de France, en creusant quelque fossé de la ville de Paris l'on trouua des figures d'airain qui representoient vn feu, vn serpent, & vn rat d'eau, & que les ayant ostees de leur place, il se fit vne nuict vn embrasement qui brusla presque tous les edifices, & depuis les habitans furent incommodez de quantité de serpens & de rats d'eau. Mais si cette ville fut bruslee, l'Histoire a remarqué que ce fut par la negligence d'vn vendeur d'huyle qui laissa du feu prés de ses vaisseaux. Croit-on que si les figures eussent esté encore en leur lieu, cela ne fust pas ar-

DES FIGVR. CONSTELL.

riué? Par quel secret eussent-elles peu empescher que les choses n'operassent selon leur nature, & que le feu ne brûlast les matieres combustibles? Pour les serpens & les rats d'eau, il y en deuoit auoir eu auparauant, mais peut-estre n'y en eut-il guere long-temps, & si tout ce mal vint d'auoir osté ces figures, il deuroit encore durer; mais l'on ne sçait que c'est à Paris de ces serpens & de ces rats d'eau; & pour ce qui est des embrasemens, cette ville n'y est pas plus subiette qu'vne autre, pourueu que ceux qui y habitent y prennent garde : Aussi les Historiens ne parlent point de ces figures, comme de choses certaines; Ils disent seulement l'opinion qu'en auoit le peuple. Les Annales de Turquie rapportent qu'il y auoit à Constantinople plusieurs Statuës fatales dés le téps que les Empereurs Chrestiens se logerent en cette ville, lesquelles ayans esté abatues par ceux qui n'en sçauoient pas la puissance, il en arriua du mal-heur. Que depuis la ville ayant esté prise par les Turcs, leur Prince ayant rompu d'vn coup de massue la machoire d'vn serpent, il y eut apres quantité de serpens en plusieurs en droits, & qu'ayant fait abatre la statuë d'vn Cheualier qui estoit vn preseruatif contre la peste, les habitans en furent aussi infectez. Il faut respondre à cecy premierement, qu'il peut bien arriuer en tout temps des pertes d'hommes & de pays, & autres malheurs: Que s'il s'est veu des serpens à Constantinople, l'engeance n'en a pas esté produite par ce serpent rompu, & que s'il y a eu de la peste apres auoir abatu vne statuë, c'est que cela s'est rencontré ainsi, & dés auparauant, si l'on y prend garde, cette ville estoit suiette à cette maladie, comme sont toutes celles où il y a quantité de peuple. Outre ces allegations, l'on a recours à vne plus grande antiquité. L'on tient qu'il y a eu dans plusieurs villes de certaines choses qui empeschoient qu'elles ne fussent prises des ennemis : Que tel estoit le Palladium de Troyes, les Boucliers de Rome, & quantité de Dieux tutelaires; mais quoy que les Anciens gardassent cela soigneusement comme des choses fatales, l'on ne trouue point que cela fust faict sous certaines con-

stella-

stellations, & l'on sçait bien aussi que quand cela eust esté quelque respect qu'ils leur portassent, ce n'estoit qu'vn effet de leur erreur & de leur superstition, que l'on ne doit point prendre pour exemple. Que si les exemples & les raisons ne sont point pour les figures Constellees, il ne faut point croire qu'elle ayent aucune puissance.

NOVS pouuons parler maintenant en general de toutes les preparations que l'on fait sous la domination de plusieurs Astres pour en attirer du secours. Outre les figures taillees & grauees, l'on iette en moule des cires, des pastes, des terres, & mesme des metaux ou des mineraux, pour auoir vn mesme effet que les autres Talismans: Mais nous auons desia monstré que toute sorte de figures y sont inutiles. Il y en a qui se contentent de peindre ces Images sur du bois ou sur des peaux de bestes, & d'y tracer de certains caracteres. Les autres pensent faire assez de broyer des pastes & des terres, & de mesler des vnguens à l'instant que la constellation que l'on desire, se trouue dans le Ciel, croyant que cela en reçoit de mesme les Influences, & par exemple si l'on dit que l'vnguent des armes ou sympathique doit estre fait sous vne constellation particuliere, c'est encore vn vray Talisman: Aussi ce nom de Talisman estant barbare & inconnu, l'on ne l'a pas seulement donné aux Figures Constellees, mais à toutes les autres preparations faites sous quelque constellation, car quand il ne signifieroit qu'vne Image, il se rapporteroit tousiours aux Images du Ciel dont l'on croid attirer l'Influéce par cét ouurage. Les mesmes choses qui ont esté dites contre l'Vnguent Sympathique peuuent seruir contre de semblables inuentions, & celles encore qui se treuuent contre les Figures Constellees: Mais pour parler contre toute sorte de Talismans en general, il ne faut pas croire que pour estre faicts sous la domination d'vn Astre, ils en ayent receu des facultez propres à diuerses operations. Les Astres ne leur donnent point cela, & encore moins la forme qu'ils ont. Les grandes statues ou les figures que l'on

DES FIGVR. CONSTELL.

Des Talismans en general.

Vol. III.   I i

DES TALIS-MANS. place en quelque lieu d'vne ville, ou dans quelque coin d'vne maison, pour quelque effet extraordinaire, y sont donc fort inutiles; & l'on doit penser la mesme chose des petites Images que l'on porte, soit qu'elles soient grauees sur vne table ou lame de metal, ou bien sur le cercle d'vn anneau. Il est indifferend que ce soient de vrayes figures d'Hommes ou de bestes, ou que ce soient des lettres & des caracteres. L'vn n'a pas plus de pouuoir que l'autre. Les figures d'animaux ne representent rien qui soit au Ciel, & les paroles barbares ou les caracteres incōnus que l'on graue tous seuls, ou bien auec quelque Image, n'expriment rien aussi qui appartienne aux Astres. Auec cela, tout le changement que cela apporte à la pierre ou au metal, c'est que ce sont de petites cōcauitez capables de marquer l'argile ou la cire, ou de retenir en elles quelque liqueur. L'on ne leur doit point attribuer d'autre puissance. Quant à celles qui sont seulement peintes de diuerses couleurs ou d'vne seule, quel pouuoir auroiēt-elles, si mesmes les Maistres de l'Art, ne les ont point approuuees? Et pour ce qui est des pastes, des cires & autres mixtions faites sous quelque cōstellation, que pourroient-elles operer, si estans liquides comme elles sont, elles n'ont point de figure certaine, veu que pour receuoir l'Influence de chaque Astre, l'on a souhaité quelque figure particuliere? S'il n'y auoit qu'à faire sous vne cōstellation choisie, tout ce que l'on voudroit entreprendre, il n'y a rien au Mōde de si difficile que l'on n'executast facilement. Que l'on prist du souphre & du vif argent, ou bien du plomb, de l'argent, ou du cuiure, les ayāt fait fondre & fait digerer à feu lent lors que le Soleil seroit en son plus haut degré, il semble que l'on en pourroit faire de l'or, d'autant que cét Astre preside à ce metal; Car pour vne plus grande efficace, l'on pourroit mettre encore au dessus en trauaillant, vne figure constellee faite pour ce sujet. L'on causeroit de mesme diuers changemens aux plātes & aux animaux, & les hommes accompliroient tout ce qui leur plairoit, par le soin de telles obseruations, donnās s'ils vouloient du mouuement aux choses insensibles, & de l'insensibilité aux choses animees, & procurant la vie où la mort à leurs semblables selon leur plaisir. Mais l'antiquité ne nous a point laissé d'exemples veritables de tels effets.

Ce qu'il y a à respondre sur les experiences iournalieres.

Il est vray que sans se fier aux Liures, plusieurs personnes qui viuent encore, nous parlerōt des experiences iournalieres. Ils nous diront au moins qu'ils portent depuis long-temps de certaines pierres figurees, lesquelles ils croyent estre fort bonnes contre la colique, & qu'ils ne s'en sont point sentis depuis qu'ils les ont, quoy qu'ils en fussent fort affligez auparauant. Il se peut faire aussi que le mal estoit desia cessé pour quelque autre cause lors qu'ils ont commencé de les porter, ou que depuis il s'est arresté de luy-mesme. Les autres portent d'autres pierres contre les venins ou contre le tonnerre, ou se seruent de quelques drogues constellees, & se vantent que iamais aucun poison n'a eu prise sur eux, que les serpens, les lezards & les autres animaux venimeux ne les ont point infectez, & qu'ils n'ont point gagné la peste, le pourpre, la rougeolle & les autres maladies cōtagieuses, & que le tonnerre n'est mesme iamais tombé prez d'eux. Il faut qu'ils se resiouyssent en cela de leur bon-heur & de la faueur de Dieu qui les a preseruez; Ils n'eussent pas laissé de l'estre quand ils n'eussent point eu recours à leurs obseruations, & l'on en void plusieurs autres qui se garantissent des mesmes accidens, sans auoir iamais porté de tels preseruatifs. L'on peut reduire à cela tous les exemples du pouuoir des Talismans; Que si ce sont des effets miraculeux, ils sont inuentez à plaisir; Que si ce sont des choses plus moderees comme la guerison des maladies, cela s'est fait par d'autres moyens secrets: Et si c'est vne preseruation de quelque peril, c'est que l'on n'y deuoit pas estre suiet.

D'Idolatrie & la superstition ont donné origine au credit des Figures Constellees.

Le credit que l'on donne à des figures faites sous certaines constellations estant fort desraisonnable, il y a suiet de s'estonner commēt plusieurs s'y sont attachez, & l'on doit estre curieux de sçauoir de quelle sorte cela est venu en vsage. S'il est ainsi que l'idolatrie ait commēcé par les statuës de ceux que l'on aimoit & respectoit durant leur vie,

DES TALIS- afin d'en conseruer le souuenir, & que de cét honneur l'on
MANS. soit venu iusqu'à l'adoration, les Figures Constellees peuuent bien auoir eu vne semblable origine. Quelques-vnes
ayãs esté faites par curiosité, & pour memoire de ce qu'elles representoient par succession de temps ceux qui les
ont euës, ayans veu que leurs predecesseurs auoient esté
heureux en de certaines choses, en ont attribué la cause à
ces anciennes pieces dont ils les trouuoient si soigneux,
tellement qu'ils en ont eu encore plus de soin, afin d'auoir
vn pareil bon-heur. Cela s'est fait pour les grandes figures
que l'on plaçoit en quelque lieu d'vne maison, & sur tout
pour les petites que l'on pouuoit pendre au col, ou qui
estoient grauees sur la pierre de quelque anneau que l'on
portoit au doigt. Les premiers qui s'en estoient seruis ne
les portoient que pour ornement, mais les autres y ad-
ioustoient la superstition. Peut-estre auoit-on eu quelque
fiance en la matiere, comme de tout temps l'on a attribué plusieurs qualitez merueilleuses aux pierres, & ce que
les Lapidaires y auoient graué n'estoit que pour monstrer
leur artifice; mais l'on s'est imaginé encore que la figure y
estoit fort necessaire pour obtenir l'effet que l'on en desiroit. Il s'est rencontré aussi que quelques-vnes representoient les Diuinitez que l'on logeoit au Ciel, & les animaux que l'on mettoit au rang des Astres. Comment c'e-
stoient les plus grands Mysteres de la Religion des Payens,
cela leur venoit en l'esprit plustost qu'autre chose, & ils
grauoient cela par vne deuotion à leur mode.

Comment les   Les Astrologues pûrent faire leur profit de cela. Ils pu-
Astrologues ont blierent que si l'on vouloit que telles statuës ou tels an-
fait leur profit de neaux fussent vtiles à quelque chose, il ne suffisoit pas d'en
la facile croyance choisir la matiere & la figure, mais qu'il les falloit faire
du vulgaire. aussi à l'heure que la Planette ou le Signe dont l'on auoit
besoin estoient les plus forts dans le Ciel, & pource que
l'on se rapportoit à eux de cette election, ils fabriquoient
plusieurs Images qu'ils vendoient ainsi que tres-propres
à procurer du bien aux Hommes en tous les accidens de la
vie, comme pour les rendre riches & les faire paruenir aux

honneurs, les rendre victorieux de leurs ennemis, & les garentir des perils du feu ou de l'eau, & des autres desaſtres. Ils trouuerent en cela vne tres-subtile inuention pour augmenter leur credit, ou bien pour le restablir parmy les esprits où Il s'en alloit ruiné, car si plusieurs estoient dégoustez de les consulter sur les fortunes que leur promettoit l'heure de leur naissance, à cause qu'ils leur prediſoient quelquefois des mal-heurs qui les faiſoient viure en des inquietudes continuelles, ils n'auoient plus suiet de rien apprehender s'ils vouloient, d'autant que ceux qui les menaçoient de quelque mal, les asseuroient de leur en donner le remede, & que comme ils sçauoient ce qui leur deuoit arriuer par les Astres, ils pouuoient faire des figures sous d'autres constellations qui les preserueroient de toutes sortes de perils. Ainſi, ces trompeurs se vantoient de connoistre non seulement les choses ausquelles les Influences destinoient les Hommes, mais de changer aussi ces mesmes Influences. Comme le vulgaire croit facilement ce qu'il desire, il y auoit assez de gens qui leur adiouſtoient foy, & qui les employoient à faire des figures pour diuerses fins. Ils ne consideroient pas la contrarieté de leur propoſition, & que si les Astres ordonnoient quelque chose, il falloit que cela arriuast malgré toutes sortes d'artifices, ou que si cela n'arriuoit point, ils ne l'auoient donc pas ordonné. C'est la pensee qu'ils deuoient auoir selon leur temps, mais nous qui n'attribuons pas mesme aux Astres toute la puiſſance que l'on leur a attribuee, nous ſortons plus facilement de ces erreurs, quoy que l'on en ait encore renouuellé les propoſitions depuis peu, comme des choses certaines; car nous nous seruons en cela de tous les raisonnemens qui ont esté alleguez cy-deſſus.

Or pource que de tout temps les Astrologues se sont meslez de la connoiſſance de toutes les choses naturelles, & particulierement de ce qui concerne la Medecine, ils y ont aussi meslé leurs tromperies; Et comme plusieurs qui se diſoient autresfois Medecins à faux titre s'instruiſoient en leur Art, s'ils n'estoient point capables de donner de

Les Astrologues ont meslé leurs tromperies parmy la Medecine.

vrays remedes aux maladies, ils faisoient croire que les pierres, les lames & les anneaux fondus, taillez ou grauez, y estoient plus propres que toute autre chose, pour acquerir aussi plus de credit à leurs eaux, leurs huyles, leurs vnguents & autres compositions qu'ils vouloient faire seruir contre toute sorte de maladies desesperees, ils disoient qu'ils y auoient trauaillé sous des constellations choisies, & que par ce moyen cela estoit de plus grande efficace que les remedes vulgaires, & l'on en deuoit attendre des operations merueilleuses. Tout ce qu'ils faisoiēt mesme estoit cōpassé selon le cours des planettes, à ce qu'ils asseuroient; & ils obseruoient les iours, les heures & les momens dediez à chaque Astre pour appliquer vn medicament à l'exterieur, ou le faire prendre par la bouche. Toutes ces obseruations estoient reiglees à leur fantaisie, & n'estoient aucunement vtiles aux malades; Elles ne seruoient qu'à augmenter leur reputation & leurs richesses aux despens des esprits credules. L'on leur deuoit dire de même qu'aux Astrologues & autres faiseurs de Talismans, que si les Astres auoient le pouuoir de donner les maladies & les prescrire à chacun dés le poinct de la naissance, l'on ne les pouuoit pas destourner par quelque remede que ce fust: mais ils pouuoient respondre non seulement, que les Talismans qu'ils faisoient estoient plus forts que les constellations passees, mais qu'il estoit certain que les Astres donnoient des dispositions dōt les effets arriuoient veritablement si l'on les laissoit auec vne pleine liberté, & qui étoiēt arrestées si l'on leur apportoit quelque obstacle, & que cela se pouuoit faire particulierement en ce qui estoit des infirmitez corporelles, puisque les Influences agissoient sans milieu dessus les corps: Que si les Astres signifioient donc quelque mal pour quelqu'vn, où s'il estoit desia arriué selon leur pronostication, ils s'estimoient capables d'y donner guerison, au moins du soulagement: & d'autant que tous leurs remedes estoient faits sous des constellations fauorables, ils pretendoient qu'ils deuoient seruir à toute sorte de personnes, sans auoir mesme consulté leur horoscope. Plusieurs Medecins qui sont venus depuis, ont voulu faire leur profit de ces maximes, & se sont seruis de remedes sympathiques & constellez; mais nous auons reconnu qu'il n'y a que de la tromperie à ce que l'on en attend, & d'ailleurs nous sçauons que comme les astres ne sont point la cause de toutes les infirmitez humaines, aussi ne les peut-on pas guerir par leur moyen. De vray, s'ils en ont causé quelques-vnes, l'on y peut donner du soulagement par les vrays remedes, & par le soin que l'on y apporte, mais les remedes que l'on pretend estre constellez, n'y seruiront de rien la pluspart du temps. C'est bien loin de leur faire executer des choses miraculeuses & surnaturelles, & de les faire agir sur les corps separez; De mesme les figures moullees, taillees ou grauees, n'ont aucun pouuoir sur le bon-heur ou le malheur de la vie humaine, ny sur les bestes & sur les Meteores & autres Corps naturels, quelque chose que l'on en ait publié. Les Astres ont bien quelques Influences, & toutes les choses du Monde ont leurs effusions & leurs proprietez secrettes, mais si l'on les veut attirer & transporter, il faut que ce soit par d'autres moyens que ceux que les imposteurs ont voulu introduire. Nous en auons descouuert quelque chose par cy-deuant. Quiconque y peut paruenir & en acquerir le vray Vsage, doit croire qu'il est monté à la possession des plus exquises facultez des Choses Corporelles.

Fin des Traictez de l'Vsage & de la Perfection des Choses Corporelles.

DE L'VSAGE ET DE LA PERFECTION DES CHOSES SPIRITVELLES.

De l'Vsage, Perfection ou Melioration du Sens commun de l'Homme; Moyens de corriger ses erreurs, & rai-sons certaines contre ceux qui doutent de tout, appellez Sceptiques ou Pyrrhoniens.

CHAPITRE PREMIER.

POVR commencer les Traittez de l'Vsa-ge des choses Spirituelles, il n'y a rien à qui nous deuions nous adresser plustost qu'à l'Ame humaine. Toutes les autres choses vrayement spirituelles sont esleuees au des-sus, si bien qu'elles ne doiuent pas estre consideres d'a-bord. Puis que l'Homme ne doit auoir rien tant en re-commandation que ce qui concerne l'Vsage & la Me-

L'Vsage des Cho-ses Spirituelles e commécé par l'A-me, & l'vsage de l'Ame par le Sens commun.

hioration de la principale partie de luy-mesme, il auroit semblé aussi à quelques-vns qu'il deuoit s'y adonner auparauant que de songer à la melioration de son corps, mais la melioration du corps est vn degré pour monter à celle de l'Ame, & l'infirmité de nostre nature nous permet de nous y occuper dés le commencement, pourueu que ce ne soit qu'afin de rendre la plus basse partie capable de seruir à la plus haute. Toute la conduite de nos enseignemens se faisant par cette gradation, nous la ferons voir encore dans la consideration de l'Vsage de l'Ame. Pour y proceder donc, nous considerons que comme l'Ame à deux maistresses facultez, qui sont l'Entendement & la Volonté, il faut en premier lieu que l'Entendement soit éclairé par la vraye connoissance des choses, afin que la Volonté soit bien guidee, & qu'elle fuye le mal & suiue le bien. Or l'Entendement a des facultez inferieures, qui sont le Sens commun, l'Imagination & la Memoire, le Iugement ou la Raison, & la Preuoyance ou la Prudence. Il est besoin icy de voir quel est leur Vsage, & si l'on leur peut donner de la melioration, & mesme de la perfection. Il faut parler d'abord du Sens interne appellé le Sens commun, qui comprend luy seul tout ce que les Sens externes reçoiuent: Il est certain qu'il en peut iuger pertinemment estant guidé par la raison, & le vray moyen de le rendre parfait, c'est de faire qu'elle domine tousiours en luy, & qu'elle possede la verité en toutes rencontres: Mais plusieurs ont dit que cela est impossible, & que tout ce que nous pouuons penser des choses que nous contemplons, est dans l'incertitude, & que l'on ne doit rien affirmer.

Entre les facultez de l'Ame il faut parler premierement du Sens commun.

Ce que les Sceptiques alleguent des tromperies des Sens.

Ceux qui parlent ainsi sont connus par le nom de Sceptiques (c'est à dire Rechercheurs, pour ce qu'ils sont tousiours en queste de la vraye opinion) ou par le nom de Pyrrhoniens, qui est celuy du principal de leur Secte: Tant y a que ce sont eux qui doutent de tout. Comme ils pretendent que l'Ame ne connoissant rien que par les Sens, en est trompee à tous coups de telle maniere que l'on ne doit point establir de iugement certain sur ce qu'ils apportent, voicy en détail ce qu'ils alleguent pour se tenir dans l'indifference. Ce qui semble dur aux vns, disent-ils semble mol aux autres, & ce qui semble sec ou pesant ou chaud à ceux-cy, est humide, leger ou froid pour ceux-là, & il n'y en a aucun qui soit plus asseuré de la verité que ses compagnons. Pour le goust, les Hommes ne s'y peuuent guere fier non plus; & comme les Bestes ont l'vsage des mesmes Sens corporels, & les possedent plus parfaitement que les Hommes, il semble que l'on doiue aussi auoir esgard à elles en quelque chose sur ce sujet : Or il y a des herbes, des fruicts & d'autres viandes que les Hommes trouuent de mauuaise saueur, & les autres animaux en font leurs delices : Dauantage, cette diuersité de goust ne se trouue pas moins entre les Hommes : Il y a telle viande qui semblera bonne à quelqu'vn deux, & qui sera odieuse à quantité d'autres. Ce que les vns trouueront aussi fort doux, les autres le treuueront fort sallé, ou fort espicé. Quant à l'odorat, il y a beaucoup de choses que les Hommes ne sentent point, & quelques autres animaux les sentent : La pluspart des Bestes sentent les choses pour lesquelles elles ont de la haine ou de l'amitié; Elles sentent ce qui est propre pour leur aliment, & l'odeur de ce qui leur doit seruir de proye est receuë d'elles pour les y conduire : Les Hommes n'ont point vn tel odorat, & mesmes les choses qui sont agreables aux Bestes leur semblent puantes. Cette diuerse acception est remarquee de mesme entre leurs semblables pour toute sorte d'odeurs. Le Sens de l'ouye a encore ses diuersitez : Il y a des Bestes qui oyent des bruits que les Hommes n'oyent pas : Il y a aussi des Hommes qui oyent ce que n'oyent pas les autres, & entre ce qu'ils oyent tous, il y a des Sons où chacun trouue de la varieté. Les vns sont trouuez trop bas, les autres trop aigres, tantost par les vns & tantost par les autres; & vn chant qui plaira à quelque particulier, ne plaira pas à la multitude, ou bien les opinions en seront également diuisees. Mais dauantage, les Sons semblent tout autres de loin que de prez, & font differens auſſi pour toute ſorte de perſonnes, ſelon les lieux d'où ils ſont entendus : Quant à la veuë, pluſieurs Animaux voyent ce que les Hommes ne voyent pas : & entre les Hommes il y en a qui remarquent des choſes que leurs compagnons ne peuuent apperceuoir. Au reſte, ils ſont trompez generalement par tout en ce qu'ils penſent connoiſtre : Ce qui eſt grand leur ſemble de loin fort petit : Vne allee qui eſt auſſi large à vn bout qu'à l'autre, leur paroiſt eſtroite vers le bout quand ils ſont au commencement, & s'il y en a vne qui aille touſiours en s'élargiſſant, elle leur ſemblera d'vne meſme largeur. Voylà pluſieurs ſujets de ſuſpendre ſon iugement ſelon les occaſions. Il eſt euident que les ſentimens des hommes different de ceux des autres animaux : Que la diuerſité d'aage & de temperament leur fait auſſi auoir d'autres gouſts, d'autres apparences & d'autres ſentimens de toutes choſes : ce qui eſt cauſe qu'ils ne ſont pas ſeulement diſcordans d'auec les autres Hommes, mais encore d'auec eux-meſmes, changeant pluſieurs fois d'opinion en leur vie ſelon le temps & leur conſtitution: Mais, outre cela, en quelque temps que ce ſoit, ils doiuent tous auoir en vn moment diuerſes penſees ſur la varieté qui leur paroiſt en de certains objets, ſelon les lieux & la diſtance, & ſpecialement aux couleurs qui varient pour eux ſelon qu'elles reçoiuent la lumiere & l'ombre, & ſemblent tout autres à la chādelle qu'à la clarté du Soleil. L'on infere donc de tout cecy que l'on ne ſçait à qui l'on ſe doit arreſter des ſentimens des Beſtes ou de ceux des Hommes, & qu'entre les Hommes, l'on ne ſçait qui l'on doit croire des vieux ou des ieunes, des ſains ou des malades, de ceux d'vn temperament ou d'vn autre, & que l'on a encore beaucoup de peine à choiſir la verité entre les diuerſitez que l'on remarque ſoy-meſme, en vn temps ou en l'autre, de ſorte que l'on conclud qu'il ne ſe faut point aſſeurer ſur le rapport des Sens externes, & que le Sens commun ne ſe pouuant neantmoins paſſer d'eux, & ne receuant rien que ce qu'ils luy apportent, il s'enſuit qu'il n'eſt à tous coups entretenu que de menſonges, & que cela l'éloigne beaucoup de la perfection que l'on luy penſe donner, en luy faiſant auoir la connoiſſance des choſes.

CONTRE LES SCEPT.

Reſponſes aux Sceptiques ſur ce qu'ils diſent de la tromperie des Sens: Et premierement ſur la tromperie du Toucher.

Il faut reſpondre à tout cela, que les Sens externes ſont d'vn trop bas degré, pour auoir la puiſſance de tromper touſiours le Sens commun, fort eſleué au deſſus d'eux. Nous auons bien arreſté que pour eux, ils ne ſont pas meſme trompez, d'autant qu'ils reçoiuent les eſpeces des objets telles qu'elles leur ſont portees, & telles qu'ils ſe trouuent capables de les receuoir, & principalement que ce n'eſt pas en eux que reſide la faculté cognoſcitiue; Mais cela ne ſert de rien icy, puiſque nous auons declaré encore que cela n'empeſche pas que le Sens commun ne ſoit trompé s'il croid à leurs rapports: Nous diſons de ſurplus, que ſi l'on le conſidere tout ſeul, il eſt à propos de croire que les Sens le peuuent tromper continuellement; Neantmoins, cette conſideration ne doit eſtre faite que pour le Sens commun des Beſtes, qui eſt auſſi leur Fantaiſie, la plus haute partie de leur Ame, deſtituee de raiſon & guidee ſeulement par vn inſtinct naturel. En ce qui eſt du Sens commun des Hommes, c'eſt vne faculté de leur Ame, attachee à celle de leur Entendement, lequel a la proprieté de raiſonner; c'eſt à dire de diſtinguer les choſes, les ſçauoir ioindre ou diuiſer, & les comparer, ou tirer des conſequences des vnes aux autres: Voilà pourquoy les Sens humains ſont touſiours accompagnez de la Raiſon, pourueu que l'Homme ſoit ce qu'il doit eſtre: Et cette Raiſon, qui corrige les defauts des Sens corporels, ne laiſſe point errer le Sens commun ſi miſerablement, comme ceux qui rabaiſſent leur propre condition pretendent. Nous confeſſons bien que ce Sens interieur peut eſtre trompé s'il regle touſiours ſa croyance ſur ce que les Sens externes apperçoiuent: Mais il faudroit qu'il fuſt entierement troublé pour cela, car ayant connu vne fois leurs tromperies, il s'en gardera à l'auenir. Nos opinions ne doiuent donc pas eſtre continuellement en ſuſpens. Ce

Kk iij

que l'on dit mesme pour le prouuer, ne se fait pas d'ordinaire : Ce qui semble dur aux vns, ne semble pas souuent mol aux autres, & ie ne sçay en quel cas cela se pourroit faire, si ce n'estoit qu'vn Homme fust si grand & si fort, que les corps qui sembleroient fort solides aux personnes de mediocre taille, fussent ployez facilement de ses mains, Mais cela n'empescheroit pas que l'on ne pust connoistre qu'il y auroit de la dureté en cette chose, & que l'on n'en pust establir les degrez. Il faut dire le mesme de ce qui semble leger ou pesant selon la force de l'Homme, & en effet, ce qui a de la solidité & de la pesanteur, ne semblera iamais entierement mol ny leger, mais il y aura seulement du plus & du moins, & l'on n'en doit point estre abusé, puisque l'on en connoist la raison, qui est que la vigueur de quelque Homme peut estre si grande que ce qui est trop dur ou trop lourd pour les autres, ne luy pourra resister. Quant à ce qui est humide, il est bien difficile qu'il semble sec à quelqu'vn : Tout ce que l'on en peut dire, c'est qu'il y a des Corps si remplis de chaleur, qu'encore qu'ils soient dans vn air espais, ils font dilater & euaporer tout ce qui est autour d'eux, & ne souffrent point que l'humidité paroisse. Que s'ils sont mesme plongez dans l'eau, ils demeurent bien-tost secs au sortir de là, tellement que l'humidité n'est point apperceue auprez d'eux. Imaginons-nous aussi qu'il y ait des Hommes de cette constitution: Ils ne laisseront pas pourtant de sentir que le broüillard & la bruyne, sont autre chose que l'Air serein, & que les riuieres ont plus d'humidité que l'air le plus humide, & bien qu'ils ne sentent pas tant la force de l'humidité que les autres, si est-ce qu'ils en pourront connoistre les diuersitez. Le chaud ne semblera iamais froid non plus à personne, mais peut-estre semblera-t'il moins chaud aux vns qu'aux autres, selon qu'ils auront eux-mesmes de chaleur, car quand l'on a chaud aux mains si l'on touche du marbre, il semblera fort froid, & il ne le sembleroit pas tant si l'on auoit moins chaud, mais l'on y trouuera tousiours de la froideur. L'on trouue aussi tousiours de la chaleur en ce qui est chaud veritablement, quoy que le chaud se fasse mieux sentir contre le froid par contrarieté. Il y mesme en tout cela beaucoup de diuersitez: Si le froid se fait mieux sentir à quelques-vns qui ont chaud, & la chaleur à ceux qui ont froid, il faut croire que c'est à ceux qui ne possedent pas ces qualitez au supréme degré, car ceux qui sont d'vne constitution tres-chaloureuse, méprisent le froid & ne le sentent presque pas, & ceux qui sont d'vne constitution tres-froide, se peuuent à peine reschauffer au plus fort de l'Esté : Neantmoins, les vns & les autres esprouuent la difference qu'il y a de la chaleur à la froideur.

CONTRE LES SCEPT.

Responses aux tromperies du Goust.

Si nous considerons bien le Sens du Goust, nous ne nous estonnerons pas de ce que les Hommes trouuent des viandes mauuaises, qui sont tres-bonnes pour les autres animaux: Car le temperament de l'Homme est le plus delicat de tous, & ce qui conuient à des corps grossiers n'est pas propre au sien. A cause qu'entre chaque Homme, il y a vne grande varieté pour le temperament, ils ont encore de la diuersité pour le goust: Mais tout cela ne consiste qu'à sçauoir si vne chose est agreable ou desagreable; Pour ce qui est du genre de la saueur, l'on le sçait tousiours assez : Si nous sentons qu'vne chose est amere, comme l'Oliue, aussi fait celuy qui la trouue à son gré, mais il en aime l'amertume, & il se peut faire seulement qu'il la sent auec quelque diminution. Le plus grand debat est de sçauoir si la chose est agreable ou desagreable en effet : L'on doute que cela puisse estre appris par les Sens. Nous sentons de vray qu'vne viande est desagreable pour nous, ainsi qu'vn autre sent qu'elle est agreable pour luy. Mais ce n'est pas encore ce que l'on demande. Quelques-vns veulent sçauoir absolument si vne chose est agreable ou desagreable d'elle-mesme, & en vn mot si elle a du bien ou du mal la considerant toute seule & sans l'appliquer à rien : Mais c'est rechercher ce qui ne se treuue pas. Les choses sont indifferentes en elles sans l'application : Les considerant par leur Estre, & non point par l'Vsage, s'il faut leur attribuer vne qualité generalle, c'est d'estre bonnés abſolument. Pour ce qui eſt de connoiſtre ſi vne viande eſt plus ou moins douce, amere ou ſallee, les vns n'en iugent autrement que les autres qu'à cauſe de la diuerſité de leur temparament, & pource qu'ils peuuent bien ſçauoir que c'eſt là le ſujet de la diuerſité de leur gouſt, ils ſe peuuent empeſcher s'ils veulent d'eſtre trompez en cette connoiſſance ; car connoiſſant iuſqu'à quel poinct d'humidité ou de ſechereſſe, de chaleur ou de froideur, vient le temperament de leur corps & de toutes leurs parties, ils iugeront par là qu'il y a des choſes qui leur doiuent ſembler d'vn autre gouſt qu'aux autres : & par ce moyen, ce que l'on penſe alleguer pour l'indifference des opinions, ne les mettra point en balance, puiſque l'on ſe peut aſſeurer en cela de quelque choſe.

Reſponſes aux tromperies de l'Odorat.

Si pluſieurs animaux ſentent l'Odeur des choſes que nous ne ſentons point, noſtre oderat n'en a pas moins de pouuoir en ce qu'il ſent. De verité, les Beſtes ſentent ce qui leur eſt vtile, ſoit pour leur aliment, ſoit pour quelque remede à leurs maux ; mais ſi les Hommes n'ont pas cette faculté en toutes choſes, ils l'ont en pluſieurs, & connoiſſent les autres par d'autres moyens.

Reſponſes aux tromperies de l'Ouye.

La ſubtilité de l'Ouye eſt encore attribuée à pluſieurs Beſtes au deſſus des Hommes, mais le bruit quoy que diminué, eſt touſiours le meſme que lors qu'il eſt entendu dans ſa plenitude, & quant à la varieté que chacun treuue dans les Sons, pour eſtre hauts ou bas, c'eſt ſelon la diſpoſition de nos organes : & ſi quelques Sons agreent aux vns & déplaiſent aux autres, la difference des temperamens & des inclinations en eſt cauſe, & de plus la connoiſſance diuerſe que l'on a de ce qui eſt agreable dans la Muſique. Tout cela n'empeſche point que les oreilles n'entendent les Sons en leur vray eſtat, & la raiſon des diuerſitez eſtant reglee, donnera de la certitude ſur ce que l'on en doit croire.

Reſponſes aux tromperies de la Veuë.

S'il y a des animaux qui voyent ce que les Hommes ne voyent pas, & s'il y a des Hommes qui apperçoiuent plus d'objets que les autres, cela n'empeſche pas que chacun ne voye

ne voye les choses telles qu'elles sont; Que si l'on dit CONTRE
que tous les Hommes sont abusez en ce qu'ils regardant, LES SCEPT.
& que ce qui est large leur semble de loin fort petit; c'est
que cela doit estre ainsi, afin que toutes les choses se monstrent dans vne mesme estenduë: Car si elles paroissoient
aussi grandes par tout, il n'y auroit que les plus voisines
qui fussent veuës, & il ne resteroit plus de place pour les
plus esloignees: Aussi la force des yeux se diminuant d'autant plus que l'on la veut porter loin, & les Images des
choses estans rapetissees dans cét esloignemēt, font vn angle pointu qui les rend plus faciles à estre receues. Toutefois, l'on ne laisse pas de iuger quelle est la proportion
de chacune selon qu'elles paroissent du lieu où elles sont,
& l'on en peut dresser des reigles certaines. L'on iugera
de mesme de la largeur esgalle d'vne allee qui semble
estroite vers la fin, & il ne faut pas croire que la tromperie soit plus notable, si vne autre allee paroist esgalle
dans sa longueur: Car delà l'on peut coniecturer aisement
qu'il faut que pour paroistre ainsi elle soit plus large vers
le bout. Quant à la variation des couleurs, selon l'augmentation ou la diminution de la lumiere, ou selon le mouuement des corps, nous confessions qu'elle se fait d'ordinaire, mais les yeux ne se trompent point pourtant en cela,
puisqu'ils voyent les choses telles qu'elles paroissent: car
il est certain que ces couleurs sont telles qu'ils les voyent
là alors, & que le meslange de la lumiere ou des ombres, &
des especes des obiets, les fait ce qu'elles sont, & cela n'ē-
pesche pas que les couleurs muables estans passees, la couleur fixe ne soit veuë, laquelle est reconnuë par le Sens cō-
mun dans sa duree, & pource qu'elle se monstre tousiours
au temps que la lumiere n'est ny trop forte ny trop foible, *Comment l'on*
& lors que l'on se tient en vne bonne situation pour em- *s'empesche d'estre*
pescher que les ombrages qui y sont interposez en de cer- *trompez par les*
tains espaces, n'y apportent du changement. *Sens externes, les*
   Apres tout cecy; nous connoissons le peu de raison *corrigeāt les vns*
qu'ont les Sceptiques d'estre en incertitude pour toute *par les autres se-*
chose. S'ils alleguent que l'auantage que les bestes ont au *lon diuerses expe-*
riences:

Vol. III,   Ll

CONTRE LES SCEPT. dessus des Hommes pour la puissance de leurs Sens externe, cela n'arriue pas à toutes, & beaucoup d'Hommes les esgalent en cela. D'ailleurs, si elles sont pourueuës de bons organes, elles manquent des moyens de s'en seruir auec vtilité. Cela est reserué aux hommes, qui pouuans les auoir aussi propres à toutes sortes d'operations, & à la reception corporelle des obiets, ont de surplus vne faculté spirituelle pour les receuoir & pour en iuger, tellement qu'ils s'abaissent par trop s'ils s'adressent à des animaux inferieurs pour sçauoir ce qu'il faut croire des choses. Leur Sens commun, qui est vne faculté de leur Ame, estant tout spirituel, doit presider à ce qui est corporel. Il se peut garantir d'estre trompé par les Sens corporels. Les choses sont apperceuës de tous les Hommes telles qu'elles sont, ou telles qu'elles paroissent selon la façon dont ils en peuuent receuoir la connoissance : & pource que l'on sçait quelle est cette maniere de reception, l'on ne s'y laisse pas abuser. Apres la reception spirituelle & vniuerselle du Sens commun, il se fait vne distinction exacte des receptions particulieres de chaque Sens corporel. Que si les choses paroissent diuersement selon les organes de chaque Hōme, la verité en peut estre trouuee en considerant quel est le suiet de cette varieté. Que si à tous les Hommes les choses semblent autres qu'elles ne sont dans l'esloignement & dans le meslange, l'on ne laisse pas aussi de les connoistre, car cette apparence telle qu'elle soit, fait iuger de ce qu'elles sont veritablement, puis que l'on sçait comment elles doiuent estre lors qu'elles paroissent d'vne telle maniere. Les espreuues que l'on fait donnent iugement là dessus, & bien qu'il y ait des Hommes qui se laissent abuser en croyant par trop leurs Sens externes, ce sont des particuliers qui ne sçauroient faire de tort au general. Cela n'empesche point que les autres ne connoissent les choses selon la verité, & ceux qui errent peuuent estre retirez de leurs erreurs par ceux qui sont dans la bonne connoissance. Il y en a plusieurs qui s'instruisent eux-mesmes, & qui font qu'vn de leurs Sens sert à corriger les erreurs de l'autre, comme lors que le Toucher nous fait connoistre qu'il n'y a rien de creux & de bossu en vn corps qui le paroissoit à la veuë. Les autres prestans l'oreille seulement aux remonstrances des plus iudicieux, remarquent la verité des choses, & par ce moyen l'on peut dire qu'ils sont encore desabusez par le Sens de l'Ouye. Ainsi tous les Hommes se peuuent seruir vtilement des Sens, & si l'on s'imagine vn temps qu'ils n'ont pû receuoir instruction de personne, leur Sens commun guidé par leur Entendement, leur a tousiours fait connoistre la verité de tous les obiets qui s'offroient apres quelque experiences, & ayant remarqué plusieurs fois qu'vne chose esloignée paroissoit petite encore qu'elle fust grande, ils ont iugé depuis, que tout ce qui sembloit petit de loin ne laissoit pas d'estre grand. Ils ont pensé ainsi de la diuersité de tous les autres obiets, & quelquefois la force de leur esprit a esté telle, qu'ils ont coniecturé quelles estoient les Choses, non pas mesme pour en auoir veu de semblables entierement, mais pour auoir tiré des conclusions de quelquesvnes à d'autres, suiuant des rapports cachez, & selon d'autres espreuues, qui quoy que diuerses donnoient tesmoignage en de telles occasions. Au contraire, ils ont aussi pensé que plusieurs choses estoient differentes, bien qu'elles se ressemblassent en quelques qualitez des plus manifestes ; Et si deux corps leur ont paru sous vne mesme couleur comme le Succre & la Nege, la Casse & la Poix, encore que l'on eust le pouuoir d'eschauffer & de desseicher, ou de raffraischir & d'humecter, ils n'ont pas crû que l'autre l'eust aussi, car ils ont encore consulté le goust, l'odeur & l'attouchement, qui se doiuent trouuer semblables. S'ils ont veu aussi de loin de la fumee, ils n'ont pas dit absolument qu'il y eust là du feu & de la flamme, car lors que l'on détrepe la chaux il s'en esleue vne fumee assez espaisse, & mesme il y a des broüilards & d'autres vapeurs humides, qui de loin ressemblent aux exhalaisons les plus seches & pource que plusieurs ont pû voir l'vne & l'autre de ces choses à diuerses fois, ils n'ont iamais depuis arresté

L ij

CONTRE LES SCEPT. en leur esprit laquelle c'est qu'ils voyent qu'ils n'en ayent jugé par toutes les circonstances qui ne les trompent point. Tous les Hommes de bon Sens en peuuent faire ainsi, & plus ils ont d'aage & de pratique du Monde, plus ils y sont experts, de sorte que mesme les vieillards reparent la foiblesse de leurs organes corporels par la subtilité de leur Sens commun. Il ne faut donc pas se plaindre que l'âge, ou la maladie, ou la diuersité des lieux, donnent diuerses impressions des choses, puisque l'on peut coniecturer ce qu'elles sont selon ce qu'elles paroissent, & en ce qui est de les prendre les vnes pour les autres, la pluspart des Hommes ne s'y laissent pas aussi abuser s'ils y prennent garde, car lors qu'elles leur paroissent semblables ou differentes, ils peuuent examiner toutes leurs qualitez & la source dont elles deriuent, & tout ce qui en resulte afin de sçauoir si les corps dont l'on void vne telle apparence sont ce qu'ils semblent estre, & se peuuent trouuer au lieu où ils les apperçoiuent, & ce n'en doit point estre d'autres. Or comme les Sens corporels leur ont desia seruy à voir les corps sur lesquels ils ont assis leur premier iugement, & leur seruent encore à en donner vn autre par la conference qu'ils font, il faut donc conclurre qu'ils ne sont point nuisibles ainsi que l'on a publié, & que le Sens commun peut empescher qu'il n'en soit deceu.

Le Sens interne se rend plus accomply en s'aidant de l'imagination & de la Memoire.

Si le Sens interne se sert vtilement des diuerses connoissances que luy donnent les Sens externes pour en iuger sans erreur, il se rend encore plus accomply en s'aidant de l'Imagination & de la Memoire, qui sont deux facultez de l'Entendement plus esleuees que luy. L'Imagination consiste à se bien former l'Idee des Choses presentes, & à s'en former encore d'autres, ou de pareilles ou approchantes en quelque sorte. Mieux elle comprend ce qui est apperceu par les Sens, & mieux elle se figure apres d'autres choses que les Sens n'ont point apperceuës, mais qui peuuent quelquefois leur seruir d'objets. L'vtilité de cette partie est en ce qu'ayant desia connu quelles sont plusieurs Choses, l'on se represente de mesme les autres que l'on n'a point esprouuees, au seul recit qu'vn autre Homme en pourra faire. La Memoire ramene à l'Esprit les Images qui s'y sont quelquefois peintes, & les resueille les vnes par les autres, de sorte que le Sens commun les voyant toutes les peut conferer ensemble pour en tirer iugement, à l'aide des facultez superieures. Toutefois, ceux qui veulent monstrer que cela ne sert de rien à perfectionner le Sens commun, alleguent que l'Imagination & la Memoire de ceux qui ont quelque manie sont toutes differētes des autres: Que ceux qui ont la fiévre chaude asseurēt aussi qu'ils voyent des choses que les autres ne voyent point, & qu'il en est de mesme des yurognes, tellement que l'on a voulu mettre en doute ce qu'ils disoient apperceuoir, estoit la verité ou bien ce que les autres voyoient: car, ce dit-on, comment peut-on sçauoir s'il ne faut point que les organes soient disposez comme les leurs pour voir les choses dans leur naturel? Mais c'est pourtant vne extreme erreur de croire qu'il se faille rapporter à tous ces gens-là de l'Estre des choses, ou que cela soit capable de nous donner quelque doute. Les fous, les malades & les yurognes ont les organes des Sens corrompus, de sorte qu'ils voyent les choses autrement qu'elles ne sont, & de là leur imagination se forme aussi des choses bigearres & desraisonnables, & leur Memoire oublie la verité, & ne les fait souuenir que du mensonge. Ceux qui sont sains sont beaucoup plus à croire. Ce seroit vn estrange desordre si ceux qui sont au plus parfait estat de leur nature, ne connoissoient rien selon la verité, & s'il falloit qu'ils tombassent dans la corruption pour jouyr de ce priuilege. C'est vne aussi mauuaise proposition, de dire qu'en dormant nous faisons quantité d'actions estranges & difficiles, & que nous voyons en peu de temps plusieurs lieux extraordinaires & fort esloignez les vns des autres: mais que pourtant il y a autant de verité en cela qu'en toutes les autres choses qui se passent en veillant. Que peuuent entendre par-là les Sceptiques? Croyent-ils donc que nous allions en vn autre Monde quand nous dormons? Quand cela

Objections sur ce que ceux qui ont la fiévre, & les fous & les yurognes voyent des choses que les autres ne voyent point.

Autres objections sur ce que nous voyons & nous faisons en dormāt; auec les solutions que l'on y donne.

seroit, ce ne seroit donc que spirituellement. Nous voyons dormir vn homme qui ne bouge de son lit, & neantmoins à son resueil il dit, qu'il s'est promené dans des iardins, & qu'il a veu des danses & des Comedies. Si son corps a tousiours esté là, comment est-ce qu'il a pû aller en tous ces lieux dont il nous parle? Il faudroit que ce fust son esprit qui y eust esté; Mais l'esprit ne quitte le corps qu'à la mort? Il s'est seulement representé l'image de tant de choses: & pource qu'encore qu'il ait creu que l'action du corps ait esté iointe à la sienne en beaucoup de manieres, cela ne s'est aucunement fait, c'est vn abus manifeste. Or puisque le Corps & l'Ame doiuent agir d'vne façon esgalle & correspondante dans les vrayes actions de la vie, il ne faut pas mettre en doute, comme disent quelques-vns, si le temps que l'on passe à dormir & à resuer n'est point la vraye vie, pluftost que celle des veilles; Le Corps & l'Ame agissent veritablement en veillant: Ce sont des actions certaines & accomplies. Le corps peut bien agir aussi dans le sommeil, selon la pensée de l'Ame, comme il arriue à ceux qui se releuent en dormant, & cheminent & se remuent de mesme que s'ils fuyoient ou s'ils poursuiuoient quelqu'vn, ou font quelqu'autre action pareille: Mais la pluspart des autres n'agissent que de l'Ame, & demeurans immobilles dans leur lict, se figurent seulement ce qu'ils ne font pas: Ceux qui font veritablement ce qu'ils se figurent ne le font guere aussi qu'imparfaitement, & leur imagination y trauaille plus que le corps, ioint que la personne qu'ils craignent ou desirent, n'est point là veritablement, & ils en ont seulement l'image dans l'esprit. Nous connoissons combien ils se trompent en cela lors qu'ils le racontent, & mesme quelquefois pendant le songe nostre iugement est assez libre pour connoistre que tout ce que nous venons de nous representer auparauant n'est que action, & bien souuent nous songeons que nous venons de songer. Ce n'est point là aussi qu'il faut chercher la verité des Choses: la pluspart des songes ne sont que des bigearreries sans ordre. Dans le sommeil nos Sens externes sont assoupis, & mesme le Sens interne qui a le cerueau pour organe, le trouue tellement offusqué de vapeurs qu'il n'a pas sa liberté ordinaire, & l'imagination n'y faisant pas non plus des fonctions bien reglees, ce qu'elle s'y forme n'a aucune suitte. Il faut veiller pour iouyr du benefice des Sens, & pour faire que l'Imagination soit gouuernee par la Raison. Ceux qui persisteront dans leurs erreurs apres auoir ouy ces reparties, tesmoigneront beaucoup d'opiniastreté. Mais pour les traitter comme des personnes qui ne connoissent que ce qui est de plus grossier, il leur faut alleguer des choses si sensibles qu'ils ne les pourront desauoüer. Puisqu'ils pensent que ce qui leur est arriué en songe a autant d'appparence de verité que ce qui leur arriue en veillant, ne sentent-ils pas qu'ils ont l'estomach vuide à leur resueil, encore qu'ils ayent songé qu'ils se saoulloiét en de grands banquets? & ne se trouuent-ils pas fort alterez apres s'estre imaginé qu'ils auoient la bouche sous le canal d'vne fontaine? Ils voyent en cecy la difference qu'il y a, de ce qui est reel à ce qui est seulement depeint dans l'Imagination, & peuuent connoistre auquel des deux ils se doiuent arrester pour le plus certain. Leurs objections treuuent par ce moyen des solutions faciles & inexpugnable.

Mais comme les Sceptiques affectent plustost le nom de Douteurs que de Docteurs, ils ne s'asseurent d'aucune chose pource qu'ils ne le desirent pas, & cherchent les plus fortes obiections qu'ils se peuuent imaginer apres en auoir rapporté d'assez foibles au commencement. Ils disent que les Hommes se trompent s'ils croyent posseder la verité en quelque lieu que ce soit; Qu'outre que les Sens ne sont pas capables de la descouurir comme ils ont tasché de monstrer, quand mesme le Sens commun y seroit plus propre, il n'y reussiroit pas, d'autant que comme les choses ne sont pas veuës d'ordinaire telles qu'elles sont en leurs apparences, ce qui en apparoist n'est encore que leur surface, & le dedans n'est point connu, tellement

Comment l'on obiecte encore que l'on ne void que les surfaces des Choses, & que les choses inuisibles specialement les spirituelles, ne peuuent estre connuës; Et les responses là dessus.

que l'on est bien loin de connoistre ce qui compose chaque substance : Que les secrettes puissances des choses que l'on apelle les Formes, les Expirations, les Transmissions & les liaisons de Sympathie, ne tombent point sous les Sens, bien que ce soient des Choses Corporelles? & quant aux Choses Spirituelles, qui sont entierement esloignees du commerce des Corps, qu'il n'est pas possible de iuger ce qu'elles sont, puisque nos Sens ne reçoiuent rien de semblable. Nous auons desia respondu à ce qui est de la premiere apparence des Choses : & quant à ce que l'on dit que l'on n'en void que les surfaces, cela n'empesche pas de iuger du dedans, pource que l'on en a veu plusieurs ouuertes & mises en pieces, & que l'on sçait aussi qu'elle est la matiere de chacune. Ce qui les compose ou les met en l'estat qu'elles sont, est aussi connu en sçachant leur nature, & pour leurs puissances les plus secrettes, l'on en iuge par les effets qui se voyent, & de mesme des transmissions & des liaisons de sympathie. De verité, l'on ne void pas ce qui anime les corps, ou qui en sort subtilement, mais l'on void plusieurs actions qui font connoistre s'ils sont animez, & quand deux corps s'attirent l'vn l'autre, & se ioignent, l'on trouue des marques de la puissance sympathique. Quant aux Choses Spirituelles dont la puissance est inuisible, leurs effects sont apparens de mesme, & l'on iuge par là de leurs conditions. Que si l'on ne void rien dauantage, c'est qu'il n'y a rien en cela de visible : & il faut que l'Entendement agisse luy seul pour se representer ces choses, ce qu'il est en sa puissance de faire contre la proposition des Sceptiques & Douteurs, car il se peut passer des Sens en beaucoup d'operations, & s'il ne se peut representer les Choses Spirituelles & inuisibles dans leur vraye perfection : au moins il se figure bien qu'elles sont plus excellentes que les choses corporelles & visibles, & il definit aussi leurs qualitez & les distingue, de sorte que le iugement de l'Homme ou son Esprit entier ne trouue point là des limites si resserrees que l'on pense.

Les

Les aduersaires adioustent que c'est connoistre mal les choses, de ne les connoistre que par leurs effets; Que plusieurs choses diuerses peuuent causer des effets semblables, & plusieurs choses semblables peuuent causer des effets diuers, tellement que l'on ne se sçauroit garder d'estre trompé, en ne iugeant des choses que par cette consideration, specialement si elles sont inuisibles & entierement insensibles en leur consistence : Que l'on ne peut donc connoistre les secrets des choses corporelles, & que l'Estre des Choses Spirituelles doit estre entierement ignoré. Nous repartirons que les choses semblables ne sçauroient causer des effets entierement diuers, ny les diuerses d'entierement semblables, de sorte que le iugemēt a son assiette ferme, & se treuue capable de connoistre par ce qui manque, qu'elle est la distinction des Choses : Que s'il y en a qui ne se voyent point, l'on s'asseure pourtant de leur Estre par des signes euidens : par exemple, lors qu'vne clef saute vers vne pierre d'Aimant & s'y attache, nous nous imaginons auec beaucoup de raison, qu'il sort de cette pierre quelques effusions qui embrassent le fer : Voilà ce qui se peut dire pour les secrettes puissances des Corps; & quant aux Esprits que nous tenōs estre exempts de toute matiere & de toute infirmité corporelle, & de beaucoup plus puissans que tout ce que l'on void & qne l'on sent, nous en iugerons presque de semblable maniere. Si vne clef s'esleuoit en l'Air, & que l'on sceust asseurément qu'il n'y eust aucun Aimant qui l'attirast, l'on pourroit bien croire qu'elle seroit soustenuë de quelque puissance extraordinaire ; Et si les rochers, les arbres & les corps des animaux estoient ainsi suspendus & transportez d'vn lieu à l'autre, ou mesme changez en vn moment de figure & de qualitez, comme l'on sçait bien qu'il n'y a aucune puissance corporelle qui soit capable de cela, l'on iugeroit aisément que cela se feroit par quelqu'autre plus esleuee, qui est la spirituelle. Quantité d'autres effets merueilleux font connoistre qu'il y a des substances sans corps, plus puissantes que tous les corps inanimez ou animez. El-

CONTRE LES SCEPT.
A sçauoir si l'on peut connoistre les choses par leurs effets.

Vol. III.   Mm

les font entendre des bruits differens & des voix articulees en quelque endroit sans que l'on y voye personne: Elles font souffrir des mouuemens surnaturels aux corps des animaux, & font parler en vn instant des personnes idiottes en toute sorte de langage. Quand l'on void cela, l'on peut s'asseurer que cela n'a rien de commun, & que la puissance qui s'y fait connoistre est toute Spirituelle, soit qu'elle vienne d'vn Demon ou d'vn Ange, ou de Dieu immediatement.

S'il faut connoistre les causes autant que les effets auec toutes les circonstances.

Là dessus, les Sceptiques nous disent que si nous ne connoissons les Esprits que par leurs effects, ny quantité d'autres puissances secrettes, nous ne les connoissons que fort imparfaitement ; Que mesme en ce qui est des choses corporelles & sensibles, l'on ne sçauroit bien connoistre les effets si l'on ne connoist les causes, & qu'il faudroit autant connoistre les causes que les effets ; mais que ce seroit aller à l'infiny si l'on les vouloit connoistre toutes auec leurs circonstances, tellement qu'il vaut mieux demeurer au commencement du chemin, & confesser que l'on ne peut sçauoir aucune chose. Ie respond qu'encore qu'il demeure quelque chose d'inconnu aux hommes, cela n'empesche pas que ce qui vient à leur connoissance ne soit asseuré ; Que si l'on ne sçait point par exemple, ou a esté fait vn papier, de quel linge il a esté fait pour le rendre plus blanc qu'vn autre, quel en a esté l'ouurier & quelle son industrie, de quel chanvre venoit le linge, & en quel païs estoit creu le chanure, & qui l'auoit semé, auec vne infinité d'autres circonstances, cela n'empesche pas que nous ne sçachions presentement ce que c'est que ce papier, autant qu'il est necessaire en beaucoup d'occasiōs. Toutes les circonstances que l'on desire encore d'en sçauoir pourroient aider au raisonnément en quelque necessité fort extraordinaire, mais si l'on se les figure tousiours assez bien pour iuger pertinemment de toutes les choses qui se presentent.

Des Maximes generales.

Nonobstant ces sortes de remonstrances, ceux qui ont enuie de douter de toutes choses, disent que leur esprit demeure tousiours en suspens; pource que ceux qui leur veulent donner quelque croyance commencent par des maximes generalles qu'ils demandent d'abord que l'on leur accorde, quoy que les raisons qu'ils apportent pour la confirmation de leurs discours, ayent encor besoin d'estre prouuées, tellement qu'il y a autant d'apparence que ce qu'on dit soit faux, comme il y en a qu'il soit vray, ce qui les remet à cét equilibre d'opinions. L'on leur peut representer qu'il y a des choses que l'on allegue pour premiere raison, qui sont fondées sur des maximes tellement certaines, que l'on ne les sçauroit reuoquer en doute, comme de dire, Que le tout est plus grand que l'vne de ses parties; Que chaque chose est composée des parties esquelles elle se resout; & que si à des choses égales l'on en en adjouste d'égales, tout y sera égal.

Du Cercle de Demonstration & de l'incertitude des Sceptiques en toutes choses.

Mais ils objectent encore que les plus forts argumens ne tirent leur vigueur que de leurs deux premieres propositions, desquelles il faut monstrer la verité par d'autres, & de celles-là par d'autres encore iusques à l'infiny, de sorte qu'ils tiennent impossible que l'on leur oste le sujet de douter; Que plusieurs propositions vniuerselles sont prouuées par les particulieres, & les particulieres par les vniuerselles; Comme si l'on disoit, Que toute Plante est vn Corps vegetatif, l'on ne sçauroit prouuer cela autrement qu'en remonstrant qu'vn Chesne, vn Orme & vn Cyprez, & les autres arbres, sont des corps vegetatifs; & ce que l'on soustient de chaque particulier, l'on le propose de tout le general, en quoy l'on s'enferme dans vn cercle qui est vicieux pour l'argumentation; Qu'il n'y a enfin aucune demonstration par laquelle l'on puisse inferer & conclurre vne chose en vertu de ce qui doit estre accordé, puisque ceux qui veulent douter de tout n'accordent rien; & ne reçoiuent point ce retour d'vne question à l'autre, dont l'vne ne sçauroit estre approuuée que l'autre ne le soit, puisqu'elles n'ont aucune force si elles ne l'apuyent que sur la reciprocation; car comment est-ce que l'vne donnera à l'autre ce qu'elle emprunte d'elle? Que si l'on y vouloit rencontrer quelque certitude, & sçauoir si les raisons sont propres à prouuer ce que l'on desire de chaque costé, il faudroit establir vn Iuge, mais qu'il n'y a rien de certain, puisque les Sens externes sont trompeurs, & que l'on ne sçauroit dire si l'Entendement est plus certain, & que pour les iuges qui sont entierement hors de nous, comme le Compas, le Niueau ou la Sonde, ils peuuent estre mal composez, & l'erreur estant à redouter partout, il n'y a point de iuge à choisir; Que quand il y en auroit, il auroit besoin encore d'vn autre Iuge pour ordonner s'il seroit digne de l'estre ; & si entre les Hommes l'on s'en vouloit rapporter à celuy que l'on croiroit le plus capable, l'on s'y pourroit tromper encore, pource que l'on ne sçait qui merite le premier lieu, & si celuy qui seroit estimé capable de iuger n'auroit pas esté iugé temerairement par ceux qui n'estoient pas capables de le faire : Qu'ils ne se fient pas au Sens commun qui est trompé par les Sens externes, & encore moins à l'imagination qui ne se forme que des choses bigearres, & à la memoire qui ne se resouuient que de mensonges, pource que l'vne & l'autre n'ont iamais receu d'autres objets par leurs messagers, & que pour l'Entendement auquel l'on a tousiours recours à cause que l'on l'estime pourueu de Raison, il n'est pas vn meilleur iuge des choses, puisqu'il ne sçait que ce que les autres luy ont appris, & que sa Raison pretenduë n'est qu'vn amas d'obseruations incertaines ; Qu'ils ne croyent point aussi qu'il y ait quelque Science certaine ny aucune pratique du Monde fort asseuree : Et comme ils demeurent irresolus dans la croyance des choses, ne pouuans mesme affirmer qu'aucune chose ait l'Estre, ny qu'ils l'ayent eux-mesmes , qu'encore moins sçauent-ils s'ils sont Hommes & s'ils sont raisonnables , & mesme s'ils sont en vie, ou s'ils sont nez pour l'immortalité; Qu'ils pensent aussi que toutes les actions sont indifferentes, & que l'on ne peut asseurer quelles sont les bonnes où les mauuaises : Que comme les choses qui semblent douces à l'vn ou ameres à l'autre, pourroit faire croire qu'elles font toutes les deux enſemble, mais pluſtoſt qu'elles ne font ny l'vn ny l'autre, ainſi toutes les actions des Hommes, qui ſemblent iuſtes à l'vn & iniuſtes à l'autre, ſont l'vn & l'autre, ou ne ſont rien de tout cela ; Et dauantage, que l'on ne doit point auſſi ſe faſcher contr'eux touchant les opinions qu'ils alleguent, puiſqu'ils ne contraignent perſonne d'y adiouſter foy, & qu'ils ne les eſtiment point plus certaines que celles de toutes les perſonnes qui leur voudront contrarier, à cauſe qu'il faut ſuſpendre ſon iugement par tout.

L'on connoiſt icy à la fin combien leurs indifferences ſont pernicieuſes, & qu'elles tendent à ſubuertir toutes les Sciences, & la Politique & la Religion. Pour reſpondre en general aux ſubtilitez qu'ils trouuent dans l'impoſſibilité imaginaire du Cercle de Demonſtration & de la reciprocation des Queſtions, il leur faut apprendre que ce genre d'argument qu'ils condamnent n'eſt point vicieux: Que ce n'eſt pas celuy où l'on penſe prouuer vne choſe par vne autre, ſans qu'aucune ſoit connuë, & que l'on entend que le principe dont il s'agit le ſoit: Que les principes ſur leſquels l'on ſe fonde ne peuuent eſtre diſputez, & qu'ils ſont connus par la lumiere de la Raiſon, de telle ſorte que l'on en peut iuſtement conclurre ce que l'on en deſire, comme ſi l'on diſoit que le Soleil eſt ſur l'horiſon, & par conſequent qu'il fait iour: Il n'y a point d'apparence de nier que le Soleil luiſe quand vn Homme le void, & non ſeulement celuy-là, mais cent milles autres qui le peuuent affirmer: L'on dira qu'auant que l'on puiſſe ſçauoir le iugement de tant d'Hommes, les choſes peuuent changer, mais ils peuuent tous s'eſcrier enſemble que le Soleil luit: & apres leur teſmoignage vniuerſel, ſi l'on demeure en quelque doute, c'eſt dire que l'on ne ſçait point s'il y a vn Soleil, s'il a de la lumiere, ſi elle paroiſt, ſi les yeux la voyent, & ſi l'on a meſme des yeux auec la faculté de voir ; C'eſt penſer que tout ce qui eſt hors de nous, n'eſt qu'vn neant, & douter auec cela ſi nous ſommes quelque choſe ; ſi nous apperceuons les objets qui ſe preſentent, &

Dernieres Reſponſes aux fauſſes ſubtilités des Sceptiques.

si nous nous sentons nous-mesmes. Les Sceptiques en sont reduits à cela, comme leurs propositions nous declarent; mais leur incertitude d'esprit tient beaucoup de la follie, & au lieu que l'on croid se deliurer par elle de l'erreur; l'on s'y empestre de toutes parts. Pourquoy nos Sens seront-ils desauoüez en ce qui est de leurs propres objets? A n'en point mentir, il y a des Hommes qui ont les organes fort mal disposez, mais nous auons recours aux Hommes les plus sains, & si l'on dit que l'on doute encore quels sont les plus sains, il faut respondre que l'on iuge que ceux-là le sont qui n'ont aucune incommodité aux parties necessaires, & n'y ont ny superfluité ny defaut, ayans la perfection requise à leur Nature. Pour le Sens commun, l'Imagination & la Memoire, ne se forment-ils pas de veritables Images, & ne sont-ils pas capables de les representer fidellement, lors qu'vne personne qui ne dort point & qui n'est point troublée de frenesie, ny des vapeurs du vin, iouït d'eux auec liberté, & l'Entendement qui est seruy par de si bons ministres, & qui treuue aussi des organes bien disposez pour faire librement ses actions, ne sera-t'il pas pris fort iustement pour vn Iuge Souuerain? De dire que la Raison que l'on attribuë à l'Entendement n'est qu'vn amas d'obseruations incertaines, c'est prendre plaisir à vouloir faire croire, que l'on soit aueugle & priué de toute connoissance, car l'on voit bien qu'il y a des choses si manifestes, que l'on ne sçauroit douter de ce qu'elles sont. L'on allegue qu'encore que l'Entendement bien reglé de quelques Hommes pust estre pris pour Iuge Souuerain des Choses, l'on ne pourroit connoistre qui seroient ceux d'entre les Hommes, qui en ayans de pareils, seroient assez capables pour iuger de tout ce qui s'offriroit, & que ceux qui n'auroient pas leur capacité ne les pourroient choisir. Il faut respondre que bien que chacun n'ait pas la perfection entiere, il y en a qui en ont quelque partie qui sert à faire remarquer les personnes qui la possedent entierement. Ceux qui sont au milieu, & mesme aux plus basses marches d'vn escallier, voyent bien ceux qui sont esleuez au plus haut. L'on reconnoist donc assez les Hommes de meilleur entendement & iugement, & chacun peut sçauoir aussi en ce qui est de soy, s'il iuge selon le sentiment commun des autres, & principalement selon le sentiment de ceux que l'on estime le plus. Tout cecy peut estre accordé au moins en ce qui est des choses les plus vulgaires, & des premiers obiets qui s'offrent, & ce n'est que de cela que nous disputons icy principalement, puis qu'il n'est question que de perfectionner le Sens commun inferieur aux autres facultez de l'ame. Nous reseruons pour vn autre lieu ce qui concerne le Raisonnement tout seul, & l'Intelligence separee. Mais il faut prendre garde que les Sceptiques ou Pyrrhoniens, voulans reuoquer en doute les connoissances les plus importantes & les plus secrettes, ont tasché de prouuer mesme que l'on ne sçauoit pas ce qui semble estre de plus facile, comme si l'Estre des choses que l'on void & que l'on sent est veritable, si les Hommes qui parlent & qui marchent sont morts ou viuans, s'il est iour ou nuit quand le Soleil paroist, ce qui est bien loin de sçauoir ce que c'est que l'Estre, la vie & la lumiere. Ils ont pensé que l'on pourroit destruire d'abord les maximes fondamentales, pour monstrer qu'il n'y a point de verité; mais la fermeté en est inébranlable, auec les grandes precautions qu'y apporte la Raison, qui nous fait cōnoistre la difference des Choses, comme nous auons commencé de voir dans la recherche des Substances Corporelles & des Spirituelles: Et pour ce qui est des actions, il est aussi fort aizé de connoistre si elles se tournent au bien ou au mal par les reigles de la Charité ou de la Iustice Vniuerselle, grauees naturellement au cœur de l'Homme, lesquelles luy enseignent ce qu'il doit à Dieu son Createur, & aux Hommes ses semblables. Si nous auons dit que les Choses du Monde sont vniuersellement bonnes, il ne faut pas abuser de cette proposition; car nous auons declaré en suitte que l'application leur donne de la difference. Cela se peut entendre aussi pour la distinction des Vertus & des vices, selon que

l'Ame est appliquee : Quant aux Choses Corporelles, elles sont indifferentes au bien ou au mal, n'ayans point de volonté, mais l'Ame qui en a vne auec vn libre arbitre, se porte vers l'vn ou vers l'autre, comme il luy plaist, & employe aussi diuersement les choses inferieures dont elle se sert. Elle peut donc operer iustement ou iniustement : C'est vne ignorance brutale de douter de ces choses, & ne sçauoir pas à quelle fin l'on a esté creé, & que les bonnes actions sont meritoires pour vne autre vie. Il est difficile à croire qu'il y ait des Hommes qui doutent qu'ils soient Hommes, & mesme qu'ils ayent aucun Estre. Ils peuuent bien remarquer qu'ils sont autre chose que les Bestes, & qu'ils ont quantité de prerogatiues, tant Corporelles que Spirituelles, & specialement qu'ils iouyssent de la Raison; & quant à l'Estre, ils connoissent bien qu'ils l'ont, puis qu'ils se sentent eux-mesmes, & d'en venir iusqu'à ce doute, c'est passer de la stupidité bestiale à l'insensibilité d'vn rocher. Quelques Sceptiques des moins troublez sont assez connoistre qu'ils entendent seulement qu'ils ne sçauent ce que c'est que l'Estre, ny que les Hommes ; Mais il n'y a guere d'apparence qu'ils puissent ignorer cela non plus, s'ils prennent le soin d'en faire quelque recherche. Que si pour contenter ceux qui s'estonnent de ce qu'ils doutent de toutes choses, ils disent qu'ils ne s'asseurent pas plus à leurs raisons propres qu'à celles des autres ; comme ils pretendent qu'elles sont toutes fort incertaines, estans volages dans leurs opinions, ils peuuent penser de mesme quelquefois, qu'elles sont aussi certaines les vnes que les autres ; & de là il les faut mener à ce pas dont ils s'approchent, que s'ils croyent esgalement les raisons Sceptiques & la Philosophie dogmatique, l'on les pourra faire pancher aisément d'vn costé plustost que de l'autre, car pour peu qu'ils se rangent vers l'affirmatiue, il leur faudra receuoir la croyance de beaucoup de choses, si bien qu'ils confesseront qu'elles ne sont pas toutes dans l'incertitude, puisque d'affirmer quelque chose c'est ietter vn fondement qui ne nous laisse plus vaciller, au lieu que
la ne-

la negatiue douteuse, nous laisse aller tantost d'vn costé, & tantost de l'autre. Dauantage, ils ne sçauroient nier aussi qu'il n'y ait quelque chose d'asseuré, puisqu'il est vray qu'ils disent ces choses & qu'ils les pensent, soit pour les nier, soit pour les affirmer, & qu'ils sont encore quelque chose eux-mesmes ; S'ils s'attachent aussi plustost aux opinions de Pyrrho qu'à celle des autres c'est y trouuer quelque certitude : Il ne sert de rien de repartir que leur certitude est de monstrer qu'il ne se trouue aucune certitude, puis qu'il s'en trouue en cecy, & en beaucoup d'autres occasions que nous leur auons rapportees, de sorte qu'ils ne doiuent pas douter de tout. Nous nous vanterions icy d'auoir renuersé leur fondement, n'estoit que leur doctrine consiste à prouuer qu'il n'y en a aucune qui ait du fondement, mais par consequent la leur est donc sans appuy; & si pour la defendre ils alleguent qu'elle a quelque fondement, c'est par là qu'il est encore renuersé puisqu'elle n'en doit point auoir selon leurs maximes.

Conclusion.

Toutes ces choses estans bien considerees, il n'y aura personne qui vueille tenir pour le Pyrrhonisme, veu que mesme ceux qui en font profession sont prests à toute heure d'en sortir, & ne s'y trouuent pas plus asseurez qu'ailleurs. L'on ne sçauroit auoir auec cela si peu de connoissance de la certitude de la vraye Philosophie, que l'on ne quite celle qui veut bien que l'on l'abandonne. Delà l'on prendra garde combien la constance de l'Esprit vaut mieux que la legereté. L'on s'asseurera que l'on n'est pas obligé de douter de tout, & qu'encore qu'il y ait des choses qui soiét fort secrettes & fort ambiguës, l'on en iuge assez pour les necessitez humaines, & plusieurs autres sont si connuës que l'on en peut establir des Sciences & des Arts. L'on croira aussi que le Sens commun sert à cela comme la premiere Porte des facultez spirituelles, par laquelle on peut auoir connoissance de la verité des objets, & que s'il ne reçoit point quelquefois des Images qui leur ressemblent, il en iuge pourtant par la conference des vnes aux autres, comme nous auons proposé; Et puisque nous auons declaré en plusieurs endroits de qu'elle maniere cela se fait, nous auons assez monstré quel est son Vsage, & comment il reçoit de la Melioration & mesme de la Perfection. Que s'il y a quelque chose encore à y obseruer pour en voir de plus grands effets, c'est de luy faire reïterer souuent cét exercice, afin qu'à force de receuoir les representations de toutes les choses du Monde, il les distingue mieux lors qu'elles se presenteront à luy.

De l'Vsage & de la Perfection de l'Imagination & de la Memoire.

CHAPITRE II.

'IMAGINATION, qui est vne faculté superieure au Sens commun, se sert des connoissances qu'il luy dóne, & de celles qui sont receuës par les Sens externes, pour se rendre meilleure & plus parfaite. Ce n'est pas que les facultez qui ne sont que ministres, soient la seule cause de son bien: l'Entendement qui est encore au dessus d'elle, luy donne le moyen de se seruir auec vtilité de ces instrumens, & cét acte estant celuy de la raison, fait remarquer la verité de tout ce qui se presente, selon qu'elle peut estre connuë des hommes. L'imagination comprend donc ainsi l'estre des Choses & leurs conuenances ou differences : elle les distingue, les diuises ou les reünit, & s'en forme souuent de semblables ou d'approchantes, faisant quelquefois vne piece de plusieurs, ou plusieurs pieces d'vne seule. Or tãt plus elle se represente de choses, & les assemble ou les separe, tant plus elle se rend propre à cette fõction, & se fait meilleure & plus parfaite, s'employant à son vsage naturel. La Memoire est vne autre faculté qui luy est fort vtile, pource qu'ayant receu

La Memoire sert à l'Imagination.

les especes des choses, & les ayant bien conseruées, elle les represente à point nommé ; de sorte que cela sert d'exemple & d'instruction pour en faire trouuer la verité. Non seulement elle conserue aussi ce que le Sens commun a pû apperceuoir par les Sens Corporels, mais encore ce que l'Imagination s'est formé à l'instant là-dessus, si bien que long-temps apres elle luy represente les mesmes choses, pour la faire mieux réussir en de nouuelles operations. Or comme la Memoire donne du secours à l'Imagination, l'Imagination luy rend aussi le reciproque lors que les fictions qu'elle compose, tenans quelque chose des Images de la Memoire, elle est cause qu'elles paroissent toutes apres par vn enchaisnement continu. Quelquefois la Memoire agit la premiere, & quelquefois l'Imagination, tellement que sur les questions de leurs preference l'on les fait aller du pair ensemble, & nous en auons voulu aussi parler conjointement, à cause de leur secours mutuel. La perfection de toutes les deux est fort augmentée par leur exercice; Si l'on y cherche auec cela vne force naturelle, il faut purger le corps de tout ce qu'il peut auoir de nuisible à l'esprit, & luy oster l'abondance des humeurs qui causent des fumees dont le cerueau est offusqué. Il faut estre temperant, & ne point charger le corps de trop de nourriture, & ne le point dessecher aussi par les voluptez. Nous voyons souuent que les facultez de l'Ame agissent encore assez bien dans vne simple variation du temperament pour monstrer leur independance, mais pource que le corps leur sert d'organe, leurs actions cessent dans vn entier changement. Il faut donc auoir soin de tenir les instrumens nets & propres à l'operation, autant comme d'entretenir la diligence & la subtilité des ouuriers. Si vn temperament humide est iugé propre à la Memoire, & le chaud à l'Imagination, il s'en peut trouuer vn fort bien assorty de ces deux qualitez, qui ne se contrarient pas de telle sorte qu'elles ne puissent durer ensemble ; Mais pour les faire agir auec vn bõ ordre, il faut souhaiter qu'vn bon iugement soit leur guide, qui est l'vne des principales

DE L'VSAGE DE L'IMAG. ET DE LA MEMOIRE.

L'Imagination rend le reciproque à la Memoire.

DE L'VSAGE facultez de l'Entendement, ou pluſtoſt l'Entendement
DE L'IMAG. meſme tout entier; & comme l'on tient qu'il faut vn tem-
ET DE LA perament ſec pour luy ſeruir d'organe, pluſieurs ont creu
MEMOIRE. qu'il eſtoit incompatible auec vne grande Memoire. Tou-
A ſçauoir ſi le tefois, il ne ſe faut pas imaginer que toutes les parties du
bon Iugement ou corps humain, & ſpecialement le cerueau, doiuent eſtre
Entendement eſt d'vne conſtitution ſeche; Si elles ſe trouuoient ainſi, elles
incompatible auec ſeroient bien-toſt ruïnees; Quand l'on les eſtime ſeches,
vne grande Me- l'on entend qu'elles n'ont pas d'humidité en abondance; &
moire. pource qu'il leur en faut touſiours, il y en a aſſez auec cela
pour l'operation de la Memoire, qui meſme ne ſçauroit
eſtre forte dans vn cerueau trop humide, où les Images ne
ſe peuuent imprimer, comme dans celuy qui a quelque fermeté en ſa conſiſtence; Et comme la chaleur temperee ſe
peut rencontrer auec l'humidité neceſſaire, il ne faut point
douter qu'il n'y ait des Hommes qui ont l'Imagination &
la Memoire dans vn excellent eſtat, & l'Entédement auſſi.
Quelques-vns, qui manquent de Memoire, ſont ſi vains
qu'ils veulent faire croire que c'eſt à cauſe qu'ils abondent
en iugement, & c'eſt par leurs perſuaſions, que le peuple
croid que l'on ne ſçauroit poſſeder parfaitement l'vn &
l'autre; Il y a beaucoup d'erreur en cela, ſelon la doctrine
des Temperamens, ioint qu'il faut remarquer que toutes
les facultez de l'Ame ſe donnent du ſecours les vnes aux
autres, & que non ſeulement l'Imagination aide à la Memoire, mais l'Entendement encore; car à force de raiſonner, & de tirer des concluſions d'vne choſe à vne autre, &
de les definir ou de les diuiſer, le Iugement nous monſtre
quelle choſe doit eſtre la premiere, quelle la ſeconde, ce
que l'on peut dire de leur nature, quelles ſont leurs eſpeces, & quelles applications elles peuuent auoir. Cela con-
ioint ainſi les choſes, & fait reſſouuenir de toutes les penſees que l'on en a pû receuoir autrefois. Si l'on s'adonne
ſouuent à cette pratique, c'eſt vn grand ſecret pour fortifier la Memoire par l'Entendement. L'on adioute encore
vne Memoire Artificielle à la Naturelle, pour ſe reſſouuenir de tout vn diſcours que l'on aura ouy reciter, & meſ-

me de ses propres mots: Mais nous ne traittons icy que de ce qui concerne les pensées, & non point les paroles; de sorte que nous laissons cela pour passer aux autres Vsages Spirituels.

De l'Vsage de la Raison & du Iugement; De leur Melioration & Perfection?

Et de la Logique.

CHAPITRE III.

NOVS sommes maintenant paruenus à cette puissance de l'Entendement qui raisonne & qui iuge; L'on en peut parler separément si l'on veut, la distingant par la Raison & le Iugement; neantmoins tout cela est reduit sous vne seule faculté; car si l'on raisonne sur les choses, c'est pour en iuger, & l'on n'en sçauroit bien iuger sans le Raisonnement. Nous auons desia veu que le Raisonnement consiste à connoistre les choses, non seulement par leurs premieres apparences, mais par ce qui est en elles de plus secret, & que ce qui est descouuert donne des signes de ce qui est caché, pour passer plus outre que ce que les Sens apperçoiuent. C'est aussi le moyen de distinguer tout ce qui est au Monde, d'en faire des diuisions, & de tirer des conseqüeces d'vne chose par vne autre, pour en sçauoir la verité; & quant au Iugement, c'est la conclusion que l'on donne là dessus: & pource que le Raisonnement seroit imparfait sans le Iugement, de mesme que le Iugement ne subsiste que par luy, l'on les fait à bon droit marcher ensemble. Vn Esprit qui possede leur puissance vnie, fait son profit de ce que reçoiuent les Sens externes & internes, & donne des conclusions sur ce que la Memoire & l'Imagination luy representent. Le bon estat du corps

DE L'VSAGE luy fert auſſi, & auec cela il ſe rend plus habile par vn fre-
DE LA RAIS. quent exercice. Mais il faut qu'il s'accouſtume à iuger tou-
ET DV IVG. jours raiſonnablemēt, ou bien l'exercice qu'il feroit de iuger, luy feroit plus dommageable qu'vtile. Il faut que pour
cela il acquiere petit à petit vne parfaite connoiſſance de
toutes choſes, ce qui ſe fait en les conſiderant auec attention, & ne croyant point à toutes les merueilles que le vulgaire rapporte ſans les auoir experimentees. D'ailleurs, il
doit receuoir les inſtructions que les plus doctes luy peuuent donner, & ſur tout celles qui ſe ſont augmentees &
perfectionnees de ſiecle en ſiecle, employant là deſſus la
meditation & le trauail.

De la Logique. QVOY que l'Homme poſſede naturellement la puiſſance de raiſonner & de iuger, elle eſt pourtant fort
augmentee par les Preceptes & par l'Artifice. Il ſe ſert
mieux de ſes forces lors qu'il les connoiſt toutes, & qu'il
void en quel ordre il les doit mettre en vſage: C'eſt pourquoy l'on a inuenté vn Art de Raiſonner, dont eſtant beſoin de rapporter la Theorie, nous la rangerons au nombre des Sciences. L'on luy doit laiſſer le nom de Logique, qui luy conuient aſſez bien. C'eſt en elle que la Raiſon & le Iugement ſont conioints: Elle peut faire principalement que l'Eſprit de l'Homme iouyſſe de luy-meſme,
eſtant appliqué à ſon meilleur employ, & porté à ſa perfection ſupreſme, lorsqu'il apprendra à iuger de toutes choſes ſelon les regles de la droite Raiſon, qui ſont celles de la
Verité: Mais outre que les principes de cette Raiſon eſtans
en nous, ſont fortifiez par les enſeignemens d'autruy, il
faut encore conſiderer les choſes en elles-meſmes, afin
qu'en examinant tout ce que l'on peut apperceuoir au
Monde, & tout ce que l'on en peut coniecturer, l'on en
puiſſe auoir toutes les penſees dont les Hommes ſont capables. Les Philoſophes vulgaires n'ont pas traitté cette
methode dans l'ordre naturel où elle deuoit eſtre. L'on
y trouue quantité de choſes ſuperfluës ou mal exprimees,
ce qui fait que l'on en tire peu d'inſtruction ; & pource

qu'ils ont chacun accommodé cela à leur mode, cela met DE LA LO-
vne telle confusion dans l'esprit de ceux qui estudient, GIQVE.
qu'ils ne sçauent ce qu'ils doiuent choisir, & treuuent que
ils ont chargé leur memoire de plusieurs enseignemēs qui
ne leur sont d'aucun vsage. Pour débrouiller ce Cahos,
il nous faut representer que l'Art de Raisonner dont nous
deuons premierement auoir connoissance, n'est pas celuy
qui ne sert qu'à discourir les vns auec les autres, dans lequel les Philosophes ne considerent que la difference des
Mots. Il faut penser à celuy qui nous apprend à raisonner
sainement de toutes choses en nous-mesmes, ce qui va deuant le discours que l'on fait auec quelqu'autre. Les premiers actes de raisonnement que nous produisons ayant
contemplé l'Vniuers, nous font connoistre qu'il y a diuerses choses qui peuuent venir en la pensee, dont les vnes
ont vn Estre reel, les autres vn Estre imaginaire : Celles *De l'Estre reel &*
qui ont vn Estre reel sont appellees des Substances que *de l'Estre imagi-*
l'on considere en diuerses manieres. Tout ce que l'on void *naire.*
en elles, & tout ce que l'on leur attribuë, peut aussi estre
pensé des choses imaginaires, & rien au delà : car les veritables Substances ont en elles tout ce qui peut conuenir
à l'Estre, & tout ce qui se peut imaginer. Or comme les
choses feintes ont du rapport à celles qui sont veritables,
l'on n'a pas besoin de les considerer : Ioinct qu'elles
n'ont rien de certain, & que l'on les change, l'on les mesle, l'on les diuise, & l'on les multiplie à fantaisie. Il faut
donc auoir esgard seulement aux Choses qui ont l'Estre,
desquelles l'on peut auoir vne vraye Science, & qui sont
le vray obiet de la Logique. Nous les appellons des Substances, non seulement pource qu'elles subsistent veritablement, mais pource qu'elles subsistent d'elles-mesmes à
la difference de ce que l'on appelle des proprietez, qui ne
subsistent naturellement que par le moyen des Substances, qui sont leur suiet. Nous distinguons les Substances
en Corporelles & Spirituelles. Les Corporelles sont tous
les Corps du Monde, tant principaux que Deriuez, & les
Spirituelles sont les Ames & les intelligences separees,

au dessus desquelles est Dieu, qui est infiny & incomprehensible. Nous auons desia assez veu quel est l'ordre & la nature des Substances, dans les Traictez qui en ont esté faits. Mais il faut dire encore icy ce qui leur appartient en cette qualité, & ce qu'ils'en trouue dans nostre raisonnement? Il faut declarer qu'outre qu'elles subsistent d'ellesmesmes, elles ne sont point contraires les vnes aux autres en ce qu'elles sont Substáces, mais à cause de leurs diuerses qualitez, & que demeurant tousiours les mesmes qu'elles estoient, elles peuuent receuoir diuers changemens superficiels; Qu'il y en a aussi qui despendent de quelquesvnes, & sont au dessus de quelques autres: Qu'il y en a qui sont tousiours superieures, & d'autres tousiours inferieures: Qu'il y a des Genres de Substances dont dépendent des Especes, & ces Especes sont encore Genres pour d'autres iusques à vne espece qui ne peut plus estre Genre, & est l'Espece la plus basse, de mesme qu'il y a vn Genre supresme: Et les Substances de mesme espece sont encore diuisées en chaque Indiuidu. Apres estre montez des choses basses aux plus hautes selon l'ordre de l'instruction, comme nous auons tousiours fait, nous pouuons descendre ainsi en les diuisent, comme lors que la Substance est diuisée en Substáce increée ou creée, c'est à sçauoir, Dieu & ses creatures. Si les creatures sont diuisées en incorporelles & corporelles, que l'on choisisse lesquelles on voudra, l'on en pourra former vn Genre, comme de l'Animal diuisé en des Animaux raisonnables & irraisonnables, & de chacune des deux especes, l'on en fera encore d'autres iusques à vn Indiuidu qui sera vn certain Homme, ou vne certaine Beste.

Voylà ce que nous trouuons dans nostre pensee touchant les Substances: & bien qu'il n'y ait qu'elles qui constituent l'Vniuers pour raisonner parfaitement, & diuiser les choses, nous disons, Que Tout est Substance ou Accident, & par ce mot d'Accident, faute d'autre terme, l'on entend tout ce que les Substáces ont de propre en elles, & outre cela tout ce qui leur peut arriuer au dehors. La

Tout est Substance ou Accident.

Substance

Subſtances & les Accidens pourront donc eſtre pris pour DE LA LO-
les deux ſouueraines claſſes des choſes du Monde ; mais GIQVE.
les Logiciens ont compté neuf de ces Accidens, & les
nommant auec la Subſtance, en ont compoſé les dix Ca- *Des dix Cate-*
tegories ou Predicamens, qui ſont à leur opinion toutes *gories.*
les manieres dont l'on peut parler de tout ce qui ſe trouue en l'Vniuers. L'on peut augmenter ce nombre, ou
le diminuer, ſi l'on veut faire des diuiſions pareilles au
leur. Il faut diſtinguer ce qui eſt vne proprieté eſſentielle,
ou vne Puiſſance des Subſtances, d'auec ce qui n'eſt qu'vn
Accident ſeparé: L'on dit, Qu'il y a, la Quátité, la Qualité, la Relation, l'Action, la Paſſion, le Sit, le Quãd, l'Ou,
& l'Habit, mots barbares pour la pluſpart, entre leſquels il
faut changer ceux qui ne ſont pas aſſez intelligibles: comme ſi au lieu de la Paſſion, du Sit, du Quand, de l'Ou, &
de l'Habit, ou l'Auoir, nous diſons, la Souffrance, la
Situation, le Temps, le Lieu, & la Poſſeſſion. Pour diſpu-
ter icy de leur nature, il faut remarquer que la Situation,
le Lieu, & quelques autres, ſont Accidens du dehors,
qui n'arriuent aux Subſtances que pour le rapport qu'elles ont les vnes auec les autres, & n'aportent point neceſ-
ſairement du changement en elles. Quant à la Qualité,
elle eſt entierement dans la Subſtance, & meſme il y a des
qualitez qui en ſont inſeparables. Il eſt vray que l'on pourroit dire que la pluſpart des autres accidens ſeroient compris aizément ſous ce nom, pource qu'il y a des Qualitez
Relatiues, des Qualitez Actiues & Paſſiues; & c'eſt auſſi
vne certaine qualité, d'eſtre propre à ſe tenir en vn certain
lieu, en vne telle ſituation, & en vn tel temps. Mais l'on
ne l'entend pas touſiours ainſi, & pour moins confondre
les choſes, il eſt bon d'vſer de diuiſions: car en effet, les
accidens exterieurs ſont autre choſe que les qualitez qui
ſont propres à les faire arriuer. Il faut auoüer pourtant
qu'ils n'ont pas tous eſté diuiſez ſi iuſtement qu'ils ne le
puiſſent eſtre mieux, & quoy que l'on pretende qu'en eux
ſoit compris tout ce qui ſe peut imaginer au Monde, ſi
eſt-ce que l'on a laiſſé en arriere des choſes qui pouuoient

Vol. III.   Oo

DE LA LO-
GIQVE.

De la Qualité.

estre rangées en leur nombre, & que nous y mettrons selon l'occasion.

Si l'on veut choisir vn Accident pour le premier, il faut que ce soit la Qualité: C'est ce qui se trouue de plus particulier aux Substances. Il y a des Qualitez aux Corps qui sont connuës par les Sens, comme d'estre odorans & sauoureux, durs ou mols, secs ou humides, pesans ou legers, chauds ou froids, d'auoir vne certaine couleur & vne certaine figure, & d'estre mobiles. Les autres Qualitez sont des facultez naturelles plus cachees, qui bien qu'elles ne soient pas apperceuës en elles-mesmes, le sont tousiours par les effets, cõme les vertus des Pierres & des Plantes. Il y a des Qualitez que l'on acquiert par l'estude & par l'exercice, que l'on appelle des Habitudes: Et enfin l'on met au nombre des Qualitez, la Puissance, & l'Impuissance; Pour l'Impuissance, à proprement parler, n'estant rien toute seule, elle n'est point vne qualité non plus que la Priuation, mais l'on entend par cette qualité feinte vne autre contraire à celle dont l'on parle en mesme temps; comme l'Impuissance d'eschauffer, est marque de la froideur. Au reste, les Qualitez sont contraires l'vne à l'autre, comme le chaud au froid, le pesant au leger, ou seulement differentes; comme la figure ronde differe de la quarree. Elles ne souffrent point de diminution en ce qui est de leur condition de Qualité; Vne Qualité n'est pas plus Qualité que les autres, mais les suiets peuuent receuoir plus ou moins d'elles toutes.

De l'Action.

L'Action doit suiure apres, d'autant que les facultez naturelles sont actiues, mais l'on a raison d'en traitter à part, pource qu'il y a encore d'autres Qualitez que celles qui se tiennent enfermees dans les Substances, & qui se produisent dauantage au dehors. L'on diuise les Actions en Naturelles & Volontaires. Les Naturelles se font mesmes en l'hõme, quand il n'y songe pas, quoy qu'il y ait vn libre arbitre, car cette liberté de choisir n'est que pour ce qui concerne les desseins de l'Entendement; Les Actions Naturelles qui ne despendent point de la Volonté, sont les

Corporelles, comme le battement du poulx & la dige- *DE LA LO-*
stion, & pour les Actions Volontaires, c'est comme de *GIQVE.*
soulager vn homme trop chargé, & de donner vne medecine à vn malade: Il y en a de meslées, comme de manger
& de boire; car outre la volonté, il faut que le corps reçoiue naturellement ce que l'on boit & mange; Celles qui
sont violentes, c'est comme quand vn corps massif est
esleué en haut, ce qui est contre sa nature. Or toute Action *De Causes & des*
cause quelque Effect, tellement que les Causes & les *Effets; De la*
Effets peuuent estre considerez sous la Categorie de l'A- *Corruption & Ge-*
ction. Les Effets que les Actions causent, sont des chan- *neration: De*
gemens dans la Substance ou dans les Accidens. Si le *l'Augmentation*
changement se fait en la Substance, cela s'appelle Corru- *& Alteration, &*
ption & Generation: S'il se fait en la Quantité, cela s'ap- *du Mouuement*
pelle Augmentation, & en la Qualité, Alteration: Et si *locale.*
c'est au lieu, c'est Mouuement locale, ou Transport. Il
faut remarquer encore qu'il y a des Actions que les Substances produisent seulement par elles-mesmes, & d'autres qui s'estendent aussi pour les autres & sur les autres;
C'est à dire qu'il y en a qui font simplement quelque chose, comme par exemple de se remuer, mais quand ce qu'elles font opere sur vn autre, c'est vne Action veritable,
comme lors qu'vn Corps enflamme ou eschauffe ceux qui
sont pres de luy.

 La Souffrance est vn Accident qui doit suiure l'Action; *De la Souffrance.*
C'est mal à propos que l'on la nomme Passion en François,
pource que ce mot ne signifie en cette langue que les Perturbations ou Souffrances de l'Ame, au lieu qu'il faut parler de la Souffrance en general. Nous dirons donc que les
Substances souffrent l'Action les vnes des autres, & que
comme il y peut auoir du plus ou du moins en l'Action, il
y en a dans la Souffrance. Les Souffrances sont aussi les
Effets des Causes, de sorte que cela peut estre rangé si l'on
veut sous vne mesme Categorie.

 Rien n'empesche que l'on ne considere apres la Quan- *De la Quantité.*
tité, que les Logiciens ont prise pour le premier Accident
sans y estre bien fondez; car ce doit estre la Qualité, &

Oo ij

l'Action doit marcher apres, pour les raisons que nous auons alleguees, & puis que la Souffrance depend de l'Action, l'on ne sçauroit manquer d'en parler en suite. La quantité est quelquefois consideree veritablement comme estant au sujet, & plus il y en a, plus il agit; mais il ne laisseroit pas d'agir sans vne telle quantité, puis que c'est par sa qualité qu'il agit: D'ailleurs, la quantité se dit encore de plusieurs sujets separez, tellement que cela la reiette plus loin. Il y a deux sortes de quantité; à sçauoir celle que l'on appelle Disjointe, laquelle se compte comme le Nombre & les choses nombrees; l'autre est la continuë, qui se mesure comme la longueur ou largeur des Corps, & mesme le Temps & la duree du Mouuement.

Du Temps prefix. L'on peut adiouster à cela, ce que l'on pense sur le temps prefix qu'vne chose est arriuee, dequoy l'on a fait vne Categorie à part, qui est celle de, Quand, pource que l'on veut dire que c'est celle où l'on demãde, Quand vne chose est arriuee: mais cela peut estre consideré auec le temps en general, puisque s'en est vne dependance, & l'on appellera cela le Temps prefix, pour en faire distinction. Tout ce que l'on pense de la Quantité & du Temps, peut estre augmenté & diminué, non pas l'Essence de la Quantité; Le Temps prefix ne reçoit point de plus ny de moins, n'estant qu'vn instant. Il est mal-aisé aussi que l'on trouue des contraires au Temps & à toutes les Quantitez, qui ont seulement de l'inégalité les vnes aupres des autres.

De la Relation. La Relation est nommee d'ordinaire auant le Temps, & l'on en pourroit mesme parler deuant la quantité, à cause qu'elle se dit des choses qui ont du rapport les vnes aux autres, comme il y en a de l'Action à la Souffrance, & de la Cause aux Effets, & qu'elle est consideree quelquefois en leur compagnie: Mais l'on ne la tient souuent aussi que pour vn Accident qui ne subsiste que dans la pensee: La Relation se dit encore du Pere au Fils, du Maistre au Valet, du Grand au Petit, & de diuerses choses comparees ou opposees. Il y en a qui dependent veritablement de quelque action des choses, presente ou passee, laquelle

apporte du changement aux Substances : Les autres ne DE LA LO-
sont qu'en tant que nous considerons les choses, les vnes GIQVE.
au regard des autres, tellement que leur Categorie ne doit
point preceder celles qui sont dauantage attachées ensemble. L'on peut considerer que plusieurs Relations ont de
l'augmentation & de la diminution : Les autres n'en peuuent auoir : Elles ne sont pas aussi toutes sujettes à auoir
des contraires. Voilà leurs prerogatiues.

 Il y a encore de la Relation entre le Lieu & les choses *Du lieu & de la*
placées : Neantmoins, cette cōsideration peut estre à part. *Situation.*
De mesme que l'on fait vne Categorie sur l'interrogation
du Temps prefix, l'on en fait vne sur le Lieu, pour designer
l'endroit où est quelque chose, & l'on en a fait aussi vne de
la Situation, comme pour sçauoir si l'on est en haut ou en
bas, à droit ou à gauche, deuant ou derriere. Cela pourroit
estre mis en mesme rang auec quelque diuision : Il ne se
trouue rien à remarquer icy dauantage, sinon que toutes
ces deux Categories reçoiuent de la contrarieté en elles.

 Pour ce qui est de la derniere, qui est d'auoir quelque *De la Possession*
chose, comme d'auoir chaud ou froid, ou d'auoir quelque
habitude, cela se peut rapporter à la qualité : Si l'on songe
à ce qui est d'auoir de la longueur ou de la largeur, ou bien
d'auoir quelque nombre, cela se rapportera à la Quantité,
& quelques autres pensees se rapporteront à l'Action, ou
à la Souffrance, ou à la Relation, tellement qu'il semble
que cette Categorie soit inutile, si ce n'est en ce que l'on
s'imagine touchāt certaines choses externes que l'on possede, comme d'auoir vn Chasteau, vn Office, ou vn Habit,
& delà l'on peut appeler cecy la Categorie de la Possession. Il s'y trouue de la diminution ou de l'augmentation,
puis que l'on possede plus ou moins les choses, & la contrarieté s'y peut rencontrer aussi en quelque sorte.

 Voilà comment l'on peut regler les Categories ou Pre- *De ce que l'on*
dicamens, où l'on peut faire entrer tout ce que plusieurs *peut faire entrer*
nous ont voulu mettre à part. Si l'on traitte separement *dās les Categories.*
de l'Estre des Choses, dans vne Science particuliere que
l'on appelle la Metaphysique, cela peut estre permis : mais

Oo iij

DE LA LO- il ne faut pas neantmoins s'en taire dans la Science du rai-
GIQVE. sonnement, car comme sçaura-t'on ce que c'est de la
Substance & des Accidens, sans sçauoir s'ils ont l'Estre.

De l'Estre & des Les autres termes que l'on appelle Transcendans, dont
Transcendans. la consideration tient encore la plus grande partie de cette Metaphysique, peuuent auoir leur place dans vne Lo-
gique parfaite. Il y a l'Vn, le Bon & le Vray ; Ce qui
est Vn, peut estre consideré dans la Categorie de la Quantité à la difference du Nombre ; Ce qui est Bon, entre
aussi sous la Qualité, & pour ce qui est du Vray, comment ne seroit-il point examiné dans toutes les parties de
la Logique, si elle n'a point d'autre objet que la Verité.

Des cinq Voix Auant que de parler des Predicamens, plusieurs trait-
Predicables. tent aussi des Cinq Voix Predicables, & de ce que l'on
appelle les Antecedens des Categories ; Neantmoins, cela peut estre rangé dedans leurs Classes. Les Cinq Voix
que l'on appelle Predicables sont, le Genre, l'Espece, la
Difference, le Propre & l'Accident. Pour le Genre & l'Espece, il les faut considerer dans la Categorie des Substances, qui doiuent estre ainsi distinguées, & l'on y doit adiouster l'Indiuidu. Les Choses Vniuerselles & les Particulieres, y peuuent aussi auoir leur consideration ; & mesme ces ordres du Genre & de l'Espece, peuuent estre ob-
seruez dans tous les Accidens. Quant à la Difference, elle
y est pareillement trouuée. Le Propre a son lieu principalement dans la Qualité ; Mais si l'Accident est nommé
pour la cinquiéme Voix Predicable, c'est ce qui est de plus
superflu, puis qu'il doit emplir apres neuf Classes des Ca-

Des Antecedens tegories. L'on met auec cecy leurs Antecedens, qui sont
des Categories. les Homonymes, les Synonymes & les Paronymes, c'est
à dire les Noms Equiuoques, les Vniuoques & les De-
riuez : mais tout cela n'est point de la vraye consideration
des choses, puis que ce ne sont que des noms. Si l'on s'en
peut seruir contre les surprises des Sophistes, il faut ranger
cela dans le lieu où il est besoin d'en traitter. Quant aux

Des Consequens Consequents des Categories ou Postpredicamens, l'on
des Categories. range parmy eux la Societé des Choses, la Similitude ou

la Contrarieté, l'Opposition, la Preseance, le Tout & ses DE LA LO-
parties, ce qui peut estre renuoyé à la Relation, afin de ne GIQVE.
point augmenter sans suiet le nombre des Predicamens.
Nous auons encore mis le Mouuement de Lieu & tous les
autres changemés, sous la classe de l'Action, quoy que les
Logiciens les ayent mis parmy les Postpredicamés, ayans
oublié vne chose si importante. Au lieu qu'ils nomment
aussi tous les changemens du nom de Mouuement, nous
disons seulement que le Mouuement, qui est proprement
le Mouuement de Lieu, est vne espece de changement. Si
l'on s'est abusé en prenant la mutation pour mouuement,
il faut mieux distinguer les Choses. Tous ces ordres des
Logiciens, où ils mettent d'vn costé ce qui est encore de
l'autre, ne font qu'embrouiller l'esprit de ceux qni souhaitent de paruenir à quelque connoissance. L'on peut voir
si ce que nous auons proposé donne de l'esclaircissement
en cette occasion.

Les pensees que nous auons déduites sont toutes celles *Commēt l'on rai-*
que l'on peut auoir sur ce qui se trouue en l'Vniuers: Il se *sonne selon les Ca-*
les faut representer pour raisonner parfaitement, & voicy *tegories, & l'on*
l'ordre que l'on y doit tenir. Il faut considerer quelle est *forme la Defini-*
la chose que l'on desire connoistre: Si c'est vne Substance *tiō & la Diuision.*
ou vn Accident: Que si c'est vne Substance, il faut cher-
cher quel est son genre, & quelle sa difference d'auec les
autres especes: L'on peut considerer aussi tous les Accidens d'vne Substance pour sçauoir entierement enquoy
elle differe des autres, comme de penser qu'vn tel arbre
a cette qualité d'estre humide en ses feuilles ou en ses
fruicts: Qu'il a esté planté en tel lieu & à vne telle heure:
Qu'il souffre les incommoditez des saisons: Qu'il agit sur
les corps, ausquels ses feuilles, ses fruits, son bois ou ses racines sont appliquez:& qu'il y a de la Relation auec les arbres voisins, & auec celuy dont son germe est procedé.
L'on raisonnera ainsi sur toutes ses apartenances s'il en est
besoin, & quelquefois l'on se representera seulement que
c'est vne Substance sans chercher ses diuers accidens, mais
il n'est pas possible d'y penser auec vne bonne connoissan-

ce, sans sçauoir encore que c'est vn Corps vegetatif, & sans s'informer par consequent quelles sont ses principales attributions. Quant aux Accidens, l'on peut aussi quelquefois penser simplement à eux, & se les representer sans les Substances, quoy qu'ils en despendent entierement. L'on raisonne bien en soy-mesme sur la Quantité & mesme sur les Qualitez sans songer à vn Corps. C'est la force de nostre imagination qui nous represente ainsi les Accidens & les separe de cette sorte : Toutefois, l'on ne les peut connoistre parfaitement sans les contempler auec les Substances. Pour y paruenir seurement, il faut sçauoir sous quels genres ils sont, quel est leur suiet, quelle est leur Cause efficiente, & quelle est leur Cause finale, & tout ce qui leur peut appartenir. Quand l'on considere les choses auec toutes ces precautions, l'on s'en forme en soy-mesme ce premier acte de la connoissance que l'on appelle la Definition ; Or la plus parfaite Definition se treuue par ce qui conuient à l'essence de chaque chose, & la plus estenduë y comprend encore toutes les attributiós, soit qu'elles soient attachées au sujet, ou qu'elles en soient separées. Pour en iuger plus certainement, si l'on void qu'il y ait des distinctions & des diuersitez, il se faut seruir auec cela de la Diuision. Premièrement l'on diuise vn genre de Substance en ses especes, comme le gere des Plantes est diuisé en Arbres & en Arbrisseaux; Chaque Substance complette est encore diuisee en ses parties, comme le Corps de l'homme en ses membres. Vn suiet est aussi diuisé par ses Accidens, comme les Esprits sont diuisez en Bons Esprits & en Mauuais : Et les Accidens sont diuisez par leurs differences, du plus & du moins, & par leurs contrarietez, surquoy l'on compose des definitions tres-exactes.

Des trois operations de l'Esprit.

En appliquant ainsi aux Choses tout ce qui leur conuient, l'on les peut connoistre chacune autant qu'il est permis à l'Homme, & voulant sçauoir vne verité indubitable de plusieurs ensemble, l'on les confronte selon qu'elles ont du rapport, & delà l'on tire des Conclusions necessaires;

cessaires : C'est la maniere de raisonner, qui a diuers de- DE LA LO-
grez, Les premieres pensees que l'on peut auoir des cho- GIQVE.
ses, c'est de les considerer seules, mais si l'on les considere auec quelque attribution si petite qu'elle soit, cela fait
vne Proposition, qui est composée de deux pieces, à
sçauoir de l'Obiet ou Suiet, & de l'Attribut, ce qui forme
la seconde operation de l'Esprit en matiere de raisonnement, car de penser à du pain par exemple, c'est l'operation
la plus simple, & puis de penser que ce pain est nourrissant,
c'est vne attribution & vne seconde pensee, & si l'on se represente encore, que ce pain estant nourrissant, doit conseruer la vie à vn homme qui en mange, c'est la troisiesme
operation qui resulte des deux autres. Les deux premieres
forment le progrez du raisonnement, & celle-cy l'accomplit, & fait ce que nous appellons le Iugement, ou la Conclusion & l'Assumption.

Les Propositions que l'on fait en soy-mesme sont vni- *Des Propositions.*
uerselles ou particulieres, comme si l'on pense aux Hom-
mes en general, ou à quelque Homme. Elles affirment
aussi quelque chose, ou le nient, comme lors qu'elles affirment, Qu'il y a des Hommes suiets à la grauele, &
lors qu'elles nient, Que les Bestes y soient suiettes. Mais
pour estre bonnes elles doiuent estre fondees sur toutes
les proprietez des Substances & des Accidens, & delà
viennent les bonnes consequences dont l'on forme les Cō-
clusions : Il faut prendre garde aussi qu'il y ait des propofi-
tions qui sont vrayes absolument, comme de se figurer,
Que le corps de l'animal a vne vie sensitiue : Qu'il y en a
d'autres incertaines & fortuites, comme de penser que les
cheuaux sont blancs, car tous les cheuaux ne sont pas de
ce poil.

Il faut considerer qu'encore qu'il y ait des propo- *De la conuersion*
sitions qui puissent estre renuersees sans perdre leur ve- *des Profitions.*
rité, elles ne le sont pas toutes. La conuersion se fait
quand ce qui estoit Attribut deuient le Suiet. Mais cela
ne se fait pas aux affirmations vniuerselles simplement
proposees, comme quand l'on pense, Que tout Homme

est Animal, il ne s'enſuit pas, Que tout Animal ſoit Homme. Le renuerſement eſt fort à propos, quand l'on nie vniuerſellement : Comme ſi l'on penſe qu'aucun cheual n'eſt Homme, l'on peut penſer auſſi, Qu'aucun homme n'eſt cheual. L'on dit la meſme choſe de ce qui affirme particulierement : comme de s'imaginer que, Quelque François eſt ſçauant, ou bien, Quelque ſçauant eſt François ; Que comme Dieu eſt Roy de l'Vniuers, le Roy de l'Vniuers eſt Dieu : Et tout de meſme, Si l'homme eſt Animal raiſonnable, l'Animal raiſonnable eſt homme. Pour ſe reigler en cecy, il faut prendre garde que l'Attribut ſoit ſi propre au Suiet qu'il puiſſe eſtre pris pour luy. Si l'Attribut eſt ſeulement le Genre, il ne ſera pas conuerty en ſon ſuiet, pource qu'il y a difference dans la diuiſion des Eſpeces : C'eſt pourquoy l'on ne doit pas ſe figurer ' Que tout Animal ſoit Homme, quoy que l'on ſe repreſente, Que tout Homme eſt Animal. Ainſi, la connoiſſance de ce qui appartient au Genre & aux Eſpeces, eſt grandement requiſe pour iuger ſainement des Choſes. Au reſte, l'on peut croire qu'il n'y a que les propoſitions où il eſt queſtion de quelque qualité qui puiſſent eſtre conuerties dans le diſcours, & que celles qui concernent l'action ou la ſouffrance, le Temps & le lieu, ne ſemblent pas propres à cela : Mais pource que nous parlons icy d'vn raiſonnement qui ſe fait dans l'eſprit, il ne ſe faut point attacher aux parolles, de ſorte que ſi la Logique commune ne conuertit point cette propoſition, L'Homme mange la chair des Beſtes, cela ſe peut faire dans noſtre penſée, nous imaginant, Que celuy qui mange la chair des Beſtes eſt l'Homme. L'on en fera ainſi des autres propoſitions.

Des Argumens.

Toutes ces manieres de Conuerſion ne ſont pas recherchées ſans cauſe, car c'eſt la premiere façon de raiſonner & la plus ſimple, & bien que l'on tienne qu'vn Argument parfait doiue auoir trois parties, cettuy-cy ne ſemble eſtre cópoſé que de deux, lors que l'on eſt bien aſſuré que deux choſes ſe reſſemblent, & que l'vne n'eſt point ſous le genré, & l'autre sous l'espece. C'est pourquoy c'est fort bien conclurre de penser; Que si l'Homme est Animal raisonnable, l'Animal raisonnable est Homme. Si l'on se represente aussi toutes les especes ensemble, cela sera autāt que le Genre, & la Conclusion en sera vraye, comme de penser que, Si tout Homme est animal, Tout animal est ou Beste ou Homme. La premiere operation de l'Esprit, & la seconde se trouuent en la Proposition, & la troisiéme en la Conclusion. Mais l'on redouble ces operations en plusieurs argumens, y mettant deux propositions de suitte pour en tirer vne conclusion, & rendant aussi quelquefois les propositions fort estenduës. Toutesfois, les argumens les plus accomplis sont faits souuent en parlant, sans que l'on y mette autre chose, que la premiere proposition & la conclusion que l'on en tire, comme quand l'on dit, Tout animal doit manger pour se nourrir, donc l'Homme doit manger pour se nourrir. Il est vray qu'vne seconde proposition est sousentenduë, qui est que l'Homme est vn animal; Et la pensee ne manque point à remarquer les trois pieces, dont est composé le meilleur argument, que l'on appelle vn Syllogisme; Que si la parole ne l'exprime pas mot à mot, ce n'est que pour abreger. C'est en vne telle argumentation, que l'on reussit le mieux à inferer vne chose d'vne autre pour raisonner parfaitement, puis qu'ayant accouplé deux propositions, l'on en tire vne troisiéme, qui est celle que l'on demande. Cela se fait par le moyen de ce que, tout ce qui contient quelque chose sous soy, contient aussi ce qui est contenu en cette chose, comme par exemple, puis que la faculté de raisonner est contenuë sous l'Entendement: l'Homme qui a l'Entendement, a la faculté de raisonner. Cecy est pour l'affirmation; Et au contraire pour la Negation: Il est certain que ce qui ne conuient point à quelque chose, & ne luy peut estre attribué, ne conuient point aussi aux choses contenues sous cette chose-là; Si estre raisonnable ne conuient point à aucune Beste, cela ne conuient point à l'Elephant. Or de tels argumens sont mis en forme de cette sorte. La faculté de raisonner est contenuë sous l'Entendement, l'homme a vn Entendement ; Donc l'Homme a la faculté de raisonner. L'autre argument sera rangé de mesme ; Il n'appartient à aucune Beste d'estre raisonnable : L'Elephant est vne Beste ; Donc il ne luy appartient point d'estre raisonnable. L'on peut faire ainsi plusieurs argumens, que l'on reduit sous trois figures, selon que le Suict, & l'Attribué, & ce que l'on appelle leur Moyen ou Milieu, sont disposez ; Chaque figure a encore ses diuersitez, d'autant que les propositions sont vniuersellement ou particulierement, affirmatiues, & negatiues, ce qui compose des Syllogismes de forme differente. Quelquefois les deux propositions y sont Negatiues, & la conclusion Affirmatiue, ou bien tout au contraire, & cela est varié par autant de manieres que la situation de ces diuersitez le peut estre. Mais les exemples de cela sont plus à propos dans vn raisonnement qui s'exprime par les paroles, que pour celuy qui ne consiste qu'en la pensée. La Logique commune s'employe principalement au dénombrement de ces Figures, & à la recherche des Sophismes, ce qui apporte quelque vtilité ; Mais il faut outre cela donner les reigles des bons argumens, ce qu'elle ne fait pas tousiours. Nous auons desia remonstré que la premiere proposition estant la fondamentale doit estre tres-veritable : Lors qu'vne seconde l'accompagne, il ne faut pas qu'elle ait moins de certitude si l'on veut tirer de toutes les deux vne conclusion infaillibe. La maniere d'esprouuer la verité des propositions, c'est de considerer si tout ce qui est attribué à vn sujet luy appartient, & si les accidens que l'on donne aux substances, & la diuersité que l'on se forme aux accidens, ont vne entiere certitude. L'on doit chercher des exemples de cela en toutes choses pour estre parfaitement instruit. Ce que nous rapportons dans cét ouurage ne tend qu'à ce dessein, puisque nous auons desia assez parlé de l'Estre & des Proprietez des Choses, & que nous en exa-

minons encore maintenant l'vsage, enquoy il est besoin DE LA LO-
d'vn perpetuel raisonnement, composé de plusieurs Syl- GIQVE.
logismes & autres moindres argumens, qui ont assez de
force, bien que quelques-vnes de leurs parties ne soient
pas manifestement distinctes.

Ces conclusions que l'on tire sur toutes les choses *Du fondement des*
du Monde, sont le fondement de plusieurs Scien- *Sciences.*
ces particulieres, dont l'Vniuerselle est composee, car elles ne consistent toutes qu'en raisonnement, & y sont ap-
puyees, de sorte que plusieurs ont dit que la principale
des Sciences est la Logique, & qu'estant la maistresse des
autres, il semble qu'elle les doiue tousiours preceder.
Nous dirons au moins qu'elle les accompagne, & va d'vn
mesme train, puisqu'à mesure que l'on acquiert la connoissance des choses pour les auoir veuës ou pour en
auoir ouy discourir, l'on apprend de quelle sorte il en
faut iuger auec raison. De verité, il faut raisonner d'a-
bord sur les choses pour ranger leur connoissance dans
quelque ordre; mais ce premier raisonnement est tout
naturel, & ce n'est que quand l'on void l'ordre qu'il nous
monstre que l'on se figure ces reigles de raisonnement,
dont les Philosophes ont fait vn Art. La consideration
des Choses telle que nous l'auons déduite iusqu'à cette
heure, fait donc remarquer les Classes que l'on appelle
des Categories, lors que l'on sçait qu'elles sont les Substances, & quels leurs Accidens. Mais en recompense,
ces Categories estans parfaitement connuës, font que
l'on range plus exactement la connoissance de tout ce qui
est en l'Vniuers sous chaque Science particuliere. C'est
la consideration des Substances qui fait trouuer la Physique ou Science Naturelle; la Science des Choses Corporelles, & des Spirituelles, la Morale, la Metaphysique &
la Theologie; La consideration des Accidens sert encore beaucoup à plusieurs de ces Sciences, specialement à
celle des Choses Corporelles; sur tout à faire treuuer les
Sciences Mathematiques & les Arts qui en despendent:

Pp iij

Sous la Quantité l'on a trouué l'Arithmetique & la Geometrie, la Musique, l'Astronomie, l'Optique & la Perspectiue. D'ailleurs, comme la Categorie de la Qualité estant jointe auec la Substance & quelques autres, a fait imaginer qu'il faloit premierement considerer les Choses par leur Estre & par leurs qualitez & proprietez : la Categorie de l'Action & de la Passion, a pû faire trouuer aussi l'autre partie de la Science Vniuerselle, qui est de l'Vsage & de la Melioration des Choses. Dans chaque consideration particuliere l'on a pû trouuer toutes les autres Sciences & tous les Arts qui executent leurs preceptes, comme touchant les Metaux, les Plantes, les Animaux & le Corps de l'Homme. Ainsi, la Logique leur rend le reciproque par vne correspondance mutuelle, comme l'on pourra encore mieux remarquer dans l'obseruation generale de nostre Encyclopædie.

De l'Vsage & de la Perfection de l'Intellect, ou de l'Intelligence.

CHAPITRE IV.

IL semble à plusieurs que le Raisonnement soit le plus haut où l'Homme puisse monter, comme de vray sa plus belle qualité c'est d'estre raisonnable : Neantmoins, l'on considere encore apres cela l'effet de la Raison, qui est l'Intelligence. Les Anges ne sont pas seulement raisonnables ; Ils sont intelligens, ils ne sont point reduits à faire de longues discussions des choses, & à les confronter les vnes aux autres, pour en tirer des conclusions. Ils les connoissent à leur seul aspect, & entendent à l'istant ce que c'est que leur Nature : Ce leur est vn priuilege qui n'est point accordé aux Hommes : Toutesfois, quoy que

les Hommes n'ayent pas cette promptitude d'entendre, DE L'VSAGE
l'on dit qu'apres auoir raisonné plusieurs fois sur toutes DE L'INTEL.
les choses du Monde, ils les comprennent apres si facilement, que cela peut estre appellé vne Intelligence. Cette faculté si puissante est celle de leur Intellect, souueraine
faculté de leur Entendement, qui n'auroit pas le nom
qu'il porte, n'estoit que l'on a voulu signifier, combien
il est capable d'entendre. Nous accordons qu'il a cette
proprieté, que l'on peut rendre plus parfaite apres l'auoir
exercé en plusieurs raisonnemens, & son vsage s'estendra
sur toutes les connoissances que l'on voudra receuoir
auec cette distinction toutefois, que les Anges n'ont besoin d'aucunes paroles ny d'autres signes pour s'entrecommuniquer leurs pensees, se les faisant entendre l'vn
à l'autre par leur seule presence, au lieu que les Hommes
ont besoin de quelques marques, & ne connoissent mesme les choses que par des qualitez sensibles. Il y en a seulement quelques-vnes que leur Intellect se figure sans
les auoir receuës des Sens, ce qui prouue qu'il possede vne
vraye Intelligence. Or cét Intellect est diuisé en Intellect *De l'Intellect*
Agent, & en Intellect Passible, ou en Intellect Theo- *Agët, & du Pas-*
rique, & Practique. L'on pretend que l'Intellect Agent *sible ou Possible.*
donne des connoissances au Passible qui les reçoit, &
de plus se rend capable de se figurer les Estres qui luy
sont comprehensibles, ce qui luy fait encore obtenir le
le nom de Possible, par lequel l'on signifie qu'il peut entendre tout ce qui luy sera descouuert par l'Agent, &
qu'il est aussi en puissance de se former les Images de
toutes les choses exterieures. Par l'Intellect Theorique
l'on entend cette faculté qui s'addonne à vne contemplation parfaite, & par le Practique cette autre faculté qui
trauaille à connoistre les choses, & en composer plusieurs discours. Ces propositions ne sont pourtant que les
mesmes choses que l'on dit en termes differens. L'Intellect Agent ou Theorique est cette souueraine faculté de
l'Entendement qui comprend l'Intelligence, la Raison,
& le Iugement: & l'Intellect passible ou possible, & pra-

DE L'VSAGE possible, & pratique, est la Memoire, l'Imagination &
DE L'INTEL. le Sens commun. Ceux qui ont dit cecy ont eu vne autre opinion que ceux qui tenoient que l'Intellect Agent estoit vniuersel pour tous les Hommes, & plus esleué qu'eux. Ces erreurs ont desia esté condamnees. Pour ce qui est de ces dernieres opinions, elles ne sont pas reprehensibles, qu'en tant qu'elles obscurcissent vn peu la connoissance des choses, dont les enseignemens doiuent estre rendus les plus simples que l'on peut. Il ne faut pas que l'vsage des termes, nous fasse méconnoistre l'vsage des Choses, & en multiplie les principes, pour nous embarasser dauantage: Nous remarquerons seulement icy que de verité l'on peut dire que l'Intellect instruit les facultez interieures, mais que pourtant elles sont toutes en luy, & qu'il est tout en elles, n'estant pas diuisible. L'Intellect, & les Intelligences, sont la mesme chose que l'Entendement, & il est aussi la mesme chose que le Sens commun, l'Esprit, l'Imagination, la Memoire, la Raison & le Iugement. L'on dit indifferemment d'vn Homme qu'il a bon Sens, qu'il a bon esprit, qu'il s'imagine les choses ou s'en ressouuient sans confusion, qu'il raisonne parfaitement bien, qu'il a vn iugement exquis, qu'il est fort intelligent, qu'il a l'entendement fort sain: & tout cela s'entend de mesme sorte, d'autant que l'Entendement, principale faculté de l'Ame humaine, se fait ainsi paroistre en diuerses fonctions, comme de receuoir les obiets, se les imaginer, s'en ressouuenir, en tirer des conclusions, & les entendre. Il n'y a que l'Imagination & la Memoire que l'on peut dire estre auantageuses quelquefois en des personnes qui ont peu de iugement, mais elles ne sont donc pas dans le vray estat où elles deuroient estre, & de quelque façon que ce soit, leur force despend de l'Entendement. Cela nous monstre que sa puissance supresme, qui est l'Intelligence, peut donner du secours à toutes les autres, mais elle en tire aussi d'elles pour se perfectionner, & toutes ensemble elles operent à faire naistre des pensees conformes à la verité des choses, pour

en

en auoir vne croyance certaine, & rendre les Sciences plus asseurees, en ayant trouué les regles, qui ne pourroient iamais estre descouuertes par vne seule faculté.

De l'Vsage & Perfection de la Preuoyance, ou de la Prudence.

CHAPITRE. V.

LA connoissance certaine que l'on a des Choses, sert beaucoup à rendre l'Entendement plus parfait, mais si cela ne produit apres quelque fruit, ce n'est qu'vn simple contentement pour la curiosité, de sorte qu'il faut que la Science des hommes ait quelque employ, & si l'on veut chercher l'occupation que toutes ses parties peuuent auoir diuersement, cela nous remettra en memoire cét Vsage des Choses, qui nous a entretenus iusques icy, dont plusieurs croiroient qu'il faudroit estre satisfait sans passer plus outre; Neantmoins, ce n'est pas tout de sçauoir quel peut estre cét Vsage, soit pour le bien, soit pour le mal: Il faut sçauoir encore comment l'on peut éuiter le mal & suiure le bien. Ce choix est d'autant plus difficile qu'il ne se doit pas faire seulemét sur les choses apparêtes, mais sur celles qui sont cachees, ou qui sont à venir; Car pour connoistre les choses qui sont presentement bonnes ou mauuaises, il ne faut qu'y employer son Iugemét & sa faculté Ratiocinatiue, ou Æstimatiue & Iudicatiue toute simple, mais s'il est question de iuger ce que seront les choses futures, il est besoin d'vne autre faculté, qui despend encore de l'Entendement, laquelle nous appellons la Preuoyáce ou la Prudence: Elle se sert aussi de la Raison pour tirer

DE L'VSAGE des cóclusions d'vne chose à l'autre, mais c'est d'vne cho-
ET PERF. se apparante à vne secrette ou à vne future, & là dessus el-
DE LA PRE- le forme le choix. Il faut auoir de la Preüoyance pour se
VOYANCE. seruir vtilement de toutes les parties des Corps principaux, ou de leurs despendances, comme de la lumiere &
de la chaleur des Astres, de quelques portions de la Terre, de l'Eau & de l'Air, & des Meteores, comme de l'eau
des pluyes, de la Rosee, de la neige, de la glace, & mesme
du feu; Il faut aussi estre pourueu de la mesme faculté,
pour bien vser des Pierres, des Métaux, des Plantes & des
Animaux, pour entretenir la santé de son corps propre, &
trauailler encore à la melioration de son Ame. Il y a en
tout cecy des Preuoyances particulieres que l'on ne peut
reuoquer en doute. Plus l'on se sert de ces choses, mieux
l'on en connoist la nature, & plus l'on est capable de preuoir ce qui en peut arriuer.

Des Predictions Il est aisé de prédire ce qui arriue aux Corps Princi-
de ce qui arriue paux en leur total, d'autant qu'ils sont guidez par des Loix
aux Corps Princi- immuables; Ceux qui sont immobiles le demeurent tou-
cipaux. siours; Quant à ceux qui changent de place, leur cours est
si certain que l'on peut asseurer en quel lieu ils se trouueront à plusieurs annees de-là, en quel temps ils esclaire-
ront chaque partie de la Terre, & quand ils souffriront
ecclypse; Il y en a des Tables dressees, & bien que l'on allegue qu'il s'y treuue beaucoup de fautes, l'on a le pouuoir de les reformer par de soigneuses obseruations. Il est
vray que l'on peut dire, que ce n'est pas là iuger des choses cachees & futures par des apparences difficiles à expliquer, & que l'on sçait assez certainement le temps que les
astres mettent à faire leur cours, pource que cela s'est veu
plusieurs fois; Neantmoins, puisque l'on iuge du lieu où
ils seront dans vn certain temps, par celuy ou ils sont à
chaque moment que l'on y pense, c'est tousiours vne pronostication, & mesme quantité d'autres predictions sont
fondees là dessus. Tout ce qui arriue aux Corps Inferieurs
despend, à ce que l'on dit, du changement de lieu des Planettes, & des diuers aspects des Estoilles fixes. De là vien-

nent les mutations de l'Air & de l'Eau; Celles du vray air ne sont pas fort sensibles; Quant à celles de l'Eau, elles sont notables dans son plus grand amas: L'on void le flux & le reflux de la Mer, qui est reglé sur le cours du Soleil, & de la Lune. L'on iuge par-là à quelles heures les eaux s'éflent vers les riuages où se retirent; Que si l'on dit que cela suit encore des regles tres-certaines, il faut pourtant du soin & du trauail pour les obseruer. Les débordemens du Nil & d'autres fleuues, qui se font à de certains temps, demandent aussi de la Preuoyance. Quant à la Terre qui ne bouge de son lieu, il semble que l'on n'en peut rien predire, si ce n'est le temps qu'elle aura la nuit, ou le iour, ou que son ombre offusquera la clarté de la Lune, ou qu'elle sera encore priuee de lumiere par l'opposition de la Lune au Soleil. Toutes ces choses sont reglees assez iustement, mais il y en a d'autres où le iugement de l'Homme est beaucoup plus occupé, à cause de leur prompte variation & de leur inconstance ordinaire.

Des Predictions de la varieté des Temps.

S'IL y a des pronostications difficiles, & pour lesquelles il faille auoir vne Preuoyance tres-exacte, ce n'est pas pour les choses qui arriuent tousiours de mesme sorte, & qui nous instruisent par l'experience; mais pour celles qui ne sont connuës que par des signes qui en donnent tesmoignage, comme on iuge des effets par leur cause, & de la cause par les effets, ou de quelques effets par la comparaison d'autres semblables. Cela se doit faire ainsi touchant les Corps Deriuez. N'estans point permanens comme les Principaux, l'on n'a pas des regles simples & assurees pour chaque particularité qui s'y trouue. Il y en a seulement de generales qui sont appliquees diuersement selon les coniectures. La constitution de l'Air inferieure & celle des Meteores doiuent estre premierement considerees; C'est aussi ce qui a le plus de varieté: Neantmoins, les Astrologues se vantent qu'ils peuuent iuger par leur Art quelle sera la temperature des annees, & en former les presages des saisons, ou des diuers

Qq ij

DES PRED. temps, non seulement pour les mois ou les semaines, mais
DE LA VAR. pour les iours, les heures & les minutes; & ils ne s'effor-
DES TEMPS. cent pas seulement de faire cela d'vne annee à l'autre,
mais pour plusieurs annees futures, s'asseurans de reüssir aussi facilemēt pour celles qui sont les plus esloignee,
que pour les plus prochaines, puisque se reglant sur les
Tables que l'on a faites du cours des Astres, ils tirent des
consequences de leurs diuerses positions. C'est sur de tels
fondemens qu'ils bastissent ces Calendriers que l'on appelle Almanachs, où ils mettent les predictions du bon &
du mauuais temps, lesquels sont receus de beaucoup de
personnes qui s'y arrestent, & si la pluspart des autres n'en
font point de cas, ce n'est qu'à cause de l'opinion qu'ils ont
de l'insuffisance de ceux qui les composent d'ordinaire,
croyans neantmoins que leur Art est tres-certain quand
il est bien pratiqué.

Raisōs des Astro-   Voicy comment les Astrologues donnent leurs rai-
logues sur la Pre- sons là dessus. Ils disent que la face du Ciel change à
diction des temps: toute heure, & que cela est cause de la varieté des saisons;
Et Responses au Que cela arriue selon que le Soleil est joint aux vns ou
contraire. aux autres Signes, chauds ou froids, secs ou humides, &
que la chaleur, la froideur, l'humidité & la secheresse, ne
deriuent pas seulemēt de leurs qualitez les plus sensibles,
mais de leurs influences secrettes; Que par ce moyen il
se forme dans l'Air, de la chaleur, ou de la froideur, des
vents ou des pluyes, des neiges, des frimats, & autres
impressions, de sorte qu'ils pretendent de pouuoir asseurer à poinct nommé, qu'il pleuuera vn tel iour, ou qu'il
gelera, pource qu'ils voyent dans leurs Ephemerides, que
les Astres ausquels ils attribuent cette signification, & qui
sont capables de tels effets, domineront alors. Nous leur
dirons pour responce, que l'on ne sçauroit prouuer que
les Astres ayent toutes ces differences que l'on s'imagine,
& que si quelques-vns ont de la froideur & de l'humidité
en eux, l'on n'en sçauroit sentir l'effet iusques icy: Que si
l'on leur attribuë d'autres puissances cachees que l'on
nomme des Influences, il n'y a rien qui prouue que tous

les Meteores en despendent absolument; Qu'il ne faut pas s'imaginer que quand tout l'Air inferieur est plein de nuages, & quand il pleut où il neige, de certaines estoilles en soient la seule cause, & que d'autres fassent les vents, les tonnerres, & les autres Meteores par la diuerse position qu'elles ont dans le Ciel; Que le pouuoir de leur situation est imaginaire, & que comme elles se trouuent plusieurs en mesme temps sur vne Horizon, il n'y a pas plus de sujet de croire que l'vne exerce ses vertus que les autres, ioint que si elles estoient contraires chacune, elles se pourroient donner de l'empeschement. C'est pourquoy i'aimerois mieux dire que toutes les estoilles d'vne Horison ensemble, seroient cause de ce qui arriueroit; Que lors qu'il y en auroit dauantage d'humides que de seches, il y auroit plus souuent de la pluye que des vents, & que comme elles s'efforceroient chacune de faire valoir leurs qualitez, elles causeroient la variation de l'Air, selon les endroits où elles seroient situees. Mais ce ne sont pourtant que des imaginations à plaisir; Il n'est pas croyable que tout ce qui se fait si diuersement en la basse region soit causé par les estoilles: Leur chaleur ou leur froideur ne viennent point si bas Il y a des Meteores qui se forment quelquefois au dessous du coupeau des montagnes: En moins d'vne heure il se fera aussi sept ou huict diuers changemens, que l'on auroit de la peine à accorder auec la situation des Astres, & cela n'arriue pas tousiours dans vn grand pays en mesme temps, mais il y a souuent beaucoup de diuersité dãs l'espace d'vne lieuë, de sorte qu'il fait beau têps en vn endroit lors qu'il pleut en l'autre, ce qui s'accommode encore plus difficilement auec l'Influence des Corps celestes, puisque l'on en fait de si puissans qu'il n'est pas croyable qu'ils permissent que leur pouuoir fust si peu estendu. D'ailleurs, pour confondre les Astrologues en toutes façons, si l'on leur accorde que les diuerses puissances des Astres sont cause des diuerses impressions de l'Air, l'on leur peut remonstrer, que cela estant, ils ne sçauroient donc en faire des

Qq iij

DES. P R E D. predictions certaines, à cause que le nombre en est trop
DE LA VAR. grand & trop meslé pour les distinguer, & que les estoilles
DES TEMPS. entreprenans souuent les vnes sur les autres, tantost plus
& tantost moins, dans le combat de leurs qualitez, font
que l'on ne sçauroit establir le progrez de leurs victoires.

Que le Soleil est   Apres cecy, pour monstrer que le pouuoir que l'on a
capable luy seul attribué à chaque estoille, n'est pas necessaire, il se faut
de causer les di- representer, que le Soleil estát vn si grand Astre & si puis-
uersitez des Me- sant, a esté pourueu de tout ce qui luy estoit conuenable
teores. pour dominer sur le Monde Inferieur, sans qu'il luy soit
besoin de mandier cette vertu de tant d'Astres qui sont
placez au Firmament pour y seruir en d'autres choses qui
leur sont propres, selon les lieux où ils sont situez. Ce seroit vne estrange chose s'il ne pleuuoit ou ne faisoit du
vent que par leur moyen. Le Soleil n'est-il pas capable
luy seul de faire des attractions, & de les conuertir en des
vents, lors qu'elles sont fort attenuees, & qu'elles sortent
auec contrainte d'vne autre plus grosse exhalaison qui les
enferme? Que si les vapeurs qu'il a attirees sont fort humides, ne se peuuent-elles pas changer en eau, & tomber
en pluye, en neige, ou en frimats, quand elles ont rencontré vn lieu froid, sans que l'Influence d'aucune estoille ait cooperé à cela? Si les exhalaisons sont fort espaisses
& huyleuses, ne se doiuent-elles pas allumer dans vne
chaude region, & si elles se treuuent enfermées dans de
gros nuages, ne doiuent-elles pas faire du bruis pour en
sortir, & nous produire dans le Tonnerre? Nous auons
veu dans la consideration des Choses Corporelles, comment tout cela se fait, & quiconque l'aura bien compris
ne l'attribuëra point à vne autre puissance que celle du
Souuerain Agent. Les Astrologues diront qu'ils ne veulent point oster au Soleil sa puissance supreme, mais qu'ils
croyent que les autres Astres estans ioints à luy, apportent de la varieté à son action: Cela ne se peut faire pourtant sans luy oster sa souueraineté: Il ne faut pas s'imaginer que des estoilles luy fassent faire autre chose que ce

que l'on deuroit attendre de sa nature: Leur petitesse ou leur esloignement, les empeschent d'auoir assez de vigueur pour le surmonter, ou pour s'esgaler à luy. Ils repartirons qu'il y a des Astres qui temperent la grande ardeur du Soleil, & par ce moyen sont cause de luy faire produire diuers effets, selon qu'ils s'en approchent ou s'en esloignent, & qu'il suffit pour cela qu'ils enuoyent leur froideur naturelle iusqu'icy bas de leur propre force, ou que le Soleil rayonnant dessous elles en fasse sortir par reflexion d'autres Influences que les siennes. L'on accorde cela facilement de la Lune, qui est la plus proche de la Terre, & les autres Planettes ont quelque semblable pouuoir, mais il est si petit qu'il ne vient icy qu'auec diminution, & ne sçauroit estre cause des changemens que nous voyons. Quant aux Estoiles du Firmament, elles sont si esloignees, que l'on croid que ce n'est point sur nostre habitation qu'elles enuoyent leur chaleur ou leur froideur. Nos Astrologues s'escrient maintenant, d'où viennent donc les diuersitez; Ne void-on pas, disent-ils, que le temperament de chaque annee est fort diuers, & que les vnes ont des chaleurs fort longues, & les autres en ont de fort courtes, & que dans leurs mois, leurs iournee, & mesme dans leurs heures, l'on trouue vne grande varieté de Meteores: Tout cela seroit-il produit par le Soleil, qui a seulement la chaleur pour sa maistresse qualité, & par l'approchement de la Lune, qui ne paroist pas tousjours sur vn mesme horison? Ne faut-il pas que les autres Astres leur aident, & comme ils ont chacun leur cours particulier, n'ont-ils pas à chaque moment vne situation diuerse pour auoir des effets differens? Tout cecy n'est qu'vne amplification de ce qui a desia esté dit, contre laquelle il se faut seruir de semblales responses, & soustenir encore que quand il ne paroistroit aucun Astre au Firmament, le Soleil ne laisseroit pas de causer les mesmes diuersitez, puisqu'ayant le pouuoir de faire esleuer les vapeurs & les exhalaisons, elles se doiuent changer apres en Meteores. Mais, ce disent les aduersaires, pourquoy ces choses se font-elles plustost en vn temps qu'en l'autre? D'ailleurs, pourquoy le Soleil, qui est chaud de sa nature, ne se sert-il pas tousiours de sa chaleur? A quoy tient-il qu'il n'enflamme toutes les exhalaisons, & qu'il ne change en des vents toutes les vapeurs, sans en faire retomber plusieurs, en pluye, en neige, ou en gresle? Ie respons que c'est pource que les vapeurs & les exhalaisons passent en des endroits de l'Air ou elles sont raffraischies selon diuers degrez. Qui raffraischit ces endroits si diuersement, poursuiurõt-ils, si ce n'est la froideur de quelques Astres? C'est sçauoir bien peu sa Physique de parler de cette sorte. Nous auons declaré que quand le Soleil a attenué l'humidité, elle peut demeurer long-temps en l'air en forme de nuage, & empescher que ses rayons ne penetrent au dessus ou à costé; C'est ce qui fait que la partie qui les peut receuoir est plus froide que les autres, & si quelques fumees s'y portent, elles y souffrent du changement; Celles qui s'alloient enflammer s'y attiedissent quelquefois, & se dissipent d'autre sorte, & celles qui ayant beaucoup d'humidité ne laissoient pas de s'esleuer fort haut par le moyen de la chaleur qui les attenuoit, & se pouuoient tourner en des vents, se ramassent soudain & retombent en pluye, en neige, ou en gresle, selon que la froideur a de pouuoir. Ainsi, quoy que le Soleil soit chaud de sa nature, il est cause de plusieurs effets qui viennent de froideur, pource qu'ayant eschauffé les corps qui sont froids naturellement, il les fait esleuer iusques à vn lieu où estans priuez de son assistance ils retournét à leur froideur s'ils y en trouuent d'autres encore, qui se soient desia refroidis, tellement que s'estans espaissis, cela les fait retomber. Que s'ils sont attenuez en maniere d'Air ou de vent subtil, sa seule chaleur y opere. Il y a suiet de s'estonner de ceux qui vont chercher des raisons esloignees d'vne chose qui en a de si éuidentes, & pour exéple de laquelle nous pouuons voir des experiences familiere. Nostre feu vlgaire & grossier a bien la mesme puissãce que le Soleil en vne moindre estéduë selon sa capacité;

Il

Il esleue l'humidité des Corps qui se rassemble en eau à la rencontre du froid, & si elle est enfermée dans vn corps espais, comme celuy de quelque vaisseau d'argille ou de metal, où il n'y ait qu'vne petite issuë, il s'y faict du vent; & il n'y a aucun Meteore que les Hommes ne puissent imiter par le moyen de cet Agent naturel qui opere luy seul, sans qu'il ait besoin en cela d'implorer les diuerses qualitez de quelques Astres. Pourquoy donc les mutations les plus importantes qui se font dans l'air, ne seroient-elles pas au pouuoir du Soleil, dont la chaleur se fait sentir par tout? Et comme elle opere tantost plus & tantost moins, selon les obstacles qu'elle rencontre, n'est-ce pas ce qui fait les diuersitez? Il n'en faut point attribuer la cause à la multitude des autres Astres qui n'y sont pas necessaires. L'on peut adiouster encore, que quand la Lune mesme ne seroit point au Monde, il ne laisseroit pas d'y auoir de la varieté dans les Meteores: Toutesfois, il faut reconnoistre que sans elle cette varieté ne seroit pas telle qu'elle est, ny si vtile à la terre, & que les autres Planettes y cooperent semblablement: Que l'influence tiede & humide de la Lune est toute manifeste, & bien que les Planettes de Mercure & de Venus paroissent plus petites, & que celles de Mars, de Iupiter & de Saturne soient fort esloignees, leurs rayons peuuent auoir quelque effet; mais cela n'est guere considerable au prix de la puissance du supréme Agent. Et comme ses actions se rapportent aux sujets qu'elles rencontrent, dont la varieté est infinie, cela seul est capable de resoudre la question du presage des saisons, car il faut croire que ce grand Astre cause d'estranges diuersitez par ses attractiõs continuëlles, & qu'il n'est pas possible d'asseoir son iugement sur des choses si muables, comme sont les diuerses euaporations ou condensations de l'Air inferieur, dont procede le beau temps ou le fascheux, & que l'on ne sçauroit rien trouuer où le hazard regne d'auantage. Que si l'on dit que rien ne se fait par hazard, & que c'est vne opinion erronee; il faut respondre que de verité tout effet a sa cause dont il despend, & que les Corps les plus agissans, ne sont que les instrumens du souuerain Moteur qui conduit tout à sa volonté, tellement qu'il ne faut pas attribuer le gouuernement du Monde à la Fortune, comme on fait ceux qui l'ont tenuë pour vne Deesse: Neantmoins, quoy que Dieu, Vnique & tres-prouident, fasse arriuer toutes choses par des regles arrestees, elles ne sont connuës qu'à luy, & la pluspart sont fortuites pour nous, d'autant que dans vn si grand meslange & vn si long progrez & enchaisnement de causes, nous ne pouuons iuger ce que les choses deuiendront. Il n'est donc pas possible de predire quel temps il fera vn tel iour à dix ans d'icy, non pas mesme l'annee prochaine. Que si l'on nous represente que nous auons auoüé que les Planettes ont quelque pouuoir, & par consequent que nous deuons donc bien connoistre quel il est, & iuger des effets par leurs causes, nous repartirons que cela peut seruir à faire vn iugement general des annees, non pas vn particulier. Il est vray qu'il y a de certaines conionctions & de certains regards des Planettes que nous sçauons deuoir arriuer, par lesquels nous pouuons bien iuger que l'Esté sera fort chaud & fort sec vne telle annee, ou fort tiede ou fort humide, & ainsi des autres saisons, qui nous font tirer encor des coniectures de la fertilité ou de la sterilité de certaines Plantes: mais d'asseurer qu'il pleuuera ou qu'il tonnera à vn tel iour & à vne telle heure, cela ne se doit point faire, encore que l'on remarque le temps de la conionction des Astres que l'on croid pouuoir estre cause de tels effects: pource qu'il arriue de tels meslanges dans l'Air, que les matieres chaudes & seches y sont en peu de temps confonduës auec les froides & les humides, de sorte qu'elles se destruisent souuent l'vn l'autre, & retardent les operations que l'on en pourroit attendre, ou les varient de telle maniere, que l'on y est trompé assez notablement. Cela fait que les Meteores sont diuers sur chaque region de la Terre: & comme ils passent continuellement d'vn lieu à l'autre, quand mesme il y auroit vn Astre qui en pour-

L'on peut bien predire en general ce qui arriuera en vne annee, non pas à vn tel iour & à vne telle heure.

roit faire naistre quelques-vns selon sa constitution, ceux qui suruiendroient y apporteroient du changement. Cela deriue specialement de la puissance souueraine du Soleil, qui fait tousiours remarquer sa chaleur malgré la froideur des petits Astres, & qui cause de la secheresse, nonobstant leur humidité, ou qui laisse humecter & refroidir excessiuement tous les lieux dont il s'esloigne, quoy qu'il y ait des Astres chauds qui s'en approchent, tellement que l'on peut dire que les Planettes ayans si peu d'authorité, leur consideration ne donne guere de certitude aux presages: Neantmoins, comme le Soleil s'accorde quelquesfois à elles, & comme elles peuuent aussi faire vn certain temperament de qualitez auec luy, l'on peut preuoir ce qui en resultera en gros la pluspart du temps, sans rien determiner de ce qui se fera en destail.

Que s'il arriue que les predictions particulieres que l'on a faites de quelques annees futures soient trouuees à peu prez veritables, mesme pour les heures & les minutes, c'est que cela s'est rencontré ainsi par hazard, ou par l'adresse de l'Astrologue, qui a esté assez subtil pour attribuer à chaque partie de l'annee le temps qui s'y peut faire ordinairement, à quoy l'effet respond quelquefois. Mais l'on verra aussi en d'autres iours qu'il fera vn temps serein, lors que les Almanachs promettoient de grands orages, & il ne faut point reietter ces manquemens sur la fausseté des supputations, ou sur la difficulté des coniectures, mais sur ce que l'Art ne sçauroit estre plus asseuré pour la prediction de choses si changeantes, & qu'il ne peut seruir qu'à preuoir la constitution generale des saisons, non pas le particulier de chaque iournee ou de ses moindres parties.

Comment les predictions particulieres sont trouuees veritables.

Il y a vn autre Art, par lequel l'on se promet de pronostiquer quels seront les iours, les mois, les saisons, & les annees antieres, ce que l'on practique seulement par l'obseruation du temps precedent: comme pour dire quelle sera toute vne annee, l'on considere quels en sont les douze premiers iours; mais cela est fort incertain,

A sçauoir si l'on peut iuger de l'annee par ses premiers iours & du mois par les premiers iours de la Lune.

Rr ij

DES PRED. d'autant que ces iours ne sçauroient auoir assez de varieté
DE LA VAR pour signifier toutes les saisons, & le plus souuent il y fera
DES TEMPS. tousiours froid. D'ailleurs, il n'y a aucune raison qui authorise cela. Pour ce qui est de iuger du Mois par les premiers iours de la Lune, cela peut auoir de l'apparence, à cause que le Temps ayant pris vne certaine constitution generale, y peut bien quelquesfois demeurer durant cet espace, & chaque quartier de la Lune peut encore auoir ses predictions plus asseurees.

L'on peut predire le temps qu'il fera de iour à autre, ou d'heure en heure, par l'estat des nuees & par les apparences du Soleil & de la Lune & autres indices.

Pour ce qui est de predire le temps qu'il fera de iour à autre, il est certain que cela se peut faire en considerant l'estat des Nuees, & les diuerses apparences du Soleil & de la Lune. Si l'on void que les Nuees s'amassent en quantité & qu'elles soient fort obscures, c'est signe de pluye : si elles sont rouges, c'est signe de vent, & quelquesfois de chaleur : & l'on iuge de mesme par la couleur qui paroist au Soleil, d'autant qu'elle ne s'y monstre que par l'interposition de semblables nuages. La couleur de la Lune donne encore les mesmes signes que l'on trouue veritables la pluspart du temps, soit que l'on les obserue au leuer ou au coucher de ces Astres. Il faut beaucop d'experience & de iugement pour en recognoistre les distinctions, & sçauoir si l'estat de l'air qui paroist sera durable, & s'il ne changera point le lendemain, comme cela peut arriuer quelquefois, ce que les plus subtils ne sçauroient deuiner : Voyla pourquoy l'on donne plus de crance à ce que l'on predit le matin pour le reste du iour par les nuees qui s'opposent au leuer du Soleil : L'on ne sçauroit guere y estre trompé. De quelque costé qu'elles se trouuent aussi à toute heure, elles donnent des presages de ce qui arriuera incontinent, selon leurs couleurs & leur estenduë, & quand elles forment vn arc bigarré de rouge, de iaune, & de bleu, l'on connoist qu'elles sont assez chargees d'eau pour faire de la pluye, car les corps humides & polis, & specialement les transparens ont de telles representations. Il y a d'autres indices où l'on se peut arrester : Comme lors que l'on void que de certains vents regnent, & que la mer est agitee extraordinairement, & que de certains poissons paroissent sur les eaux, c'est le signal d'vne tempeste prochaine. Il faut remarquer encore, que si plusieurs oyseaux fuyent la campagne & se retirent dans les bois, & si les animaux domestiques cherchent leur toict, c'est vn vray signe de pluye : Lors qu'au contraire ils volent par tout auec plaisir, & qu'ils s'exercent à chanter, c'est vn signe de beau temps. L'on peut adiouster foy à tous ces presages, au cas qu'ils se fassent pour vn temps fort prochain, mais il ne faut pas s'imaginer que ny les vns ny les autres soient pour tout vn hemysphere ou pour tout vn climat : Cela n'est d'ordinaire que pour vne certaine contree, à cause de la diuersité des impressions de l'Air, où les exhalaisons & les vapeurs sont souuent contraintes de prendre diuerses brisees, & de s'assembler ou de se diuiser, selon les obstacles qu'elles rencontrent : Comme elles ne s'estendent pas tousiours aussi iusques aux lieux où l'on croiroit, elles sont quelquesfois chassees du lieu qu'elles occupoient, par d'autres qui les poussent, où bien elles sont attirees par continuité & affinité des corps semblables qui remplissent les endroits voisins, à mesure qu'ils se vuident, tellement que la constitution de l'Air en est changee en vn instant.

Or la connoissance de l'estat futur des Meteores est vne Preuoyance, & le bon Vsage de cette connoissance est vne Prudence. L'on doit choisir le temps chaud ou le froid pour l'accomplissement de quelques ouurages d'Agriculture ou autres; L'on a souuent besoin de sçauoir s'il fera beau temps pour commencer ou continuer vn voyage & quelque autre entreprise, & la preuoyance du mauuais temps est quelquefois fauorable en des stratagemes militaires, de sorte que si l'on est capable de preuoir & de presager tout ce qui peut arriuer de plusieurs choses, c'est vn moyen pour deuenir prudent. Afin de bastir sur des fondemens plus asseurez, il ne faut pas seulement sçauoir quel sera le temps à venir, mais quelles seront les choses auec lesquelles on a affaire, tellement qu'il les faut

DES SIGNA- connoistre toutes pour euiter le mal qu'elles peuuent
TVRES DES causer, & se procurer le bien qu'elles sont capables de
CHOSES.   produire.

Des Signatures des choses.

CELA nous inuite à rechercher les qualitez les plus secrettes des Choses, iugeant de celles qui sont cachees, par celles qui paroissent ouuertement, & de quelques effets futurs par des qualitez presentes qui en peuuent estre les causes : En ce qui est des corps terrestres & fixes, l'on a voulu establir vne Sience fondee sur leur figure exterieure, pour iuger à quoy leur employ sera propre, se formant vne prudence particuliere pour les choisir. L'on appelle cela les Signatures ou les Marques des Choses, d'autant que cela paroist plus manifestement que toute autre qualité, & monstre à ce que l'on pretend, la puissance de chaque corps, selon que la Nature les a signez ou marquez. De cecy dependent les defenses que plusieurs donnent pour les Talismans; sur ce qu'ils disent, que si des Pierres ou des Plantes ont quelque pouuoir particulier, à cause des figures qui s'y trouuent representees naturellement, leurs figures artificielles estans faites sous de certaines constellations en doiuent obtenir vn semblale, d'autant que les Images naturelles des Pierres, des Arbres ou des Herbes, ne sont formees diuersement que par l'influence des Astres. Quelques-vns soustiennent donc que l'on peut connoistre par la figure des choses, à quoy l'on les doit employer : Que la figure des Carrieres & des Mines peut tesmoigner à quoy les Pierres ou les Metaux que l'on en tire pourront seruir, selon le nombre de leurs veines, & leur diuerse estenduë. Ce sont pourtant des obseruations inutiles, car quelques veines qu'ayent les Carrieres ou les Mines, cela n'apporte aucune difference à la qualité des Pierres & des Metaux qui en sont tirez. Les plus curieux n'insistent guere aussi là dessus, pource qu'il semble que s'ils atendoient quelque effet de la figure des Carrieres & des Mines, il les faudroit employer toutes entieres sans les diuiser, ce qui est impossible : Voylà pourquoy ils ne veulent parler que des figures qui se trouuent naturellement en quelques pierres que la Nature forme toutes seules sans estre attachees à des Carrieres; Pour ce qui est des Metaux à cause qu'ils ont esté des Corps coulans, ils ne se sont ioints en vn masse selon la capacité des corps secs qui les contiennent, lesquels leur seruent de moule tels qu'ils puissent estre, & ils ne prennent guere de figure particuliere de leur propre force qu'en des lieux plats où ils coulent en liberté estans fondus : mais comme il y peut auoir tousjours quelque endroit plus ou moins penchant, c'est ce qui sert encore à les estendre ou les arrester, tellement que l'on ne trouue en cecy aucune marque certaine de leurs diuerses proprietez.

DES SIGNA-
TVRES DES
CHOSES.

Les Pierres separees qui sont dans quelques grottes où elles se forment d'vne Eau coagulatiue, & les cailloux des riuieres & ceux des champs qui croissent de mesme, estans les principaux obiets de ceux qui parlent pour les marques des Choses, ils disent que la diuersité de leur figure, soit qu'elle soit releuee en bosse ou demy-bosse, ou qu'elle soit tracee de diuerses couleurs, donne vn tesmoignage de l'employ où cela est vtile, & que si vne Pierre qui a la forme de quelque membre du corps humain, est appliquee sur vn tel membre, elle en conseruera la santé, ou la luy rendra s'il la perduë. Il est vray que l'on treuue plusieurs Pierres qui ont diuerses figures, soit en bosse ou en couleur, & soit au dehors ou au dedans; L'on appelle cela des Gamahez ou Camaieux, que les curieux prennent plaisir de garder dans leurs cabinets, comme vne rareté, quand il y a quelque chose de representé naifuement ; Mais la plufpart ne s'imaginent point que cela soit propre à guerir quelque maladie, ou à quelque autre operation, selon ce que cela represéte. Il faut auoüer mesme que plusieurs de ces Pierres ne représétent qu'imparfaitement les choses que l'on s'imagine, & que l'on y remarque tousiours quelques defauts : Que si l'on en trouue en de certains lieux qui ayent vne figure parfaite,

L'on dit que les diuerses Figures des Pierres sont les marques de l'employ où elles sont propres.

c'est vn tres-grand hazard, & bien souuent quelques ouuriers subtils ont retranché ou adiousté ce qu'il y auoit de superflu ou de manque, afin que cela fust estimé dauantage? Et quoy qu'il en soit, quelle puissance ont ces plus parfaites figures? Si vne pierre ou vn caillou representent vne maison, vn nauire ou vn arbre, à quoy seruira cela? L'on ne definit point leur vtilité, en ce qui est de ces choses, mais l'on dit seulement que quand quelque partie du corps y est representee, cela sert à la conseruer saine, & à luy rendre sa santé, si elle l'a perduë. Ie voudrois dire aussi que les cailloux qui auroient la figure d'vne maison, seruiroient à garder les maisons d'estre abbatues par les vents & les orages, & d'estre consommées par le feu : Que ceux qui auroient la figure d'vn nauire, garderoient les vaisseaux de nauffrage, & ceux qui representeroient des arbres rendroient fertiles les arbres où ils seroient attachez. Ce ne seroit pas vne absurdité plus grande de proposer cecy que de dire que les cailloux qui representent quelque membre humain sont fauorables à ces mesmes parties. L'on adiouste qu'ils nous preseruent des maux qui nous peuuent estre faicts par quelque animal dont ils portent la ressemblance. Mais il y a icy de la contrarieté. Si l'on establit la guerison des membres par conformité & par sympathie, les animaux ne pourront pas estre chassez par vne pierre qui leur ressemblera, ny le mal qu'ils auront fait n'en pourra pas estre guery, puis que cette pierre doit participer à leurs proprietez. Il est difficile d'accommoder cela au suiet fort exactement, veu que cela n'est pas mesme dans l'ordre que nos chercheurs de curiositez ont prescript: car si la figure du Belier profite au Belier, & celle du Taureau aux animaux de cette espece, selon la puissance des Signes Celestes, la figure du Scorpion ne doit pas nuire au Scorpion. L'on respondra que pour faire que les figures profitent à l'animal, il faut qu'il les porte sur soy, & qu'elles doiuent aussi estre de differente sorte pour estre profitables ou nuisibles : mais toutes ces diuerses proprietez n'estans establies

que

Contrarieté sur ce que l'on dit que des Pierres qui ressemblent aux animaux les peuuent chasser.

que par l'imagination, n'ont rien de profitable. D'ailleurs, l'on peut demander encore quelle puissance possede vne pierre qui a la figure du Scorpion, pour guerir la playe qu'vn Scorpion viuant aura faite. Ceux qui parlent de cecy, font là dessus vne subtile response, qui neantmoins n'est pas si vraye qu'agreable. Ils disent qu'il faut que les pierres qui representent des animaux, soit qu'ils soient en bosse ou simplement tracez, en ayent en effet quelque qualité, & que si cela n'estoit, cette figure ne se seroit pas faite: tellement que ce corps cherchant tousiours à se perfectionner, prend pour soy les autres qualitez qui luy sont propres, par tout où il les trouue. Que s'il est donc apliqué sur la playe faite par vn animal de cette espece, y trouuant ses qualitez imprimées, lesquelles luy sont conuenables, il les attire à soy, & par ce moyen la playe demeure déchargée du venin & se guerit; Que par ce principe vn vray Scorpion estant escrazé & appliqué sur sa morsure la guerit, comme fait aussi son huyle; Que la morsure d'vn Serpent est pareillement guerie par sa teste escarbouillée, ou bien par le Serpent reduit en poudre, celle d'vn Chien par son poil ou sa peau, le venin d'vn Crapaut, par vne pierre qui se trouue à sa teste, & que si nous esprouuions la proprieté des autres animaux, nous trouuerions sans doute en tous quelque chose qui seruiroit de remede au mal qu'ils peuuent faire. I'accorde que cela se peut trouuer en quelques-vns, non pas en tous, & mesme cela ne se fait pas d'ordinaire par vne simple application de leur corps, ou de quelqu'vn de leurs membres, puis que l'on dit que l'huyle que l'on en a tirée y sert de beaucoup: C'est que cette huyle adoucit le mal: & pour les parties entieres que l'on y applique, elles ont la mesme faculté de corriger cette mauuaise qualité par d'autres contraires, tellement que ce n'est pas qu'elles attirent le venin à elles, comme en effet cela ne se remarque point. Qu'elles guerissent aussi par ce moyen ou autrement, les pierres qui representent ces bestes, ne leur doiuent point estre comparees pour auoir le mesme effet. Bien qu'vn

DES SIGN.
DES CHOS.

Subtile response pour monstrer que les pierres qui ont la figure d'vn animal, en doiuent guerir la blessure.

Vol. III.   Sf

DES SIGNA-
TVRES DES
CHOSES.

Obiection sur les Animaux petrifiez.

La figure de pierres ne vient point d'vne cause interne comme celles des animaux.

caillou soit tortillé en rond, il n'a point la nature d'vn Serpent: Il a tousiours celle d'vn caillou, laquelle il garde en toutes les autres figures. L'on trouue encore icy vne nouuelle obiection ; c'est que ces pierres qui ont la forme de quelques animaux, sont peut-estre ces mesmes animaux qui ont esté changez en pierre par la proprieté des lieux où ils se sont trouuez, ce qui en effet peut arriuer, & en ce cas-là l'on ne deuroit pas dire que ces pierres eussent esté figurees de cette sorte par vne Influence celeste. Cecy n'est bon à dire principalement que pour les figures en bosse & non pas pour celles qui sont peintes aux Camajeux : Mais dauantage, l'on peut respondre que mesme ces pierres n'estans que des animaux petrifiez, ils doiuent auoir beaucoup de puissance pour la guerison d'vne playe qui aura esté faite par vn animal de leur espece, d'autant qu'ils attireront le venin qui s'y est glissé comme vne qualité qui leur est propre, & dont ils ont iouy autresfois. Cecy n'a pourtant aucune apparance. Les animaux estans petrifiez ne retiennent plus rien de leur premiere Nature, quoy que la mesme figure leur demeure, & les autres pierres qui par hazard se trouuent estre figurees de semblable sorte, ne participent point aussi aux qualitez de l'animal qu'elles representent. La figure des animaux procede à la verité du pouuoir naturel de la semence dont ils ont esté engendrez, lequel se manifeste ainsi au dehors, & l'on ne se trompera point de croire que tous les corps qui ont vne figure pareille ou approchante par le moyen d'vne force interne, sont d'vne nature à peu prés semblables, comme en effet les hommes dont les visages ressemblent aux Lyons, ont quelque furie naturelle, & ceux qui ressemblent aux lieures sont foibles & timides: Mais pour la figure des pierres, elle ne vient point d'vne cause interne : Elle se fait seulement selon la disposition de leur matiere, & selon les agens exterieurs, comme la chaleur qui les seche & les durcit, ou bien l'eau qui les ronge en quelques endroits : De sorte qu'estans formees par des moyens si communs, il n'en faut rien esperer d'extraordinaire, & si l'on a recours à des Influences, il n'y a point d'aparence que cent mille pierres qui sont dans vne mesme plaine ayent chacun obtenu vne Influence particuliere de quelque Astre : Leur distance est trop petite pour auoir esté regardee de tant de diuers rayons. Leur diuerse figure n'est donc point vn tesmoignage de plusieurs proprietez merueilleuses que l'on leur attribuë, n'en ayans aucun principe interne ny externe : ioint que les choses qu'elles representent sur lesquelles on tire des conjectures, sont d'ordinaire fort defectueuses, & que celles que l'on y pense voir n'y sont pas tousiours veritablement, n'estans la pluspart du temps que des grotesques sur lesquelles l'vn trouuera vne chose, & l'autre vne autre. Si l'on veut iuger de leurs qualitez, il faut que ce soit par leur constitution : Les pierres grossieres ne seruent qu'aux edifices, mais quelques pierres qui sont petites & rares ont des effets pour la santé du corps, dont les vns n'ont esté reconnus que par hazard lors que l'on les a portees, & l'on a iugé des autres par leur couleur, leur transparence, leur solidité, leur goust ou leur odeur, & toutes leurs autres qualitez. Si l'on veut connoistre leurs facultez, & iuger à quoy elles seront propres, l'on n'y sçauroit reussir par de meilleurs moyens.

Ceux qui parlent pour les Signatures des Choses, veulent pourtant les faire treuuer par tout, & encore mieux aux Plantes qu'aux Pierres. Ils asseurent que la Nature n'ayant rien fait en vain, n'a donné ces marques aux choses que pour auertir à quoy elles sont propres : Que specialement les Plantes estans destinees pour la guerison des maladies, ont des marques qui monstrent à quelles cures elles sont vtiles, & que les Medecins les doiuent connoistre par-là : Que la racine de Squille guerit les maux de teste, pource qu'elle en a la figure : Que la fleur de Potentilla, qui represente l'œil, est singuliere pour la veuë : Que la Mente aquatique, qui represente le nez, fait reuenir l'odorat perdu : Que la Dentaria appaise le mal des dents : Que le poulmon est restauré par l'herbe

L'on veut trouuer des Signatures aux Plantes.

qui porte son nom & sa figure, & le foye par l'hepathique, & qu'il n'y a partie au corps de l'homme qui ne trouue quelque fleur, herbe ou racine qui luy ressemble, estant propre à guerir ses infirmitez: Neantmoins, ceux qui en ont fait la recherche ont trauaillé assez vainement? car toutes ces ressemblaces sont tres-mal formees, & l'on rencontrera quantité de plantes qui ont les mesmes figures, & ne sont pas bonnnes aux mesmes maux; Plusieurs herbes sont dentelees comme la Dentaria, & ne valent rien contre le mal des dents. Presque toutes les feuilles qui sont larges en bas & aboutissent en pointe, doiuent ressembler au nez autant que la Menthe aquatique, & l'on n'en doit pourtant tirer aucune consequence. Si l'on dit aussi que les Plantes peuuent guerir les membres humains ausquels elles ressemblent, il y auroit plus d'apparence de croire que les membres des autres animaux le pourroient faire: car leurs yeux ou leurs dents ressemblent mieux à ceux d'vn homme que ne sçauroit faire aucune herbe ou racine; toutefois, il y a beaucoup de maladies contre lesquelles l'on ne s'en sert point, & l'on prendra plustost des choses entierement differentes; Que si l'on prend quelquefois des membres pareils à ceux qui sont affligez, c'est plustost pour leurs qualitez internes que pour leur figure, qui n'est qu'vne qualité externe: c'est pourquoy il ne faut pas croire que la ressemblance des Plantes à quelques parties du corps, doiue seruir à vne telle guerison. Ce n'est point aussi la figure qui guerit; Ce sont d'autres qualitez qui sont la chaleur ou la froideur, ou quelqu'autres plus cachee, Soit que l'on escraze les plantes pour les apliquer, soit que l'on en tire l'eau ou l'huyle, l'on connoist bien que l'on neglige leur forme exterieure, en ce qui est des remedes. L'on n'a iamais ouy dire que pour guerir quelque mal il fallust necessairement y appliquer vne feuille entiere sans aucune defectuosité. Les plus subtils disent que soit que l'on escraze les herbes, ou que l'on les distile, la forme exterieure n'est point aneantie, & qu'il y a des secrets pour la faire paroiſtre ; Que quelques-vns ayans tiré le ſel de certaines plantes, & laiſſé geler leur leſciue, la figure s'y eſt trouuée parfaitement bien repreſentée, & que les autres promettent meſme que l'on en peut garder les cendres dans vne phyole, & en faire paroiſtre l'eſpece toutes les fois que l'on voudra : Mais quand ces choſes ſe feroient, cela ne conclud rien pour le ſuiet que nous traittons, car il eſt certain qu'il faut vn ſoin tres-exact pour faire paroiſtre ces formes dans quelque ouurage chymique, tellement qu'il faut croire qu'elles s'éuanouyſſent ſi l'eſpece n'en eſt diligemment arreſtée, comme dans la glace où elle ſe rend fixe, ou dans vn vaiſſeau bien clos. Or quand l'on applique ſur vne playe les herbes pilées ou ramaſſées en vnguent, cét eſprit qui conſerue la forme exterieure s'eſt donc éuaporé, d'autant que l'on n'a point penſé à l'arreſter; & il ne ſe faut point imaginer que ce ſoit ce qui donne la gueriſon, & que l'on ne la tienne que de la figure, ſoit viſible ou inuiſible. De dire auſſi que l'on connoiſſe manifeſtement par de telles marques à quel membre chaque Plante eſt ſalutaire, c'eſt vouloir que les ſecrets de la fabrique du Monde ſoient bien aiſez à deuiner. L'on trouue des feuilles, des fleurs, & des fruits, dont la figure eſt ſi bigearre que l'on ne ſçait quelle reſſemblance y appliquer. En ce cas-là, il faudroit pluſtoſt que les Plantes euſſent des caracteres peints ou grauez ſur leurs feuilles ou ſur leur tige, pour declarer à quelles maladies elles ſeroient propres, & cela ſeroit plus certain & plus commode que des reſſemblances imaginaires ; L'on trouue qu'il y en a pluſieurs qui ont meſme forme, & ne ſont pas bonnes à de ſemblables operations, & qu'il y en a auſſi qui ne reſſemblent qu'à vn ſeul membre, & qui ſont capables d'en guerir pluſieurs, de ſorte que l'on ne ſçauroit iuger par-là, ſi elles ſont plus propres aux vns qu'aux autres : C'eſt pourquoy ſi l'inuention de la Nature auoit eſté de ſe ſeruir de cette repreſentation, elle ſeroit imparfaite : & quoy que cette Mere vniuerſelle ſoit ſi prouidente, elle n'auroit rien fait de bien reglé, pource qu'elle

DES SIGNA- n'auroit pas marqué toutes les proprietez des Corps.
TVRES DES Croyons que les vrayes loix naturelles sont plus certaines
CHOSES. que cela, & sont tout autres. Que si l'on demande pourquoy la Nature a donc donné diuerses figures eux Plantes, nous dirons que ce n'est pas inutilement, & que cela sert à les distinguer les vnes d'auec les autres : mais que de verité, c'est pource que cela donne des marques de leur temperament, sans qu'il soit besoin d'en faire la cōparaison auec la figure des membres des animaux. Il est vray que cela n'y suffit pas : mais leur couleur & les autres qualitez apparentes, donnnent encore tesmoignage des proprietez cachees, tellement que c'est par-là que l'on peut apprendre à quelles maladies elles sont vtiles, celles qui sont chaudes estans bonnes contre les douleurs froides, & les froides contre les chaudes. Cette remarque est plus generale que la figure d'vn seul membre : Neantmoins, elle a diuerses particularitez distinctes qui ne sont point trompeuses : & si cela est difficile à descouurir, c'est
Des vrayes Si- que pour la reuerence de la Nature, il a fallu que ses my-
gnatures des Cho- steres fussent vn peu cachez : Tant y a que ce sont-là
ses. les vrayes Signatures des Choses qu'il faut toutes examiner : & l'on ne doit point reietter la consideration de la figure, soit pour les Plantes soit pour les Animaux, pourueu que l'on entende par elle, vne certaine proportion de leur corps, par laquelle l'on puisse connoistre en quelle quantité les substances principales & elementaires y sont entrees, & quel est leur meslange, & ce qu'elles ont souffert des Agens superieurs. Mais il ne faut point iuger de cette figure par son rapport à celle d'autres corps differens : Elle n'a point de ressemblance certaine que dans les corps de mesme genre. Les Animaux qui ont quelques traits les vns des autres, sont iugez à bon droit estre de mesme naturel, & les Plantes qui se ressemblent aussi de figure, peuuent auoir à peu prez de pareilles proprietez, non pas que cela soit de la mesme sorte pour la ressemblance qu'elles pourroient auoir auec quelque membre des Animaux. Les Corps qui n'ont

point de vegetation, & qui font fimplement meflez, tef-   DES SIGNA-
moignent quels ils font, & ce qu'ils fouffrent en fe coagu- TVRES DES
lant fous diuerfes formes, tellement qu'ils en portent les CHOSES.
marques, ce qui nous fait voir que les Signatures fe trouuent par tout: mais elles font fort obfcures aux Pierres,
& le font vn peu moins aux Plantes, au lieu qu'elles font
affez euidentes aux Animaux. Ceux qui font les plus char-
nus tefmoignent qu'ils abondent en humidité : Ceux qui
font les plus fecs, & n'ont guere de poil, ont le plus de
chaleur & de fechereffe, & s'ils ont beaucoup de poil,
c'eft qu'ils ont de la chaleur & de l'humidité efgalement,
ou bien c'eft que la chaleur pouffe au dehors fi peu qu'ils
ont d humidité. L'on connoift encore par la groffeur de
leur peau, par celle de leurs os, & par l'eftat entier de
leurs parties, quelle eft leur conftitution. L'on a fait auffi
vn Art particulier, qui apprend à connoiftre leur naturel
par leurs traits exterieurs, & cela eft particulierement appliqué à l'Homme.

PLVSIEVRS cherchent en cela de grands fujets   *De la Phyfio-*
de preuoyance, pour rendre leur prudence plus af- *nomie.*
feuree. Ils n'ont rien laiffé en arriere pour cét effet, &
outre la confideration des actions des Hommes que l'on
ne peut pas toufiours voir, ils ont voulu prendre garde à
leurs inclinations naturelles, & pource qu'elles ne peuuent pas mefme eftre remarquees ouuertement fans auoir
frequenté long-temps auec eux, ils ont tafché d'en trouuer des moyens plus courts & plus faciles; c'eft à fçauoir
par la connoiffance de leur temperament, dont l'on iuge
ayant fceu quelle eft la conftitution de leur Corps; Ils en
ont tiré des conjectures en voyant la ftature de la perfonne, la proportion de tous fes membres, auec les traits &
la couleur du vifage, & mefme en obferuant le ton de la
voix, car il eft certain que cela eft conforme d'ordinaire
au temperament. Ceux qui s'y connoiffent ne s'y trompent guere, & pour efprouuer la verité de cette forte d'obferuations, l'on void fouuent que deux perfonnes qui fe

DE LA PHY- ressemblent de visage, ont aussi quelque rapport pour le
SIONOMIE. son de la parole, ce qui monstre que tout cela suit vn mesme principe, & que l'inclination s'y peut aussi accorder. De là l'on a trouué vn Art que l'on appelle Physionomie, par lequel l'on pense connoistre non seulement la constitution du corps, & toutes les maladies ausquelles il peut estre sujet, mais aussi les habitudes de l'Ame. Cela est fondé sur la ressemblance que les Hommes ont auec quelques animaux, ou quand vn sexe participe de l'autre, ou les Hommes d'vne nation approchent d'vne autre diuerse; car l'on connoist que selon les traits qu'ils en ont sur le visage, ils ont les mesmes inclinations, & bien souuent les mesmes mœurs. Il se faut fier à de telles regles, d'autant qu'elles ne sont pas seulement establies sur ce que l'on a remarqué à l'auanture, mais sur des raisons naturelles & certaines. L'on est fort asseuré qu'vn Homme qui a le visage bien proportionné, le nez ny trop long ny trop court, les yeux bleus & les cheueux de couleur de chastaine, doit estre d'vn temperament fort égal & bien reglé. S'il a le poil fort noir & la chair blanche, auec vn certain rapport de toutes les parties du visage qui tirent en l'ongueur, cela monstre vne abondance de phlegme, & c'est vne marque d'vne assez grande douceur de mœurs. Les sanguins ont le nez gros, les bilieux ont le nez grand & aquilin, & les indices s'en trouuent encore aux yeux, en la bouche, aux ioües, au menton, auy oreilles, & mesme aux mains, aux pieds, en la poitrine, & en toutes les autres parties du Corps. Mais il ne faut pas iuger par les vnes sans considerer les autres: De-là, les Medecins connoissans la complexion des Hommes, iugeront quelles sont leurs maladies, & quels remedes il y faut apporter: D'autres personnes qui cherchent les inclinations, en tireront des consequences de l'application des Esprits.

Des changemens du temperament par la maniere de viure.

Il est vray que la maniere de viure, l'exercice & les débauches changent beaucoup le temperament naturel, de sorte que si l'on se regle sur la figure des parties du
Corps

Corps humain, & specialement celles du visage, l'on se trouuera trompé, pour ce que l'interieur ne s'y rapporte plus. Toutefois, si l'on obserue qu'vn homme est deuenu plus maigre & plus sec, que son teint est iauny ou noircy, & que ses cheueux sont blanchis, l'on connoistra le changement qui est arriué au total, puisque mesme l'âge en apporte tousiours de tels. Il faut donc conferer l'estat present auec l'estat passé, & considerer le plus attentiuement les parties qui ont le moins changé, afin que l'on puisse former quelque iugement apres toutes ces distinctions.

Ce qui peut tromper encore dans la Physionomie, c'est que dans chaque region il y a vne certaine forme de visage qui se trouue plus que toutes les autres, & pourtant tous les hommes n'y sont pas du temperament que cette forme signifie, à cause de la diuersité qui se rencontre dans toute la Nature. C'est pourquoy ceux qui ont pensé establir tres-seurement les regles de cet Art sur la ressemblance que les Hommes ont auec ceux d'vne autre nation, peuuent quelquefois se mescompter, s'ils ne remarquent tout ce qu'il y a de particulier en cecy; puisque mesme il faut croire que tous ceux d'vn mesme pays ne sont pas d'vne pareille constitution, quoy qu'ils ayent de semblables traicts de visage. Il est vray que leur apparence la plus commune deriue de ce que les enfans ressemblent d'ordinaire à leur pere, & que les Hommes participent à la temperature de leur climat; tellement qu'il faut auoüer, qu'en quelques contrees il y a plus de bilieux que de flegmatiques, & en d'autres plus de flegmatiques que de bilieux : Toutesfois ils ont encore chacun leur temperament à part, & l'on en iuge assez par quelque diuersité qui se trouue en leur figure entiere; Ainsi, quoy qu'il y ait des camus qui soient flegmatiques, & de ceux qui ont le nez long qui soient bilieux : Que les yeux bruns, bleus & vers, les cheueux blonds, les noirs & les roux, les frõts estroits & les larges, les grosses levres & les menuës, se trouuent auec toute sorte de temperamens,

DE LA PHYSIONOMIE.

De la diuersité des visages selon les nations; & comment l'on s'y peut tromper.

Vol. III.   Tt

DE LA PHY- si est-ce que l'on les distingue bien en voyant si toutes les
SIONOMIE. autres parties s'y rapportent ; Car la difference qui s'y rencontre fait iuger de l'estat de la personne, ayant esgard en mesme temps à ce qui est propre à la nation & à l'âge. L'on dira qu'il y a beaucoup de difficulté à cecy. Neantmoins les bons Physionomistes ne s'y trompent guere, parce qu'auec cela, ils considerent encore tous les accidens du Corps, & en iugent par la maniere de viure la plus commune, & par d'autres signes apparens.

L'inclination se peut changer. Pour ce qui est de connoistre l'inclination des Hommes par ce moyen, il est vray que l'on peut bien dire que s'ils suiuoient leur temperamét, ils seroient incitez à vne chose plustost qu'à l'autre ; mais ces mouuemens de l'esprit sont chãgez ou retenus par la frequentation, par l'instruction que l'on a euë, par les apprehensions que l'on reçoit pour auoir obserué des malheurs qui sont arriuez à d'autres, & par vne infinité de hazards que l'on ne peut prescrire, tellement qu'il ne se faut pas tousiours asseurer à cela. Quoy que s'en soit, l'on en peut receuoir quelque vtilité, pourueu que l'on n'y pense point establir de fondement certain, & que l'on soit prest à tirer encore ses coniectures d'autre part.

De la Metoposcopie. IL y a eu des curieux qui voulans paroistre plus subtils & plus sçauans que les autres, ont asseuré que par la seule inspection du front, ils cognoistront dauantage que par celle de tout le Corps. Ils ne regardent point seulement à la figure large ou estroite, ronde, oualle, ou quarree, mais ils obseruent les rides & les lignes qu'ils y trouuent, & de là ils iugent non seulement du temperament de la personne & de ses inclinations, mais de tout ce qui luy arriuera : Si sa vie sera longue, si elle sera accompagnee de bon-heur ou de mal-heur, & si sa mort sera naturelle ou violente. Ce seroit vne excellente chose, si cela se pouuoit faire. Cela passe entierement la Nature, & pourtant ceux qui ont dessein de se seruir de cette industrie pour connoistre les choses cachees, publient qu'il se faut asseurer à leurs obseruations particulieres. Ils disent qu'elles despendent de la puissance des Astres, & qu'il y a trois maistresses lignes au front, dont la plus basse est dediée à Mercure, la plus haute à Saturne, & celle du milieu à Iupiter. Que l'on iuge de la vie iusques à vingt-cinq ans par la ligne de Mercure, par celle de Iupiter iusques à cinquante & vn, & par celle de Saturne iusques à la mort. Que si elles sont tranchees en quelque part, l'on connoist si cela signifie des maladies grandes ou petites, ou vne mort auant le temps. Que selon qu'elles sont accompagnees d'autres moindres lignes ou d'autres figures dediées chacune à leur Planette, l'on iuge de la bonne ou de la mauuaise auanture de la personne. C'est vn sommaire de tout leur Art, qu'ils appellent la Metoposcopie, où il y a si peu de fondement, qu'il n'y faut adiouster aucune foy. A peine peut-on iuger de l'inclination, & mesme du temperament des Hommes par les meilleures regles de la Physionomie entiere, & ces gens-cy voudroient parler des mœurs, des maladies, des cheutes, des blesseures, des dignitez, ou des richesses & de la mort, apres la seule consideration de quelques lignes. Ce sont des obseruations faictes à plaisir, pour tromper les plus credules; Il n'y a point plus d'apparence qu'vne ligne soit dediée à Iupiter qu'vne autre, & ces deuineurs deuoient chercher sept lignes, pour en attribuer vne à chaque Planette. Quand ils l'auroient fait mesme, & quand ils les auroient rangees selon l'ordre celeste, cela ne pourroit rien conclurre pour eux, d'autant qu'il n'y a rien qui nous prouue que de telles marques soient faites pour monstrer la fortune de la vie.

DE LA METOPOSCOPIE.

L'ON obserue de mesme encore les lignes des mains, & cela s'appelle la Chiromance. Il y a les principales lignes qui se trouuent en toutes personnes, dont les vnes monstrent la longueur de la vie; les autres qu'elle sera la fortune. Chaque esleuation qui est dans la main & au dessous des doigts, est dediée à quelque Pla-

De la Chiromance & de la Pedomance.

nette; Celles qui sont entre les jointures des doigts leur sont aussi attribuees, & selon les lignes & les caracteres qui s'y rencontrent, l'on iuge de ce qui arriuera. La largeur des lignes, leur couleur & leur entrecoupeure, sont les marques speciales; mais en tout cela il n'y a aucune apparence de ce que l'on propose. Ceux du mestier disent que la Nature a escrit dans la main de chaque Homme ses auantures futures, afin qu'il les pust consulter, & qu'il prist de bons desseins & se resolust de bonne heure à ce qui luy deuoit arriuer: Mais cela seroit fort inutile: car comment est-ce que les Hommes connoistront cela en regardant simplement le dedans de leurs mains? Il faudroit que la signification en fust plus manifeste: Il y a peu d'Hommes qui entendent la Chiromance; la Nature auroit donc trauaillé en vain. Toutes les lignes des mains pouuoient aussi receuoir diuerses significations, à la volonté de ceux qui les ont inuentees, & les facultez qu'ils leur attribuent en vn endroit leur semblent estre aussi propres en vn autre, tellement que cela n'a aucune certitude; L'on ne s'accorde pas mesme en cette signification, & l'on ne sçait qui l'on en doit croire: Dauantage, si les vns disent qu'il faut regarder la main droite de celuy qui est né de iour, & la gauche de celuy qui est né de nuict; les autres asseurent tout le contraire, & plusieurs tiennent, qu'il faut faire ces obseruations sur toutes les deux; Cela monstre que cet Art n'est rien que fiction. D'ailleurs, qu'elle asseurance y a-il à considerer les lignes des mains, qui peuuent venir aussi bien par accident que par nature, selon que plus ou moins nous nous en seruons, & qui peuuent estre variees ou augmentees par les outils que nous manions, de sorte qu'entre les gens de trauail quelques-vns en on vne si grande quantité que l'on ne les peut distinguer, & les autres les ont si effacees que l'on ne les peut apperceuoir, ayans mesme de gros durillons qui les font disparoistre; & l'on trouue aussi que ceux qui ont la peau rude & grossiere, ont le moins de lignes, & ceux qui l'ont delicate en ont le plus. L'on peut respondre que les lignes qui sont faites par accident sont tousiours distinguees des naturelles : Que si le trauail les fait perdre ou les rend confuses, cela ne prouue pas qu'elles soient vaines, & qu'il ne les faille point obseruer lors que l'on le peut ; & que si l'on dit qu'elles se forment selon que l'on a les mains delicates ou grossieres, c'est dequoy on tire vne connoissance qu'elles portent leur signification, puisqu'elles viennét ainsi naturellement, selon le temperament de la personne. En effet, ces lignes naturelles demeurent tousiours ; Il y en a qui suiuent la constitution, & qui sont longues & larges selon vn certain temperament, & d'vne certaine couleur selon que de certaines humeurs abondent au corps, de sorte que par là l'on iuge de la complexion des Hommes, & l'on tire des coniectures de leurs maladies & d'vne mort precipitee ou tardiue. En ce cas-là il faut escouter les obseruations de la Chiromance, & croire qu'elles ne sont pas entierement inutiles, estans resserrees dans de telles bornes, sans se mesler des presages des accidens fortuits, qui ne dependent point du temperament, ny mesme de l'inclination. L'on adiouste neantmoins qu'il faut obseruer de certains traicts & caracteres dediez aux Planettes, dont l'on pense former iugement de toutes choses : mais nous auons desia dit que ces marques n'ont rien de commun auec les corps celestes, & qu'il n'y en a point que l'on puisse connoistre deuoir estre dediees plustost aux vns qu'aux autres. Descouurons enfin les secrets des curieux : Ils pretendent que les mesmes Signatures se trouuent non seulement en tous les Animaux, mais aux Plantes & aux Pierres, selon qu'ils sont sous la iurisdiction de quelques Astres, ce qui seroit vne forte preuue ; mais l'on se peut figurer tels caractares que l'on voudra sur plusieurs traits qui se trouuent aux diuers Corps du Monde, soit aux plis des membres des Animaux, aux filamens & aux marques qui se voyent aux feuilles & aux fruicts des arbres, & aux couleurs des pierres ; & quoy qu'il y ait vne subordination aux choses, el-

Tt iij

DE LA CHI-
ROMANCE.
De la Pedomance.

le n'est pas reglee selon les fantaisies des Hommes.

Quelques-vns ont voulu inuenter vne Pedomance, à l'imitation de la Chiromance, obseruant les lignes qui se trouuent à la plante des pieds, & leur donnant de semblables significations; mais cela n'a pas tant de cours, & quelque estime que l'on en fasse, il y a aussi à dire contre: Que l'on ne sçauroit iuger des accidens futurs par ces lignes dont la signification est imaginaire, & que tout au plus, cela ne peut seruir qu'à faire connoistre le temperament.

De l'Astrologie Iudiciaire.

CEvx qui ont eu le plus de desir de sçauoir les choses cachees & les futures ne trouuas pas leur satisfaction dans les lignes du front ou des mains, & dans la Physionomie entiere du Corps, ont creu qu'il ne faloit pas seulement regarder les effects, mais les causes, & qu'il faloit considerer les Astres qu'ils tenoient pour les Maistres du Monde, & pour les Autheurs de ces Signatures, où plusieurs s'arrestoient. Afin de sçauoir s'ils ont raison en cela, il faut auoir recours à la question du pouuoir des Influences, que nous auons assez agitee. Nous auons trouué que ces emanations ne sont pas telles que l'on les croid, & que si elles ont quelque puissance, l'on ne sçauroit la determiner, non pas mesme en ce qui est du changement des Saisons, ce qui est bien loin de iuger par là des inclinations des Hommes & des accidens de leur vie, comme les Astrologues pretendent. Neantmoins, ils vantent beaucoup leurs obseruations, & ont cōposé vn Art qu'ils appellent l'Astrologie Iudiciaire, par lequel ils promettent de tirer des presages de toutes choses. L'on y adiouste d'autant plus de foy, que l'on void que cela est composé de quantité de regles qui semblent respondre à toutes les demandes que l'on sçauroit former; mais il ne se faut pas laisser deceuoir aux premieres apparences.

Raisons contre les Astrologues Iudiciaires.

Voicy les raisons que l'on leur opose. Quoy que l'on attribuë aux Astres quelque pouuoir sur les choses inferieures, l'on met en doute si l'on peut connoistre ce qui arriuera par la diuersité de leur cours & de leurs conionctions. L'on dit que le temps que les Planettes se treuuent en vn certain endroit du Ciel, n'arriuera pas deux fois en la vie d'vn homme, tellement qu'vne mesme personne ne sçauroit esprouuer commēt se font les diuerses positions de ces Astres, & il est bien hazardeux de se fier aux obseruations de plusieurs qui sont peut-estre fautiues, soit pour le defaut des instrumens dont l'on s'est seruy, ou pour la foiblesse de la veuë, des obseruateurs, ou pour leur mauuaise supputation. Que les Planettes changeans aussi tousiours de situation dans les reuolutions les plus iustes, & se trouuans accompagnees d'autres Estoilles qu'auparauant, il faut croire que ce sont autant de nouuelles constellations qui ont vn pouuoir particulier, & qu'il faudroit des siecles innombrables pour les faire reuenir de mesme, tellemēt qu'il est inutile de fonder son iugement sur ce qui est passé, & d'asseurer qu'il arriuera tousiours de pareilles choses en la presence d'vn Astre que l'on aura veu presider à vne certaine heure : Que d'ailleurs, outre que nous voyons quantité d'Estoilles dont les situations se changent manifestement, il y en a quantité d'autres que nous ne voyons point, & dont l'on ne peut sçauoir le nombre, lesquelles neantmoins doiuent auoir quelque puissance ; & comme l'on ne sçait pas en quel quartier elles sont lors que l'on fait le iugement de quelque figure du Ciel, l'on n'en peut rien dire de certain.

DE L'ASTR. IVDICIAIR.

Les Iudiciaires respondent à cecy, qu'encore que toutes les Estoilles ne se trouuent pas tousiours aux mesmes degrez, il suffit de voir les principales au mesme poinct que l'on les demande pour faire espreuue de leur pouuoir, & que comme les changemens qui arriuent en cela sont fort petits, si cela apporte aussi de la difference aux accidens qui en deriuent, elle est peu considerable, & n'empeschera point que l'on ne connoisse que de la presence d'vn mesme Astre il sort tousiours de mesmes Influences : Et que s'il y a des Estoilles que l'on ne void point, il faut croire aussi que leur pouuoir ne se manifeste

Responsc des Astrologues Iudiciaires, Et Repartie la d. Qus.

DE L'ASTR. iamais. Nous leur repartirons que nous n'auions pas
IVDICIAIRE que le changement de situation qui se trouue aux Estoilles soit peu considerable, quand il est d'vn demy degré ou
du quart. Les hommes sont differés de naturel pour estre
nez à cinquante lieuës l'vn de l'autre: Ces grandes plages
du Ciel, qui tiennent tant de millions de lieuës, ne don-
nent-elles point de difference à ce qui arriue dessus elles? Il ne sert à rien d'alleguer que cette diuersité est peu
de chose à l'esgard de nous, quoy que ce soit beaucoup
pour les Astres: Il est indubitable que par ce moyen ils
apportent du changement à la constellation, & que cela
doit causer des effets particuliers. En ce qui est des Estoilles que l'on ne void point, c'est aussi leur faire tort de dire que leur pouuoir ne s'estend point iusques icy bas. Si
nous ne les voyons point, c'est le defaut de nos yeux, &
mesme à l'ayde des Lunettes l'on en descouure tousiours
quelque nouuelle : D'ailleurs, quoy qu'elles ne soient
point veuës, & quelles soient fort esloignees, il faut croire qu'elles ne laissent pas d'agir, veu que l'on a posé pour
maxime que l'Influence se porte iusques icy malgré tout
obstacle, soit opposition soit esloignement; & qu'en effet, quand l'on iuge d'vne constellation, l'on n'en excep-
te pas mesme les Estoilles qui sont en l'autre hemisphere;
Qui plus est, encore qu'elles soient esloignees de nous,
elles ne laissent pas d'estre assez proches de celles qui
nous sont connuës pour auoir de l'affinité auec elles; &
parce qu'elles les regardent diuersement, elles doiuent
changer leurs influences, & les augmenter ou diminuer:
& puis que l'on ne sçauroit iuger quels sont les aspects de
tels Astres ne les voyant point, cela rend les obseruations
Comment l'on inutiles, outre vne infinité d'inconueniens que nous y
dresse les douze pouuons adiouster.
Maisons de l'Ho-
roscope; quelles   Declarons encore icy par quel moyen les Astrolo-
sont les raisons de gues pensent iuger des choses futures. Ils ont arresté que
leur ordre, & pour sçauoir ce qui doit arriuer à vne personne, il faut
quelle en est la re- considerer quel estoit l'estat du Ciel au poinct de sa nais-
futation. sance, & quels Signes & quelles Planettes se trouuoient

en

en chaque partie, afin d'en dresser vne figure qu'ils ap- DE L'ASTR. pellent l'Horoscop. Ils diuisent donc le Ciel en douze IVDICIAIR. parties esgales pour chaque figure, & ce sont les douze Maisons dont ils font iugement selon les Astres qu'ils y rencontrent, ayant donné à chacune vn pouuoir particulier. Ils disent que par la premiere l'on iuge quel est le commencement & tout l'estat de la vie : Que la seconde fait iuger des richesses : La 3. des freres : La 4. des parens : La 5. des enfans : La 6. des seruiteurs : La 7. du mariage : La 8. de la mort : La 9. de la religion : La dixiéme, des dignitez : L'vnziéme, des amis, & la douziéme, des ennemis. Les personnes d'esprit ne receuront pas cela pour asseuré si l'on ne leur en donne des raisons ; Voicy ce que les Astrologues Iudiciaires en ont proposé. Ils disent que la premiere Maison qui tient l'Orient, doit presider naturellement sur le commencement de la vie ; Que les richesses estans desirees sur toutes choses, elles doiuent dependre de la seconde Maison, & que les freres sont apres sous la troisiéme, pource que la premiere la regarde d'vn certain aspect, qui leur donne de l'affinité ; Que les parens sont sous la quatriéme, qui est le haut du Ciel & le lieu principal, les enfans en la cinquiéme, pource qu'ils suiuent de prés les parens, & les seruiteurs en la sixiéme, n'estans placez qu'en suite ; Que le Mariage depend de la septiéme, d'autant qu'elle respond à la premiere, & que la Mort est signifiée par la huitiéme, à cause de son mauuais aspect ; Que la Religion doit aller apres en la neufiéme, à cause que sa consideration ne se peut trouuer qu'en cét ordre ; Que les Dignitez sont sous la dixiéme, pource que c'est vne des principales obseruations de la vie, & que cette Maison fait vn aspect quarré auec la premiere, la quatriéme & la septiéme ; Que les amis suiuent sous l'vnziéme, pource qu'ils se tiennent proche des dignitez, & s'entretiennent selon qu'elles sont eminentes ; & quant aux ennemis, qu'ils sont sous la douziéme, d'autant que c'est la derniere Maison, & la moins estimable Quelques-vns ont donné autrefois ces raisons,

Vol. III.   V u

qui n'ont aucune apparence de verité. L'on void bien que cét ordre de la puissance des Maisons celestes est fait à plaisir, de mesme qu'il seroit arrangé en vn discours d'Orateur où l'on parleroit de toutes ces choses, & l'on les mettroit les vnes deuant les autres selon leur merite. Il n'est pas croyable que l'œconomie du Ciel se gouuerne ainsi selon nos pensées. Quand cela seroit, il y a bien du defaut en cette suitte que l'on pouuoit ranger d'autre sorte, & qui plus est, l'on pouuoit augmenter ou diminuer le nombre des Maisons. Pour le faire moindre, il ne falloit qu'oster la huitiéme, où l'on iuge de la Mort, car la premiere monstrant quelle sera la vie, en determine la longueur, & il n'estoit besoin que d'vn mesme lieu pour les freres & les autres parens, tellement que l'on pouuoit ne faire qu'vne Maison, de la troisiéme & de la quatriéme. Le Ciel eust esté de cette sorte diuisé commodement en dix maisons, & l'on pourroit encore les reduire à huit si l'on mettoit les Richesses auec les Dignitez, & les amis auec les ennemis. Mais quel moyen d'en iuger, dirat'on? Ie respond que cela se feroit selon que les Astres qui s'y trouueroient signifieroient de l'auancement aux charges ou aux richesses: & quant aux amis & aux ennemis, l'on peut iuger si l'on aura beaucoup des vns ou des autres, selon que les Planettes qui seront en ce lieu seront bonnes ou mauuaises. Les Astrologues mettent ensemble sous vne mesme Maison, assez d'autres choses contraires ou differentes, & si l'on veut d'vn autre costé augmenter le nombre des Maisons, l'on le pourra faire aussi. La premiere, qui monstre quel est le commencement de la vie, donne encore des marques de la beauté du corps, de son temperament & de sa santé, & de la ioye de l'Ame. L'on peut faire vne Maison particuliere pour chacune de ces choses ; La seconde, qui mostre les richesses, se peut diuiser en ce qui concerne, l'or & l'argent & les marchandises, ou les Terres & les Edifices ; La troisiéme, qui preside sur les forces, preside aussi sur les voyages, au dire des Astrologues : A quel suiet aura-t'elle ces deux gouuernemens? La quatriefme apprend à connoiftre quel eft le Pere & la Mere, quels font les heritages, & s'il y a des threfors cachez : C'eft affez pour occuper deux ou trois Maifons. La cinquiefme fait iuger des enfans, des dons, des legs & des meffagers: La fixiefme, des feruiteurs, des feigneuries & des membres du corps humain; La feptiefme, des mariages, des concubinages, des querelles, & des procez : La huictiefme des maladies, de la mort & de la crainte: La neufiefme, de la Religion, de la Sageffe & des Songes: La dixiefme, des honneurs, & de la Renommee : L'vnziefme, des amis, de l'efpoir & de la confidence, & de toute la bonne fortune de l'homme : La douziefme, des ennemis, de l'enuie, de la medifance, de la tromperie, de la captiuité, & des Beftes domeftiques. Voilà bien des chofes differentes accouplees, aufquelles l'on pouuoit donner à chacun leur Maifon, & tout au moins il falloit mettre ces Beftes dans vne eftable à part. Il y a quelqu'vn qui a dit que la douziefme Maifon eftoit principalement pour les Beftes de charge ou de voiture, pource qu'eftant la derniere elle porte toutes les autres fur foy, ou que fe ioignant à la premiere dans le cercle d'vne figure, elle entraifne tout comme fi c'eftoit vn chariot: Se peut-il rien imaginer de plus impertinent? Toutes les autres ont des raifons qui ne font pas moins ridicules, mais l'on n'en fçauroit donner de meilleures : & puifque ces douze demeures font chargees de tant de diuerfes operations dont plufieurs font reduites en mefme lieu, il eft certain que le nombre n'en eft pas fort bien reiglé, & que l'on les pourroit diminuer ou accroiftre, mais leur accroiffement euft efté plus à propos que leur diminution. Toutefois, il n'y a pas beaucoup d'apparence d'en rien eftablir: car les accidens des Hommes font fi diuers que l'on y trouue tous les iours quelque chofe de nouueau, de forte que les regles que l'on en propofe font incertaines.

Ie fçay bien que quelques modernes ont voulu chercher plus de fubtilité que les anciens dans l'eftabliffe-

DE L'AS-
TROLOGIE
IVDICIAIR
Defense des douze Maisons Celestes sur la Perfection d'vn tel nõbre, & sur les diuers aspects: Auec la refutation ensuite.

-ment des Maisons de l'Horoscope. Non seulement ils tiennent qu'il n'y en peut auoir ny plus ny moins, mais aussi que les puissances que l'on leur attribuë sont tres-naturelles. Pour ce qui est de leur nombre, ils disent qu'il est fondé sur le nombre Terneire qui comprend toute perfection, lequel est multiplié par le Quaternaire, qui represente la fermeté & la durée des choses; que toutes les parties ausquelles le nombre de douze peut estre diuisé, & dont il est multiplié, contiennent aussi les aspects celestes qui sont cause des plus fortes Influéces; Que l'vnité se raporte à l'vnion & conionction; le deux, qui est la sixiesme partie, se raporte au regard sextil; le troisiéme, qui est la quatriesme partie au regard quadrat; le quatriéme qui est la troisiesme partie au regard trine; & le sixiéme qui est la moitié, se rapporte à l'opposition; Et que n'y ayant que cela d'aspects, il n'y peut auoir dauantage de Maisons; Qui plus est, que la vie de l'Homme estant diuisée en quatre aages, cela doit respondre à ces quatre Triplicitez, & qu'à cela s'accorde encore l'estat de la santé, l'Action, le Mariage & la Souffrance, auec le commencement, le progrez, la force & le declin. Ceux qui ont declaré cecy croyent auoir trouué vn secret de Cabale qui leur doit auoir esté reuelé diuinement: Que les premiers qui inuenterent l'Astrologie Iudiciaire eurent les mêmes pensees, & que l'on ne sçauroit refuser de les admettre. Ie leur respond que les merueilles qu'ils trouuent dans le nombre de douze, se rencontreroient encore en plusieurs autres multipliez par le trois & le quatre; tellement que l'on pourroit bien establir dauantage de Maisons au Ciel, mais d'ailleurs, toutes ces puissances que l'on attribuë aux nombres sont imaginaires. Quant aux cinq aspects qui se trouuent iustement dans les douze Maisons, cela ne les restraint pas à ce nombre, car qui empescheroit si l'on auoit estably vingt-quatre ou quarante-huict Maisons, que l'on n'y mist aussi plus grand nombre d'aspects; Cela se peut faire aisément, & quant aux quatre aages, ie ne sçay de quelle sorte ils les trouuét en leurs quatre Triplicitez, ny leurs autres imaginations. La premiere Maison, auec les deux suiuantes, peut bien signifier l'enfance, la santé, & le commencement : Mais pour la quatriesme, la cinquiesme & la sixiesme, qui president aux parens, aux enfans & aux seruiteurs, y trouuera-t'on la ieunesse, l'action & le progrez ? En la septiesme l'on peut trouuer la virilité, la force, & le mariage, ou bien la Religion en la neufiesme, mais quant à la huictiesme, qui signifie la Mort, pourquoy sera-t'elle de cette triplicité, & pour la dixiesme & l'vnziesme, qui representent les dignitez & les amis, pourquoy signifieront-elles la vieillesse, la souffrance & le declin ? Cela est passable pour la douziesme, qui monstre quels sont les ennemis. Il est vray que ceux qui parlent de ces Triplicitez ne les establissent pas de cette sorte. Ils mettent la premiere, la cinquiesme & la neufiesme ensemble pour l'estat de la vie : La seconde, la sixiesme & la dixiesme, font l'autre triplicité pour la ieunesse & l'action : La troisiesme, la septiesme & l'vnziesme, sont pour la virilité & le mariage : La quatriesme, la huictiesme & la douziesme, sont pour la vieillesse & la souffrance. Cela est estably sur leur Trine aspect qui se fait par de tels espaces; mais il n'y a encore guere de rapport, car la cinquiesme, qui signifie les enfans, doit-elle estre auec le premier âge? la faut-il pas plûtost metre auec le mariage & la virilité ? Ceux qui ont reiglé cela se sont bien trompez, car ils ont seulement consideré le temps qu'vn Homme dont ils parloient estoit encore enfant, sans songer aux enfans qu'il pouuoit auoir. Ie laisse les autres bigearreries où l'on peut trouuer assez à reprendre. Cét ordre ne defend point l'establissement des Maisons. D'ailleurs, quand elles se deuroient rapporter les vnes aux autres par aspect, & quand toutes les Triplicitez deuroient conuenir ensemble, il resteroit à prouuer pourquoy vne Triplicité signifieroit plûtost vne chose qu'vne autre, car par exemple ie veux que la troisiesme & l'vnziesme s'accordent à la septiesme qui signifie le Mariage, comment preuuera-t'on que le Mariage

Vu iij

Nouvelles applications & puissances pour les douze Maisons.

doit estre signifié dans la septiesme, & il en est ainsi de toutes les Maisons?

Cela nous monstre que l'on leur peut donner des applications nouuelles, & que l'on peut changer leurs puissances auec des raisons qui auroient plus de vray-semblance que celles que l'on a rapportees. Ie ne voudrois pas mettre l'estat de la vie en la premiere Maison, qui est l'angle d'Orient; ie la voudrois mettre au haut du Ciel, qui est la partie qui enuoye des rayons plus forts sur celuy qui naist, les regards perpendiculaires estans plus puissans que les obliques. Le Mariage seroit dans vne Maison suiuante, pource que la conjonction s'y trouue. Les Enfans seroient apres, & puis les Amys, les Seruiteurs, les Dignitez & les Richesses; Et dans les Maisons qui precederoient celle de la naissance & de la vie, l'on mettroit celle du Pere & de la Mere, celle des autres Parens, & des biens & honneurs de la famille; qui sont des choses dont la consideration doit preceder naturellemẽt celle de la naissance; & au cas que l'on fist plus de douze Maisons, l'on amplifieroit les circonstances & les accidens: Mais quelque belle apparence que l'on trouuast dans cét ordre, il faut auoüer que comme tout cela seroit inuenté à plaisir, aussi cela n'auroit aucun effet. Il en est de mesme de l'ancien ordre des douze Maisons qui n'ont aucune puissance qui ne soit imaginaire; & pour monstrer que cela est fort vain, il y a eu mesme beaucoup de contestation entre les Astrologues pour les establir, & quoy que celles que i'ay alleguees puissent estre receues de quelques-vns, elles n'en sont pas plus certaines.

De la rencontre des Signes & des Planettes dans les douze Maisons, & de leurs diuerses positiõs.

L'on dit que la puissance des douze Maisons est augmentee selon les Astres qui s'y rencontrent, comme les douze Signes du Zodiaque; Qu'il y en a tousiours quelqu'vn dans chacune: & que suiuant la nature que l'on leur attribuë l'on iuge des Influences qu'ils peuuent donner en vn tel lieu: Que comme les sept Planettes se doiuent aussi tousiours trouuer dans l'vne ou dans l'autre de ces Maisons en faisant leur cours, l'on pense encore mieux connoistre ce qui doit arriuer par l'affinité qu'elles ont auec les Signes prés desquels elles se trouuent, & le contentement que l'on croid qu'elles prennent dans chaque sejour. Pour ce qui est des douze Signes du Zodiaque, l'on remonstre aux Astrologues, que ce ne sont que douze degrez pour diuiser le premier mobile, & qu'ils n'ont point de differentes vertus, puis qu'il ny a aucune raison qui nous puisse monstrer que ce premier Ciel ait des parties differentes. L'on luy a bien attribué les noms des Signes qui sont au Firmament, mais l'on tient qu'ils ne sont plus au dessous de chaque degré, & que faisans tousiours leur cours auec leur grand Orbe, il se trouuera enfin que le Belier sera dessous le Taureau. L'on replique à cecy, que l'on establit le vray Zodiaque dans les Signes du Firmament, comme peuuent faire ceux qui n'admettent point tous les mouuemens, ny du premier mobile ny du Ciel cristallin, & qui ne reconnoissent qu'vn Ciel, mais apres cela, que sera-ce encore de toutes ces figures : Nous auons desia appris qu'elles n'ont leur nom, que pour distinguer les lieux où se trouuent les Planettes, & specialement le Soleil, & que tout au plus elles signifient les diuersitez de l'année, comme la saison propre au labourage par le Taureau, & ainsi des autres. Cela monstre que tout ce que l'on en doit esperer, c'est que l'on peut connoistre par-là quel temps il doit faire en chaque mois, non pas que cela enseigne ce qui arriuera de toute la fortune des Hommes. Les significations que l'on donne aux sept Planettes sont aussi controuuées à plaisir, selon les qualitez des Dieux du Paganisme, de sorte que l'on n'y doit chercher aucune asseurance. Pour la ioye ou la tristesse que l'on leur attribuë dans la Maison de certains Signes, & pour leur exaltation & leur cheute, ce sont encore des opinions sans fondement : Il en est de mesme des Astres quel'on estime feminins ou masculins, & Astres de nuict ou du iour. Leurs jonctions, leurs separations, leurs stations, leurs directions, leurs retrogradations & leurs diuers regards, sont des ordres qui semblent beaux à des-

DE L'ASTR. duire, mais dont l'effet n'est point tel que l'on le publie.
IVDICIAIR. L'on pourroit changer toutes ces choses à volonté, & les
significations que l'on y donne sont aussi inuentees à plaisir, ce qui monstre que cela n'a rien qui puisse seruir à aucune chose.

Du iugement d'vn Enfant par l'heure de la conception.

Pour conuaincre les Astrologues Iudiciaires par la pratique de leur Art, il faut faire voir que de la façon qu'ils s'y employent, ils ne font rien qui ne soit inutile. S'ils veulent faire leurs predictions de l'Enfant qui est encore au ventre de la Mere, ils obseruent l'heure de la conception, & dressent là dessus leur figure, mais auec tout le soin qu'ils pourroient apporter pour la faire dans leurs regles, il ne faut pas qu'ils pensent en tirer la verité. Plusieurs Femmes se peuuent tromper à designer l'heure de la conception, comme elles font tous les iours, s'abusans au terme de leur accouchement, de sorte que si les Astrologues se fondent sur ce qu'elles en disent, ils feront des figures incertaines & inutilles. Mais sans tout cela, croyent-ils que les Astres qui president alors, monstrent qu'elle est la constitution de l'Enfant, & que de-là l'on peut iuger quelles seront ses fortunes : Ils se trompent d'abord à cette constitution : Il ne faudroit pas seulement sçauoir quels estoient les Astres à ce moment ; mais quelle estoit la constitution naturelle du Mary & de la Femme, quel estoit le temperament de la semence qui peut changer à toute heure, & mesme il faudroit prendre garde si depuis que le corps a esté formé, la nourriture que la Femme a prise, ou l'exercice violent, ou les peurs frequentes, & les autres accidens, n'ont point alteré les humeurs ; car en vain les Astres signifieront vne sorte de temperament au temps de la conception, si le Mary & la Femme le doiuent donner tout autre, ou s'il est encore changé par tant de choses qui suruiennent. Vne substance est plus forte en elle-mesme pour demeurer ce qu'elle est, que tout ce qu'il y a d'exterieur & d'esloigné, pour luy donner aucun changement.

Ce n'est point aussi de l'aspect de certaines Estoilles
que

que l'on peut deuiner si la Femme accouchera d'vn fils ou d'vne fille. Les Medecins en donnent des regles bien meilleures, l'ors qu'ils asseurent que si la semence de l'Homme est plus puissante que celle de la Femme, il se fait vn masle, & si celle de la Femme l'emporte, il se fait vne femelle. Ils tiennent aussi que le costé sur lequel la Femme se couche apres auoir conceu y peut cooperer, donnant aux masles le costé droit, & aux femelles le gauche : Mais sur tout, ils prescriuent des regimes de viure pour l'Homme & la Femme, qui doit grandement seruir à cela, de sorte que l'on peut iuger si vne Femme aura fils ou fille, par l'obseruation de toutes ces choses, ou par la consideration du temperament des parties, mieux que par l'aspect des Astres. Les Astrologues exercent leurs plus grandes tromperies, quand ils ordonnent aux maris de ne voir leurs Femmes qu'à de certaines heures où regnent les Influences necessaires pour auoir des enfans du sexe qu'ils desirent, & de l'humeur qui leur sera la plus agreable : S'il y a quelque chose en la Nature qui puisse operer en cecy, ce doit estre l'obseruation medicinalle, & non point l'Astrologique ; Et comme les regles des Iudiciaires n'y seruent de rien, elles sont aussi fort inutiles à la prediction de tout ce qui peut arriuer.

Comment l'on peut sçauoir si vne Femme accouchera d'vn fils ou d'vne fille

Ils diront que de verité pour iuger entierement de la fortune de l'Enfant qui vient au Monde, outre l'heure de la conception, il faut encore obseruer celle de la naissance. La pluspart mesmes font seulement leurs figures là dessus, & de-là l'on a trouué suiet de leur obiecter, qu'il les falloit plustost faire pour l'heure de la conception, ou pour celle de la formation du corps de l'Enfant, & l'introduction de l'Ame raisonnable, d'autant que c'est la vraye origine de l'Homme, & que sortant du ventre de la Mere, ce n'est point là son commencement, mais seulement vn changement de lieu. Ils doiuent respondre que l'Enfant estant au ventre de la Mere, est comme vne de ses parties, qu'il participe seulement aux Influences qu'elle luy communique apres les auoir receuës, & qu'estant en-

De l'obseruation de l'heure de la naissance.

fermé il ne les peut receuoir luy-mesme, mais que lors qu'il est mis à descouuert, il commence d'y estre rendu suiet. Pour accorder vne opinion auec l'autre, l'on pourroit tirer vne figure du temps de la conception, & vne autre de la natiuité: mais si celle de la conception ne sert de rien, celle de la naissance ne seruira guere dauantage. L'on dit premierement contre toutes les deux que leur instant ne peut estre sçeu au vray: L'on ne sçait quelle partie de l'heure cela occupe, & cependant les Astrologues tiennent que la face du Ciel change à tous les momens, & par consequent que les Influences y sont diuerses. Il n'y a rien de si suiet à faillir que les horloges des Villes qui ne s'accordent iamais ensemble: & vne Femme pourra accoucher en vn Village où il n'y aura point d'horloge, & où personne ne se trouuera qui ait assez de curiosité pour aller regarder à quelque quadran au Soleil. Mesme dans l'embarras où se trouuent en ce temps-là tous ceux de la maison, l'on songe peu à ces choses. Ie pose le cas neantmoins que s'il est question de la naissance d'vn Grand, il y ait là vn Astrologue tout prest pour obseruer le temps de l'accouchement d'vne Princesse, & faire l'horoscope de son enfant: Cela n'empeschera pas qu'il ne se puisse aussi tromper à ce moment, d'autant que l'on ne luy en aura pas fait vn rapport assez exact: Et s'il pense obseruer le Soleil pendant le iour, ou les Estoilles pendant la nuit, le Ciel pourra estre couuert de nuages, & son Astrolabe sera possible mal fait, ou bien il manquera apres à ses supputations: Pour remedier à cela, il faudroit tousiours auoir dans la chambre de la femme qui est preste d'accoucher, quelque horloge qui marquast iusques aux momens & aux minutes, encore pourroit-il manquer quelquefois, quoy que l'on eust commencé de le monter sur la vraye heure du Soleil. D'ailleurs, puisque nous parlons icy d'obseruer le moment precis de la naissance, que fera-t'on si l'enfant employe beaucoup de momens à sortir du ventre de la Mere? Obseruera-t'on seulement le premier moment, ou bien croira-t'on qu'il y ait vne constellation pour chacun des membres, à DE L'ASTR. mesure qu'ils se sont monstrez au iour, & que cela predi- IVDICIAIR. se autant de fortunes diuerses? Les Astrologues nous dirons qu'il faut prendre garde quand la teste est sortie auec vne partie de la poitrine : Mais ce moment est fort mal-aisé à remarquer, & ne nous laisse point sans quelque doute touchant celuy où l'Enfant acheue de sortir entier, lequel semble estre aussi considerable. Au reste, quand l'on pourroit determiner le vray moment, ie ne sçay s'il s'y faudroit tousiours arrester, car la Nature veut que la Femme accouche dans vn certain terme selon sa force & celle de son fruict : mais ce temps peut estre accourcy ou allongé par quelque accident, si bien que cela ne s'accordera point auec ce qui en estoit predit par la figure de la conception. L'horoscope est-il donc aussi certain quand il est fait pour vn moment, ou de verité l'Enfant vient à la lumiere du iour, mais qui n'est pas celuy que proposoit la Nature? Si cela est, il ne tiendra souuent qu'à la Femme qu'elle ne fasse des enfans heureux ou mal-heureux ; Car si elle est pressee d'accoucher en vn moment dont la constellation soit infortunee, comme la face du Ciel change sans cesse, elle n'aura qu'à s'efforcer de retenir encore son fruit vn demy quart d'heure, & elle mettra au monde vn Roy ou vn Consul, vn General d'armee ou vn President, selon le moment que l'Astrologue luy prescrira pour cet effet.

Ces propositions si auantageuses ne doiuent pas pourtant estre receues sans sçauoir leur fondemens. Voyons comment les Astres agissent sur le corps du nouueau né : L'on dit que selon leur position ils luy donnent vn certain temperament, & que delà dependront à l'auenir ses mœurs & ses fortunes : Mais quelle raison y a-t'il de croire que le temperament ne luy soit donné qu'alors? Ne l'a-t'il pas desia receu dans le ventre de la Mere, & n'est-il pas souuent tout autre que les Astres ne signifient? Les Astrologues respõdront-ils qu'il n'arriue point qu'vne femme puisse accoucher que dans vn moment

Que le temperament est donné des le ventre de la Mere, & qu'il est apres changé par la nourriture ; & que l'inclination est aussi changee par d'autres accidens.

Xx ij

conforme à la nature de son fruict? C'est feindre à plaisir ce qui est necessaire pour leur defense, & auec tout cela, quelque conformité que ce temperament ait auec les Astres, il peut estre incontinent changé par la qualité du laict que l'on donne à l'enfant, car en cét aage si tendre, il faut peu de chose pour y apporter de l'alteration. Quand l'enfant vient à croistre, l'exercice y peut encore monstrer sa puissance, outre la diuersité des alimens, auec les drogues de Medecine. Au reste, l'on accorde bien que le temperament peut guider les inclinations & les mœurs de l'Homme, & qu'vne Ame qui ne se veut point seruir de sa force s'y laisse assuiettir ; les Philosophes l'auoüent & l'experience le confirme : Mais que treuuent pour eux en cela les Astrologues? Si nous monstrons que ce temperament peut estre changé selon diuerses occurrences, qu'espere-t'on de la puissance des Astres qui l'auoient donné? N'est-elle pas alors finie, & n'est-ce pas en vain que par elle l'on pense predire ce qui arriuera d'vne personne? Il y a bien plus, quand ce temperament demeureroit, l'inclination se peut détourner de le suiure par vne infinité d'accidens. Le changement d'habitation, les honneurs, les charges, les compagnies, la persuasion des amys, l'accoustumance, & quantité d'autres choses, sont capables de faire prendre à vn Homme d'autres mœurs que celles où son temperament le portoit, & apres cela que seruira toute la prediction faite selon les Astres au poinct de sa naissance? Les Astrologues peuuent respondre à cecy, que parce que ce changement doit arriuer à la personne, cela se void dans son horoscope, d'autant que sa constellation est faite d'vne telle façon, que l'on remarque bien que le temperament & l'inclination qu'elle luy donne, ne sont que pour vn temps, & qu'ils seront changez plusieurs fois. Ie nie pourtant que cela puisse estre, & ie soustien que ce qui fait que l'on adiouste quelquefois de la creance à leurs promesses, c'est qu'en ce qui est du changement de temperament & d'inclination dont ils ne peuuent iuger par l'horoscope d'vn enfant qui ne fait que de naistre, ils ne se trouuent pas tousiours en cette peine, d'autant qu'ils font ordinairement des horoscopes pour des Hommes de vingt-cinq ou trente ans & dauentage, de sorte qu'ils iugent plus facilement de ce qui leur arriuera vn iour, par l'estat de leur corps, par les marques apparentes de leur inclinations desia formees, par l'application de leurs esprits & leur fortune presente, qu'ils ne feroient d'vn nouueau né duquel l'on ne sçait comment se tournera le temperament & l'inclination. Ce premier moment de la naissance ne peut aussi de rien seruir pour le futur : car s'il estoit vray que les Astres donnassent de certaines Influences à vn Homme au poinct qu'il viendroit au Monde, ce seroit pource qu'à toute heure ils auroient du pouuoir sur tout ce qui seroit icy bas : C'est pourquoy en vn autre temps ils deuroient encore agir diuersement sur la mesme personne. Cette premiere Influence auroit bien pû donner vn temperament qui seroit gardé autant qu'il seroit possible : mais cela ne seroit pas pour resister à toutes les autres constellations suiuantes. Pourquoy celles qui seroient presentes apres, n'auroient-elles pas plus de force que les passees ? La face du Ciel qui se change incessamment par vn roulement continuel, deuroit estre capable d'inciter les Hommes à toute heure à diuerses choses. Ie m'imagine cecy pour combattre l'opinion des Astrologues, qui à ce compte-là ne pourroient pas iuger des diuers changemens des inclinations par la consideration des premieres Influences, puisqu'il y en auroit souuent de nouuelles.

D'ailleurs, où s'emportent-ils lors qu'ils ne veulent pas seulement determiner quel sera le temperament, & quelles seront les inclinations, mais quelles seront toutes les actions des Hommes. Quoy, les Astres obligeront vn Homme à estre yurogne, paillard & homicide ? Ou sera-donc son libre arbitre ; Sera-t'il captif sous leur constellation ? Si cela estoit, ceux qui feroient du mal n'en meriteroient ny punition ny blasme : Il en faudroit ac-

si le libre arbitre estoit captif sur les constellations, les vertueux ne meriteroient point de recompense, ny les vicieux de punition.

DE L'ASTR. IVDICIAIR.

cuſer le Ciel qui en ſeroit la cauſe ; Et ceux qui feroient du bien n'en deuroient point auſſi attendre de recompenſe, puiſque les Aſtres les y auroient portez. En vain nous donnerions des loüanges & des honneurs à ceux qui ont bien veſcu, & noſtre Iuſtice Pollitique feroit vne grāde iniuſtice quand elle enuoyroit les larrons au gibet. Il ne faudroit point croire que les proſperitez ou les aduerſitez, l'accroiſſement ou la ruine des Empires & des familles particulieres, & tous les autres changemens inopinez de la fortune, fuſſent des ouurages de la Prouidence Eternelle qui traite chacun ſelon ſon merite dans cette vie, pour des raiſons impenetrables à l'eſprit des Hommes. L'on ſe rapporteroit du tout aux Aſtres, dont l'on croiroit que toutes les deſtinees fuſſent deſpendantes. L'on s'accouſtumeroit par ce moyen à pecher ſans aucun ſcrupule de conſcience: Pourueu que les crimes fuſſent cachez, & que l'on ſe ſauuaſt de la Iuſtice humaine, l'on ne craindroit point la Diuine. L'on n'adreſſeroit point auſſi ſes prieres à Dieu, mais aux Aſtres, pour acquerir de la felicité : Et comme l'on ſe perſuaderoit que tout ſeroit conduit par vne neceſſité aueugle, l'on ne pourroit pas croire qu'il y euſt ny Paradis ny Enfer apres cette vie, d'autant que les actions auſquelles l'on auroit eſté contraint, ne deuroient point eſtre conſiderees pour l'eſtat eternel des Hommes. Mais le Monde n'eſt point gouuerné de cette ſorte. Si Dieu auoit creé les Aſtres pour contraindre autant les Hommes à ſuiure les vices que la Vertu, il auroit eſté autheur du mal, ce qui ne peut arriuer, eſtant ſouuerainement Bon comme il eſt. Si ces opinions ont gagné ceux qui eſtoient dans les erreurs les plus pernicieuſes, elles n'ont rien obtenu ſur ceux qui ſont dans la vraye Foy ; & les Aſtrologues meſmes voyans que c'eſtoit vn moyen de les faire deſcrier par tout de ſouſtenir cela abſolument, ont auoüé que les Aſtres ne forçoient point les Hommes à faire de certaines choſes, mais qu'au moins ils leur en donnoient l'inclination. La pluſpart des eſprits vulgaires s'en tiennent pour contens, & reçoiuent l'Astrologie Iudiciaire à ces conditions; mais l'on leur dispute encore cela, pource que ce seroit proposer que Dieu auroit fait autant de creatures à qui le mal seroit essentiel, que d'autres à qui le bien le seroit, ce qui ne peut iamais estre. Ce n'est pas vn moindre mal de faire incliner quelqu'vn au vice que de l'y forcer, & mesme c'est vne trahison tres-dangereuse qui surprend lors que l'on ne s'en garde pas. Dieu a trop aimé les Hommes pour les exposer à tant d'ennemis; & si l'on dit que le temperament donne de l'inclination à de certaines voluptez & à d'autres vices, & que les Astres en peuuent faire autant, ie respond que les humeurs, qui sont vne partie de nous-mesmes, peuuent de verité auoir quelque pouuoir, mais qu'il ne regne point sur nous, si nous leur resistons, & que nostre volonté se rend tousiours la maistresse; Que les choses exterieures & esloignees ne sçauroient aussi auoir vne semblable force, & quand elles l'auroient, que cela ne conclud rien contre nous, car si nostre Ame peut bien rendre ses intentions & ses proiets contraires à la puissance qui luy est attachee, & qui est en son corps dont elle se sert pour instrument de ses actions, que ne fera-t'elle point contre la puissance des Astres qui est separee d'vne telle distance?

L'on ne dit point que les Astres ayent du pouuoir sur l'Ame des Hommes pour autre suiet que pource qu'ils en ont sur le temperament du corps, mais si ce temperament est souuent frustré de son priuilege, ne pouuant assuiettir la volonté, que feront donc les Astres? Outre cela, quand l'on auroit monstré que leurs Influences auec le temperamens pourroient porter les Hommes à quelque Vertu ou à quelque vice, cela ne determineroit pas de quelle sorte ils accompliroient leurs bons ou leurs mauuais desseins, & quelle fortune leur en pourroit arriuer; car pour sçauoir les inclinations des hommes, l'on ne sçait pas ce qu'ils feront, ny ce qu'ils souffriront, auec toutes les circonstances necessaires, tellement que tou-

Quand le temperament pourroit porter les Hommes à quelques vices cela ne determineroit pas de quelle sorte cela arriueroit, & auec quelles circonstances; & encore moins ce qu'ils souffriroient de la part des autres.

DE L'ASTR. tes les predictions que l'on tire de la difpofition des Eſtoil-
IVDICIAIR. les ne ſçauroient auoir aucune verité, & ne font fondees
que fur les vaines imaginations des Aſtrologues. Cherchons vn peu ce que c'eſt que cette Influence, qui à la
naiſſance de l'Enfant luy donne vn temperament égal à
elle, & le deſtine à de certaines actions, & de certaines
fortunes ineuitables. Pour ce qui eſt d'imprimer au corps
de l'Enfant, vne qualité chaude ou froide, ſeche ou humide, & luy donner ſes principales humeurs, quoy que
cela ne ſe faſſe guere, & que l'Enfant ait tiré du ventre
de la Mere, tout ce qui luy conuient, ſi eſt-ce que l'on
peut dire auec quelque vray-ſemblance, que les rayons
des Aſtres ayans touché le corps du nouueau né, l'ont
confirmé dans cette habitude; mais pour ce qui eſt de le
deſtiner à faire de certaines choſes & en ſouffrir d'autres,
comment cela peut-il eſtre compris ? Y a-t-il quelque
qualité au Monde qui puiſſe rendre vn Homme ſuiet,
non ſeulement à trahir ſa patrie, mais encore par des
moyens que les Aſtrologues deuinent dans l'Horoſcope,
comme d'auertir les ennemis par lettres chiffrées, de tout
ce qui ſe paſſe contr'eux, de les receuoir chez ſoy en habit déguiſé, & d'autres actions infinies ? Dauantage, de
telles Influences le pourront-elles deſtiner à eſtre mal
traitté des Grands, à eſtre long-temps en priſon, & à
perir par quelque mort violente, dont l'on declarera auſſi
le genre & le temps ? Y a-t-il des impreſſions Celeſtes
capables de faire arriuer cela ? Les Aſtres n'eſtans que
des Corps, ont-ils des qualitez qui ſurpaſſent leur nature ? Vn Corps ne peut donner que des choſes particulieres & finies, au lieu que l'on attribuë à ceux-cy des choſes generales & diuerſes. Il n'eſt point à propos non plus
de dire que l'Homme reçoiue en ſoy vne propriete qui
le rende ſuiet à faire de certaines actions en quelques oc-
currence, car tout cela ſe varie ſelon les choſes exterieures, & l'eſprit de l'Homme eſt ſi diuers, qu'à tous momens il prend de nouueaux deſſeins que l'on ne ſçauroit
deuiner, quand meſme l'on pourroit predire la cauſe qu'il
auroit

auroit de les prendre. En ce qui est aussi des accidens qui despendent d'autruy, comme de receuoir des affronts & des iniustices, d'estre mal traité en son corps & en ses biés, l'Influence qui destine à cela peut-elle estre dans l'Homme à sa natiuité? Puisque cela despend de l'exterieur, elle deuroit estre grauee ailleurs qu'en luy-mesme. Mais où subsisteroit cette transmission exterieure par vn si long-temps, pour auoir son effet à vne heure destinee? Demeureroit-elle en l'Air cependant? Combien de diuerses Influences s'entremesleroient pour vne infinité de personnes! Ie ne veux point laisser icy les Astrologues sans responce. Si les Influences se doiuent loger ailleurs qu'en celuy pour qui elles sont donnees, c'est en ceux qui auront quelque affaire à démesler auec luy, afin de les porter vn iour à ce qu'ils doiuent faire pour son bien ou pour son dommage: Mais ie tire de cecy vne raison qui mõstre que les iugemens des Astrologues sont donc impossibles, car quel moyen y a-t'il de faire l'horoscope de tant d'Hommes, & comment peut-on mesme sçauoir qui ils sont & où ils se treuuent? C'est ce qui mettra les Astrologues en defaut, & ce qui leur doit faire confesser qu'il y a beaucoup de choses où ils ne voyent goutte.

Iusques icy le credit de ces sortes de gens s'est maintenu par la foiblesse que l'on a tesmoignee à l'examen de leurs propositions. Il faut se representer que l'on leur obiecte souuent des choses qui n'ont point de force en quelque façon que ce soit, ou que l'on rend moins considerables estans mal exprimees & mal assistees: Il faut attaquer d'vne autre sorte ceux que l'on veut destruire. L'on leur dit que de deux Hommes qui sont nez en vne mesme heure, l'vn sera Roy, & l'autre demeurera tousiours païzan, & que cela monstre qu'il est impossible de predire la fortune de qui que ce soit. L'on pense là dessus les auoir vaincus entierement, mais ce n'est pas sçauoir la vraye façon de iuger, car les Astrologues dressent leur iugement selon la condition où ils voyent naistre vn Hõme, ce qui sert à faire connoistre sa fortune future, & cet-

Des objectiõs trop foibles que l'on fait aux Astrologues sur des personnes nees à mesme heure.

te constellation qui monstre qu'vn grand Seigneur pourra deuenir Roy, monstre au lieu de cela que l'habitant d'vn bourg en sera le President ou le Maire. Voilà ce qu'ils peuuent respondre : mais l'on leur doit repliquer, qu'encore qu'ils establissent le Soleil ou Iupiter pour signifier vne dignité, cela ne monstre point au vray ce qu'elle sera, & comme il y en a de plusieurs sortes, ils ne peuuent predire si ce sera plustost l'vne que l'autre. L'on leur obiecte encore que de deux Hommes nez sous mesme constellation, l'vn meurt dans son lit, & l'autre a esté noyé, & qu'ils ne pouuoient donc predire le genre de leur mort. Ils respondent que l'on n'a pas bien obserué le moment de leur naissance, & que si l'on l'eust fait, l'on eust trouué qu'il y auoit assez de diuersité pour monstrer que leur mort deuoit estre diuerse. L'on leur peut repartir que cela n'est point ainsi, & qu'ils ne sçauroient monstrer les marques de cette difference. Il leur faut donner aussi d'autres exemples contraires. Que diront-ils de tant de gens qui ont vne pareille mort, & qui estoient nez sous diuerses constellations ? Cent Hommes perissent dans vn vaisseau qui fait naufrage ; Dix mille sont tuez en vne bataille : Comment les Astres ont-ils ordonné cela ? Nos Iudiciaires respondent qu'il n'est pas possible qu'il n'y ait eu quelque Astre à la naissance de tous ces gens-là qui ait monstré qu'ils deuoient mourir ainsi : Mais ie m'asseure que si l'on dresse l'horoscope de deux ou trois seulemement, l'on n'y trouuera point cette signification au vray, où si l'on l'y trouue, c'est que l'on donne telle explication que l'on veut aux Signes quand les choses sont arriuees. Se voulans defendre dauantage là dessus, ils disent que pour predire le genre de mort d'vn Homme, il faut prendre garde aux constitutions generales de toutes les annees, afin de voir comment sa constellation s'y accorde, & que plusieurs qui doiuent mourir dans vne certaine annee, doiuent estre emportez de la contagion plustost que d'vne autre maladie ; Que ceux qui se mettront sur mer en vn certain temps y

doiuent faire naufrage, & ceux qui iront à la guerre y *DE L'ASTR.*
doiuent eſtre tuez. Ce ſont-là de vaines defenſes: L'on *IVDICIAIR.*
ne void point que les Aſtrologues practiquent toutes ces
obſeruations, ny qu'elles leur puiſſent ſeruir, d'autant
qu'en chaque annee il y en a qui meurent de diuerſes maladies, & d'autres qui en reſchappent. Tous ceux auſſi
qui vont ſur mer n'y font pas naufrage, & pluſieurs reuiennent de la guerre la vie ſauue, tellement que l'on ne
ſçauroit deuiner qui ſeront ceux qui ſeront ſujets à ſuc-
comber aux mal-heurs du temps. Il eſt auſſi fort mal-aiſé
de predire qu'elle ſera la conſtitution de chaque annee,
& quand l'on le ſçauroit, l'on ſeroit encore bien loin de
iuger qui ſeroient les perſonnes dont le temperament s'y
accorderoit, pour leur faire ſouffrir ce qui en ſeroit ſigni-
fié. D'ailleurs, en ce qui eſt des maladies, encore les peut-
on euiter ou par hazard ou par prudence. Vn Homme
aura des occupations qui le retiendront touſiours dans ſa
maiſon, de ſorte qu'il ne prendra point le mauuais air
des ruës, vn autre ne ſortira qu'auec de bons preſeruatifs, & par ce moyen les predictions ſeront renduës inutiles. Pour ce qui eſt d'eſtre noyé ou de mourir à la guer-
re, l'on ſe peut bien empeſcher d'aller ſur la mer ou de
porter les armes, & en ce cas-là l'on ne ſçauroit predire ſi
vn Homme perira par l'eau, ou par le fer & le feu, puis
qu'il eſt en ſon pouuoir d'en euiter les occaſions, & que
l'on les luy fera fuyr quelquefois ſans qu'il y penſe & qu'il
en ait le deſſein.

 L'on a encore obiecté aux Iudiciaires, que tous les hõ- *Des Nations qui*
mes d'vn certain pays barbare aimoient à viure de chair *ont des inclina-*
humaine, & qu'en pluſieurs autres nations ils auoient *tions generales.*
des inclinations generales, quoy qu'ils euſſent diuerſes
naiſſances. A n'en point mentir, cet argument ne faict
pas beaucoup contr'eux, puiſqu'ils peuuent dire que chaque Homme ne laiſſe pas de garder ſon humeur particuliere pour pluſieurs choſes, quoy qu'ils ſe laiſſent tous en-
traiſner à la couſtume, par la conſtellation qui comman-
de à leur pays. Toutesfois, l'on peut remonſtrer que ſi
        Y y ij

DE L'AS-
TROLOGIE
IVDICIAIR

cela estoit, cette coustume seroit tousiours demeurée parmy cette nation, & si l'on dit que c'est qu'vne autre constellation est venuë, il faut faire voir que l'instruction que l'on a en fin donnée à ces peuples, est de beaucoup plus puissante.

Des Gemeaux semblables ou dissemblables.

Parlons encore apres cecy d'vne origine pareille. Pour vne tres-grande conformité de constellation qui ne reussit pas, l'on allegue celle des Gemeaux, que l'on dit auoir esté conceus en mesme moment, & qui par consequent deuroient estre semblables en toutes choses, quoy qu'il y en ait qui soient fort differens d'humeurs, & qu'ayent des fortunes fort diuerses. Quelques Astrologues ont respondu à cela, qu'il ne faloit pas seulement considerer le temps de la conception, mais celuy de la naissance : Que si deux Gemeaux estoient conceus en mesme temps, ils ne pouuoient pas naistre de la mesme façon, & ne sortoient que l'vn apres l'autre du ventre de leur Mere; Que s'il se passoit vn assez long temps entre la venuë de l'vn & celle de l'autre, il ne faloit pas s'estonner lors que leurs vies estoient differentes, & que si mesme ils se suiuoient de prez, il y deuoit encore auoir de la diuersité, à cause que l'estat du Ciel change continuellement, & qu'à chaque moment les constellations se varient. L'on a prouué là dessus leur defense, ou bien l'on ne leur a reparty que laschement. C'est pourquoy ils ont encore eu l'asseurance de rapporter l'exemple de la rouë qui tourne, sur laquelle si l'on touche deux fois coup sur coup auec quelque pinceau, l'on trouuera que les deux marques seront fort esloignees quand elle aura cessé de tourner, encore que l'on l'ait touchée fort promptement, & que de cette sorte les poincts que l'on peut remarquer au Ciel l'vn apres l'autre, ont vne grande distance pour la prompte circulation des Astres; Mais cela fait contre ces Astrologues qui l'alleguent pour eux, car si les Astres changent de lieu en si peu de temps, quel moyen y a-t'il de les obseruer pour faire des horoscopes certains, soit pour les Gemeaux, soit pour toute autre personne ? L'on sera trompé si l'on croid que les deux poincts que l'on a marquez soient fort proches l'vn de l'autre, puis qu'ils sont fort esloignez. Les plus suffisans des Iudiciaires soustiendront qu'ils peuuent bien discerner cette diuersité, au cas qu'elle se treuue ; pource qu'ils sçauent au vray les diuerses positions des Astres. Et pour vne autre contrebatterié, ils diront que c'est chose fort asseurée qu'il y a quelques Gemeaux qui s'estans suiuis de fort prez à leur naissance, sont semblables de visage, de taille & de constitution, & qui ont les mesmes maladies, les mesmes inclinations & les mesmes fortunes. Plusieurs ayans oüy cecy en demeurent surpris, & leur auoüent que les Astres tesmoignent vne esgale puissance sur ces deux enfans, & que c'est de là que leur ressemblance procede : Mais nous les allons desabuser : Qu'ils sçachent ques les regles des horoscopes n'en doiuent point estre tenuës plus veritables, & que c'est à tort qu'ils attribuent à des causes externes & esloignées, ce qui deriue des internes. Pourquoy ne se ressembleront pas ceux qui sont produits d'vne mesme semence, & qui ont eu les mesmes alimens ? pourquoy leurs humeurs n'auront-elles pas du rapport, si estans de mesme temperament ils ont eu encore les mesmes instructions ? De là l'on peut conclure aussi, qu'ils doiuent estre sujets à de pareilles maladies ; il n'y a que la ressemblance de leurs fortunes que l'on en pourroit seulement retrancher, à cause qu'elles ne dependent ny des Astres ny du temperament : mais pource que leurs inclinations naturelles les portent à de semblables desseins, encore peut-on dire qu'elles sont cause qu'il leur arriue de pareils accidens. Ainsi, nous n'auons pas besoin de nous imaginer que toutes leurs conformitez procedent de ce qu'ils sont nez à vn mesme moment, mais de ce qu'ils sont formez d'vne pareille matiere, & nourris d'vne façon esgale. Voylà comment l'vn des principaux argumens des Iudiciaires est renuersé.

Lors que l'on ne leur a point allegué ces choses, ny toutes les autres qui destruisent leurs raisons, ils ont aug-

DE L'ASTR. IVDICIAIR.

Les Astrologues pensent iuger de ce qui arriuera à vne ville & à vn Estat, & ce qu'ils disent des Ecclipses & des Comettes.

menté leur credit en beaucoup de lieux, ne iugeans pas seulement de ce qui deuoit arriuer à chaque particulier, mais à vne multitude d'Hommes, comme aux habitans d'vne Ville, à tous ceux d'vne Republiq, ou d'vn Royaume, tant presens qu'aduenir, & quelle sera la duree des Estats & des Empires. Mais s'ils font leur horoscope sur le moment que l'on a commencé de bastir vne Ville, ils auront bien de la peine à trouuer quand c'est que l'on a mis la premiere pierre, & possible faudroit-il plustost chercher quand c'est que l'on a donné le premier coup de hoyau pour en faire les fondemens, ou quand l'on a commencé de les tracer. Le premier instant que les Hommes se sont mis en societé, deuroit estre aussi consideré d'auantage, d'autant que ce sont eux qui forment la Ville & la Republique. Le poinct de la naissance des grands Estats sera encore fort difficile à trouuer, & apres cela il n'y a rien de certain en toutes ces obseruations. L'on attribuë chaque prouince à vn certain Astre, mais pourquoy plustost à l'vn qu'à l'autre? Si c'est qu'il a passé au dessus vn certain temps, il a passé depuis sur d'autres contrees où l'on n'a point veu qu'il ait causé les mesmes auantures. L'on a dit que les Planettes regnoient tour à tour sur le Monde par vn certain espace, & que tout ce qui s'y faisoit estoit conforme à leur nature : mais ce rapport n'est point connu, & les Planettes se faisans tousiours remarquer tantost d'vn costé & tantost de l'autre, il n'y a aucune raison de dire qu'elles se cedent ainsi la domination tour à tour. Quelques-vns ont dit que les Ecclipses apportoient tousiours quelque changement : Comme il s'en fait souuent, il arriue aussi d'ordinaire beaucoup de diuersitez, mais cela n'a point de correspondance ny de proportion de temps & de duree. L'on obserue aussi les Cometes, & l'on tient qu'elles presagent des sterilitez, des maladies contagieuses, des querelles & des guerres, & la mort de quelque grand Prince, auec la mutation des Estats. Pour accorder cela à la Nature, l'on dit que les Cometes eschauffent merueilleusement l'Air, & peuuent estre cause que la Terre ne rapporte pas tant de fruicts ny si bons qu'elle a accoustumé : Qu'elles corrompent aussi le temperament des Hommes, affligent leurs corps de fiévres malignes, & troublent leurs esprits de cholere, d'où viennent les dissentions & les meurtres auec le trouble des prouinces. Cela se peut bien faire en quelques lieux, mais de dire cõme nos Autheurs que les Princes estans ceux qui viuent le plus delicatement, il n'y a qu'eux qui soient suiets principalemens à cette mauuaise Influence, cela n'est pas fort vray-semblable, car il y a bien des Financiers & d'autres Hommes oysifs & delicieux qui viuent auec autant de delicatesse que les Roys, de sorte que les Cometes ne doiuent pas auoir moins de puissance sur eux. L'on peut respondre à cela, que les Cometes estendent aussi leur pouuoir sur cette sorte de gens, & en font mourir plusieurs, mais que l'on n'en parle pas tant, pource qu'ils ne sont pas si remarquables dans le Monde, & que cela n'empesche pas qu'il ne meure quelque Prince en mesme temps, & que de-là il n'arriue quelque desordre dans vn Estat. Neantmoins, il ne se faut pas tant asseurer à cela, que l'on vueille pronostiquer la mort des Grands par l'apparition des Cometes, car il se peut trouuer des Princes de tres-forte complexion, lesquels ne viuent pas auec plus de delicatesse que le vulgaire, & se donnent toute sorte d'exercice. Par ce moyen ils semblent estre exempts de la iurisdiction de cette Influence, & tout ce que l'on en peut dire, c'est qu'en effet la saison eschauffant quelques Hõmes extraordinairement, & leur causant de mauuaises humeurs, ils peuuent estre atteints de plusieurs maladies dangereuses; & comme les autres sont portez à la fureur par l'intemperie qui domine alors, il y en a qui peuuent estre tuez dans les seditions ou dans vne iuste bataille, mais l'on ne peut iuger si ce seront des Princes ou de chetifs payzans qui auront le plus de part à de tels effects; & mesme le total n'en est pas fort certain. Cela n'est fondé que sur de foibles coniectures : L'on a bien veu des Cometes sans

DE L'ASTR. qu'il y ait eu vne si grande mortalité dans le Monde, ny
IVDICIAIR. de si grandes guerres, ny tant de troubles de prouinces.
Que s'il en est arriué bien-tost apres, c'est que les choses
du Monde sont en perpetuel changement, & voilà pourquoy il n'y a aucune reigle certaine en cela pour predire
ce qui doit auenir. Les Cometes passent aussi d'vne region
à l'autre assez souuent, & regardent diuerses prouinces de
leurs crins & de leur queuë, de sorte que l'on ne sçait laquelle ils menacent. Quelque effet naturel que l'on leur
attribuë, en vain les Astrologues s'y asseurent, y adioustant les regles de leur Art, qui sont pleines d'illusions. Il
ne sert de rien de remarquer sous quels Signes les Cometes se treuuent, & quels regards elles ont, puisque le pouuoir des Maisons & des Aspects des Astres, ne sert pas seument pour eux-mesmes.

Des elections ou chois des entreprises, & des têps qui leur sont fauorables.

Au reste, les Astrologues voulans rendre leur sçauoir
plus absolu, ne se contentent pas de iuger quelle sera la
fortune d'vn Homme en toute sa vie, & quelle sera celle
d'vn Estat en toute sa durée : Ils pensent déterminer ce
que l'on doit attendre de chaque entreprise particuliere :
Si vn Homme doit trauailler à vne affaire : S'il doit commencer vn voyage par vn certain iour : S'il fait bon aller
sur Mer : Si l'on profitera à la suite de la Cour, ou dans le
trafic : Si l'armée d'vn Roy gagnera la victoire contre
celle d'vn autre, & si deux Estats se pourront bien-tost
reunir par quelque Alliance : Bref, ces Iudiciaires se vantent de respondre sur toutes les demandes imaginables,
ce qu'ils appellent leurs Eslections ou Chois d'entreprises
& de temps : Ils dressent pour cela leur figure sur le moment que l'on commence quelque nouuelle action, &
soustiennent que cét artifice sert de beaucoup à la conduite de la vie, d'autant que s'ils trouuent qu'il doit arriuer du bien à vn Homme de ce qu'il pretend, cela le confirme en son dessein, & le fait reussir plus commodément, & s'ils voyent qu'il luy en doiue arriuer du mal,
cela sert à le destourner lors qu'ils l'en ont aduerty. Il ne
faudroit que cecy pour les conuaincre de fausseté : Comment

ment s'imaginent-ils que l'on puisse euiter ce qui doit ar- DE L'ASTR.
riuer; Car si cela ne se deuoit point faire, ils ne le verroiēt IVDIC.
pas au Ciel, & si cela se void au Ciel sans que cela arriue,
l'on ne se doit gueres soucier de telles significations. Ils
se contredisent en cela manifestement: D'ailleurs cette
curiosité est tres-dommageable à nostre repos, quelque
chose qu'elle nous puisse apprendre, car ayant trouué par
là qu'il nous doit arriuer du bon-heur, s'il n'arriue point
nous nous estimerons miserables de l'auoir attendu en
vain; & s'il arriue veritablement, il nous plaira moins,
alors, pource que toute la ioye se sera consommee dans
vne attente trop ferme. De mesme lors que l'on nous
menacera de quelque infortune, nous la sentirons a-
uant le temps, si elle doit arriuer, & si elle ne doit point
arriuer, nous nous rendrons mal-heureux par vne crainte volontaire & inconsideree. Cela monstre que quand
mesme l'Astrologie iudiciaire seroit certaine, il seroit
inutile ou tres-mauuais de la consulter sur les accidens
futurs.

Pour nous en retirer plus librement, nous considere- *Recapitulation*
rons d'vn autre costé qu'elle n'est que tromperie, & faisant *d'vne partie de*
repasser dans nostre memoire quelque chose de ce qui en *ce qui a desia esté*
a esté desia dit, nous y adiousterons de nouuelles pensees *dit auec quelque*
pour conclusion. Nous nous representerons que pour *addition.*
sçauoir ce que toutes les constellations pronostiquent, il
faudroit les auoir toutes obseruees plusieurs fois; Car il
n'y a point d'asseurance en vne seule obseruation. Or
les vies de mille hommes qui auroient pareil dessein ne
suffiroient pas l'vne apres l'autre à tant d'ouurage, &
quand vn homme immortel verroit reuenir les mesmes
constellations qui auroient esté autresfois, si la mesme
disposition ne se rencontroit en la matiere, il ne trouueroit pas qu'il s'y fist de pareilles choses, & ce qu'il y verroit ne l'instruiroit pas assez pour luy seruir d'exemple.
Encore supposons nous cela, au cas que les mesmes constellations arriuent plus d'vne fois, & que l'on les puisse
remarquer: Mais il y a quelque raison de les tenir pour

DE L'ASTR. infinies. De l'accomplement de 22. lettres, nous faisons
IVDICIAIRE des dictions innombrables: Que ne peuuent donc faire
ensemble tant d'estoilles qui se trouuent accoupplees diuersement dans le Ciel? Ie sçay bien que les Astrologues
disent, qu'il ne faut auoir esgard qu'à leurs principales
desmarches, & que les sept Planettes les reglent toutes,
au reste selon qu'elles s'y ioignent: Mais pourquoy ne
veulent-ils pas que l'on obserue entierement ce qui appartient aux constellations, & qui leur a dit que les vnes
n'eussent pas tant de pouuoir que les autres? Ils soustiennent encore que l'on n'a pas besoin mesme de voir leurs
effects les vns apres les autres par des siecles sans nombre,
pour sçauoir ce qu'elles opere, d'autant que l'on iuge cela sçachant la nature de chaque Astre, comme ils la
croyent sçauoir parfaictement; mais quels mensonges
n'ont-ils point controuué là dessus? Pourquoy donnent-
ils de la froideur ou de la chaleur à des Astres desquels
l'on ne peut asseurer s'ils sont chauds ou froids? Pourquoy
les font-ils masculins ou feminins? Y a-il quelque raison
de sexe entre ces corps? Ils diront que c'est à cause de la
debilité des vns ou des autres? mais à quoy iugent-ils
de leur vigueur? C'est peut-estre selon qu'ils sont terrestres ou aquatiques: mais il leur est difficile de sçauoir
quelle correspondance ils ont auec les Elemens: Que
s'ils en pensent iuger par la chaleur ou l'humidité, ils ne
font pas sentir ces qualitez de si loin. D'ailleurs, pourquoy disent-ils qu'ils se plaisent plus en vne maison qu'en
l'autre, s'ils ne monstrent point de changement dans aucune? & pourquoy s'arrestera-t'on à l'establissement des
douze maisons qui peuuent estre augmentees ou dimi-
nuees ou partagees d'autre sorte? Quand elles demeureroient mesme en ce nombre, si l'on les separoit chacune
par le milieu, des deux moitiez de deux voisines, l'on en
pourroit faire vne autre nouuelle, ce qui changeroit toute leur puissance, & l'on ne sçauroit prouuer que cela
ne se doiue point faire, & que cela ne puisse encore estre
varié en vne infinité de façons, puis qu'il n'y a ny com-

mencement ny fin dans la rondeur du Ciel, & dans le cours des Aſtres. Apres cela il y a encore vn grand abus dans l'explication que l'on leur donne, dans leurs diuers regards, dans le temps des obſeruations, & dans toute la façon de iuger, qui ne ſe pourroit aucunement faire entendre, n'eſtoit que l'on l'accommode à ſes deſſeins, ſi bien qu'en vn mot, il ne faut iamais adiouſter foy à de telles vanitez.

DE L'ASTR. IVDIC.

Que ſi l'on s'eſtonne comment il ſe peut faire neantmoins que les Aſtrologues reuſſiſſent quelquesfois en ce qu'ils prediſent, il faut remarquer que toutes les choſes du monde ayans vne continuelle varieté, ce qu'ils ont predit peut arriuer, auſſi-toſt que le contraire, quoy qu'ils n'en ayent eu aucune aſſeurance veritable. D'ailleurs, les plus habiles du meſtier, eſtans ſubtils à remarquer l'inclination des hommes à ce train de vie qu'ils ont commencé de ſuiure, auec les aydes ou les obſtacles qu'ils y peuuent rencontrer, font quelquefois des iugemens qui ſe trouuent bons, par leur ſeule preuoyance naturelle, pluſtoſt que par les regles d'Aſtrologie. Auec cela il peut quelquefois arriuer que ceux à qui l'on dit qu'ils feront fortune auprés des Roys, ſe mettent à les ſeruir auec beaucoup d'eſperance & d'affection, & cela leur y ſert grandement: au lieu que ceux à qui l'on predit qu'ils feront touſiours malheureux dans la condition qu'ils ont choiſie, perdent entierement courage, & cela faict qu'ils ne s'auancent pas, & que la prediction eſt accomplie. L'on peut encore adiouſter icy quelques marques ſecrettes de la prouidence eternelle, qui permet qu'il arriue aux hommes quelques malheurs qu'ils craignoient par leur ſuperſtition, leur faiſant trouuer ainſi leur punition dans leur propre faute. Apres cela l'on doit conſiderer que toutes les merueilles que l'on nous raconte de l'Aſtrologie Iudiciaire ne ſont pas veritables; que pour mille fauſſes predictions, l'on nous en rapporte deux ou trois qui ont eſté ſuiuies d'vn tel ſuccez que l'Aſtrologue auoit dit; mais qu'il n'y a que celles qui ont bien rencon-

Comment les Aſtrologues reuſſiſſent en ce qu'il prediſent.

tré, qui esclattent le plus. Que l'on les admire tant que l'on voudra; elles ont esté faites par hazard, non point par vne science certaine, puisque l'on ne doit point donner ce tiltre de certitude à la Iudiciaire dont l'on s'y est seruy. Quand l'on en rapporteroit beaucoup d'autres exemples, l'on ne seroit pas obligé d'en croire autre chose, veu que cela n'est appuyé d'aucune raison naturelle. Quelqu'vn a dit qu'il croiroit plustost que plusieurs flambeaux qui seroient dans la chambre d'vne femme qui accouche, & beaucoup de feu qui seroit allumé dans la cheminee, auroient pouuoir sur elle & sur son fruict, que les estoilles du Ciel qui ne la touchent point alors de tous rayons & ont peu de force dans leur esloignement. Toutefois l'on tient que leurs influences peuuent vaincre leurs obstacles, & nous sommes demeurez d'accord qu'elles en ont de fort puissantes : Mais ce ne sont pas celles que pensent les Astrologues. Elles n'agissent aussi que sur les corps, & quãd elles opereroient sur les Ames, elles ne pourroient rien determiner des accidens fortuits, & des choses qui peuuent estre ou n'estre pas, selon la volonté des hommes, tellement qu'encore que l'on ait vne parfaicte cognoissance de ces effusions celestes, l'on ne sçait pas ce qui en doit arriuer, si ce n'est que l'on y adiouste les coniectures de la prudence veritable qui reussissent en beaucoup d'occasions.

De la Geomance.

IL y a vne autre inuention par laquelle l'on pense deuiner les mesmes choses que par l'Astrologie, & auec autant de circonstances diuerses, pource que l'on y arrange des figures qui representent celles des Planettes & des signes, & que l'on donne à leur situation vne signification pareille : Mais il y a cecy de particulier, que pour auoir moins de peine à chercher le moment de la naissance ou du commencement de quelque affaire, l'on trouue les figures par hazard, selon le nombre des poincts que l'on a faicts; cela s'appelle la Geomance, c'est à dire, Diuination par la terre, à cause qu'autrefois les Deuins faisoient leurs poincts sur la terre auec quelque baguete, pour faire des predictions par cet art; mais maintenant pour plus de facilité, l'on ne faict les poincts qu'auec vne plume & de l'ancre. L'ignorance & la paresse de plusieurs, entre les mains desquels estoient les liures d'Astrologie leur a faict inuenter cecy. Pour ce qu'ils ne sçauoient pas comment l'on pouuoit trouuer quelle estoit l'horoscope d'vne personne, ny quels Astres dominoient au Ciel en certain temps, ils publioient que cela se pouuoit rencontrer, en faisant beaucoup de poincts sans y songer, & que le destin conduisoit la main, selon qu'il estoit conuenable. Pour suiure leurs regles, l'on fait donc seize rangs de poincts diuisez par quatre, qui finissent comme les doigts de la main, & selon que les poincts sont pairs ou impairs, l'on en tire quatre figures, qui sont appellees Meres; des poincts d'en haut l'on tire vne cinquiesme figure; des poincts du second rang vne sixiesme; de ceux du troisiesme vne septiesme, & de ceux du quatriesme vne huictiesme; Ce sont-là les filles. Apres cela, des poincts de la premiere & de la seconde figure l'on tire la neufiesme, de ceux de la troisiesme & de la quatriesme, la dixiesme, de ceux de la cinquiesme & de la sixiesme l'onziesme, & de ceux de la septiesme & de la huictiesme, la douziesme. Ces autres quatre sont les niepces, & ces douze figures sont rangees dans les maisons du Ciel, pour en iuger par leur situation, selon les regles de l'horoscope, puis qu'elles sont attribuees chacune à quelque Planette, & à quelque signe. Mais si l'on n'adiouste point de foy à toutes les significations des aspects qui sont trouuez par les regles d'Astrologie, & qui sont veritablement au Ciel, que peut on penser de ce qui est trouué par les regles de Geomance, où il n'y a que le hazard qui domine. L'on s'imagine en vain que quand vn homme s'est proposé de s'informer de quelque chose, celuy qui fait pour luy cét ouurage s'estant aussi imprimé fortement le mesme desir dans l'ame, ils se rédent tous deux sujets aux Astres, qui ne peuuent guider la main d'autre sorte, que pour faire le nombre des poincts necessaires à signifier

DE LA GEO-MANCE. ce qu'ils demandent. Pour accomplir cela, il faut, ce dit-on, que l'esprit du Geomantien soit destaché de toute autre pensee, car s'il songe à autre chose, ses figures ne vaudront rien. Mais si vne telle obseruation est necessaire, il faut croire que cela passe la nature, laquelle n'a besoin que de regles communes, qui soient attachees au corps, non point à l'esprit. Auec cela c'est vn abus de s'imaginer que pour ce que l'on desire sçauoir la verité d'vne chose par des regles establies à plaisir, il faut que nous la sçachions indubitablement. L'on ne se sousmet point aux Astres quand l'on veut, & quand l'on y seroit sousmis, leur pouuoir ne s'estend pas iusques à conduire nostre main en toute sorte d'ouurages. Son mouuement despend de nostre vouloir, & comme elle s'arreste indifferemment sur vn poinct ou sur l'autre, pour terminer vne ligne, tantost ils sont pairs ou impairs; & si deux hommes font en mesme temps de telles figures sur vn mesme suiet, quoy qu'ils ayent vne pareille attention, elles se trouueront diuerses : de sorte que pour vn poinct d'auantage, elles signifieront ou la mort ou la vie. C'est donc vne grande simplicité de s'arrester à vn Art si trompeur : l'on n'y sçauroit trouuer aucun fondement. L'on ne dit point pourquoy l'on faict seize lignes de poincts dont l'on tire quatre figures, desquelles despendent les autres; Ne seroit-il pas autant à propos de faire d'auantages de lignes, & de chercher le reste des figures par d'autres moyens? L'on dit seulement que cette inuention est tres-bonne puis qu'elle reussit : & que cela suffit à faire seize figures, dont la plus ample est de huict poincts, & la moindre de quatre; & que du meslange entier des poincts les autres sont formées encore, de sorte que l'on y trouue de grandes proportions : Mais cela ne peut empescher que l'on ne croye que ces figures ne fussent aussi bonnes ayant beaucoup moins de poincts, ou plustost d'auantage; & mesme il auroit esté à souhaitter que comme il y a sept Planettes & douze signes dans le Ciel, il y eust dix-neuf figures pour les representer chacun particulierement.

Neantmoins les Geomanciens se contentent du nombre DE LA GEO-
de seize, les accommodāt toutes à diuerses significations, MANCE.
& les regallant sur la methode de l'horoscope. Ils remonstrent
aussi que pour n'estre point trompé aux figures, l'on
tire des quatre dernieres deux autres, que l'on appelle les
tesmoins, & de ces deux tesmoins l'on tire le Iuge, & que
l'on void si cela se rapporte à la chose que l'on demande.
Que de surplus l'on peut prendre garde si la figure de la
premiere maison s'accorde à l'heure que l'on a désiré de
faire cette enqueste, & si elle est suiete à l'Astre qui domine
à la question. Que si tout cela se rencontre, l'on ne doit
point douter de la bonté entiere de toutes les figures, &
que iusqu'alors il les faut tousiours refaire. Ce sont là des
obseruations qui semblent estre specieuses, mais qui sont
pourtant inutiles. Accordons que les Astres president à
tout ce qui est au dessous d'eux; les figures de Geomance
pourront-elles estre rangees de telle sorte qu'elles signifient
la mesme chose que les Astres, veu que l'on ne remarque
aucun accord entr'eux par leurs formes ny par
leur nombre? Quelle raison y a-t'il d'attribuer plustost
les vnes à vne Planette & à vn Signe qu'à d'autres? Pourquoy
les vnes sont-elles appellees chaudes & seiches, ou
froides & humides, & celles qui n'ont qu'vn poinct en
haut sont-elles estimees moins fauorables que celles qui
en ont deux? Il seroit mal-aisé de respondre à ces choses,
& les Geomanciens d'à present n'en diront rien, sinon
qu'ils sçauent cela par tradition, & que les premiers
qui l'ont inuenté estoient des gens si doctes & si iudicieux
qu'ils n'ont rien faict qu'auec ordre & mesure: Mais il
faut croire pourtant que cela n'a esté arrangé que selon
la fantaisie de quelques hommes oysifs & trompeurs, lesquels
s'ils ont pris garde à quelque chose, ç'a esté seulement
à ce qui estoit le plus commode pour leur dessein.
S'ils eussent faict moins de seize rangs de poincts, ils eussent
creu que leurs figures n'eussent pas esté assez distinctes,
& s'ils en eussent faict d'auantage, cela eust esté trop
difficile à executer, à cause que l'on a de la peine à se tenir

si long temps sans changer de pensée. Pource qu'il ne faut point aussi leuer la main pour prendre de nouuel ancre en trauaillant à cecy, il eust esté impossible de faire tant de poincts de ce que prend la plume en vne fois. Mais quelle ceremonie est-ce là de ne point reprendre d'ancre? N'est-ce pas vne superstition? Est-ce que l'on craint que par là nostre attention ne soit troublée? Nous trouuerons bien icy vn secret dont les Geomanciens ne se sont pas auisez? Qu'ils fassent les poincts auec vn crayon, la main n'aura pas besoin de se leuer de dessus le papier, iusques à ce que tout soit faict: Aussi bien est-il mesme assez difficile de faire seize rangs de poincts sans prendre de l'ancre deux fois. Mais soit que l'on se serue d'vn crayon, ou que l'on picque les poincts sur de la cire, ou sur vne carte, ou que l'on fasse quelqu'autre pareille inuention, cela n'aura pas plus d'effect que de la sorte que les Geomanciens en vsent? Si l'on continue de leur demander la raison de leur methode, pour couper court ils diront qu'ils n'en sçauroient donner de meilleure que la certitude de leurs experiences: mais si quelqu'vn de leurs essays est trouué veritable, ce n'est que hazard, ou bien c'est à cause que leurs figures estans employées diuersement à vne bonne signification ou à vne mauuaise, afin de faire croire que ce que l'on predit de l'aduenir est vray, l'on fait des figures pour ce qui est passé, que l'on sçait assez ponctuellement, & l'on y fait trouuer cela auec beaucoup de facilité: Car s'il y a vne mauuaise figure dans la maison principale dont l'on a besoin, il y en a souuent vne autre assez bonne, à costé ou dans quelqu'vn des aspects qui la corrige : & cette accommodation se fait encore mieux dans la Geomance, que dans l'Astrologie, parce que l'on n'est pas si certain de la signification de ces figures de poincts, comme de celle des signes du Ciel, dont tout le monde a entendu parler: L'on leur peut donc attribuer tantost vne chose, & tantost l'autre. L'on croit aussi quelquefois autant aux tesmoins & au Iuge, qu'à tout le reste. Si toutes les figures qui sont d'vn costé ont vn poinct impair en haut, l'on s'arreste s'arreste pareillement à ce qu'elles representent ; L'on compte certains points de toutes les figures, & l'on en extrait vne particuliere qui sert au iugemēt, si bien que parmy de telles varietez la tromperie est encore plus diuerse. Vne personne de bon esprit ne mettra iamais cét art au rang de ceux qui sont vtiles & certains. Toutefois l'on le fait passer pour vne des Diuinations comme il en porte le nom, & mesme l'on veut bien faire croire qu'il s'y trouue quelque reuelation spiruelle, puisque l'on y demande necessairement vne ferme attention ; mais toutes les ceremonies dont l'on accompagne cela, n'ont aucune puissance pour faire que le Ciel soit obligé par elles à nous apprendre ce que nous desirons.

DE LA GEOMANCE.

IL ne se faut pas fier dauantage à plusieurs autres Arts inuentez pour deuiner lesquels sont en quelque sorte suiets à l'Astrologie, pource que les significations y sont faites selon la puissance que l'on attribuë aux Astres ; & qui ont au reste du raport auec la Geomance, en ce que les figures y sont trouuees par hazard, quoy qu'elles ayent vne autre forme & vn autre ordre. L'on fait des Tables pour les douze signes du Zodiaque, & pour les sept Planettes, autour desquels il y a plusieurs petites separatiós où l'on arriue par le sort des Dez, suiuant la question que l'on a faite, & cela vous renuoye à des Tables de vers, où selon le nombre que vous auez trouué vous receuez vostre responsé, Il n'est pas besoin de monstrer que la plusparr de ces vers respondent fort peu à ce que l'on demande, ou sont si obscurs qu'il ne donnent aucune satisfaction. Il suffit de sçauoir que tout cela estant trouué par le hazard, il n'y faut establir aucune asseurance: Plusieurs ne s'en seruent aussi que pour passe-temps, & si quelqu'vn croit tout de bon, qu'il sçaura l'auenir, ou quelque chose de secret par cette inuention, c'est estre fort aisé à tromper. L'on fait d'autres tables où les renuoys sont multipliez, & l'on s'y sert quelquesfois de quelques dez qui ont vne autre figure que la quarree, & qui ont dauanta-

Des Deuinations suiettes à l'Astrologie, & premierement de celle des Dez ; ou des Tables celestes.

ge d'angles, comme de l'octahedre, ou du dedecahedre: mais l'vn reuient à l'autre, & cette varieté ne se fait que pour y tesmoigner plus d'industrie. Il est vray qu'il y a eu des pays, où les plus fameux Deuins n'ont point vsé d'autre artifice ayant fait beaucoup valoir cettuy-cy, mais c'estoit parmy des personnes simples & superstitieuses. L'on a appellé cela les Diuinations des dez, ou des Tables celestes, ou bien les Diuinations Astrologiques, lesquelles n'ont garde maintenant de passer parmy nous pour chose fort serieuse, & fort importante, veu que l'on les met au nombre des jeux.

De la Nomantie.
Il y a d'autres manieres de deuiner, qui semblent deriuer encore de l'Astrologie, & qui pour paroistre plus specieuses ne sont point practiquees auec hazard, à ce que disent leurs obseruateurs. Lors qu'ils se seruent des noms, ils en font vn Art qu'ils appellent Nomantie. Ils attribuent vn certain nombre à chaque lettre de l'Alphabet, & vne certaine valeur à chaque Planette, & à chaque iour de la semaine, & quand on desire sçauoir quel succés arriuera à vne personne touchant quelque affaire, il faut prendre la valeur de la premiere lettre de son nom, auec le nombre de la Planette, selon le iour de la semaine, & le nombre des iours du mois; Tout cela estant amassé, l'on en fait vn nombre, dont l'on oste celuy de trente, iusqu'à ce qu'il ne s'y trouue plus, & le nombre qui restera sera iugé bon ou mauuais, suiuant la Table qui en a esté faite. L'on doit dire contre cela qu'encore qu'il n'y eust point de hazard dãs la pratique de cette Diuination sur les noms, cela est hazardeux, qu'vn certain nom ait esté doné à vn homme ou bien quelqu'autre. Ceux qui l'ont nommé n'ont pas recherché si vn tel nõ luy seroit propice, pource que les lettres qui le composent ont vne telle valeur. Les noms qui seruent à signifier quelque bon-heur, sont donnez aussi quelquefois aux mal-heureux. L'on respondra que l'on adiouste icy d'autres mysteres, obseruant le iour du mois & celuy de la semaine, que l'on fait la question; mais tout cela n'est que vanité, & cela n'empesche pas que le nom

ne soit le principal fondement. Plusieurs voulans sçauoir DES DIVI-
quelque chose par cette voye adioustent aussi vn nombre NATIONS.
qu'ils prennent à leur fantaisie, tellement que toute leur
procedure en est dauantage au hazard : Mais ils croyent
qu'il y a ie ne sçay quelle force dans ce choix aueugle, parce que les Planettes conduisent leur imagination pour
prendre le nombre qui est necessaire à leur faire connoistre la verité, de mesme qu'ils se persuadent que la main
est conduite miraculeusement pour faire les poincts de
la Geomance ; Mais ces deux opinions sont aussi absurdes
l'vne que l'autre : Les Astres ne peuuët rien sur les actions
volontaires, & comme ils sont corporels, ils n'agissent
point sur l'esprit en vn instant pour luy faire prendre
diuerses pensees particulieres : S'ils gagnent les inclinations, ce n'est que par les humeurs du corps, ce qui ne se
fait que dans vn long terme. Considerons encore toute cette maniere de deuiner ? Pourquoy attribuë-t'on vn
certain nombre irregulier à chaque lettre ? Que ne
portent-elles le nombre de leur ordre dans l'Alphabet?
Quel raison y a-t'il aussi au nombre de chaque Planette?
& apres cela, pourquoy le nombre entier est-il diuisé par
Trente plustost que par Quinze, ou par seize, & quant
aux nombres qui restent, dont les vns sont estimez heureux, & les autres mal-heureux, quelle est la raison que
l'on peut auoir pour cecy ? L'on ne la trouue en aucun lieu. Qui plus est, si l'on veut sçauoir si vn malade
reschappera, si vn Amant iouyra de sa Maistresse, & qui
sera le vainqueur de deux combattans, l'on a des Alphabets diuers pour cela ; L'on procede encore diuersement
en l'accouplement des nombres, & en leur partition, &
mesme l'on a diuerse opinion de la bonne ou mauuaise
signification de ceux qui restent. Ne semble-t'il point
qu'il faudroit aussi vn Alphabet particulier & d'autres
valeurs de Lettres pour toutes les demandes qui se pourroient faire ? Neantmoins l'on s'en sert assez indifferemment pour plusieurs choses, & par la diuersité de cette
pratique l'on connoist le peu de fondement qu'il y a dans

Aaa ij

cét Art. Il y a des gens qui pour le faire valoir dauantage y aiouſtent quantité d'autres obſeruations. Ils ont des tables où tous les Signes du Ciel ſont repreſentez auec les Planettes, les iours des mois, & les heures; & tout cela eſt accompagné de force chiffres & de force lettres. Ayant pris la valeur de la premiere lettre du nom, & celle de la Planette & du iour & de l'heure, tout cela enſemble fait vn nombre que l'on partit, & ce qui en reſulte eſt renuoyé à l'vne des marques de la table, où l'on trouue vn caractere, & de-là ayant fait encore pluſieurs multiplications & diuiſions, les caracteres ſe trouuent en tel nombre que l'on en peut former vn mot, qui fait la reſponce de ce que l'on deſire. Tout cela n'eſt encore fait que pour amuſer dauantage les Idiots, & les tromper plus facilement.

Des Anagrames. Si l'on penſe faire des predictions par les Anagrammes ou tranſpoſitions de lettres, l'on n'y reüſſira pas mieux. Quelquefois l'on peut trouuer en vn meſme nom le bien ou le mal, auquel ſera-ce que l'on s'arreſtera: Il eſt vray qu'il y a des noms où l'on ne peut trouuer que des loüanges, & d'autres où l'on ne trouue que du blaſme. Si l'humeur & les qualitez des perſonnes ſe rapportent à cela, l'on peut prendre plaiſir à cette conformité: Mais il ne faut pas croire que cela ſoit ainſi, parce qu'il faut que la rencontre qui ſe trouue dans la tranſpoſition des lettres teſmoigne ce que ſont les hommes, ny que l'on en puiſſe tirer vn preiugé pour ceux que l'on ne cognoiſt pas encore, & dont l'on ne ſçait pas quelles ſeront les actions à l'auenir, l'on n'a point ſuiet de dire qu'il y ait vn myſtere ſecret deſſous les noms, & qu'ils deſpendent des aſtres: Puiſque dans l'Anagramme l'on comprend d'ordinaire le ſurnom, qui eſt le nom de famille, les aſtres ſe ſeroient donc obligez en quelque ſorte à rendre vn homme d'vne certaine humeur, pource qu'il deuoit porter vn tel ſurnom, neantmoins tous ceux d'vne race ne ſe reſſemblent pas. Que ſi l'on donne encore à chacun vn nom propre, les meſmes Aſtres ſeroient donc qu'aucun n'en receuroit qui ne luy fuſt conuenable, ou bien ils changeroient les inclinations de chacun ſuiuant ce nom; Mais il n'y a rien qui prouue que cela doiue eſtre; au contraire pluſieurs portent ſouuent vn meſme nom, ou propre ou de famille, leſquels menent vne vie fort differente, ce qui fait voir que c'eſt vn abus de s'y arreſter.

Il y a pluſieurs autres manieres de predire l'auenir qui ont eſté priſes de la conſideration de toutes les choſes corporelles. Nous auons fait mention iuſqu'icy de celles qui ſont en quelque ſorte attachees à la perſonne. Les exterieures nous reſtent, leſquelles eſtans moins communes ſont eſtimees plus puiſſantes, & ſont pluſtoſt miſes au nombre des Diuinations. Il y en a vne qui ſe fait par la Terre, qui eſt proprement celle que l'on a appellée premierement Geomantie, ou Geomance: Celle dont nous auons tantoſt parlé, eſt la Geomance artificielle. Nous voulons parler maintenant de la naturelle. L'on obſeruoit autrefois les creuaſſes des champs durant la ſeichereſſe, ou bien les diuers mouuemens de la terre, par les tréblemens, & le changement de face que pouuoit auoir vn pays, ſoit pour de tels accidens, ou pour les ruines que les eaux y auoient faites, & quantité d'autres diuerſitez auſquelles l'on donnoit de l'explication ſelon leur figure. De meſme, il y a vne Diuination par le moyen de l'Eau, que l'on appelle Hydromantie, laquelle ſe practique par la conſideration de l'accroiſſement ou de la diminution des Eaux, & par leurs mouuemens. L'on iette auſſi vn certain nombre de cailloux dans quelque baſſin de fontaine, & l'on fait iugement de ce que l'on deſire, ſelon les boüillons ou les cercles qui s'y font. L'Aëromantie, qui eſt la Diuination de l'air, ſe pratique par la conſideration des Nuées & des vapeurs, & l'on y peut ioindre la Capnomantie qui ſe fait par la conſideration de la fumee. La Pyromantie ſe fait par la conſideration des feux. En ce qui eſt de la conſtitution generale du Monde, l'on taſche de deuiner par l'apparition des feux eſleuez comme des Cometes, des Dragons volans, & des Eſtoilles

De la Geomantie naturelle, de l'Hydromantie, de l'Aëromantie, Capnomantie, & Pyromantie.

tōbantes; Et en ce qui est du particulier, l'on tire iugement sur les feux que les hommes allument eux-mesmes, selon la couleur & la figure des flammes & du brasier, & selon le bruit que chaque matiere peut causer en bruslant.

L'on a tiré des iugemens du vol des oyseaux, selon le nombre qui en paroissoit, & selon le costé d'où ils venoient: En ayant gardé quelques-vns quelque temps, sans leur donner de nourriture, l'on a aussi presagé selon la façon dont ils prenoient le grain que l'on leur donnoit, & s'ils y alloient lentement ou habilement. De plus, l'on a cherché le futur en obseruant leur diuers iargon, & ce sont-là proprement les Auspices & les Augures des anciens. Lors qu'ils faisoient des sacrifices, ils ouuroient aussi non seulement les corps des oyseaux, mais specialement ceux des animaux à quatre pieds, qu'ils offroient pour victimes, & selon la bonne constitution de leur cœur, de leur foye, & de toutes leurs entrailles, ils iugeoient de l'auenir. Dauantage si quelque corps d'homme ou de quelque animal que ce fust estoit engendré auec excés ou defaut, ou difformité en ses membres contre les regles de la nature, ou s'il arriuoit quelque accident estrãge à quelqu'autre, ils apelloient cela des Monstres & des Prodiges, & croyoient que cela ne se faisoit que pour monstrer ce qui deuoit auenir. Nous auons à dire contre toutes ces obseruations qui dépendent de la Religion des Payens, qu'elles ne concluẽt rien pour la bõne ou la mauuaise fortune d'vn Estat, ou des personnes particulieres. Les Oyseaux volent d'vn costé ou d'autre, selon que leur instinct les porte; Ils prennent leur nourriture selon leur faim; & la santé de leurs parties interieures, despend de la cõstitution qu'ils ont euës dés leur naissance, & de la maniere dõt ils ont esté nourris. De dire qu'il arriue que l'on prend ceux dont le naturel s'accorde à signifier la fortune que l'on doit attendre, cela ne se peut pas tousiours faire. Au reste, les Monstres viennent au Monde pour des raisons naturelles que l'on sçait bien, & leur figure n'est point ordõnee pour sçauoir ce qui doit arriuer autre part.

Des Auspices, des Augures, des Victimes, & des Prodiges.

Que s'il suruient quelque accident extraordinaire à quelque Plante, ou à quelque beste, ou à quelque homme, l'on peut dire veritablement que c'est vn signe de mal-heur: mais le vulgaire s'abuse s'il entend que ce mal-heur soit pour d'autres corps que celuy-là, ou pour ses semblables, qui ont couru mesme risque, & il ne faut pas que tout vn peuple en prenne l'espouuante. Que si en suite des Monstres & des Prodiges il arriue des choses où l'on trouue du rapport, c'est que l'on les explique ainsi apres leur venuë, & iamais l'on n'eust descouuert ponctuellement de telles Pronostications; quand mesme elles seroient vrayes, pource qu'elles sont trop ambiguës.

L'on doit s'imaginer que selon les diuerses apparences de tous les corps parfaits ou imparfaits, l'on dresseroit encores facilement d'autres manieres de Diuination, comme par exemple selon la grandeur & la figure des Carrieres de pierre, & des Mines des Metaux que l'on rencontrera; selon la grandeur, la grosseur, la couleur, & le nombre des Plantes d'vne contrée, selon le nombre des fueilles & des fruits de chacune, & selon les qualitez des Animaux, & tous leurs accidens. L'on auroit esgard à cela, non pas seulement pour sçauoir ce qui arriueroit à de tels Corps, ou pour connoistre à quoy ils seroient propres à l'auenir, selon les regles des signatures dont nous auons desia fait mention, mais pour iuger par eux de ce qui deuroit arriuer à des choses extrémément esloignees, suiuant les regles que l'on a introduites en l'Art de deuiner, si bien qu'autant de sortes de choses que l'on peut considerer, l'on en pourroit faire autant de Diuinations, & en inuenter plusieurs: dont iamais les anciens ne se sont auisé de parler. Toutesfois elles ne seroient pas plus certaines que celles que nous auons dites.

L'on peut inuenter plusieurs Diuinations dont les Anciens ne se sont point auisé de parler.

Apres les Diuinations qui se font par les Elements les Meteores, les Corps parfaictement meslez, & les viuans, il y en a d'autres qui en despendent, & qui y ioignent le secours de plusieurs Corps artificiels, ou tout au moins l'artificielle application des choses naturelles.

De plusieurs Diuinations qui se sruent des choses artificielles.

Quelques-vns ayans fait fondre du plomb le iettent dans l'eau, & selon les figures qu'il prend, ils iugent de ce qu'ils pretendent, les autres font le mesme auec de la cire; d'autres mettent des poids sur vne platine chaude, leur donnant à chacun leur nom, & obseruant celuy qui est le plustost consommé, pour signifier leurs intentions; d'autres tracent des lettres dedans vn champ auec de la cendre ou de la poussiere, & predisent l'auenir selon les premieres que le vent emporte, où selon celles qui demeurent. Il y en a encore qui iettent vn certain nombre de Dez marquez diuersement, & prennent garde aux marques sur lesquelles ils se trouuent; d'autres iettent en l'air des buchettes qui ne sont pelees que d'vn costé, & iugent de ce qu'ils pensent selon le costé sur lequel elles tombét: Cela se doit faire de mesme selon les marques d'vne piece de monnoye, & selon les buschettes où les pailles courtes ou longues que l'on tire d'entre les mains d'vn autre, ou de quelqu'autre endroit où elles sont cachees. Ayant mis aussi dans vn sac plusieurs billets qui contiennent diuerses choses, l'on s'asseure de l'auenir, suiuant la promesse de celuy qui vient dans la main; L'on fait le mesme auec des boules, des tablettes, des Dez, & des Osselets, que l'on a ainsi enfermez, lesquels portent diuers chiffres, & sont tirez à l'auenture. Si l'on veut vn raisonnement qui semble nous instruire dauantage, ayāt ouuert vn liure en le piquant d'vne espingle ou de ses mains seules, on iuge par le discours des premieres lignes que l'on a trouuees, quel sera le succés de ce que l'on desir. Ayant encore escrit les lettres de l'Alphabet autour d'vn bassin quelques-vns attachent vne bague à vn filet, & comme ils l'ont laissé branler long temps, ils se fondent sur les lettres qu'il a touchees.

Quelques anciens escriuoient l'Alphabet autour d'vn grand cercle, & posoient vn grain de bled sur chaque lettre, & puis ayant mis vn Coq au milieu selon la situation des grains qu'il mangeoit les premiers, ils formoient des mots auec les lettres qui s'estoient trouuees au dessous fous, dont ils tiroient vn prefage de ce qui deuoit arriuer: En de certains pas l'on auoit aussi vne grande plaine fur laquelle il y auoit plusieurs figures d'animaux de diuerse espece, & au milieu il y auoit vn petit pilier sur lequel on mettoit vne grenoüille qui ne manquoit point de sauter incontinent en bas, & selon la nature de l'animal sur lequel elle estoit tombée l'on iugeoit du succés des choses dont l'on se vouloit enquerir. L'on peut practiquer plusieurs artifices semblables pour mesme suiet, mais l'on se doit estonner de ce que l'on y pense trouuer quelque asseurance. Comme on practique en cela des industries fort basses & fort vulgaires, à sçauoir, de ietter des Dez, de tirer au court festu, ou autres de peu de consequence, il semble que l'on en doit attendre peu de resolution. L'on respond là dessus que c'est l'intention qui rend la ceremonie plus fautorisée, & qui fait qu'elle reçoit du Ciel vne assistance qu'elle n'auroit pas vulgairement; Il faut obiecter que pourtant vne chose se fait tantost d'vne sorte, & tantost de l'autre par de tels moyés: & que le hazard y presidera tousiours, soit que les choses par le moyen desquelles l'on veut estre instruit, soient prises ou conduites par nos mains, ou bien que l'on laisse faire cela à quelques animaux: Et pour en connoistre la fausseté, que l'on experimente deux fois le mesme secret pour vn mesme dessein, l'on verra qu'il se fera tousiours chose diuerse. L'on repartira alors que ceux qui se meslent de ce mestier n'adioustent foy qu'à la premiere espreuue, pourueu qu'elle se trouue faite legitimement & methodiquement: En ce cas-là ils pretendent que l'influence des Astres domine sur toute cette besongne. Que si l'on insiste à leur remonstrer que cela deuroit tousiours se faire de mesme façon ils peuuent repliquer que quand les Astres ont fait en cela ce qu'ils deuoient, il n'en faut rien attendre dauantage, & que les autres espreuues sont inutiles. A leur compte les Astres espient le temps que l'on se sert bien à propos de quelque inuention pour deuiner, & alors il font que tout reussit de telle sorte que nous sommes aduertis des choses les plus cachées. Dans toutes les proprietez que nous auons remarquees aux Astres, nous n'auons point trouué qu'ils en eussent aucune qui approchast de celle-là. Tout au plus l'on a proposé qu'ils signifioient quelque chose de ce qui deuoit arriuer; mais c'est pource qu'ils en sont les causes. Quant aux choses qui n'ont point cette qualité, & qui n'ont rien de commun auec d'autres, l'on ne doit point croire qu'elles puissent donner des marques des fortunes à venir. Que si l'on dit que les Astres leur communiquent leurs facultez; & les ordonnent ainsi lors que nous en auons l'intention, cela ne dépend aucunement de la Nature.

Des vrayes predictions.

IL ne faut point douter qu'il n'y ait d'autres manieres de predire exemptes de mensonge & d'extrauagance. Nous auons declaré celles qui se font touchant le chemin que doiuent tenir les Astres & la production des Meteores, & sur l'employ & l'vtilité des pierres, des Metaux, & des Plantes, & la cognoissance des Inclinations des hommes par la vraye Physionomie, L'Astrologie peut aussi auoir quelque chose de certain, pourueu qu'elle soit autre que la Iudiciaire commune; mais quant aux differentes Diuinations qui marchent en suitte, ce sont des impostures qu'il faut reietter entierement, pour ce qui est d'y chercher la verité des choses cachées. Il ne s'en faut seruir que par recreation, ou bien dans les occasions où estant en doute de ce que l'on doit choisir, il est permis de ietter au sort, car de verité ce sont plustost des sorts simples que de veritables Diuinations.

De l'explication des songes.

Pour vne maniere de Pronostication fort vraye & fort naturelle, & propre à iuger de ce qui concerne chaque homme, l'on rapporte celle qui est fondée sur les songes. En effect cela estant attaché à la personne, il semble qu'il y ait quelque certitude. L'on le peut croire en ce qui est d'vne prediction reguliere, non pas de celles qui passent les limites de la raison; comme si l'on pretend de iuger par-là s'il arriuera du bien à vn homme, si quelqu'vn de ses parens mourra bien-tost, & d'autres choses qui sont entierement separees de luy. Quelques-vns disent que si l'on songe à des Perles, ou à de la Rosee, cela represente des larmes, & que cela signifie que nous aurons quelque suiet de tristesse. Que de voir des bleds & plusieurs autres fruicts de la terre, cela signifie que nous deuiendrons riches; Que les Filets & le Reth nous menassent de prison corporelle ou de captiuité d'Amour; Que la Palme nous promet des victoires par la guerre, & l'Oliue nous promet la Paix; tellement qu'ils iugent ainsi de toutes choses, par celles qui sont leurs representations ordinaires: Mais si nous les dépeignons ainsi volontairement, ce n'est pas à dire que si cela nous paroist en songe, cela signifie de mesme, car nos resueries ne sont pas guidees de telle sorte que l'on n'y puisse rien voir qui ne soit certain pour l'auenir; I'y chercherois plustost les marques de nostre estat present. Toutes ces diuersitez peuuent estre figurees en nostre esprit selon nostre disposition. Quelle asseurance y pensons-nous trouuer aussi? D'vn autre costé, il y en a qui croyent que pour bien expliquer les songes, il les faut prendre à rebours de ce qu'ils sont. Que s'ils nous representent vn mort ou vn cercueil, c'est signe de vie, ou de mariage, & de generation d'enfans, & s'ils nous representent de l'ordure & de la vermine, c'est signe de richesses. Ils se veulent fonder sur ce que l'on tient que les songes ne sont que mensonges, tellement qu'ils pensent que s'ils nous monstrent du mal, il en faut esperer du bien: mais les choses qu'ils nous representent ne peuuent pas estre expliquées ponctuellement par d'autres contraires. Pour sçauoir qu'vne chose est fausse, l'on ne sçait pas precisément la verité: car il y a vne infinité de sortes de faussetez, quoy qu'il n'y ait qu'vne verité de chaque chose. L'on ne sçauroit donc trouuer vne vraye explication aux songes par cette voye; & d'ailleurs nous soupçonnons beaucoup de fausseté en l'Art entier; puis qu'il a diuersité de maximes, dont les vnes

Bbb ij

font expliquer les songes par choses semblables, & les autres par les contraires. Il y a bien plus, quand mesme l'on sçauroit au vray ce que chaque chose deuoit representer, l'on auroit souuent beaucoup de peine à tirer des coniectures de l'auenir, car ceux qui songent d'ordinaire, se representent tant de choses diuerses, que les explications que l'on en pourroit faire deuroient estre fort differentes. L'on dira qu'il faut choisir les principales pour asseoir son iugement, mais ce choix est difficile ; de sorte que ceux qui soustiennent cette espece de prediction en sont venus-là, qu'ils auouent qu'il ne se faut point arrester aux songes trop longs & trop confus, mais à ceux qui semblét estre le dessein d'vne seule chose. Il y a encore en cela de la bigearrerie, & les choses que nous nous formons dans nostre imagination, lors qu'elle n'est pas assoupie entierement, s'y trouuent indifferément, tantost les vnes, & tantost les autres, selon les images les plus frequentes qu'elles a receuës pendant le iour, ou selon la disposition de nostre corps, & selon nos inclinations. Voilà les suiets des Songes, entre lesquels, si nous considerons ceux qui viennent des diuerses images de l'esprit, nous reconnoistrons que le leur origine est semblable à celle des pensees que nous auons en veillant. Prenons garde que si lors que nous sommes esueillez, nous nous tenons en repos, sans faire aucun ouurage où nous soyons appliquez, il nous viendra diuesses pensees selon nostre humeur & nos desseins : Voudrions-nous tirer de-là des iugemens de l'auenir ? Il y auroit ce semble plus d'apparence en cecy que d'en tirer des fantosmes du songe, puisque nous iouyssons alors de la raison : mais ceux qui parlent pour les songes pretendent qu'ils doiuét estre plus mysterieux, plus significatifs que toute autre pensee, d'autant qu'ils sont formez alors que l'esprit estans à requoy dans la solitude & le silence de la nuit se recueille en luy-mesme, & se donne plus de force, mais ce sont des paroles vaines ou il paroist quelque ignorance, car le cerueau estant alors offusqué de vapeurs l'imagination a moins de pouuoir de faire ses fonctions que pendant la veille. Il reste à dire *DE VRAYES* qu'vn esprit superieur se mesle au nostre pendant le som- *PREDICT.* meil pour luy donner connoissance de l'auenir; mais de là il faut donc reconnoistre que comme cette grace est particuliere elle n'arriue pas à chacun : de sorte que naturellement nous ne deuons point receuoir d'instruction par nos songes, touchant les accidens de nostre vie, & de celle de nos amis. Nous sommes pourtant demeurez d'accord que l'on en pouuoit tirer de certaines predictiōs qui nous concernoient, comme en effect cela se peut. Car ayant connu par ce moyen quel est nostre temperament, & quelle abondance d'humeurs nous auons, nous iugeons quel doit estre desormais nostre maniere de viure & quelles maladies nous deuons craindre. Les melācholiques ne songent qu'à des choses funebres : Les bilieux ne se forment des matieres de courroux, comme des querelles & des combats; les phlegmatiques pensent estre exposez à la pluye & à la neige, & les sanguins songeront à des choses gayes & diuertissantes, s'ils n'ont du sang que mediocrement; mais s'ils en ont vne abondance nuisible, ils s'imagineront quelquefois d'estre en feu, ou bien d'auoir la teste, le dos & les reins pressez de quelque poids; Bien souuent mesme les Bilieux & les Sanguins songeront à des eaux aussi bien que les phlegmatiques, dautant que la soif qu'ils ont les y fait penser. Ainsi des hōmes de tēperament different songent quelquefois à de mesmes choses, ce qui en pourroit abuser quelques-vns; C'est pourquoy il faut tascher de recognoistre si c'est pour diuers suiets qu'ils souffrēt cela, afin de tirer la verité de tout. De là l'on peut encore auoir quelque connoissance des inclinations, non seulement des nostres, mais de celles des personnes qui *Des esternuemens,* nous aurōt raconté leurs songes, toutefois il faut que cela *des tintemens d'o-* se fasse sans que la predictiōs des accidens futurs de leur *reilles, des fremis-* vie y puisse estre fondee, si ce n'est fort mediocrement. *semens, des endor-*

Il y a d'autres presages naturels qui despendent du *missemens, & des* corps, comme les esternuemens, les tintemens d'oreil- *demangeaisons de* le, les fremissemens des pieds, & de tout le corps, les en- *quelques parties du corps.*

Bbb iij

dormissemens & les demangeaisons de quelques parties. Quelques-vns croyent que selon que l'on esternuë la nuit ou le iour, le matin ou le soir, & selon le nombre des esternuëmens, l'on peut predire le bien ou le mal, touchant toute sorte d'affaires, mais c'est vne superstition. Cela peut seruir seulement à connoistre si le cerueau est chargé d'humeurs, & combien il a de force pour les chasser; Les tentimens d'oreilles sont attribuez à la prediction des nouuelles ou des discours que l'on fait de nous: D'autant que les oreilles seruent à ouyr, l'on a pensé que cét aduertissement s'addressoit à elles; mais la distance peut empescher cette operation, & en vain l'on asseure que cela se fait par des sympathies, puis que celles-là sont imaginaires. L'on dit de mesme que le fremissemét des pieds signifie que l'on sera bien-tost obligé de faire quelque voyage, & que le fremissement de tout le corps nous menasse de quelque peril; Mais côment pourrions nous sentir ce qui n'est pas encore arriué? Pour l'endormissement, ou la demangeaison de quelques parties les doit-on attribuer à l'impuissance & au desir que nous aurions de faire quelque chose selon la signification des membres qui souffrent cecy : De telles explications sont inuentees à plaisir. Les broüissemens & les tintoüins des oreilles, les fremissemens, les endormissemens & les demangeaisons de chaque partie, ont de verité leur signification, mais c'est pour l'estat du corps; l'on connoist par eux quelles humeurs y abondent, & sur quelles parties elles se iettent; & par là l'on peut deuiner veritablement ce qui y peut arriuer.

De l'obseruation des iours Climatiques.

Il y a encore des obseruations assez communes, par lesquelles on pense predire ce qui arriuera, selon l'estat où se trouuent les personnes. Quelques-vns disent que l'on change de sept en sept ans, de sorte que selon l'humeur dont l'on est dans vn septenaire, il faudroit iuger du chagement qui se feroit dans l'autre; mais cela n'est aucunement receuable, ny pour le corps, ny pour l'esprit: Leurs changemens se font selon la maniere de viure, sans autre terme que celuy qu'elle prescrit ; excepté qu'en ce qui est du corps, il faut qu'il suiue les loix de nature qui le menét à la vieillesse ; mais cela se fait plustost ou plus tard aux vns ou aux autres, & cela paroist insensiblement; L'on tient qu'il y a de certains nombres d'années qui sont decisifs de la fortune ou de la vie des hommes, & qu'outre les septiesmes années, les neufiesmes apportent souuent du changement, & mettent la vie en grand hazard ; l'on les appelle les années Climateriques : Mais il faut prédre garde qu'en ce qui est du peril de la vie, l'on craint fort la soixante & troisiesme, & la soixante-sixiesme: l'on ne parle pas tant des autres termes inferieurs, côme de la vingt-vniesme ou de la vingt-septiesme, pource qu'alors l'homme est plus ieune & plus robuste, & qu'il y en d'auantage qui meurent au temps plus auancé. L'on void donc bien qu'il ne se faut point arrester à tous ces nombres, & que si l'on en establissoit d'autres pour iuger, l'on y trouueroit souuent la mesme chose. Il est vray que l'on attribuë aussi aux grandes maladies de semblables termes ausquels leur effect peut estre veu ; car les humeurs qui les causent ont vn temps reglé pour paroistre, & si elles sont en leur plus grande malice au troisiesme iour, l'on peut coniecturer que le mal durera iusqu'au neufiesme, ou au quatorziesme, & selon l'estat de ces iours, l'on predira ce qui pourra arriuer au corps; Et si l'on attribuë aussi en cela quelque puissance à la Lune, il faudra prendre garde en quel endroit du Ciel elle est, & si elle est pleine ou nouuelle pour s'accorder à l'estat de la maladie. Elle y peut auoir ainsi quelque efficace, sans estre la cause entiere des reboublemens, dôt l'origine doit estre attribuee à l'abondance des humeurs. C'est ce que l'on appelle Crise, dont nous croyons que l'on peut tirer des presages de la longueur ou de la brieueté de la maladie ; & de la vie ou de la mort. Cela persuade que l'on peut faire des iugemens par les années de l'âge: mais si toutes les fieures ou autres maladies ont quelque ressemblance, il n'en est pas ainsi de la vie de tous les Hômes, qui ont diuers tem-

DES VRAY. perament: de sorte qu'il faut croire qu'en effect il y peut
PREDICT. auoir des annees fauorables & d'autres perilleuses, mais
elles ne sont pas toutes vniuersellement pareilles pour
chaque personne.

Des Predictions des Medecins.

L'on peut adiouster icy les predictions des Medecins, qui se font par l'obseruation du Pouls, de la couleur du teint, de la chaleur ou froideur, secheresse ou humidité des parties; de la qualité des vrines, des sueurs, & de tous les excremens; Ils peuuent iuger de là si la maladie sera longue, si elle pourra estre surmontee par la Nature seule, ou par leurs remedes, ou bien si elle ne finira que par la mort. Ce sont de vrayes predictions que l'on peut faire touchant le corps.

De la vraye prudence qui peut iuger des choses corporelles & des spirituelles.

En ce qui est de celles qui concernent l'esprit & la conduite de plusieurs affaires du monde, dont les ordres sont spirituels, elles se peuuent trouuer aussi plus asseurees que celles de tant de Diuinations trompeuses dont nous auōs parlé, lesquelles se font par des instrumens corporels & inutiles. Comment est-ce qu'il seroit permis à des corps de donner iugement sur ce qui despend de l'esprit? Il vaut mieux s'adresser à l'esprit tout d'vn coup. Si nous voulons sçauoir ce qui nous arriuera de quelque chose que ce soit, nostre esprit doit trauailler à en chercher la prediction. Qu'il examine soigneusement les choses passees & les presentes, il y trouuera de bonnes coniectures pour l'auenir, & auec cela il sentira en soy plusieurs secrets mouuemens qui l'en aduertiront, & qui le rendant capable de faire de vrayes predictions, luy donneront aussi la vraye Prudence, pour iuger non seulement des choses corporelles, mais des spirituelles, ou iointes, ou separees.

FIN.

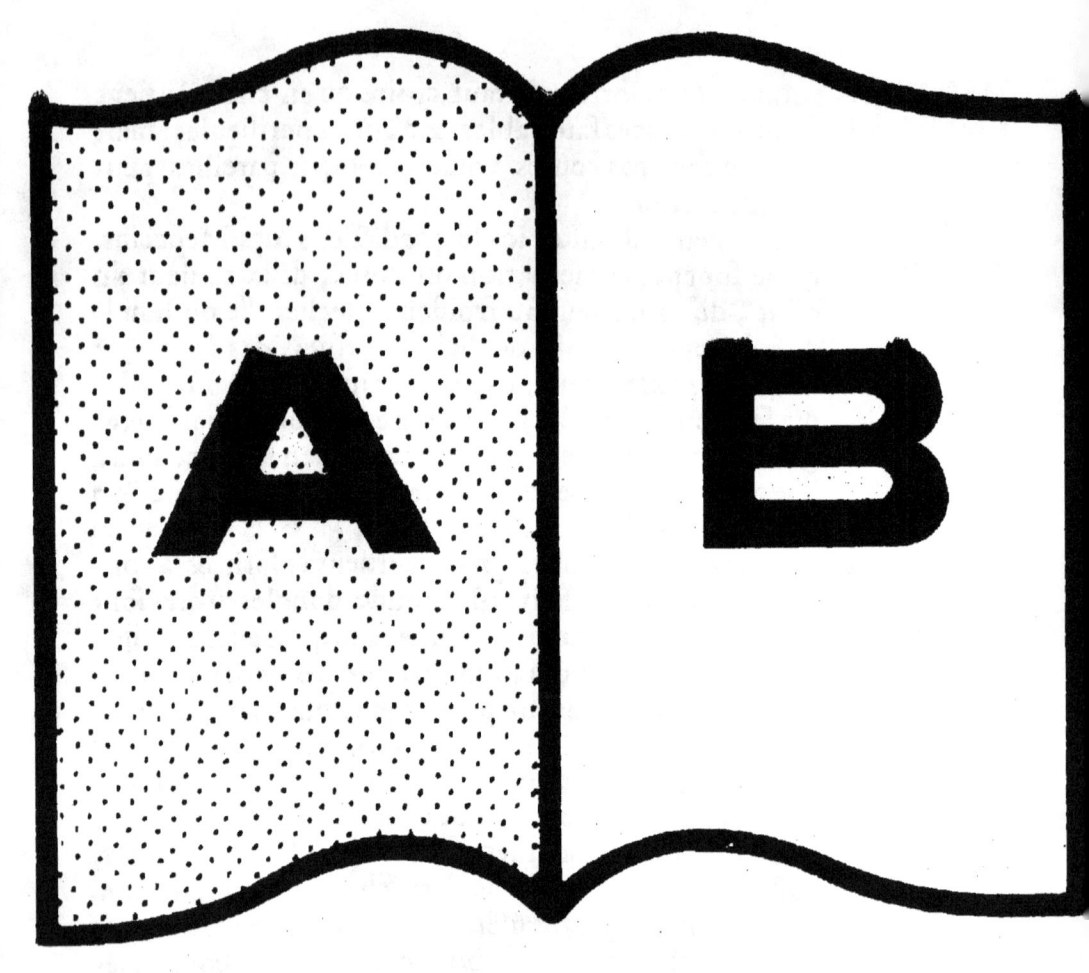

Contraste insuffisant

NF Z 43-120-14

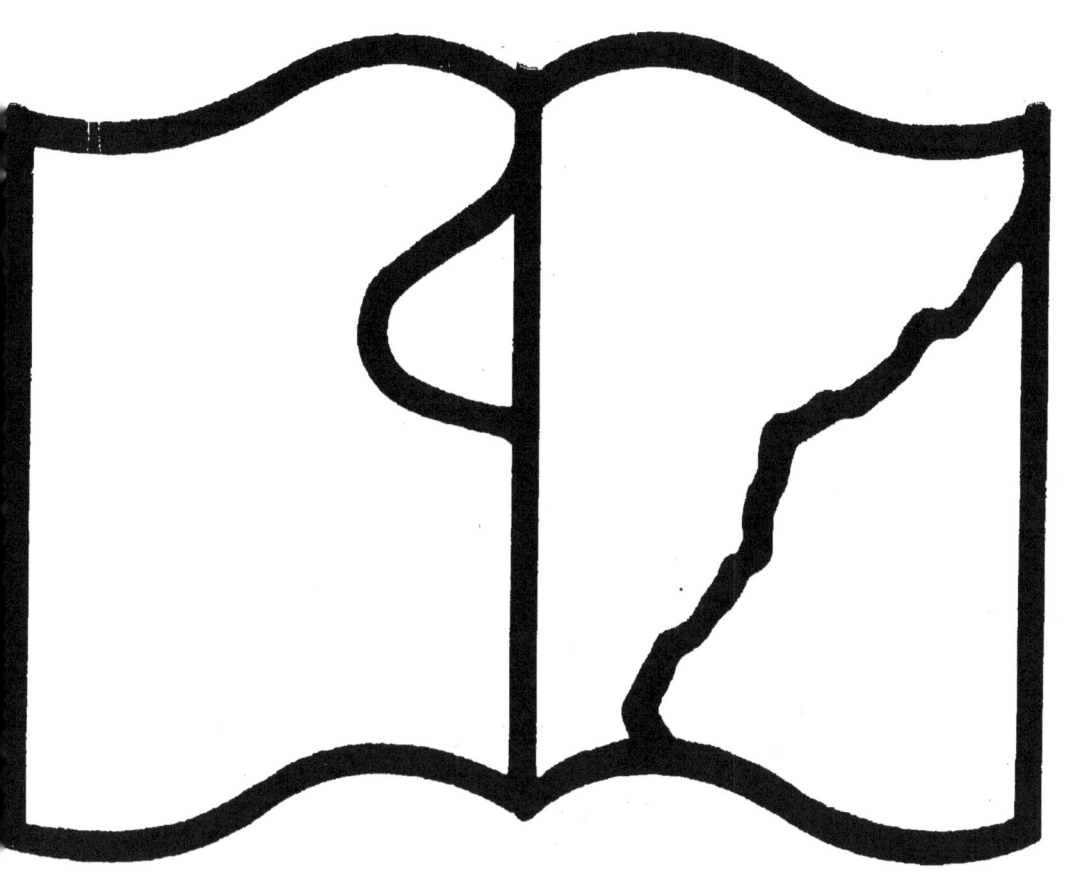

Texte détérioré — reliure défectueuse

NF Z 43-120-11

www.ingramcontent.com/pod-product-compliance
Lightning Source LLC
Chambersburg PA
CBHW060553170426
43201CB00009B/766